NCS 국가직무능력표준
National Competency Standards

2025 개정

국가공인
회계관리 1급

세무회계

삼일회계법인 저

국가공인 회계관리1급 자격시험 신유형 반영

2025년 개정세법 반영

삼일회계법인
삼일인포마인

머리말

회계의 투명성이 강조되는 사회적 분위기와 함께 기업에서도 회계이론과 실무능력을 갖춘 인재에 대한 수요가 급증하고 있습니다. 그런데 신규직원 채용시 기업에서는 어느 정도 실력이 검증된 사람을 찾으려는 경향이 두드러지고 있는 반면, 회계실력을 객관적으로 측정할 수 있는 제도가 미흡하다는 아쉬움이 있습니다. 또한, 학교에서 가르치는 교과과정이 실무와 상당한 차이가 있어서 기업에서는 신규직원 채용 후 재교육에 많은 시간과 비용을 지출하고 있는 것이 현실입니다.

이러한 문제를 해결하기 위하여 저희 삼일회계법인은 이론과 실무능력을 겸비한 재경전문가를 양성하는 국가공인 회계관리자격제도를 시행하고 있습니다. 회계관리자격제도는 수준에 따라 회계관리 2급, 회계관리 1급, 재경관리사로 나누어집니다.

회계관리1급은 회계실무자를 대상으로 재무회계와 세무회계에 대한 이론과 실무능력을 겸비하여 기업의 실무책임자 또는 관리자로서 전반적인 회계업무를 수행할 수 있는 재경인을 선발하는 과정입니다.

회계관리1급 시험은 시대의 흐름에 맞춰 종합적인 사고와 문제해결 능력을 평가하는 방향으로 변화해 왔으며, 본서는 이러한 변화를 적극 반영하여 실무중심의 다양한 사례를 제시하고 사례를 풀어가는 방법을 이론과 연계하여 알기 쉽게 해설했습니다.

본서를 통해 수험생은 일반회계기준서의 주요 내용부터 기업 결산 및 재무제표 작성과 관련한 실무 방법, 한국채택국제회계기준(K-IFRS)의 내용까지 재무회계를 폭넓게 이해할 수 있을 것입니다.

본서는 회계관리1급 시험에 대비한 교재이지만, 그동안 저희 삼일회계법인이 쌓아온 지식과 경험을 바탕으로 실무중심의 사례를 곁들여 알기 쉽게 설명하였기 때문에 회계를 처음 접하는 분들을 위한 회계의 길잡이로 활용할 수 있을 것입니다.

끝으로 이 책이 나오기까지 수고해주신 집필진 여러분께 심심한 사의를 표하며, 본 책자가 수험생 여러분의 합격을 앞당기는 길잡이가 되기를 희망합니다.

삼일회계법인 대표이사 윤 훈 수

회계관리1급 자격시험 안내

■ 개요

회계, 세무, 원가, 경영관리 등 재경분야의 실무 전문가임을 인증하는 삼일회계법인 주관 자격시험으로 수준에 따라 재경관리사 / 회계관리 1급 / 회계관리 2급으로 구분됩니다.

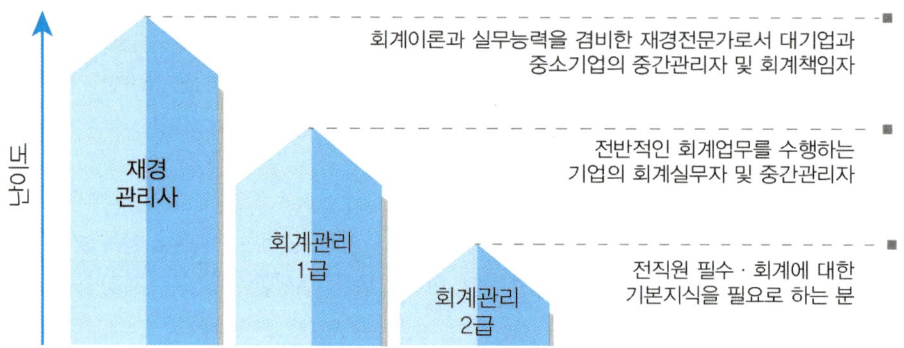

■ 2025년 시험안내

	재경관리사	회계관리 1급	회계관리 2급
자격종류	국가공인 등록 민간자격		
공인번호	금융위원회 제2022-2호	금융위원회 제2022-3호	
등록번호	금융위원회 제2008-0106호	금융위원회 제2008-0105호	
시험과목	재무회계 세무회계 원가관리회계	재무회계 세무회계	회계원리
시험시간	14:00 ~ 16:30 (150분)	14:00 ~ 15:40 (100분)	11:00 ~ 11:50 (50분)
평가 및 합격	객관식 4지선다형 40문항 / 과목별 70점(100점 만점) 이상 합격		
시행지역	서울, 인천, 경기, 부산, 대구, 광주, 대전, 천안, 청주, 익산, 창원, 울산 외		
응시료	7만 원	5만 원	3만 원
환불규정	접수기간 내 100% 환불 / 접수취소기간 내 50% 환불 / 접수취소기간 종료 이후 환불불가		
자격발급기관	삼일회계법인		

■ 재경관리사 시험일자

정기회차	원서접수기간	시험일	합격자발표
1회차	2024. 12. 31 ~ 2025. 01. 07	01. 18 (토)	01. 24 (금)
2회차	2025. 02. 20 ~ 02. 27	03. 22 (토)	03. 28 (금)
3회차	2025. 04. 17 ~ 04. 24	05. 17 (토)	05. 23 (금)
4회차	2025. 05. 27 ~ 06. 03	06. 21 (토)	06. 27 (금)
5회차	2025. 07. 01 ~ 07. 08	07. 26 (토)	08. 01 (금)
6회차	2025. 08. 28 ~ 09. 04	09. 27 (토)	10. 02 (금)
7회차	2025. 10. 23 ~ 10. 30	11. 22 (토)	11. 28 (금)
8회차	2025. 12. 02 ~ 12. 09	12. 20 (토)	12. 26 (금)

* 홈페이지(www.samilexam.com)에서 시험일정과 장소 관련 자세한 정보를 확인할 수 있습니다.

■ 시험문의

홈페이지	www.samilexam.com
연락처	070-4412-3131, kr_samilexam@pwc.com

■ 회계관리1급 세무회계 평가범위

과목	평가범위		
세무회계	조세총론	조세의 개요	조세의 기본개념 및 체계
	법인세	각 사업연도 소득에 대한 법인세	법인세의 개념
			각 사업연도 소득에 대한 법인세 계산구조
			세무조정 및 소득처분
			산출세액의 계산절차
	소득세	종합소득세의 계산	소득세의 개념
			종합소득세의 계산구조
			종류별 소득금액 계산
			종합소득 과세표준 및 세액계산
		연말정산	연말정산 절차 및 방법
	원천징수 실무	원천징수의 개념 및 각 소득별 원천징수실무	원천징수의 개념 및 기본흐름
			각 소득별 원천징수영수증 작성
			원천징수세율과 원천징수세액의 계산
	부가가치세	부가가치세의 개요	부가가치세의 개념
			과세거래
			과세표준과 납부세액의 계산
			부가가치세신고서
			신고와 납부절차
	세금계산서 실무	세금계산서의 작성·교부	세금계산서의 작성·교부 방법
			전자세금계산서
			수정세금계산서의 작성·교부 방법
			세금계산서합계표

CONTENTS

Chapter 5 부가가치세

조세총론

1 조세의 개요

사회의 어떤 조직이든 운영을 위해서는 돈이 필요하다. 기업도 운영을 위해서는 종업원도 고용하고 사무실도 빌리고 기계장치도 사고 공장도 짓는 등 여러 가지 기업운영을 위한 활동들이 필요하고 이를 위해서는 당연히 돈이 필요하게 된다. 조직의 운영을 위해서 돈이 필요한 것은 국가 또는 지방자치단체도 마찬가지일 것이다.

조세란 국가 또는 지방자치단체가 해당 단체의 운영에 필요한 경비 마련의 목적으로 국민에게서 거두어들이는 돈을 의미한다. 이를 보다 구체적으로 설명하면 다음과 같다.

☐ 조세의 개념

조세란 "국가 또는 지방자치단체가 → 과세주체
그의 경비충당을 위한 재정수입을 조달할 목적으로 → 과세목적
법률에 규정된 과세요건을 충족한 모든 자에게 → 과세근거
직접적 반대급부 없이 부과하는 금전급부"→ 일반보상성

---

(1) 조세징수의 주체

조세를 국민으로부터 거두어들이는 주체는 국가 또는 지방자치단체이다.

(2) 조세징수의 목적

국가 또는 지방자치단체는 국토방위 · 치안유지 · 교육 · 복지 등과 같이 일반 개인이나 기업이 수행할 수 없는 일들을 수행하여야 하며, 이러한 활동을 위해서는 당연히 돈이 필요하게 된다. 따라서 국민으로부터 조세를 거두어들이는 목적은 국가 또는 지방자치단체의 활동에 소요되는 경비를 마련하는 것이다.

(3) 조세징수의 근거

조세는 국가가 규정하는 법의 내용을 근거로 국민에게서 징수하는 것이다. 따라서 법에서 정한 요건에 해당하는 국민은 자신의 의사와 관계없이 무조건 조세를 납부하여야 하는 것이다.

(4) 일반보상성

일반적인 경제상황에서는 돈을 상대방에게 지급하면 상대방이 나에게 무엇인가 지급된 돈에 대응되는 물건이나 서비스를 제공하는 것이 보통이다. 예를 들어 옷가게에서 돈을 지급하면 이에 대응되는 옷을 지급받고, 노래방에서 돈을 지급하면 그에 대응되는 시간만큼 노래방을 이용할 수 있는 서비스를 제공받는다.

이에 비하여 국민이 납부하는 조세에는 납부한 금액에 직접적으로 대응되는 대가가 따라오지 않는다. 예를 들어 근로자가 소득세를 납부하는 것이 국가가 해당 근로자에게 그만큼의 서비스를 제공하였기 때문은 아니다. 다만, 국민은 간접적으로 국가나 지방자치단체가 제공하는 국토방위, 기초교육, 보건 등의 서비스를 다 함께 제공받고 있다고 할 수 있다.

예제

다음 중 조세에 관한 설명으로 옳지 않은 것은?
① 조세는 국가 또는 지방자치단체가 부과·징수하는 것이다.
② 조세는 국가 또는 지방자치단체의 운영에 필요한 돈을 국민에게 부과·징수하는 것이다.
③ 조세는 국가가 규정하는 법의 내용에 따라 국민에게 부과·징수하는 것이다.
④ 국민이 납부하는 조세에 대하여 국가 또는 지방자치단체가 직접 대응되는 대가를 지급해 준다.

풀이

④: 일반적인 경제상황과는 달리 조세에 대하여는 직접적인 대가가 지급되지 않는다.

조세는 다양한 기준들에 따라 다음과 같이 분류해 볼 수 있다.

(1) 조세를 부과하는 주체에 따른 분류

조세는 누가 부과하느냐에 따라 국세와 지방세로 구분할 수 있다.

1) 국세

국세란 국가가 국민에게 부과하는 조세를 말하며, 법인세, 소득세, 부가가치세 등이 국세에 해당된다.

2) 지방세

지방세란 지방자치단체가 국민에게 부과하는 조세를 말하며, 취득세, 등록면허세 등이 지방세에 해당된다.

(2) 조세수입의 사용용도가 특정하게 지정되었는지에 따른 분류

조세는 국가 또는 지방자치단체가 징수하는 조세수입(세수)의 용도가 지정되었는지에 따라 목적세와 보통세로 구분할 수 있다.

1) 목적세

목적세란 조세수입의 용도가 특별히 지정되어 있는 조세를 말하며, 이에는 교육세, 농어촌특별세, 지방교육세 등이 포함된다.

2) 보통세

보통세란 조세수입의 용도가 특별히 지정되어 있지 않은 조세를 말하며, 대부분의 조세가 보통세에 해당한다.

(3) 조세를 부담하는 자와 납부하는 자가 동일한지 여부에 따른 분류

조세는 입법상 조세부담의 전가를 예정하였는지 여부에 따라 직접세와 간접세로 구분할 수 있다.

1) 직접세

입법상 조세부담의 전가를 제정하지 아니한 조세를 직접세라고 한다. 직접세는 납세의무자와 담세자가 일치할 것으로 예정된 조세로서 법인세, 소득세, 상속세 등이 직접세에 포함된다. 직접세는 조세를 부담하는 자의 소득(법인세, 소득세) 및 재산(상속세)에 비례하여, 즉 소득이 많은 사람이 더 많은 조세를 부담하게 되는 조세이다.

2) 간접세

입법상 조세부담이 전가될 것으로 예정한 조세를 간접세라고 한다. 간접세는 납세의무자와 담세자가 다를 것으로 예정된 조세로서, 이에는 부가가치세, 주세, 개별소비세 등이 포함된다. 이러한 간접세는 소비가 이루어지는 단계에서 계속적으로 조세의 부담이 다른 사람에게 이전되는 성격의 조세이다. 예를 들어, 홍길동 씨가 백화점에서 1,100,000원에 냉장고를 구매할 경우 이 금액 전부가 냉장고의 가격은 아니며, 여기에는 부가가치세라는 조세가 포함되어 있다. 부가가치세는 소비라는 행위에 대하여 부과되는 조세로서 실제로 이를 부담하는 사람은 홍길동 씨이나 부가가치세의 납부는 백화점이 하게 된다. 왜 백화점이 홍길동 씨 대신 부가가치세를 납부할까? 여러분이 물건을 사거나 서비스를 받을 때마다 부가가치세를 직접 납부해야 한다면, 물건을 살 때마다 세무서에 찾아가서 부가가치세를 납부해야 하므로 아마도 세무서는 몰려드는 소비자들로 업무가 마비가 될 것이다. 또한 물건을 구매하고도 부가가치세를 납부하지 않는다면 세무서에서 그 사람들로 부터 어떻게 일일이 부가가치세를 징수할 수 있겠는가? 이러한 이유로 부가가치세와 같은 간접세는 실제로 조세를 부담하는 자가 아닌 제품이나 서비스를 제공하는 자(법률상 납세의무자)가 조세를 납부하도록 한 것이다.

(4) 납세의무자의 인적사항이 고려되는지 여부에 따른 분류

조세는 납세의무자의 인적사항을 고려하여 조세를 부과하는지에 따라 인세와 물세로 구분할 수 있다.

1) 인세

인세란 담세능력과 같이 납세의무자의 인적사항을 고려하여 부과하는 조세를 말하며, 법인세, 소득세, 상속세, 증여세 등이 이에 포함된다.

2) 물세

물세란 납세의무자의 인적사항을 고려하지 않고 수익 혹은 재산 그 자체에 대하여 부과하는 조세를 말하며, 부가가치세, 재산세, 자동차세 등이 이에 포함된다.

(5) 독립된 세원이 있는지 여부에 따른 분류

1) 독립세

독립세란 독자적인 세원에 대하여 부과하는 조세로서 법인세, 소득세, 부가가치세 등이 있다.

2) 부가세(附加稅)

부가세란 다른 조세(독립세)에 부가되는 조세로서 지방교육세, 농어촌특별세 등이 있다.

예 제

다음 중 조세분류의 기준과 이에 따른 분류로 연결이 옳지 않은 것은?
① 조세징수의 주체에 따른 분류: 국세와 지방세
② 조세의 사용용도 지정 여부에 따른 분류: 목적세와 보통세
③ 납세의무자의 인적사항이 고려되었는지에 따른 분류: 인세와 물세
④ 조세납세의무의 확정방식에 따른 분류: 직접세와 간접세

풀 이

④: 조세납세의무의 확정방식에 따라 조세는 신고납세조세와 부과과세조세로 분류되며, 직접세와 간접세는 조세를 부담하는 자와 납부하는 자가 동일한지 여부에 따른 조세의 분류이다.

3 납세의무의 확정방법

조세를 징수하기 위해서는 구체적으로 납세의무자가 얼마의 조세를 부담하여야 하는지 결정되어야 하는데 이를 납세의무의 확정이라 한다.

이러한 납세의무의 확정방법은 크게 신고납세제도와 부과과세제도로 나누어진다.

(1) 신고납세제도

신고납세제도란 조세를 납부하여야 하는 자의 자진신고에 의하여 과세표준과 세액이 확정되는 제도를 말하며, 법인세, 소득세, 부가가치세 등이 신고납세제도를 채택하고 있다. 다만, 신고납세제도를 채택하고 있는 경우에도 신고를 하지 아니하거나 신고내용에 오류 또는 탈루가 있는 경우에는 국가 또는 지방자치단체가 과세표준과 세액을 결정·경정한다.

(2) 부과과세제도

부과과세제도란 국가 또는 지방자치단체의 결정에 따라 과세표준과 세액이 확정되는 제도를 말하며, 상속세, 증여세 등이 부과과세제도를 채택하고 있다.

┤ 읽을거리 ├

신고납세제도의 특징

첫째, 신고납세제도라 하여 정부의 모든 세무조사가 배제되는 것은 아니다.

신고납세제도하에서도 정부는 일반적인 질문조사권과 그에 따른 경정권은 항상 보유하고 있는 것이므로, 신고로서 확정된 과세표준이라 하더라도 사후에 신고한 내용에 오류 또는 탈루가 있는 경우 등에는 경정 등으로 인하여 보다 가혹한 제재를 받게 된다.

둘째, 신고납세제도하에서는 신고기한의 경과로 조세범 처벌법상의 기수시기가 성립된다.

기수시기란 조세범 처벌법에 의한 형사처벌을 할 수 있는 시기를 말하는 것이다. 신고납세제도하에서는 신고 자체가 곧 결정이므로 신고납부기한이 경과한 때부터 바로 기수시기가 적용된다. 따라서 신고납세제도하에서는 특히 신고·납부행위에 오류나 탈루가 발생하지 않도록 정확을 기하여야 한다.

셋째, 신고납세제도하에서는 과다신고·납부에 따른 법인세액의 환급이 어렵다.

부과과세제도하에서는 설령 납세의무자인 법인이 착오로 과다신고한 경우라도 그 후 정부의 조사결정과정에서 이를 결정·환급해주게 되며, 또한 정부가 이를 조기에 결정·환급해주지 않으면 납세의무자인 법인은 필요한 처분을 받지 못하여 이익의 침해를 당하였다 하여 불복절차를 통하여 구제받을 수도 있다. 그러나 신고납세제도하에서는 그 과다신고가 착오에 기인된 것이 명백할지라도, 일정기간(경정 등의 청구기간)이 경과된 후에는 원칙적으로 정부가 이를 감액경정하지 않을 뿐 아니라 법인도 불복신청을 할 수 없다.

넷째, 신고납세제도하에서는 불성실한 신고·납부의 경우에 고액의 가산세를 적용받게 된다.
신고납세제도란 납세의무자를 신뢰함으로써 정확한 과세표준의 신고와 성실한 납부를 전제로 한다.
따라서 신고납세제도의 성패를 가늠할 납세의무자의 성실한 신고를 유도하기 위하여 납세의무자의
고의적인 과소신고와 과소납부를 방지하도록 가산세 제도를 한층 강화하여 불성실한 신고에 대하여
제재를 하게 된다.

4 조세의 기본개념

앞으로 학습하게 될 조세와 관련한 내용을 이해하기 위하여 필요한 기본적인 개념들을 설명하면
다음과 같다.

(1) 세법

세법이란 국가 또는 지방자치단체가 국민에게 부과·징수하는 세금과 관련된 규정을 명시한 법을
말한다. 따라서 국가 또는 지방자치단체는 반드시 세법규정에 근거하여 국민에게 세금을 부과·징
수하여야만 한다. 반대로 표현하면 국민은 세법에 근거하지 않은 세금에 대하여는 납부할 의무가
없다는 것이다.

(2) 세원(과세대상)

세원이란 국가 또는 지방자치단체가 국민에게 부과·징수하는 세금의 대상이 되는 소득·재산
등을 말한다. 예를 들어, 소득세의 세원은 개인의 소득이고, 개별소비세의 세원은 특정물품의 소비가
된다.

(3) 과세표준

과세표준이란 세법에 따라 직접적으로 세액산출의 기초가 되는 과세대상의 수량 또는 가액을 말
한다.

(4) 과세기간

회사에 고용된 종업원은 매일매일 출근하여 일을 하지만 회사에서는 종업원에게 매일매일 급여를 지급하는 것이 아니라 보통 한 달 단위로 급여를 산정하여 지급하고 있다. 이와 마찬가지로 개인이나 법인도 매일매일 소득을 얻는 일을 하고 있지만, 국가 또는 지방자치단체는 이러한 소득에 대한 세금을 매일매일 부과·징수하지 않고 일정기간 동안에 얻은 소득을 집계하여 한 번에 세금을 부과·징수한다.

이와 같이 과세기간이란 세법에 따라 과세표준 계산의 기초가 되는 기간을 말한다.

(5) 세율

세율이란 과세표준의 일정률에 해당하는 금액을 세금으로 부과·징수하기 위하여 세법에서 규정하고 있는 율을 말하며, 과세표준에 세율을 곱하여 산출된 금액을 산출세액이라고 한다.

예 제

다음 설명 중 옳지 않은 것은?
① 세법이란 국가 또는 지방자치단체가 국민에게 부과·징수하는 세금에 대하여 규정하고 있는 법을 말한다.
② 세원이란 국민에게 부과·징수하는 세금의 대상이 되는 소득 등을 말한다.
③ 과세기간이란 세법에 따라 과세표준 계산의 기초가 되는 기간을 말한다.
④ 과세표준이란 세원의 일정률에 해당하는 금액을 세금으로 부과·징수하도록 세법에서 규정하고 있는 율을 말한다.

풀 이

④: 과세표준이란 세액 산출의 기초가 되는 과세대상의 수량 또는 가액을 말한다.

국가가 국민에게 세금을 부과·징수하는 경우에는 다음과 같은 원칙에 따라야 한다.

(1) 실질과세의 원칙

국가는 국민에게 세금을 부과·징수하는 경우 거래의 귀속이나 내용을 판단할 때 형식보다 실질에 따라야 하는데 이를 실질과세의 원칙이라고 한다. 예를 들어, 홍길동이라는 사람이 실제 사업을 하면서, 처남인 임꺽정의 명의로 사업자등록을 한 경우, 해당 사업에서 발생한 소득은 거래의 실질 내용에 따라 홍길동의 소득으로 간주하고 홍길동에게 세금을 부과·징수하도록 규정하고 있다.

(2) 신의성실의 원칙

납세자가 그 의무를 이행할 때에는 성실하게 하여야 하며, 세무공무원이 직무를 수행할 때도 또한 같다. 이 원칙을 신의성실의 원칙이라고 한다.

(3) 근거과세의 원칙

법인이나 개인사업자는 거래의 내용을 장부에 기장한다. 납세의무자가 세법에 따라 장부를 갖추어 기록하고 있는 경우에는 국세 과세표준의 조사와 결정은 그 장부와 이와 관계되는 증거자료에 의하여야 하는데, 이를 근거과세의 원칙이라고 한다. 다만, 국세를 조사·결정할 때 장부의 기록 내용이 사실과 다르거나 장부의 기록에 누락된 것이 있을 때에는 그 부분에 대해서만 정부가 조사한 사실에 따라 결정할 수 있다.

(4) 조세감면의 사후관리

정부가 국세를 감면한 경우에는, 그 감면의 취지를 성취하거나 국가정책을 수행하기 위하여 필요하다고 인정하면 세법이 정하는 바에 따라 감면세액에 상당하는 자금 또는 자산의 운용범위를 정할 수 있다. 또한, 세액을 감면받은 후 이 규정을 따르지 아니하면 감면을 취소하고 추징할 수 있다.

예 제

국세부과의 원칙에 관한 설명 중 옳지 않은 것은?
① 국세를 부과할 때에는 거래의 형식보다는 거래의 실질 내용에 따라야 한다.
② 국세부과의 원칙 중 신의성실의 원칙은 조세를 납부하는 국민에 대하여만 해당되며, 조세를 부과·징수하는 국가에는 적용되지 않는다.
③ 국세는 원칙적으로 납세의무자가 기록하는 장부내용에 근거하여 객관적으로 부과·징수되어야 한다.
④ 소득의 형식적인 귀속자가 아닌 실제 소득의 귀속자에 대하여 세금을 부과·징수하는 것은 국세부과의 원칙에 어긋나지 않는다.

풀 이

②: 신의성실의 원칙은 조세를 납부하는 국민은 물론 조세를 부과·징수하는 국가에도 적용된다.

6 가산세의 부과

정부는 세법에서 규정한 의무를 위반한 자에게 국세기본법 또는 세법이 정하는 바에 따라 가산세를 부과할 수 있다. 종전에는 각 세법에 가산세 규정을 두었으나, 가산세를 체계적이고 통일적으로 규정하기 위하여 공통적으로 적용할 수 있는 신고 및 납부와 관련된 가산세를 국세기본법으로 이관하였다.

국세기본법상 가산세 종류	납부세액 기준 가산세율
(1) 무신고가산세	• 부정행위로 인한 무신고납부세액 × 40%* • 일반 무신고납부세액 × 20% * 역외거래에서 발생한 부정행위로 인한 무신고: 60%
(2) 과소신고·초과환급신고가산세	• 부정행위로 인한 과소신고납부세액 × 40%* • 일반 과소신고납부세액 × 10% * 역외거래에서 발생한 부정행위로 인한 과소신고: 60%
(3) 납부지연가산세	납부지연가산세 = ① + ② + ③ ① 미납세액 × (납부기한의 다음날~납부일) × 0.022% ② 초과환급세액 × (환급일의 다음날~납부일) × 0.022% ③ 납부고지서에 따른 납부기한까지 미납세액 × 3%

(4) 원천징수* 등 납부지연가산세
  * 원천징수의무자의 소득세·법인세 원천징수 납부, 납세조합의 소득세 징수납부, 대리납부의무자의 부가가치세 대리납부를 말한다.
	원천징수 등 납부지연가산세 = Min[①, ②]
	① 과소납부분 원천징수세액 × 3% + 과소납부분 원천징수세액 × 경과일수* × 0.022%
	② 과소납부분 원천징수세액 × 10%
	  * 납부기한의 다음날부터 자진납부일 또는 납부고지일까지의 기간임.

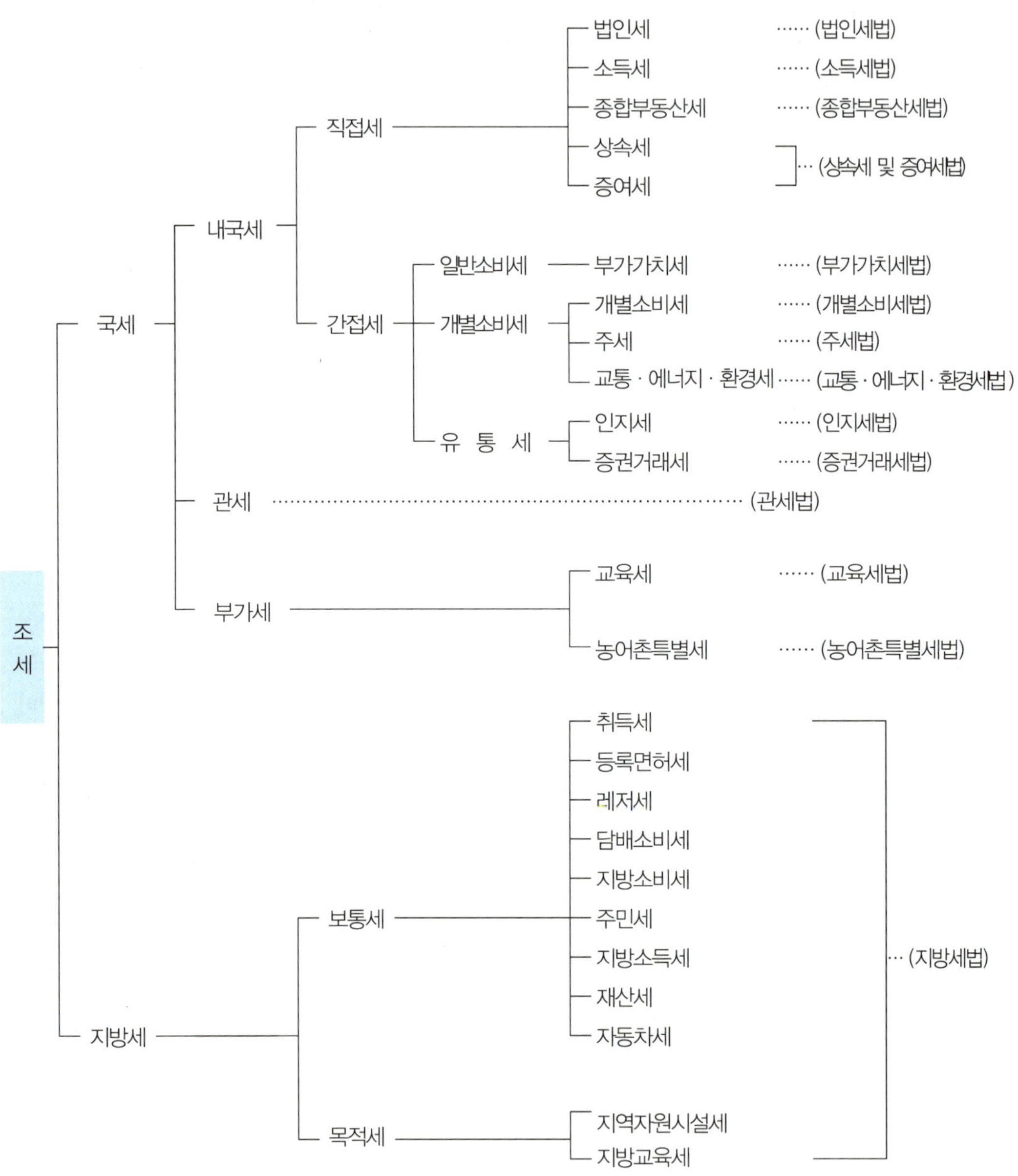

현행 우리나라의 조세체계는 국가가 부과하는 국세와 지방자치단체가 부과하는 지방세로 나누어지며, 이를 요약하면 위와 같다.

1 주요 국세의 개요

(1) 법인세

법인세란 주식회사와 같은 법인이 법인의 사업활동에서 얻은 소득을 과세대상으로 하여 국가가 부과하는 세금을 말한다. 소득세법에서는 과세기간을 무조건 1월 1일부터 12월 31일까지로 규정하고 있으나, 법인세법에서는 법인 자신이 1년을 초과하지 않는 기간을 과세기간으로 결정할 수 있도록 하고 있으며, 국가는 법인이 결정한 과세기간 중 법인이 획득한 소득에 대하여 법인세를 부과하고 있다. 현재 우리나라 법인의 대부분은 법인의 과세기간을 1월 1일부터 12월 31일까지로 정하고 있다.

(2) 소득세

소득세란 우리나라 국민 개개인이 경제활동에서 얻은 소득을 과세대상으로 하여 국가가 부과하는 세금을 말한다. 현재 우리나라 소득세법에서는 매년 1월 1일부터 12월 31일까지를 과세기간으로 하여 이 기간 중 개인이 획득한 소득에 대하여 소득세를 부과하고 있다.

(3) 부가가치세

핸드폰이 공장에서 만들어져 소비자에게 판매되려면, 1,000원에 구입한 핸드폰 부품을 공장에서 조립하여 1,500원짜리 핸드폰을 완성시키고, 동 완성품이 판매처로 2,000원에 옮겨지고 최종적으로 소비자가 3,000원에 구매하는 단계를 거쳐야 한다고 가정하자.

이와 같이 어떠한 제품(핸드폰)이 소비자에게 제공되기 위해서 거치는 여러 단계의 활동에서 발생하는 부가가치를 과세대상으로 하는 세금을 부가가치세라고 한다.

2 주요 지방세의 개요

(1) 취득세

취득세란 개인이나 법인 등이 부동산과 같은 자산을 취득할 때 지방자치단체가 자산의 취득자에게 부과하는 세금을 말한다. 취득세의 과세대상으로는 토지, 건축물, 자동차 등이 있다.

(2) 지방소득세

소득세법이나 법인세법의 과세표준을 지방소득세의 과세표준으로 하며, 개인지방소득세와 법인지방소득세로 나누어진다.

예 제

다음의 조세를 국세와 지방세로 분류하라.
소득세, 주민세, 법인세, 자동차세, 부가가치세, 등록면허세, 상속세, 종합부동산세

풀 이

- 국세: 소득세, 법인세, 부가가치세, 상속세, 종합부동산세
- 지방세: 주민세, 자동차세, 등록면허세

MEMO

01 다음 중 국민으로부터 조세를 부과·징수할 수 있는 주체에 해당하는 것은?

> ㉠ 국가　　㉡ 노동조합　　㉢ 적십자회　　㉣ 지방자치단체

① ㉠, ㉢　　　　　　　　　　　② ㉠, ㉡, ㉢
③ ㉠, ㉣　　　　　　　　　　　④ ㉠, ㉡, ㉢, ㉣

02 다음 중 조세에 관한 설명으로 옳은 것은?

① 조세는 국가, 지방자치단체, 공공기관이 징수할 수 있다.
② 조세를 부과·징수하는 목적은 국토방위 등과 같이 일반 개인이나 기업이 수행할 수 없는 활동을 수행하기 위한 경비를 마련하기 위한 것이다.
③ 조세를 납부하는 국민은 이로부터 직접적으로 대응되는 혜택을 받는다.
④ 조세를 부과·징수하는 주체 중 국가는 특별히 법의 규정에 근거하지 아니하고도 필요에 따라 국민으로부터 세금을 부과·징수할 수 있다.

03 다음 중 조세의 기본개념에 관한 설명으로 옳지 않은 것은?

① 과세표준이란 세법에 따라 직접적으로 세액산출의 기초가 되는 과세대상의 수량 또는 가액을 말한다.
② 과세표준에 세율을 곱하여 산출된 금액을 결정세액이라고 한다.
③ 과세기간이란 세법에 따라 과세표준 계산의 기초가 되는 기간을 말한다.
④ 국가 또는 지방자치단체는 세법규정에 근거하여 국민에게 세금을 부과·징수하여야하므로 국민은 세법에 근거하지 않은 세금에 대하여는 납부의무가 없다.

04 조세는 조세를 실제로 부담하는 자와 조세를 납부하는 자가 동일한지 여부에 따라 직접세와 간접세로 구분할 수 있는데, 다음 중 성격이 다른 하나는?

① 주세
② 개별소비세
③ 상속세
④ 부가가치세

05 ㈜삼일의 김삼일 부장은 신문을 읽던 중 다음과 같은 기사를 발견하였다.

> 앞으로는 경제자유구역에 입주하는 국내기업도 일정요건을 갖춘 경우 외국인 투자기업과 같이 조세감면을 받게 될 것으로 보인다.
>
> (중략)
>
> 정부가 경제자유구역에 입주하는 기업의 세제 및 자금지원 대상을 '외국인투자기업 및 대통령령으로 정하는 기업'으로 확대한 것이다.
> 이에 따라 경제자유구역에 진출하는 국내기업에 대해서도 조세를 감면하는 법적근거가 마련됐으며, 외투기업과 연관성이 높은 국내기업의 입주를 촉진해 구역별 산업특화 클러스터 조성이 기대되고 있다.

김삼일 부장은 기사 중 밑줄 친 부분을 읽고 '일정요건을 갖추어 조세를 감면받는 경우, 그 세액을 감면받은 후 관련 규정을 따르지 않으면 감면을 취소하고 추징할 수도 있겠지.'라고 생각하였다. 이러한 생각과 관련이 깊은 국세부과의 원칙으로 옳은 것은?

① 실질과세의 원칙
② 근거과세의 원칙
③ 신의성실의 원칙
④ 조세감면 사후관리의 원칙

06 다음 중 조세의 분류기준과 그 내용으로 옳지 않은 것은?

① 조세의 사용용도가 특정하게 지정되었는지에 따른 분류: 목적세, 보통세
② 조세를 부담하는 자와 납부하는 자가 동일한지 여부에 따른 분류: 직접세, 간접세
③ 조세를 부과하는 주체에 따른 분류: 국세, 지방세
④ 납세의무자의 인적사항이 고려되는지 여부에 따른 분류: 독립세, 부가세

07 다음 중 조세의 분류에 관한 대화로 옳지 않은 것은?

> 박부장: 조세는 누가 부과하느냐에 따라 국세와 지방세로 구분할 수 있습니다.
> 이과장: 조세수입의 사용용도가 특정하게 지정되었는지에 따라 목적세와 보통세로 구분할 수 있습니다.
> 김대리: 조세를 부담하는 자와 납부하는 자가 동일한지 여부에 따라 직접세와 간접세로 구분할 수 있습니다.
> 최사원: 독립된 세원이 있는지 여부에 따라 인세와 물세로 구분할 수 있습니다.

① 박부장
② 이과장
③ 김대리
④ 최사원

08 다음 중 국가 또는 지방자치단체의 결정에 따라 과세표준과 세액이 확정되는 부과과세제도를 채택하고 있는 조세를 모두 고르면?

> ㄱ. 상속세   ㄴ. 소득세   ㄷ. 부가가치세   ㄹ. 증여세   ㅁ. 법인세

① ㄱ, ㄴ
② ㄱ, ㄹ
③ ㄷ, ㄹ
④ ㄹ, ㅁ

09 다음 중 조세에 관한 설명으로 옳지 않은 것은?

① 간접세란 조세를 부담하는 자와 조세를 납부하는 자가 동일한 조세이다.
② 조세는 국가가 규정하는 법의 내용을 근거로 국민에게 징수하는 것으로 법에서 정하는 요건에 해당하는 국민은 자신의 의사와 관계없이 조세를 납부하여야 한다.
③ 국가는 법의 규정에 근거하지 아니하고 필요에 따라 국민으로부터 세금을 자유롭게 부과·징수할 수 없다.
④ 조세는 부과 주체에 따라 국세와 지방세로 구분할 수 있다.

10 국가 또는 지방자치단체가 국민에게 부과·징수하는 세금의 대상이 되는 소득, 재산 등을 무엇이라 하는가?

① 법인세　　　　　　　　　　　② 세원
③ 세법　　　　　　　　　　　　④ 세율

11 다음 중 납세의무자의 신고에 의하여 과세표준과 세액이 확정되는 신고납세제도를 채택하고 있는 조세를 모두 고르면?

> ㄱ. 법인세　　　ㄴ. 소득세　　　ㄷ. 부가가치세　　　ㄹ. 상속세　　　ㅁ. 증여세

① ㄱ, ㄴ, ㄹ　　　　　　　　　② ㄱ, ㄴ, ㄷ
③ ㄷ, ㄹ　　　　　　　　　　　④ ㄹ, ㅁ

12 다음 자료를 이용하여 산출세액을 계산하면 얼마인가?

> • 과세표준: 50,000,000원
> • 세율: 9%

① 4,500,000원　　　　　　　　② 6,000,000원
③ 7,000,000원　　　　　　　　④ 8,000,000원

13 다음 중 국세부과의 원칙에 관한 설명으로 옳은 것은?

① 국가는 해당 단체의 필요에 따라 수시로 국민에게 조세를 부과할 수 있다.
② 조세는 원칙적으로 과세관청의 합리적인 추정에 근거하여 부과하여야 한다.
③ 조세는 소득의 형식적인 귀속자를 기준으로 부과하는 것이다.
④ 납세자가 그 의무를 이행할 때에는 신의에 따라 성실하게 하여야 하며, 세무공무원이 직무를 수행할 때에도 또한 같다.

14 다음 중 국세부과의 원칙에 관한 설명으로 옳은 것은?

① 국세부과의 원칙 중 신의성실의 원칙은 조세를 납부하는 국민에 대하여만 해당되며, 조세를 부과·징수하는 국가에는 적용되지 않는다.
② 납세의무자가 장부를 갖추어 기록하고 있는 경우에는 해당 국세의 조새와 결정은 그 장부와 이에 관계되는 증거자료에 의하여야 한다.
③ 조세는 소득의 형식적인 귀속자를 기준으로 부과하는 것이다.
④ 국가가 직접 조사하여 세금을 부과하는 경우에는 조사한 사실을 해당 납세의무자에게 통보하여서는 아니된다.

15 다음 중 국세에 해당하는 것은?

① 지방소득세   ② 지방소비세
③ 부가가치세   ④ 재산세

16 다음은 국세청 인터넷 상담사례 내용이다.

> Q: 김삼일이라는 사람이 실제 사업을 하면서, 처남인 박삼이의 명의로 사업자등록을 한 경우, 해당 사업에서 발생한 소득은 누구의 것인가요?
>
> A: 김삼일이라는 사람이 실제 사업을 하면서, 처남인 박삼이의 명의로 사업자등록을 한 경우, 해당 사업에서 발생한 소득은 김삼일의 소득으로 간주하고 김삼일에게 세금을 부과·징수하도록 규정하고 있습니다. 감사합니다.

다음 국세부과의 원칙 중 위의 인터넷 상담사례 내용과 관련된 것은?

① 실질과세의 원칙   ② 신의성실의 원칙
③ 근거과세의 원칙   ④ 조세감면 후 사후관리

17 다음은 여러 가지 기준에 따른 조세의 분류 중 일부를 예시한 것이다.

기준	조세
조세를 부과하는 주체에 따른 분류	국세, 지방세
조세를 부담하는 자와 납부하는 자가 동일한지 여부에 따른 분류	직접세, 간접세
납세의무자의 인적사항이 고려되는지 여부에 따른 분류	인세, 물세

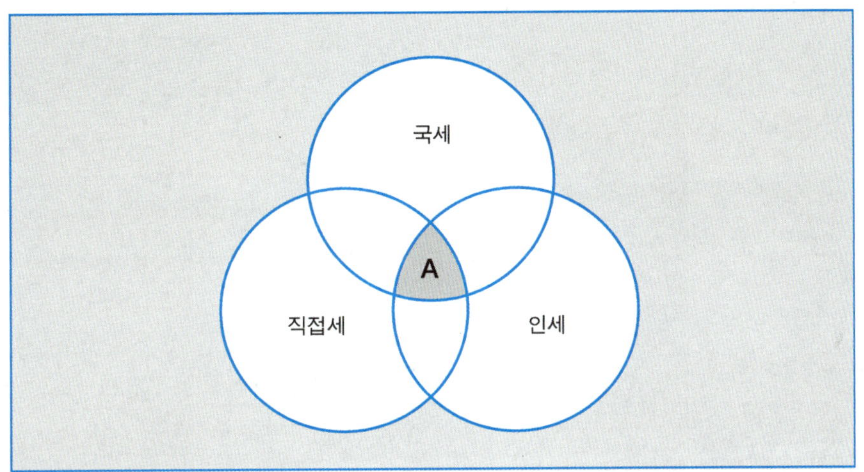

아래 그림의 A에 공통으로 해당하는 조세만으로 묶인 것으로 타당한 것은?

ㄱ. 법인세	ㄴ. 부가가치세	ㄷ. 소득세
ㄹ. 취득세	ㅁ. 재산세	ㅂ. 지방소비세

① ㄱ, ㄴ, ㄷ
② ㄱ, ㄷ
③ ㄱ, ㄷ, ㅂ
④ ㄱ, ㄷ, ㄹ, ㅁ, ㅂ

2

법인세

Ⅰ 법인세 총설

(1) 법인세의 종류

법인이 부담하는 법인세에는 다음과 같은 네 가지 종류가 있다.

1) 각 사업연도 소득에 대한 법인세

각 사업연도 소득에 대한 법인세란 법인이 1과세기간(대부분의 경우 1년임) 동안 얻은 소득에 대하여 부과하는 것으로서, 법인세 중 가장 기본이다.

2) 청산소득에 대한 법인세

청산소득에 대한 법인세란 법인이 해산(합병 또는 분할에 의한 해산 제외)으로 소멸시 청산과정에서 실현된 소득에 대하여 부과하는 법인세를 말한다.

3) 토지 등 양도소득에 대한 법인세

법인의 부동산 투기를 방지하기 위하여 법정 주택이나 비사업용토지 등(이하 "토지 등")의 양도로 소득이 발생하는 경우 각 사업연도 소득에 대한 법인세 외에 추가적으로 부과하는 법인세이다.

4) 미환류소득에 대한 법인세

미환류소득에 대한 법인세는 기업소득과 가계소득 간에 선순환을 유도하고자 한시적으로 도입한 법인세로서 상호출자제한기업집단에 속하는 내국법인에 한정하여 납세의무를 진다. 이때 미환류소득이란 「독점규제 및 공정거래에 관한 법률」에 따른 상호출자제한기업집단에 속하는 법인이 기업소득 중 일정금액 이상을 투자, 임금증가, 상생협력출연금 등으로 사회에 환류하지 않은 소득을 말한다.

(2) 법인세 납세의무자

법인세를 납부할 의무를 가지는 자는 법인이다. 따라서 법인의 소득에 대하여 부과되는 세금을 법인세라 하고 개인의 소득에 대하여 부과되는 세금을 소득세라고 한다. 법인세 납세의무자로서의 법인은 다음과 같이 구분할 수 있다.

1) 영리법인과 비영리법인

영리법인이란 일반적인 주식회사와 같이 이익을 얻기 위하여 사업을 영위하고 이러한 이익을 법인의 구성원에게 분배하는 것을 목적으로 하는 법인을 말한다. 반면에 비영리법인이란 학교·종교단체 등과 같이 이익추구를 목적으로 하지 아니하는 법인을 말한다. 영리법인은 법인에 귀속되는 모든 소득에 대해 법인세 납세의무를 지지만, 비영리법인은 법인세법이 규정하는 수익사업에서 발생하는 소득에 대하여만 법인세 납세의무를 진다.

2) 내국법인과 외국법인

법인의 본점(영리법인의 경우)이나 주사무소(비영리법인의 경우) 또는 사업의 실질적 지배관리장소를 국내에 둔 법인을 "내국법인"이라 하며, 외국에 둔 단체로서 일정한 기준에 해당하는 법인을 "외국법인"이라 한다. 내국법인은 국내외원천의 모든 소득에 법인세 납세의무를 지는 데 반해, 외국법인은 국내원천소득에 한하여 법인세 납세의무를 진다.

이상의 내용을 정리하면 법인의 종류는 다음과 같다.

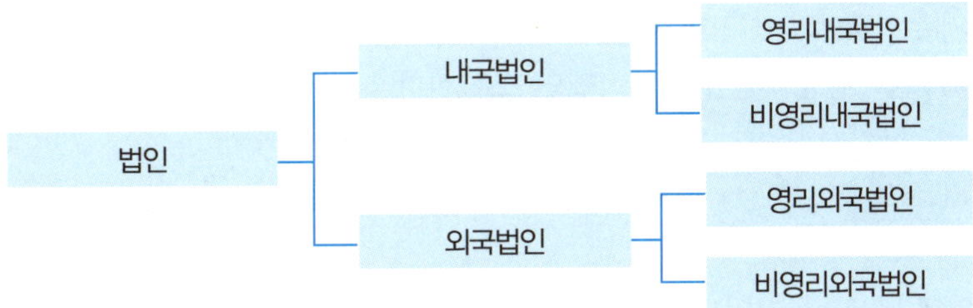

법인종류별 납세의무의 범위

구분	법인유형		각 사업연도의 소득	토지등 양도소득	미환류소득	청산소득
과세 법인	내국 법인	영리법인	국내외원천소득	○	○	○
		비영리법인	국내외원천소득 중 일정한 수익사업에서 발생한 소득	○	×	×
	외국 법인	영리법인	국내원천소득	○	×	×
		비영리법인	국내원천소득 중 일정한 수익사업에서 발생한 소득	○	×	×
비과세 법인	국가 · 지방자치단체 · 지방자치단체조합		×	×	×	×

* 내국법인 중 국가 · 지방자치단체 · 지방자치단체조합에 대해서는 법인세를 부과하지 않는다(법법 2 ③). 그러나 외국정부나 지방자치단체는 비과세법인이 아니며, 비영리외국법인으로서 우리나라의 법인세 납부의무를 진다는 점에 유의하여야 한다 (법법 1 (4)).

(3) 사업연도

법인의 소득은 끊임없이 발생하므로 이의 과세를 위해서는 소득을 일정기간 단위로 나누어 과세해야 한다. 법인세 과세를 위해 법인의 소득을 구획한 일정기간을 사업연도라고 한다. 일반적으로 사업연도는 법령 또는 법인의 정관 등에서 정하는 1회계기간으로 하되, 그 기간은 1년을 초과하지 못하도록 하고 있다. 실무적으로 우리나라 대부분의 법인은 1월 1일부터 12월 31일까지의 기간을 사업연도로 정하고 있다. 하지만, 법령 또는 법인의 정관 등에서 사업연도에 관한 규정이 없는 내국법인은 관할 세무서장에게 신고한 사업연도로 하되, 사업연도 신고를 하지 않은 경우 매년 1월 1일부터 12월 31일까지를 그 법인의 사업연도로 한다.

(4) 납세지

납세지란 법인세 납세의무자인 법인의 입장에서는 법인세를 신고 · 납부하는 기준이 되는 장소를 의미하고 법인세의 과세권자인 국가의 입장에서는 법인세를 부과 · 징수하는 기준이 되는 장소를 의미한다. 따라서 납세지는 법인의 관할 세무서를 정하는 기준이 된다.

다음 설명 중 옳지 않은 것은?
① 법인세를 납부할 의무가 있는 자는 법인이다.
② 법인은 영리를 추구하는지 여부에 따라 영리법인과 비영리법인으로 구분된다.
③ 국내에서 사업을 영위하는 모든 법인은 내국법인에 해당한다.
④ 납세지란 법인세 과세권자인 국가입장에서 법인세를 부과·징수하는 기준이 되는 장소를 의미한다.

③: 내국법인이란 국내에 본점이나 주사무소 또는 사업의 실질적 지배관리장소를 둔 법인을 말하므로, 국내에서 사업을 영위할지라도 외국에 본점이나 주사무소 또는 사업의 실질적인 지배관리장소를 둔 법인은 외국법인으로 분류된다.

1　각 사업연도 소득에 대한 법인세 총설

(1) 각 사업연도 소득에 대한 법인세 계산구조

각 사업연도 소득에 대한 법인세를 계산하는 전체적인 구조는 다음과 같으며, 이러한 내용은 법인이 세무조정을 수행하면서 작성하는 세무조정계산서상의 「법인세 과세표준 및 세액조정계산서」에 요약되어 나타난다.

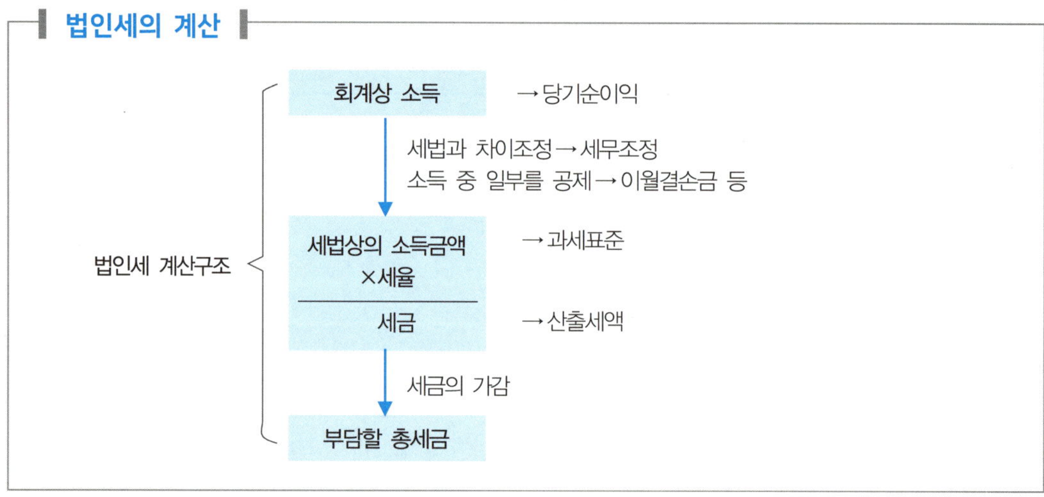

▌각 사업연도 소득에 대한 법인세 ▌

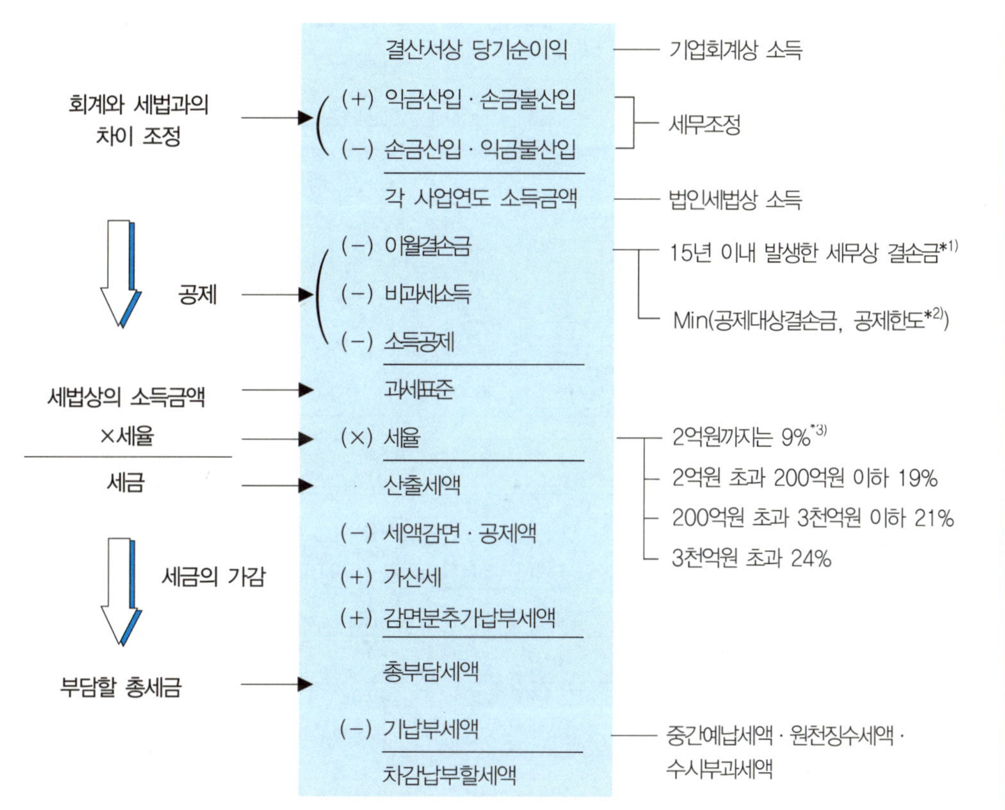

*1) 2020. 1. 1 전에 개시하는 사업연도에 발생한 결손금은 10년간 이월공제하고, 2020.1.1. 이후 개시하는 사업연도에 발생하는 결손금은 15년간 이월공제함.

*2) 이월결손금은 각 사업연도 소득의 80%(중소기업, 법원이 인가한 회생계획을 이행 중인 법인 등 일정한 법인은 100%)를 한도로 공제한다.

*3) 부동산 임대업을 주된 사업으로 하는 등의 다음의 요건을 모두 갖춘 특정법인(유동화전문회사 등 제외)은 200억원 이하 19%(2억원 이하도 19%임) `'25 개정`
   ① 해당 사업연도 종료일 현재 지배주주 등의 지분율이 50%를 초과할 것
   ② 해당 사업연도에 부동산임대업을 주된 사업으로 하거나 매출액 중 부동산 등의 임대수입금액(간주익금 포함), 이자소득, 배당소득의 합계액이 50% 이상일 것
   ③ 해당 사업연도의 상시근로자 수가 5명 미만일 것

법인세 과세표준 및 세액신고서

※ 뒤쪽의 신고안내 및 작성방법을 읽고 작성하여 주시기 바랍니다.　　　　(앞쪽)

① 사업자등록번호		② 법인등록번호	
③ 법인명		④ 전화번호	
⑤ 대표자성명		⑥ 전자우편주소	
⑦ 소재지			
⑧ 업태		⑨ 종목	⑩ 주업종코드
⑪ 사업연도	.　.　.　~　.　.　.	⑫수시부과기간	.　.　.　~　.　.　.

⑬ 법인 구분	1. 내국　2. 외국　3. 외투(비율　%)	⑭조정구분	1. 외부　2. 자기

⑮ 종류별 구분	중소기업	일반			당기순이익 과세	⑯외부감사대상	1. 해당　2. 미해당
		중견기업	상호출자 제한기업	그외기업			

		중소기업	중견기업	상호출자제한기업	그외기업	당기순이익과세	⑰신고구분
영리법인	상장법인	11	71	81	91		1. 정기신고
	코스닥상장법인	21	72	82	92		2. 수정신고(가. 서면분석, 나. 기타)
	기타법인	30	73	83	93		3. 기한후 신고
비영리법인		60	74	84	94	50	4. 중도폐업신고
							5. 경정청구

⑱ 법인유형별 구분		코드	⑲ 결산확정일	
⑳ 신고일			㉑ 납부일	
㉒ 신고기한 연장승인	1. 신청일		2. 연장기한	

구분	해당	미해당	구분	해당	미해당
㉓ 주식변동	1	2	㉔ 장부전산화	1	2
㉕ 사업연도의제	1	2	㉖ 결손금소급공제 법인세환급신청	1	2
㉗ 감가상각방법(내용연수)신고서 제출	1	2	㉘ 재고자산등평가방법신고서 제출	1	2
㉙ 기능통화 채택 재무제표 작성	1	2	㉚ 과세표준 환산시 적용환율		
㉛ 동업기업의 출자자(동업자)	1	2	㉜ 한국채택국제회계기준(K-IFRS)적용	1	2
㉝ 기능통화 도입기업의 과세표준 계산방법			㉞ 미환류소득에 대한 법인세 신고	1	2
㉟ 성실신고확인서 제출	1	2	㊱ 부동산임대업 주업법인	1	2

구분	법인세			
	법인세	토지 등 양도소득에 대한 법인세	미환류소득에 대한 법인세	계
㊲ 수입금액	(　　　　　　)			
㊳ 과세표준				
㊴ 산출세액				
㊵ 총부담세액				
㊶ 기납부세액				
㊷ 차감납부할세액				
㊸ 분납할세액				
㊹ 차감납부세액				

㊺ 조정반번호		㊼ 조정자	성　　　명	
㊻ 조정자관리번호			사업자등록번호	
			전　화　번　호	

국세환급금 계좌신고	㊽ 예입처	은행　　　　(본)지점
	㊾ 예금종류	예금
	㊿ 계좌번호	

신고인은 「법인세법」 제60조 및 「국세기본법」 제45조 · 제45조의2 · 제45조의3에 따라 위의 내용을 신고하며, 위 내용을 충분히 검토하였고 **신고인이 알고 있는 사실 그대로를 정확하게 적었음을 확인합니다.**

년　　　월　　　일

신고인(법　인)　　　　　　　　　　(인)

신고인(대표자)　　　　　　　　　　(서명 또는 인)

세무대리인은 조세전문자격자로서 위 신고서를 성실하고 공정하게 작성하였음을 확인합니다.

세무대리인　　　　　　　　　　(서명 또는 인)

세무서장 귀하

첨부서류	1. 재무상태표　2. 포괄손익계산서　3. 이익잉여금처분계산서 또는 결손금처리계산서 4. 현금흐름표(「주식회사 등의 외부감사에 관한 법률」 제2조에 따른 외부감사의 대상이 되는 법인인 경우에만 첨부합니다) 5. 세무조정계산서	수수료 없 음

210mm×297mm[백상지 80g/㎡ 또는 중질지 80g/㎡]

예 제

다음 자료를 이용하여 (주)삼일(법률상 중소기업)의 제21기(20X1. 1. 1.~20X1. 12. 31.)
「법인세 과세표준 및 세액조정계산서」를 작성하라. 단, 분납하지 않는다고 가정한다.
① 결산서상 당기순이익:　　100,000,000원
② 익금산입:　　　　　　　　30,000,000원
③ 손금산입:　　　　　　　　25,000,000원
④ 이월결손금:　　　　　　　10,000,000원 (공제요건 만족)
⑤ 비과세소득:　　　　　　　 5,000,000원
⑥ 중간예납세액:　　　　　　 1,000,000원
⑦ 원천납부세액:　　　　　　 2,000,000원
※ 법인세의 세율
　　과세표준 2억원 이하: 과세표준 × 9%

풀 이

뒷면 참조

사업 연도	· · · ~ · · ·	법인세 과세표준 및 세액조정계산서	법 인 명	
			사업자등록번호	

좌측

① 각 사업연도 소득계산	⑩ 결산서상 당기순손익	01	100 000 000
	소득조정 금액　⑩ 익 금 산 입	02	30 000 000
	⑩ 손 금 산 입	03	25 000 000
	⑭ 차 가 감 소 득 금 액 (⑩ + ⑩ - ⑩)	04	105 000 000
	⑩ 기 부 금 한 도 초 과 액	05	
	⑩ 기부금한도초과이월액 손금산입	54	
	⑩ 각 사업연도소득금액 (⑭ + ⑩ - ⑩)	06	105 000 000
② 과세표준 계산	⑩ 각 사업연도소득금액 (⑩ = ⑩)		105 000 000
	⑩ 이 월 결 손 금	07	10 000 000
	⑩ 비 과 세 소 득	08	5 000 000
	⑪ 소 득 공 제	09	
	⑫ 과 세 표 준 (⑩ - ⑩ - ⑩ - ⑪)	10	90 000 000
	⑩ 선 박 표 준 이 익	55	
③ 산출세액 계산	⑬ 과 세 표 준 (⑫ + ⑩)	56	90 000 000
	⑭ 세 율	11	9 %
	⑮ 산 출 세 액	12	8 100 000
	⑯ 지 점 유 보 소 득 (「법인세법」 제96조)	13	
	⑰ 세 율	14	
	⑱ 산 출 세 액	15	
	⑲ 합 계 (⑮ + ⑱)	16	8 100 000
④ 납부할 세액 계산	⑩ 산 출 세 액 (⑩ = ⑲)		8 100 000
	⑪ 최저한세 적용대상 공 제 감 면 세 액	17	
	⑫ 차 감 세 액	18	8 100 000
	⑬ 최저한세 적용제외 공 제 감 면 세 액	19	
	⑭ 가 산 세 액	20	
	⑮ 가 감 계 (⑫ - ⑬ + ⑭)	21	8 100 000
	기한내 납부세액　⑯ 중 간 예 납 세 액	22	1 000 000
	⑰ 수 시 부 과 세 액	23	
	⑱ 원 천 납 부 세 액	24	2 000 000
	⑲ 간접투자회사등의 외국납부세액	25	
	⑩ 소 계 (⑯ + ⑰ + ⑱ + ⑲)	26	3 000 000
	⑪ 신고납부전가산세액	27	
	⑫ 합 계 (⑩ + ⑪)	28	3 000 000

우측

	⑬ 감 면 분 추 가 납 부 세 액	29	
	⑭ 차 감 납 부 할 세 액 (⑮ - ⑫ + ⑬)	30	5 100 000

⑤ 토지등양도소득에 대한 법인세 계산	양도 차익　⑬ 등 기 자 산	31	
	⑬ 미 등 기 자 산	32	
	⑬ 비 과 세 소 득	33	
	⑬ 과 세 표 준 (⑬ + ⑬ - ⑬)	34	
	⑬ 세 율	35	
	⑭ 산 출 세 액	36	
	⑭ 감 면 세 액	37	
	⑫ 차 감 세 액 (⑭ - ⑭)	38	
	⑬ 공 제 세 액	39	
	⑭ 동업기업 법인세 배분액 (가산세 제외)	58	
	⑮ 가 산 세 액 (동업기업 배분액 포함)	40	
	⑯ 가 감 계 (⑫ - ⑬ + ⑭ + ⑮)	41	
	기납부세액　⑭ 수 시 부 과 세 액	42	
	⑭ ( ) 세 액	43	
	⑭ 계 (⑭ + ⑭)	44	
	⑩ 차감납부할세액 (⑯ - ⑭)	45	

⑥ 미환류소득 법인세	⑩ 과세대상 미환류소득	59	
	⑩ 세 율	60	
	⑬ 산 출 세 액	61	
	⑭ 가 산 세 액	62	
	⑮ 이 자 상 당 액	63	
	⑯ 납 부 할 세 액 (⑬ + ⑭ + ⑮)	64	

⑦ 세액계	⑮ 차 감 납 부 할 세 액 계 (⑭ + ⑩ + ⑯)	46	5 100 000
	⑫ 사실과 다른 회계처리 경정 세 액 공 제	57	
	⑬ 분 납 세 액 계 산 범 위 액 (⑮ - ⑭ - ⑬ - ⑯ - ⑫ + ⑪)	47	
	분납할 세액　⑭ 현 금 납 부	48	
	⑮ 물 납	49	
	⑯ 계 (⑭ + ⑮)	50	
	차감 납부 세액　⑰ 현 금 납 부	51	5 100 000
	⑱ 물 납	52	
	⑩ 계 (⑰ + ⑱) (⑩ = ⑮ - ⑫ - ⑯)	53	5 100 000

예 제

다음 자료를 이용하여 (주)삼일(법률상 중소기업)의 제21기(20X1. 1. 1. ~ 20X1. 12. 31.)
법인세 산출세액을 계산하여라.
1. 결산서상 당기순이익: 200,000,000원
2. 법인세법의 규정에 의한 세무조정사항
 ① 익금산입·손금불산입: 60,000,000원
 ② 손금산입·익금불산입: 40,000,000원
3. 제16기에 발생한 세무상 이월결손금: 10,000,000원
※ 법인세의 세율
 과세표준 2억원 초과 200억원 이하: 18,000,000원 + (2억원을 초과하는 금액 × 19%)

풀 이

1. 과세표준의 계산

결산서상 당기순이익	200,000,000원
익금산입·손금불산입	60,000,000원
손금산입·익금불산입	(40,000,000)원
각 사업연도 소득금액	220,000,000원
이월결손금	(10,000,000)원
과세표준	210,000,000원

2. 법인세 산출세액
18,000,000원+(210,000,000원−200,000,000원)×19%=19,900,000원

(2) 세무조정

1) 세무조정의 개념

 법인의 결산서상 당기순이익은 회계상 수익에서 비용을 차감하여 산출되며, 법인세법상 각 사업
연도 소득금액은 법인세법상의 수익인 익금에서 법인세법상 비용인 손금을 차감하여 산출된다.
 따라서 법인은 결산서상 당기순이익을 산출하는 장부와 법인세법상 각 사업연도 소득금액을 산
출하는 장부를 따로따로 만들어야 할 것으로 생각할 수 있다. 그러나 법인세법상의 익금 및 손금과
회계상의 수익 및 비용은 약간의 차이를 제외하면 거의 일치하기 때문에 실무적으로 법인은 회계장
부만을 작성하고 있다.

　그러면 법인세법상 각 사업연도 소득금액은 어떻게 산출하는가? 실무적으로 법인의 각 사업연도 소득금액은 결산서상의 당기순이익에서 출발하여 법인세법과 회계상의 차이를 조정하는 방법을 통하여 산출하고 있다.

　이와 같이 결산서상의 당기순이익에서 법인세법상의 각 사업연도 소득금액을 산출하는 과정을 세무조정이라고 한다.

2) 수익 · 비용과 익금 · 손금의 관계

회계상의 수익 · 비용과 법인세법상의 익금 · 손금의 관계는 다음과 같다.

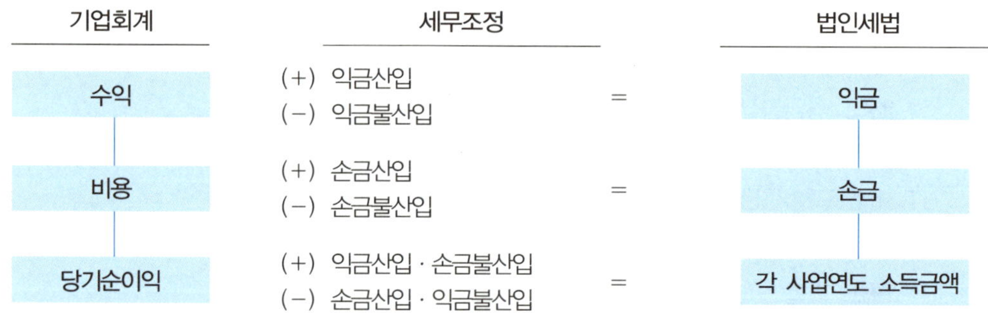

　위의 그림에서 보는 바와 같이 각 사업연도 소득금액은 결산서상 당기순이익에 익금산입 · 손금불산입사항을 가산하고 손금산입 · 익금불산입사항을 차감하여 산출된다. 따라서 세무조정이란 익금산입 · 익금불산입사항 및 손금산입 · 손금불산입사항을 도출하는 과정이라고 요약할 수도 있다.

❑ **세무조정**

① 익금산입　 : 회계상 수익으로 계상되지 않았으나 법인세법상 익금에 해당하는 항목
② 익금불산입: 회계상 수익으로 계상되었으나 법인세법상 익금에 해당하지 않는 항목
③ 손금산입　 : 회계상 비용으로 계상되지 않았으나 법인세법상 손금에 해당하는 항목
④ 손금불산입: 회계상 비용으로 계상되었으나 법인세법상 손금에 해당하지 않는 항목

---

3) 세무조정사항

　세무조정사항은 결산조정사항과 신고조정사항으로 구분할 수 있으며, 이러한 세무조정사항을 집계하는 표가 「소득금액조정합계표」이다. 여기서 집계된 가산조정금액과 차감조정금액은 「법인세 과세표준 및 세액조정계산서」에 그대로 옮겨진다.

① 결산조정사항

　'결산조정사항'이란 결산서에 비용으로 계상하지 않은 경우에 손금산입(신고조정)의 세무조정을 할 수 없는 항목을 말한다. 결산조정항목은 모두 현금지출을 수반하지 않는 손금에 관련된 사항인 바, 그 이유는 기업이 장부에 손금계상을 누락시켜 결산상 당기순이익은 크게 표시하고 세무조정(신고조정)에 의한 손금산입을 통해 과세소득은 작게 하는 등 인위적인 손익의 조작 및 세금 회피를 방지하기 위하여 손금은 가능한 장부에의 계상을 원칙으로 하기 때문이다. 예를 들어, 법인이 퇴직급여충당금을 계상하지 않거나 과소계상한 경우에는 손금산입의 세무조정을 할 수 없다. 이러한 결산조정사항의 예로는 감가상각비, 대손충당금 등이 있다.

② 신고조정사항

　'신고조정사항'이란 결산서에 수익 및 비용으로 계상하지 않은 경우에 반드시 세무조정(익금산입·손금산입)을 하여야 하는 항목(임의조정사항은 손금산입의 세무조정 선택)을 말한다. 익금항목은 모두 신고조정사항이며, 결산조정사항 이외의 손금항목도 신고조정사항이다. 결산조정사항으로 규정된 것을 제외하면 모두 신고조정사항으로서 단순신고조정항목과 잉여금처분에 의한 신고조정항목으로 구분된다. 이러한 잉여금처분에 의한 신고조정사항의 예로는 고유목적사업준비금, 비상위험준비금, 조세특례제한법상의 준비금 등을 들 수 있다.

결산조정항목과 신고조정항목의 비교

구분	결산조정항목	신고조정항목
의의	인위적인 손익의 조작 및 세금회피를 방지하기 위하여 결산상 비용으로 계상하는 경우에만 손금으로 인정되는 항목	결산서에 수익 및 비용으로 계상하지 않은 경우 세무조정을 할 수 있는 항목
대상	현금지출이 수반되지 않는 비용으로 법에서 정하는 일정항목	모든 익금항목 및 결산조정사항 이외의 손금항목
결산서상 누락한 경우	세무조정(손금산입)할 수 없음	반드시 세무조정 실시하여야 함(임의조정사항은 손금산입의 세무조정 선택)
손금 귀속시기	결산상 비용으로 회계처리 하는 사업연도(손금귀속시기의 선택 가능)	법에서 정하는 귀속시기가 속하는 사업연도(손금귀속시기의 선택 불가)
예시	감가상각비, 퇴직급여충당금, 대손충당금 등	퇴직연금충당금, 고유목적사업준비금, 조세특례제한법상 준비금 등

법인세법 시행규칙 [별지 제15호 서식] 〈2022. 3. 18. 개정〉　　　　　　　　　　　　　　　　　　　　(앞쪽)

| 사업
연도 | ・ ・ ・
~
・ ・ ・ | 소득금액조정합계표 | 법 인 명 | |
| | | | 사업자등록번호 | |

익금산입 및 손금불산입					손금산입 및 익금불산입				
①과 목	②금 액	③소득처분			④과 목	⑤금 액	⑥소득처분		
		처분	코드				처분	코드	
합 계					합 계				

예 제

다음 자료를 이용하여 (주)삼일(법률상 중소기업)의 제10기 「소득금액조정합계표」를 작성하라.
① 익금산입·손금불산입
　기업업무추진비한도초과액:　10,000,000원
　임원상여금한도초과액:　　5,000,000원
　감가상각비한도초과액:　15,000,000원
　퇴직급여충당금한도초과액:　6,000,000원
② 손금산입·익금불산입
　단기매매증권평가이익:　　8,000,000원
　미수이자:　　　　　　　5,000,000원

풀 이

하단 참조

[별지 제15호 서식]

<table>
<tr><td rowspan="2">사업
연도</td><td rowspan="2">· · ·
~
· · ·</td><td rowspan="2" colspan="2">소득금액조정합계표</td><td>법 인 명</td><td>(주)삼일</td></tr>
<tr><td>사업자등록번호</td><td></td></tr>
</table>

익금산입 및 손금불산입					손금산입 및 익금불산입				
① 과　목	② 금　액	③ 소득처분			④ 과　목	⑤ 금　액	⑥ 소득처분		
			처분	코드				처분	코드
기업업무추진비한도초과액	10,000,000		기타사외유출	500	단기매매증권평가이익	8,000,000		유보	100
임원상여금한도초과액	5,000,000		상여	100	미수이자	5,000,000		유보	100
감가상각비한도초과액	15,000,000		유보	400					
퇴직급여충당금한도초과액	6,000,000		유보	400					
합　계	36,000,000				합　계	13,000,000			

다음 설명 중 옳지 않은 것은?
① 법인세법상의 각 사업연도 소득금액은 법인세법상 수익인 익금에서 법인세법상의 비용인 손금을 차감하여 산출된다.
② 실무적으로 법인은 회계장부와 법인세장부를 별도로 작성·관리하고 있다.
③ 세무조정이란 익금산입·익금불산입사항 및 손금산입·손금불산입사항을 도출하는 과정이라고 요약할 수 있다.
④ 세무조정사항은 결산조정사항과 신고조정사항으로 구분할 수 있다.

풀 이

②: 법인세법상의 익금 및 손금과 회계상의 수익 및 비용은 약간의 차이를 제외하면 거의 일치하기 때문에 실무적으로 법인은 회계장부만을 작성·관리하고 있다.

다음은 세무조정 사항 중 무엇에 대한 설명에 해당하는가?
① 회계상 수익으로 계상되지 않았으나 법인세법상 익금에 해당하는 항목
  : (   )
② 회계상 수익으로 계상되었으나 법인세법상 익금에 해당하지 않는 항목
  : (   )
③ 회계상 비용으로 계상되지 않았으나 법인세법상 손금에 해당하는 항목
  : (   )
④ 회계상 비용으로 계상되었으나 법인세법상 손금에 해당하지 않는 항목
  : (   )

풀 이

① 익금산입   ② 익금불산입
③ 손금산입   ④ 손금불산입

심화학습

다음 자료에 의하여 (주)삼일(법률상 중소기업)의 제21기 법인세 과세표준 및 세액조정계산서를 작성하시오. 단, 분납은 고려하지 아니한다.

1. 손익계산서상 당기순이익은 ₩190,000,000이다.

2. 세무조정결과는 다음과 같다.

   ① 익금산입, 손금불산입항목: 총 ₩40,000,000

   ② 손금산입, 익금불산입항목: 총 ₩10,000,000

3. 당기말 현재 이월된 세무상 이월결손금은 ₩5,000,000이다.(공제요건 만족)

4. 회사의 외국납부세액공제액은 ₩1,500,000이다.

5. 당기 중 원천납부한 세액은 ₩500,000이다.

6. 당기 중 중간예납세액은 ₩8,000,000이다.

   ※ 법인세의 세율

   과세표준 2억원 초과 200억원 이하: 18,000,000원 + (2억원을 초과하는 금액 × 19%)

[별지 제3호 서식]

사업연도	~	법인세 과세표준 및 세액조정계산서	법인명	(주)삼일
			사업자등록번호	

① 각 사업연도 소득계산	항목		번호	금액
	⑩ 결산서상당기순손익		01	190 000 000
	소득조정금액	⑩ 익금산입	02	40 000 000
		⑩ 손금산입	03	10 000 000
	⑩ 차가감소득금액(⑩ + ⑩ − ⑩)		04	220 000 000
	⑩ 기부금한도초과액		05	
	⑩ 기부금한도초과이월액손금산입		54	
	⑩ 각 사업연도소득금액(⑩+⑩−⑩)		06	220 000 000

② 과세표준계산	항목	번호	금액
	⑩ 각사업연도소득금액(⑩=⑩)		220 000 000
	⑩ 이월결손금	07	5 000 000
	⑩ 비과세소득	08	
	⑪ 소득공제	09	
	⑫ 과세표준(⑩−⑩−⑩−⑪)	10	215 000 000
	⑮ 선박표준이익	55	

③ 산출세액계산	항목	번호	금액
	⑬ 과세표준(⑫+⑮)	56	215 000 000
	⑭ 세율	11	19 %
	⑮ 산출세액	12	20 850 000
	⑯ 지점유보소득(「법인세법」 제96조)	13	
	⑰ 세율	14	
	⑱ 산출세액	15	
	⑲ 합계(⑮+⑱)	16	20 850 000

④ 납부할세액계산			항목	번호	금액
		⑳ 산출세액(⑳ = ⑲)			20 850 000
		㉑ 최저한세 적용대상 공제감면세액		17	
		㉒ 차감세액		18	20 850 000
		㉓ 최저한세 적용제외 공제감면세액		19	1 500 000
		㉔ 가산세액		20	
		㉕ 가감계(㉒−㉓+㉔)		21	19 350 000
	기납부세액	기한내납부세액	㉖ 중간예납세액	22	8 000 000
			㉗ 수시부과세액	23	
			㉘ 원천납부세액	24	500 000
			㉙ 간접투자회사등의 외국납부세액	25	
			⑬ 소 계(㉖+㉗+㉘+㉙)	26	8 500 000
		⑬ 신고납부전가산세액		27	
		⑬ 합계(⑬+⑬)		28	8 500 000

	항목	번호	금액
	⑬ 감면분추가납부세액	29	
	⑬ 차감납부할세액(㉕−⑬+⑬)	30	10 850 000

⑤ 토지등양도소득에 대한 법인세 계산	양도차익	⑬ 등기자산	31	
		⑬ 미등기자산	32	
	⑬ 비과세소득		33	
	⑬ 과세표준(⑬+⑬−⑬)		34	
	⑬ 세율		35	
	⑭ 산출세액		36	
	⑭ 감면세액		37	
	⑫ 차감세액(⑭−⑭)		38	
	⑬ 공제세액		39	
	⑭ 동업기업 법인세 배분액(가산세 제외)		58	
	⑮ 가산세액(동업기업 배분액 포함)		40	
	⑯ 가감계(⑫−⑬+⑭+⑮)		41	
	기납부세액	⑰ 수시부과세액	42	
		⑱ ( ) 세액	43	
		⑲ 계(⑰+⑱)	44	
	⑮ 차감납부할세액(⑯−⑲)		45	

⑥ 미환류소득 법인세	항목	번호	금액
	⑯ 과세대상 미환류소득	59	
	⑯ 세율	60	
	⑯ 산출세액	61	
	⑯ 가산세액	62	
	⑯ 이자상당액	63	
	⑯ 납부할세액(⑯+⑯+⑯)	64	

⑦ 세액계		항목	번호	금액
		⑮ 차감납부할 세액계(⑬+⑮+⑯)	46	10 850 000
		⑮ 사실과 다른 회계처리 경정 세액 공제	57	
		⑮ 분납세액계산범위액(⑮−㉔−⑬−⑮−⑮+⑬)	47	10 850 000
	분납할세액	⑮ 현금납부	48	
		⑮ 물납	49	
		⑮ 계(⑮+⑮)	50	
	차감납부세액	⑮ 현금납부	51	
		⑮ 물납	52	
		⑯ 계(⑮ +⑮) (⑯=(⑮−⑮−⑮))	53	10 850 000

210mm×297mm[백상지 80g/㎡ 또는 중질지 80g/㎡]

① 각사업연도소득계산	소득조정금액	⑩ 결산서상당기순손익	01	190,000,000
		⑩ 익금산입	02	40,000,000
		⑩ 손금산입	03	10,000,000
	⑩ 차가감소득금액(⑩+⑩−⑩)		04	220,000,000
	⑩ 기부금한도초과액		05	0
	⑩ 기부금한도초과이월액손금산입		54	0
	⑩ 각사업연도소득금액(⑩+⑩−⑩)		06	220,000,000

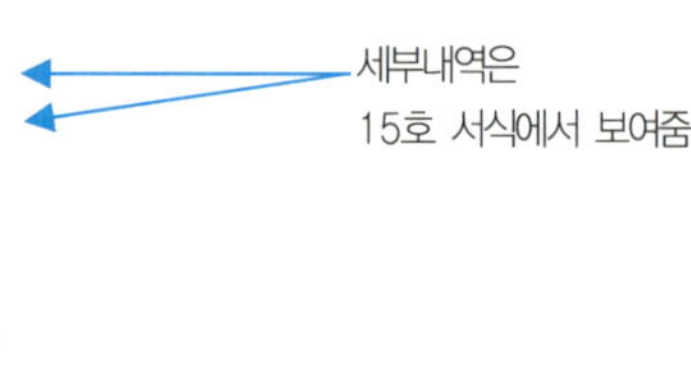

[별지 제15호 서식]

사업연도	~	소득금액조정합계표		법인명	(주)삼일
				사업자등록번호	

익금산입 및 손금불산입				손금산입 및 익금불산입			
① 과목	② 금액	③ 소득처분		④ 과목	⑤ 금액	⑥ 소득처분	
		처분	코드			처분	코드
법인세비용	10,000,000	기타사외유출	500	미수이자	5,000,000	유보	100
기업업무추진비한도초과액	5,000,000	기타사외유출	500	재고자산평가이익	5,000,000	유보	100
감가상각부인액	5,000,000	유보	400				
임원상여금한도초과액	8,000,000	상여	100				
대손충당금한도초과액	12,000,000	유보	400				
합 계	40,000,000			합 계	10,000,000		

① 각사업연도소득계산	소득조정금액	⑩ 결산서상당기순손익	01	190,000,000
		⑩ 익금산입	02	40,000,000
		⑩ 손금산입	03	10,000,000
	⑩ 차가감소득금액(⑩+⑩−⑩)		04	220,000,000
	⑩ 기부금한도초과액		05	0
	⑩ 기부금한도초과이월액손금산입		54	0
	⑩ 각사업연도소득금액(⑩+⑩−⑩)		06	220,000,000

(3) 소득처분

1) 소득처분의 의의

결산서상 당기순이익은 주주총회의 결의에 따라 처분되는 방식이 결정되며, 처분유형은 처분되는 이익의 귀속에 따라 법인의 외부로 이익이 유출되는 방식(주주에 대한 배당금의 지급)과 법인의 내부에 이익이 유보되는 방식(준비금의 적립 등)으로 구분할 수 있다.

이와 마찬가지로 법인세법상 각 사업연도 소득금액에 대하여도 그 처분방식을 구분하여야 하는데, 법인의 각 사업연도 소득금액은 결산서상 당기순이익에 세무조정사항을 조정하여 산출된다. 여기서, 결산서상 당기순이익의 처분은 이미 주주총회에서 결정되었기 때문에 세무조정사항의 처분유형만을 추가로 확인하면 각 사업연도 소득금액에 대한 처분유형을 결정할 수 있는 것이다.

이와 같이 세무조정사항에 대한 처분유형을 확인하여 이의 귀속을 확인하는 절차를 소득처분이라고 하며, 이는 「소득금액조정합계표」의 처분란에 표시된다.

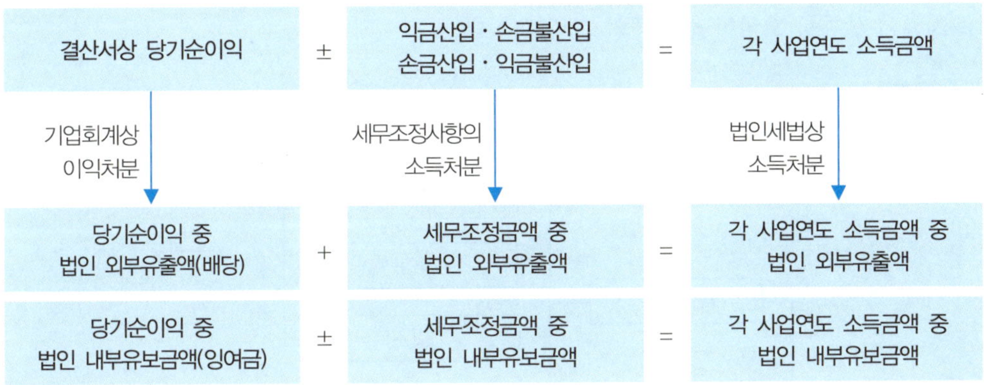

예 제

다음 설명 중 옳지 않은 것은?
① 결산서상 당기순이익의 처분은 주주총회 결의에 따라 결정된다.
② 주주에 대한 배당금 지급은 법인이익의 사내유보 유형 중의 대표적인 예이다.
③ 세무조정사항에 대한 처분유형을 확인하여 이의 귀속을 확인하는 절차를 소득처분이라고 한다.
④ 소득처분의 내용은 법인의 세무조정계산서 중 「소득금액조정합계표」의 처분란에 표시된다.

풀 이

②: 배당금의 지급은 법인이익의 사외유출 유형 중의 대표적인 예에 해당하며, 적립금의 적립 등이 사내유보 유형에 해당된다.

익금산입 및 손금불산입				
① 과 목	② 금 액		③ 소득처분	
			처분	코드
법인세비용	10 000 000		기타사외유출	500
기업업무추진비한도초과액	5 000 000		기타사외유출	500
감가상각부인액	5 000 000		유보	400
임원상여금한도초과액	8 000 000		상여	100
대손충당금한도초과액	12 500 000		유보	400

2) 소득처분의 종류

소득처분의 종류를 요약하면 아래의 그림과 같다.

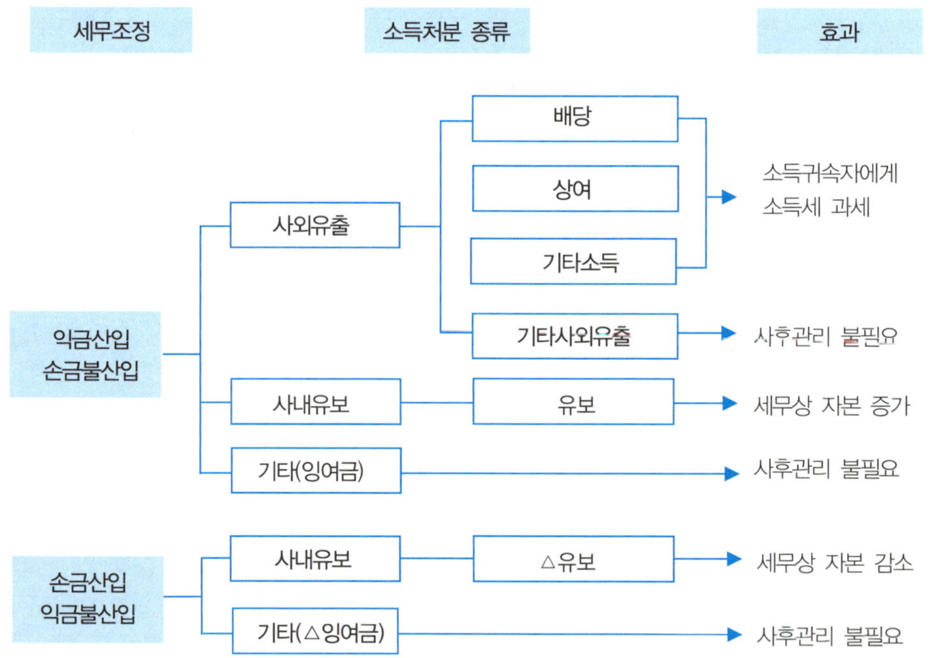

① 사외유출

사외유출이란 익금산입·손금불산입항목 중에서 법인의 외부로 유출된 항목을 의미하며, 이러한 사외유출의 소득귀속자에게는 소득세 또는 법인세가 부과된다.

㉠ 사외유출의 유형: 사외유출은 소득의 귀속자에 따라 다음과 같은 소득으로 과세된다.

소득의 종류	귀속자	귀속자에 대한 과세조치
배당	주주 또는 출자자	배당소득으로 과세
상여	임원[1] 또는 직원	근로소득으로 과세
기타사외유출	법인 또는 개인사업자	과세조치 없음(귀속자의 소득에 포함되어 자동과세됨)[2]
기타소득	위 외의 자	기타소득으로 과세

[1] 출자자인 임원 포함.
[2] 소득의 귀속자가 법인 또는 개인사업자인 경우 세무조정에 의하여 처분된 소득이 법인 또는 개인사업자의 소득에 포함되어 법인세 또는 소득세가 자동적으로 과세되므로 이를 다시 과세하게 되면 이중과세문제가 발생한다. 따라서 기타사외유출로 처분하고 귀속자에 대하여 추가로 과세하지는 않는 것이다.

㉡ 사외유출의 소득귀속자가 불분명한 경우: 법인이 결산시 비용으로 계상하였으나 사외유출의 소득귀속자가 불분명한 경우에는 법인의 대표자에 대한 상여로 처분된다.

㉢ 항상 기타사외유출로 처분되는 경우: 소득의 귀속자에 관계없이 항상 기타사외유출로 처분되는 항목들에는 다음과 같은 사항들이 있다. 각 항목의 자세한 내용은 교재의 해당 부분을 참조하기 바란다.
ⓐ 임대보증금에 대한 간주임대료
ⓑ 특례기부금 및 일반기부금 한도초과액
ⓒ 기업업무추진비한도초과액
ⓓ 업무무관자산 등 관련 이자
ⓔ 채권자불분명 사채이자 및 비실명 채권·증권이자에 대한 원천징수세액 상당액

② 유보(또는 △유보)

유보란 익금산입·손금불산입한 세무조정 금액의 효과가 사외로 유출되지 않고 사내에 남아 법인의 순자산을 증가시키는 소득처분을 의미한다. 반대로 △유보란 손금산입·익금불산입 세무조정 사항이 법인 내부에 남아 법인의 세무상 순자산을 감소시키는 경우의 소득처분을 말한다.

이러한 유보(또는 △유보)는 기업회계와 법인세법간의 자산 및 부채에 대한 평가방법 또는 손익의 귀속시기에 대한 차이로부터 발생하게 되므로 차기 사업연도 이후에 반대의 세무조정인 △유보(또는 유보)에 의하여 상쇄되어 없어진다. 따라서 유보(또는 △유보)사항은 사후적인 관리가 필요하며, 이를 관리하는 표가 「자본금과 적립금조정명세서(을)표」이다.

사 업 연 도	·　·　· ~ ·　·　·	자본금과 적립금조정명세서(을)		법인명	

※ 관리번호 □□ - □□　　　　사업자등록번호 □□□ - □□ - □□□□□

※ 표시란은 기입하지 마십시오.

세무조정유보소득 계산

① 과목 또는 사항	② 기초잔액	당 기 중 증 감		⑤ 기말잔액 (익기초현재)	비　　고
		③ 감　소	④ 증　가		
합　　계					

❑ 소득처분-유보

세무조정사항 중에는 사외로 유출되지 않고도 세무조정이 발생되는 사항들이 있음.

20X1

기존의 재고자산(예: 의자 2개)의 시장가격이 상승하여 재고자산 평가이익을 회사가 계상한 경우

→ 회계상 이익(회계상 인정되지 아니하나 회사가 임의로 계상함)

세법에서는 권리의무 확정주의에 따라 실제로 판매가 되었을 경우에만 이익으로 인정됨.

→ 세법상 익금은 아님.

20X1

세무조정 발생

회계상 이익으로 계상한 5,000,000원을 불인정함.

〈익금불산입〉

재고자산평가이익　　　5,000,000

손금산입 및 익금불산입			
④ 과　　　목	⑤ 금　　　액	⑥ 소득처분	
		처분	코드
재고자산평가이익	5,000,000	유보	100

20X2

사후의 사건발생

만약 다음 해에 의자가 1개 판매되었다면 2,500,000에 해당되는 이익은 다음 해에 실현된 것임.

→ 세무조정 발생
회계상 이익을 계상하지 않았으나 세법상 익금이 발생함.

〈익금산입〉
재고자산평가이익　　　2,500,000

익금산입 및 손금불산입			
① 과　　　목	② 금　　　액	③ 소득처분	
		처분	코드
재고자산평가이익	2,500,000	유보	400

20X1
소득처분(유보) 관리

세무조정사항 중 사외로 유출되지 않는 부분은 회사 내에서 관리되다가 어느 시점이 되면 반드시 해소가 되도록
되어 있음.

따라서 회사에서는 이를 별도로 관리할 필요가 있는데 이를 유보로 처분하여 관리하면 됨.

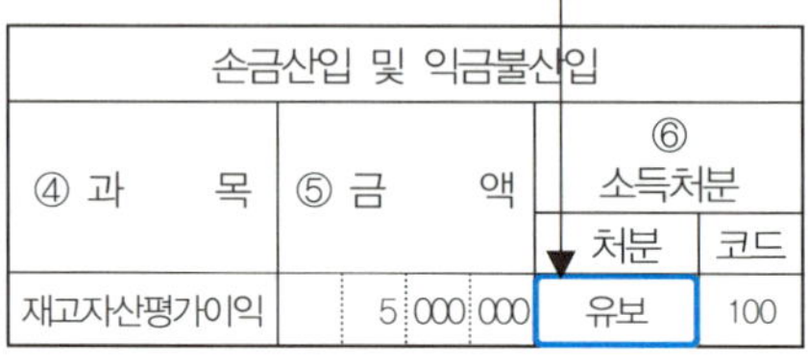

손금산입 및 익금불산입			
④ 과 목	⑤ 금 액	⑥ 소득처분	
		처분	코드
재고자산평가이익	5 000 000	유보	100

❑ 소득처분–유보의 사후 관리

회사 외부로 유출되지 않은 세무조정사항은 별도로 관리가 되어야 함.

20X1년 15호 서식

재고자산평가이익	5 000 000	유보	100

20X1년 50호의 을 서식

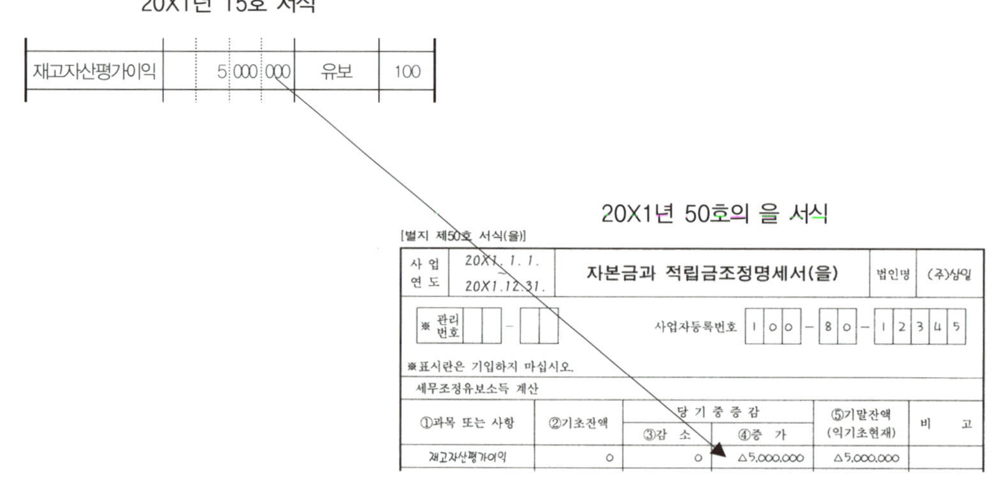

20X1년 50호의 을 서식

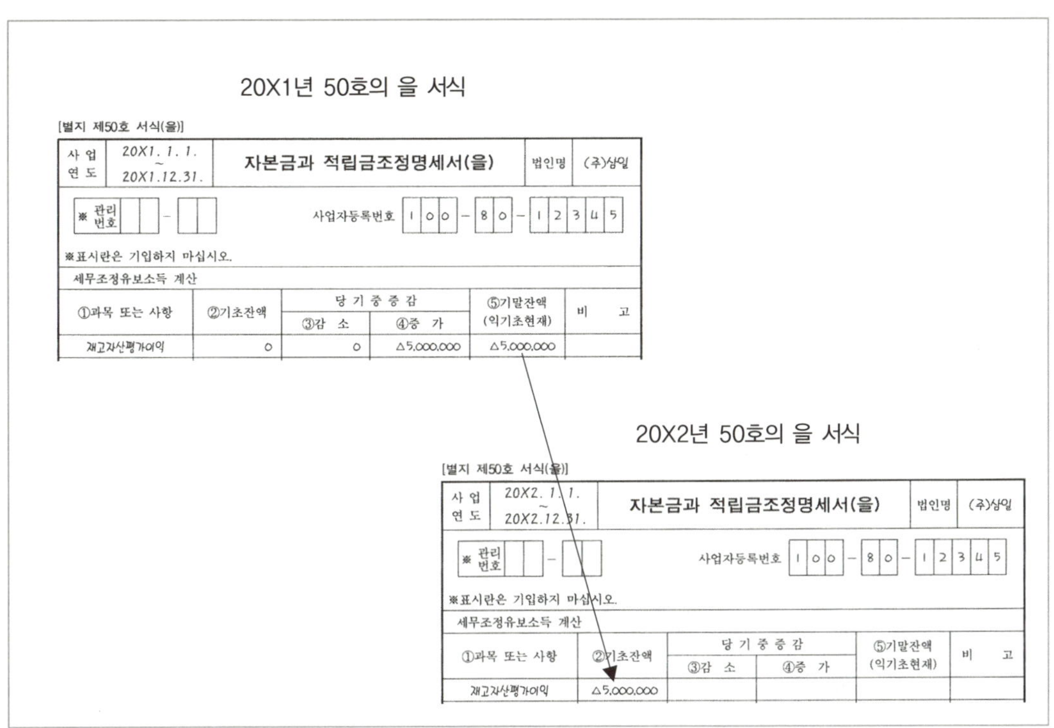

20X2년 15호 서식

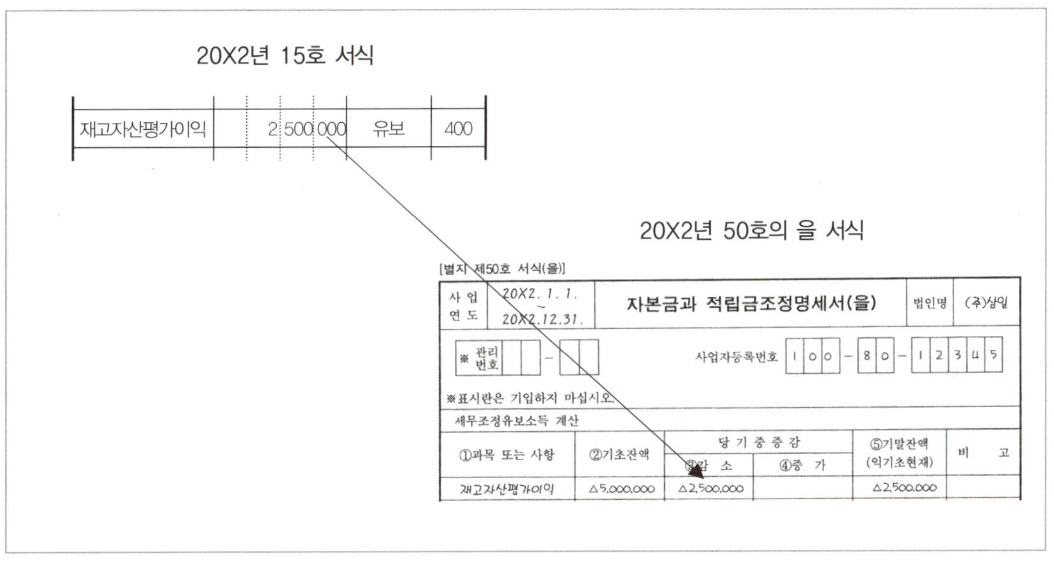

다음의 자료를 기초로 단기매매증권에 대한 회계상 분개와 법인세법상 세무조정을 수행하라.
- 취득가액: 1,000,000원
- 결산시 시가: 800,000원

풀 이

1. 회계상 결산분개

    (차) 단기매매증권평가손실 200,000*　　(대) 단기매매증권　　　　　　200,000

    * 회계상 단기매매증권은 결산시 시가로 평가하여야 한다.
      (1,000,000원−800,000원=200,000원)

2. 세무조정

    (손금불산입) 단기매매증권평가손실　200,000(유보)*

    * 법인세법상 단기매매증권은 취득가액으로 평가하여야 하므로, 회계상 계상한 단기매매증권평가손실을 손금
      불산입한다. 또한 동 세무조정금액은 사외유출되지 아니하고 세무상 순자산을 증가시키므로 유보로 소득처
      분되는 것이다.

예제2

위의 단기매매증권을 다음 사업연도에 1,000,000원에 처분하였다. 회계상 분개와 법인세법상
세무조정을 수행하라.

풀 이

1. 회계상 분개

    (차) 현금　　　　　　1,000,000　　(대) 단기매매증권　　　　800,000*
    　　　　　　　　　　　　　　　　　　　단기매매증권처분이익　　200,000

    * 회계상 단기매매증권은 직전사업연도의 결산시 시가(800,000원)로 평가되었다.

2. 세무조정

    (익금불산입) 단기매매증권처분이익　200,000(△유보)*

    * 법인세법상 단기매매증권의 가액은 1,000,000원이므로 단기매매증권처분이익이 발생하지 아니한다.
      따라서 회계상 계상한 단기매매증권처분이익을 익금불산입한다. 이와 같이 유보사항은 차기 사업연도
      이후에 상쇄되는 거래가 발생하여 그 효과가 없어지게 된다.

③ 기타(잉여금 또는 △잉여금)

기타의 처분은 세무조정의 효과가 유보와 마찬가지로 법인 내에 남아 있으나 회계상의 자산 및 부채가 법인세법상의 자산 및 부채와 동일한 경우에 행하는 소득처분이다.

예 제

다음의 자료를 기초로 자기주식에 대한 회계상 분개와 세무조정을 수행하라.
- 장부상 가액: 1,000,000원
- 처분가액: 1,500,000원

풀 이

1. 회계상 분개

(차) 현금　　　　　　1,500,000　　(대) 자기주식　　　　　1,000,000
　　　　　　　　　　　　　　　　　　　자기주식처분이익　　　500,000*

＊ 회계상 자기주식처분이익은 결산서상 당기순이익 항목이 아니라 자본잉여금 항목에 해당한다.

2. 세무조정

(익금산입) 자기주식처분이익　500,000(기타)*

＊ 법인세법상 자기주식처분이익은 익금항목이므로 각 사업연도 소득금액에 포함되어야 한다. 그러나 동 금액이 결산서상 당기순이익에 포함되지 아니하였으므로, 세무조정을 통하여 익금에 더하는 것이다. 한편, 자본잉여금(회계상)이나 익금(법인세법상)은 모두 자본항목의 증가에 해당하기 때문에, 회계와 법인세법상 자산 및 부채금액의 차이는 발생하지 않는다. 이와 같은 경우에 행하는 소득처분이 바로 「기타」이다.

(1) 손익의 귀속시기

1) 일반원칙

법인세는 법인의 해당 사업연도의 익금과 손금을 기준으로 계산되는 것이므로 익금과 손금이 귀속되는 사업연도를 결정하는 것이 법인세계산에 있어서 아주 중요한 사항이 된다. 손익 귀속시기의 중요성을 확인할 수 있는 예를 들어 보자. 20X1년의 과세표준은 2억 1,000만원이고 20X2년의 과세표준은 1억 8,000만원일 경우 20X1년의 익금산입액 중 1,000만원을 20X2년의 익금으로 귀속시킨다면 어떻게 될까? 20X1년의 과세표준은 2억원이 되고, 20X2년의 과세표준은 1억 9,000만원이 되며, 20X1년에 1,000만원에 대해서 19%의 세율이 적용될 것이었으나 20X2년에 9%의 세율이 적용되어 100만원(1,000만원 × (19%－9%))의 세금을 회피할 수 있을 것이다. 따라서 손익의 인위적 분산을 방지하여 세부담의 조작을 막고 과세의 공평을 기하기 위해서는 손익이 어느 사업연도에 귀속되는가를 결정하는 기준이 필요한데, 법인세법에서는 권리의무확정주의에 따라 익금의 권리와 손금의 의무가 확정된 사업연도에 익금과 손금을 인식하며 세법에 규정이 없는 경우에는 회계상의 손익귀속시기를 따르도록 하고 있다.

2) 거래유형별 손익의 귀속시기

① 상품 등 판매손익의 귀속시기

법인세법에서는 상품 등 판매손익의 귀속시기를 다음과 같이 규정하고 있으며, 이는 회계상 손익 귀속시기와 동일하다.
 ㉠ 상품(부동산 제외)·제품 또는 기타의 생산품(이하 "상품 등"이라고 함)의 판매: 상품 등의 인도일
 ㉡ 상품 등 외의 자산의 양도: 그 자산의 대금청산일. 소유권이전등기일(또는 등록일), 인도일 또는 사용수익일 중 가장 빠른 날

② 장기할부판매손익의 귀속시기

장기할부판매란 자산을 판매하고 그 판매대금을 2회 이상 분할하여 수입하는 것으로서 해당 목적물의 인도일(상품 등 외의 자산은 소유권이전등기일(또는 등록일), 인도일, 사용수익일 중 빠른 날)의 다음날부터 최종 할부금의 지급기일까지의 기간이 1년 이상인 것을 말한다. 장기할부판매손익의 귀속시기는 해당 판매물의 인도일로서 회계상 규정과 동일하다. 다만, 법인의 결산서에 해당

사업연도에 회수하였거나 회수할 금액과 이에 대응하는 비용을 각각 수익과 비용으로 계상한 경우(회수기일도래기준)에는 이를 인정하고 있다. 예외적으로 중소기업의 장기할부판매의 경우에는 결산서상 인도기준으로 손익을 인식하였더라도 신고조정을 통해 회수기일도래기준으로 익금과 손금에 산입할 수 있다.

장기할부판매 손익귀속시기 사례

10기에 제품 인도, 판매대금은 아래와 같이 3년 동안 분할하여 회수

	회수액(회수약정액)	
10기	₩3,000,000원	→ 10기의 익금
11기	₩2,000,000원	→ 11기의 익금
12기	₩4,000,000원	→ 12기의 익금
총 계약금액	₩9,000,000원	

법인이 결산서에 각 사업연도의 회수하기로 한 금액을 수익으로 계상한 경우에는 3년 동안 회수하기로 한 금액을 각 사업연도의 익금으로 인정한다.

---

③ 용역제공 등에 의한 손익의 귀속사업연도

법인세법에서는 건설·제조 기타 용역(도급공사 및 예약매출 포함)의 제공으로 인한 익금과 손금은 그 목적물의 착수일이 속하는 사업연도부터 그 목적물의 인도일(용역제공의 경우에는 완료일을 말하며, 이하 이 규정에서 같다)이 속하는 사업연도까지 그 목적물의 건설 등을 완료한 정도(작업진행률)를 기준(진행기준)으로 하여 계산한 수익과 비용을 각각 해당 사업연도의 익금과 손금에 산입한다. 다만, 중소기업인 법인이 수행하는 계약기간이 1년 미만인 건설 등의 제공으로 인한 익금과 손금의 귀속사업연도는 그 목적물의 인도일이 속하는 사업연도로 할 수 있다. 따라서 중소기업의 단기건설계약의 경우에는 결산서상 진행기준으로 손익을 인식하였더라도 신고조정을 통해 인도기준으로 익금과 손금에 산입할 수 있다.

작행기준에 따른 익금과 손금을 정리하면 다음과 같다.

- 작업진행률 $= \dfrac{\text{당해 사업연도말까지 발생한 총공사비 누적액}}{\text{총공사예정비}^*}$
- 익금 = (도급금액 × 작업진행률) − 직전사업연도말까지 익금에 산입한 금액
- 손금 = 당해 사업연도에 발생한 총비용

---

* 총공사예정비: 기업회계기준을 적용하여 계약 당시에 추정한 공사원가에 해당 사업연도말까지의 변동상황을 반영하여 합리적으로 추정한 공사원가

④ 이자수익 및 이자비용 등의 손익귀속시기

　　㉠ 이자수익의 귀속시기: 법인세법상 이자수익의 귀속시기는 일반적으로 다음과 같다.

　　　　ⓐ 금융 및 보험업 영위 법인: 실제 수입된 날(현금주의). 단, 선수입이자는 제외

　　　　ⓑ 금융 및 보험업 외의 법인: 소득세법의 이자소득 수입시기

> 〈예〉 소득세법의 이자소득 수입시기 사례
> 　㉮ 예금이자: 실제로 이자를 지급받는 날(원본전입특약이 있는 이자는 원본전입일)
> 　㉯ 비영업대금이익: 약정에 의한 이자지급일(이자지급일 전에 받으면 그 지급일)

다만, 결산을 확정할 때 이미 경과한 기간에 대응하는 이자를 수익으로 계상한 경우에는 그 계상한 사업연도의 익금으로 보되, 법인세법에 따라 원천징수되는 이자는 익금으로 보지 아니한다.

예 제

제조업을 영위하는 법인이 회계기준에 따라 다음과 같이 국내은행 예금에 대한 기간경과분 미수이자를 계상한 경우의 세무조정을 수행하라. 예금이자는 법인세법에 따른 원천징수대상이다.

(차) 미수이자　　　　　1,000,000원　　　　(대) 이자수익　　　　　1,000,000원

풀 이

(익금불산입) 미수이자 1,000,000원(△유보)*

* 법인세법상 원천징수대상 이자는 기간경과분 미수이자를 인정하지 아니하므로, 이를 익금불산입으로 세무조정한다. 또한 미수이자 금액만큼 회계와 법인세법상 자산가액의 차이가 발생하므로 △유보로 소득처분한다.

　　㉡ 이자비용의 귀속시기: 소득세법에 따른 이자소득 수입시기에 해당하는 날이 속하는 사업연도. 다만, 결산을 확정할 때 경과한 기간에 대응하는 이자 및 할인액(차입일부터 이자지급일이 1년을 초과하는 특수관계인과의 거래에 따른 이자 및 할인액은 제외함)를 손비로 계상한 경우에는 그 계상한 사업연도의 손금으로 한다.

예 제

제조업을 영위하는 법인이 회계기준에 따라 은행차입금(1년 단위로 이자를 지급하기로 약정함)에 대한 기간경과분 미지급이자를 계상한 경우의 세무조정을 수행하라.

(차) 이자비용　　　　　　1,000,000원　　　　(대) 미지급비용　　　　　　1,000,000원

풀 이

결산을 확정할 때 기간경과분 미지급이자를 계상하면 이를 인정하므로 세무조정은 없다.

ⓒ 금융 및 보험업을 영위하는 법인의 보험료·부금·보증료 또는 수수료의 귀속시기

금융 및 보험업을 영위하는 법인이 수입하는 보험료·부금·보증료 또는 수수료(이하 "보험료 등"이라 함)의 귀속사업연도는 그 보험료 등이 실제로 수입된 날이 속하는 사업연도로 하되, 선수입보험료등은 제외한다. 다만, 결산을 확정함에 있어서 이미 경과한 기간에 대응하는 보험료상당액 등을 해당 사업연도의 수익으로 계상한 경우에는 그 계상한 사업연도의 익금으로 한다.

⑤ 자산임대손익의 귀속시기

자산임대손익의 귀속시기는 다음과 같다.

㉠ 계약 등에 의하여 임대료 지급일이 정하여진 경우: 그 지급일
㉡ 임대료 지급일이 정해지지 않은 경우: 그 지급을 받은 날

다만, 결산을 확정함에 있어서 이미 경과한 기간에 대응하는 임대료상당액과 이에 대응하는 비용을 당해 사업연도의 수익과 손비로 계상한 경우 및 임대료 지급기간이 1년을 초과하는 경우 이미 경과한 기간에 대응하는 임대료 해당액과 비용은 이를 각각 당해 사업연도의 익금과 손금으로 한다.

예 제

법인세법에서 규정한 거래유형별 손익의 귀속시기에 관한 설명으로 옳지 않은 것은?
① 상품·제품 기타의 생산품을 판매한 경우: 인도일
② 장기할부조건으로 자산을 판매한 경우: 해당 판매물의 인도일
③ 단기용역을 제공한 경우: 그 목적물의 인도일(용역은 제공완료일)
④ 장기용역을 제공한 경우: 작업진행률에 따른 익금과 손금의 귀속시기

③: 단기용역손익의 귀속시기는 건설 등의 착수일부터 목적물의 인도일까지 건설 등을 완료한 정도(작업진행률)에 따라 결정된다. 다만, 중소기업인 법인이 수행하는 단기용역의 경우에는 목적물의 인도일에 익금 및 손금을 인식할 수 있다.

(2) 자산의 취득가액

법인이 지출한 금액을 자산의 취득가액으로 처리하는 경우와 발생한 사업연도에 전액 비용으로 처리하는 경우에 각 사업연도 소득금액이 달라지게 된다. 이와 같은 문제를 방지하기 위하여 법인세법에서는 다음과 같이 자산의 취득유형별로 자산의 취득가액 산정기준을 규정하고 있다.

1) 취득유형별 자산의 취득가액 산정기준

① 매입한 자산: 매입가액＋부대비용(취득세, 설치비 등의 부대비용 등)

② 자기가 제조 · 생산 · 건설한 자산: 원재료비＋노무비＋경비(운임 · 하역비 · 보험료 · 취득세 · 기타경비)

③ 그 외의 자산(증여 등으로 취득시) : 취득 당시의 시가

예 제

다음 자료를 기초로 토지의 취득가액을 산정하라.
① 매입가액: 100,000,000원
② 취득세: 10,000,000원

취득가액＝100,000,000원＋10,000,000원＝110,000,000원*

* 자산의 취득가액은 매입가액에 취득세와 같은 부대비용을 더하여 산정된다.

3 익금 및 익금불산입

법인세법상 익금이란 법인의 순자산을 증가시키는 항목을 말한다. 이러한 익금은 회계상의 수익과 거의 유사하나 서로 간에 차이점이 있는 경우에는 세무조정사항이 발생하게 된다.

(1) 익금

법인세법에서 익금불산입항목으로 규정한 것을 제외하고, 순자산증가로 인해 발생한 모든 수익은 익금항목이다. 익금에 해당하는 주요 항목을 살펴보면 다음과 같다.

① 사업수입금액

가장 전형적인 익금항목인 사업수입금액은 법인이 영위하는 각종 사업활동에서 발생하는 수입금액으로, 기업회계상 매출액(매출에누리와 매출할인 제외)에 해당하는 항목이다. <u>내국법인이 생산·공급하는 재화 또는 용역을 시가보다 낮은 가액으로 해당 내국법인의 임원 또는 직원에게 판매 또는 제공하는 경우 그 판매가액 또는 용역대가와 시가와의 차액은 사업수입금액에 포함한다.</u> `'25 신설`

〈개정〉 임직원 할인금액을 수익과 손비에 포함 `'25 신설`

> **예 제**
>
> (주)삼일자동차는 한용산 박과장에게 시가 50,000,000원인 승용차를 직원할인판매규정에 따라 20%를 할인하여 40,000,000원에 판매하고 다음과 같이 회계처리하였다.
>
> (차) 현금　　　　　　　40,000,000원　　　(대) 매　　출　　　　　40,000,000원
>
> (주)삼일자동차의 세무조정을 하시오.
>
> **풀 이**
>
> 〈익금산입〉 할인판매금액　10,000,000(기타)
> 〈손금산입〉 할인판매금액　10,000,000(기타)
>
> 할인판매금액 10,000,000원을 사업수입금액과 손비에 각각 포함하는 세무조정을 한다.

② 자산의 양도금액

자산의 양도란 주된 영업활동과 관련된 자산, 즉 재고자산의 판매가 아니고 유형자산, 무형자산이나 투자자산 등의 비경상적인 양도를 말한다. 법인세법에서는 상품이나 제품 등 재고자산의 양도

금액은 사업수입금액으로 분류하고, 재고자산 이외의 자산의 양도금액은 자산의 양도금액이라고 분류하고 있다.

③ 자기주식의 양도금액

자기주식의 양도금액은 익금에 해당하며, 그 장부가액은 손금에 해당한다. 결과적으로 자기주식처분손익은 익금 또는 손금에 해당하는 것이다. 기업회계기준에서는 자기주식처분이익으로서 자기주식처분손실을 차감한 금액은 이를 기타자본잉여금으로 처리하도록 하고 있는데, 이것과 대조적이다. 이에 반하여 자기주식소각손익은 감자차익 또는 감자차손에 해당하므로 익금 또는 손금으로 보지 않는다. 단, 자기주식의 양도와 관련하여 임직원이 주식매수선택권(자기주식교부형)을 행사함으로써 자기주식을 양도하는 경우에는 주식매수선택권의 행사 당시의 시가를 양도금액으로 한다.

④ 자산의 임대료

부동산 임대업을 주업으로 하는 법인이 획득하는 임대료는 사업수입금액으로 분류하나, 부동산 임대업을 주업으로 하지 않는 법인이 일시적으로 자산을 임대하고 받는 수입금액은 자산의 임대료로 구분하고 있다.

⑤ 자산수증이익과 채무면제이익(채무의 출자전환시 채무면제이익 포함)

자산수증이익과 채무면제이익은 법인이 주주나 채권자 등으로부터 무상으로 수증받은 자산가액 및 면제받은 채무가액을 말한다. 자산수증이익과 채무면제이익에 대해 회계상 수익으로 처리하도록 규정하고 있으며 법인세법에서도 법인의 순자산을 증가시키므로 익금항목에 해당한다.

예제

법인이 주주로부터 100,000,000원의 현금을 수증받으면서 다음과 같은 회계처리하였다. 필요한 세무조정을 수행하라(단, 회사는 세무상 이월결손금이 없다).

(차) 현금   100,000,000원   (대) 자산수증이익   100,000,000원

풀이

법인세법상 익금에 해당하는 자산수증이익을 회계상 수익으로 계상하였으므로 추가적인 세무조정 사항은 없다.

⑥ 손금에 산입한 금액 중 환입된 금액

법인이 이전 사업연도에 이미 손금으로 산입하였던 금액이 다시 환입되는 경우 동 금액은 환입되는 사업연도의 익금항목이 된다.

⑦ 간주임대료

부동산을 임대하고 임대보증금이나 전세금을 받는 법인 중 법정 요건을 갖춘 법인에 대하여 임대보증금 등의 일정비율에 해당하는 금액을 임대료로 간주하여 익금에 산입하여 과세하는데, 이를 간주임대료라고 한다.

(2) 익금불산입

익금불산입항목은 법인의 순자산을 증가시키는 항목이지만 법인세법에서 특별히 익금에 산입하지 않도록 규정하고 있는 항목들을 말한다.

1) 익금불산입항목의 분류

취지	구분
자본충실화 목적	① 주식발행초과금 ② 감자차익 ③ 자산수증이익·채무면제이익 중 이월결손금의 보전에 충당된 금액
이중과세방지 목적	④ 각 사업연도의 소득으로 이미 과세된 소득 ⑤ 법인세 및 법인지방소득세의 환급액
조세정책적 목적	⑥ 자산의 평가이익 ⑦ 국세·지방세 과오납금의 환급금에 대한 이자

2) 익금불산입항목의 개요

① 주식발행초과금

법인이 유상증자를 통해 액면가액 5,000원인 주식을 10,000원에 발행한 경우 회계처리는 다음과 같다.

(차) 현금	10,000원	(대) 자본금	5,000원
		주식발행초과금	5,000원

위의 예에서 보는 바와 같이 주식발행초과금은 자본금과 동일한 거래에서 발생하므로 법인세법에서는 자본금과 마찬가지로 익금으로 과세하지 아니한다. 따라서 법인이 위와 같이 회계처리한 경우 세무조정사항은 발생하지 아니한다. 무액면주식의 경우 발행가액 중 자본금으로 계상한 금액을 초과하는 금액을 주식발행초과금으로 한다.

② 감자차익

법인세법에서는 법인이 자본금을 감소시키는 과정에서 발생하는 감자차익을 익금불산입항목으로 규정하고 있으므로, 결산서상 이를 자본잉여금으로 회계처리하였다면 세무조정사항은 발생하지 아니한다.

예제

자본금을 감자하면서 액면가액 5,000원인 주식에 대하여 주주에게 3,000원만 지급하였다. 이 경우 회계처리와 필요한 세무조정을 수행하라.

풀이

1. 회계상 분개

(차) 자본금	5,000원	(대) 현금	3,000원
		감자차익	2,000원

2. 세무조정
   없음.

③ 자산수증이익 · 채무면제이익 중 이월결손금의 보전에 충당된 금액

주주로부터 무상으로 수령하는 자산가액에 해당하는 자산수증이익과 채권자로부터 면제받는 채무금액에 해당하는 채무면제이익은 원칙적으로 익금항목이나, 법인이 이를 이월결손금(세무상 이월결손금으로 발생연도의 제한은 없음)의 보전에 충당하는 경우에는 익금불산입하도록 규정하고 있다. 예를 들어, 주주로부터 수증받은 100,000,000원 중 20,000,000원을 이월결손금의 보전에 충당하는 경우 법인세법상 80,000,000원(=100,000,000원－20,000,000원)만큼만 각 사업연도 소득에 포함된다.

④ 각 사업연도의 소득으로 이미 과세된 소득

각 사업연도의 소득으로 이미 과세된 소득(법인세법과 다른 법률에 따라 비과세되거나 면제되는 소득을 포함한다)은 이중과세를 방지하기 위하여 익금으로 보지 아니한다.

⑤ 법인세 또는 법인지방소득세의 환급액

법인세는 법인의 입장에서는 법인의 외부로 지출되는 비용이지만 법인세법에서는 손금으로 인정하지 않는 항목(손금불산입항목)이다. 왜냐하면 법인세는 법인의 사업활동결과 획득한 소득에 대하여 국가가 최종적으로 과세하는 세금이므로, 법인의 소득을 계산할 때 고려될 사항이 아니기 때문이다. 그러나 법인의 결산서상 당기순이익은 법인세를 차감하여 산출된 것이므로, 세무조정시 법인세를 손금불산입하는 것이다. 이와 같이 법인세는 법인이 국가에 납부할 때 손금으로 인정되는 사항이 아니므로 법인이 국가로부터 법인세를 돌려받을 때 익금으로도 보지 않는 것이다.

구분	당초 처리	환급시 처리
법인세비용*	손금불산입	익금불산입

* 법인세비용＝법인세＋법인지방소득세＋법인세에 대한 농어촌특별세(감면세액의 20%)

⑥ 자산의 평가이익

법인세법에서는 원칙적으로 자산을 취득원가로 평가하도록 규정하고 있으므로 회계처리상 발생하는 자산의 평가이익은 세무조정을 통하여 익금불산입으로 조정되어야 한다.

예 제

다음의 자료를 기초로 단기매매증권에 대한 회계상 분개와 법인세법상 세무조정을 수행하라.
1. 취득가액: 1,000,000원
2. 결산시 시가: 1,200,000원

풀 이

1. 회계상 결산분개

   (차) 단기매매증권   200,000원   (대) 단기매매증권평가이익   200,000원*

    * 회계상 단기매매증권은 결산시 시가로 평가하고 동 차액은 이익으로 계상한다.
     (1,200,000원-1,000,000원=200,000원)

2. 세무조정

   (익금불산입) 단기매매증권평가이익 200,000원(△유보)*

＊ 법인세법상 단기매매증권은 취득가액으로 평가하여야 하므로, 단기매매증권평가이익을 익금불산입한다. 또한 법인세법상 단기매매증권가액(1,000,000원)이 회계상의 가액(1,200,000원)보다 적기 때문에 △유보로 소득처분한다.

⑦ 국세 · 지방세 과오납금의 환급금에 대한 이자

실무적으로 국가 또는 지방자치단체가 법인으로부터 국세나 지방세를 더 많이 징수하여 이를 다시 법인에게 돌려주는 경우가 발생하기도 하는데, 이와 같은 경우에 국가 또는 지방자치단체는 국세나 지방세와 함께 이에 대한 이자를 추가로 법인에 지급하여 준다. 이러한 이자는 국가 또는 지방자치단체가 초과징수한 세금에 대하여 지급하는 일종의 보상금액이므로 정책적으로 이를 익금에서 제외시키도록 규정하고 있는 것이다.

예제 1

다음 중 익금에 해당하는 항목은?
① 법인세환급액
② 감자차익
③ 채무면제이익
④ 각 사업연도의 소득으로 이미 과세된 소득

풀 이

③: 채무면제이익은 익금항목이다. 다만, 이를 이월결손금의 보전에 충당한 경우 익금불산입한다.

예제 2

다음 항목들을 익금항목과 익금불산입항목으로 구분하라.
사업수입금액, 국세 · 지방세 과오납금의 환급금에 대한 이자, 자산의 양도차익, 주식발행초과금, 법인세환급액

풀 이

① 익금항목: 사업수입금액, 자산의 양도차익
② 익금불산입항목: 국세 · 지방세 과오납금의 환급금에 대한 이자, 주식발행초과금, 법인세환급액

예제3

다음 자료를 기초로 법인세법상 익금금액을 계산하라.
① 법인세환급액: 5,000,000원
② 유형자산 양도금액: 30,000,000원
③ 감자차익: 10,000,000원
④ 임대료수익: 100,000,000원
⑤ 국세환급금에 대한 이자: 2,000,000원

풀 이

익금＝30,000,000원＋100,000,000원＝130,000,000원*
* 익금항목은 유형자산 양도금액(30,000,000원)과 임대료수익(100,000,000원)이다.

---

4 손금 및 손금불산입

법인세법상 손금이란 법인의 순자산을 감소시키는 항목으로 회계상의 비용과 거의 유사하나, 회계와 법인세법상 규정에 차이가 있는 경우에는 세무조정을 수행하여야 한다.

(1) 손금

손금이란 법인의 순자산을 감소시키는 거래에서 발생하는 비용으로 자본의 환급·잉여금의 처분은 제외한다.

① 판매한 상품·제품에 대한 재료비와 부대비용

판매한 상품·제품에 대한 원료의 매입가액(매입에누리와 매입할인 제외)과 부대비용은 사업수입금액(회계상 매출액)에 대응하는 손금항목으로 회계상 매출원가 및 판매비와관리비가 이에 해당한다.

② 양도한 자산의 양도당시의 장부가액

양도한 자산의 양도당시의 장부가액은 양도자산의 양도금액에 대응하는 손금항목이다.

③ 인건비

인건비는 제조원가나 판매비와 관리비에 포함된 급여·상여금·퇴직금·복리후생비 등 근로자에게 근로의 대가로 지급되는 각종 비용을 말한다. 인건비는 원칙적으로 전액 손금으로 인정되는 항목이나, 예외적으로 손금불산입항목으로 규정한 것이 있다.

  ㉠ 급여: 원칙적으로 손금으로 인정되나, 법인의 비상근임원에게 지급하는 보수 중 일반적으로 인정되는 범위를 초과하여 과다하게 지급하는 급여는 손금불산입된다.

  ㉡ 상여금: 상여금은 원칙적으로 모두 손금으로 인정하나, 임원에게 지급하는 상여금 중 정관 또는 주주총회·사원총회나 이사회의 결의에 의하여 결정된 상여지급기준에 의한 상여금을 초과하여 지급하는 금액은 손금불산입된다.

    또한 이익처분에 의한 상여는 잉여금 처분사항이므로 법인세법상 원칙적으로 손금에 산입하지 아니한다.

예제1

급여와 상여금에 대한 설명 중 옳지 않은 것은?
① 법인이 법인의 임직원에게 지급하는 인건비는 원칙적으로 손금에 해당하는 항목이다.
② 법인의 임원에게 지급되는 상여금은 전액 손금으로 인정되지 아니한다.
③ 비상근임원에게 지급하는 보수 중 일반적으로 인정되는 범위를 초과하여 과다하게 지급하는 금액은 손금으로 인정되지 아니한다.
④ 임원이 아닌 직원에게 지급되는 상여금은 전액 법인의 손금으로 인정된다.

풀 이

②: 법인의 임원에게 지급되는 상여금 중 법인의 상여지급기준에 의하여 지급되는 부분은 손금으로 인정되고 이를 초과하여 지급되는 부분만 손금으로 인정되지 아니한다.

예제2

법인의 상여지급기준에 의한 상여금은 10,000,000원이나 해당 사업연도에 실제로 15,000,000원을 상여금으로 지급하면서 다음과 같이 회계처리하였다. 직원에게 지급한 경우와 임원에게 지급한 경우로 나누어 필요한 세무조정을 수행하라.

  (차) 상여금   15,000,000원   (대) 현금   15,000,000원

풀 이

1. 상여금이 임원이 아닌 직원에게 지급된 경우
   직원에게 지급되는 상여금은 법인세법상 전액 손금으로 인정되므로 세무조정은 필요없다.
2. 상여금이 법인의 임원에게 지급된 경우
   (손금불산입) 임원상여금   5,000,000원(상여)*

   * 법인세법에서는 법인의 상여지급규정을 초과하여 임원에게 지급된 상여금 5,000,000원(15,000,000원−10,000,000원)은 손금불산입하고, 상여로 소득처분하도록 규정하고 있다.

© 퇴직금: 직원에게 지급하는 퇴직금은 모두 손금으로 인정하나, 임원에게 지급하는 퇴직금은 다음의 손금한도액까지만 손금으로 인정하고 이를 초과하여 지급하는 금액은 손금불산입한다.
　ⓐ 퇴직금지급규정이 있는 경우: 퇴직금지급규정상의 금액
　ⓑ 퇴직금지급규정이 없는 경우: 퇴직 직전 1년간 총급여액(비과세소득과 손금불산입된 상여 제외) × 1/10×근속연수*

　　* 근속연수는 역년에 의하여 계산하며 1년 미만의 기간은 월수로 계산하되, 1개월 미만의 기간은 이를 산입하지 아니한다. 2015년 1월 1일에 입사하여 2025년 7월 15일에 퇴사하는 경우 근속연수는 10년 6개월 15일이며 위 계산식의 근속연수에는 10년 6개월(10.5년)을 대입하여 퇴직금한도액을 계산한다.

예제1

법인의 상여금과 퇴직금에 대한 설명 중 옳지 않은 것은?
① 법인의 급여지급기준에 의하여 지급되는 상여금은 전액 손금으로 인정된다.
② 임원에게 지급된 상여금 중 손금불산입되는 금액은 기타사외유출로 소득처분된다.
③ 법인에 퇴직금지급규정이 있는 경우에는 퇴직금지급규정상의 금액이 법인세법상 임원 퇴직금의 손금산입한도금액이 된다.
④ 직원에게 지급된 퇴직금은 법인의 퇴직금지급규정을 초과하는 경우에도 손금으로 인정된다.

풀 이

②: 임원에게 지급된 상여금 중 손금불산입되는 금액은 상여로 소득처분된다.

법인의 퇴직금지급기준에 의한 퇴직금은 10,000,000원이나 퇴직자에게 해당 사업연도에 실제로 15,000,000원을 퇴직금으로 지급하면서 다음과 같이 회계처리하였다. 직원에게 지급된 경우와 임원에게 지급된 경우로 나누어 필요한 세무조정을 수행하라.

(차) 퇴직금   15,000,000원   (대) 현금   15,000,000원

1. 퇴직금이 임원이 아닌 직원에게 지급된 경우
   법인의 임원이 아닌 직원에게 지급되는 퇴직금은 법인세법상 전액 손금으로 인정되므로 세무조정은 필요없다.
2. 퇴직금이 법인의 임원에게 지급된 경우
   (손금불산입) 임원퇴직금   5,000,000원(상여)*

   * 법인세법에서는 법인의 퇴직금지급규정을 초과하여 임원에게 지급된 퇴직금 5,000,000원
     (15,000,000원－10,000,000원)은 손금불산입하고, 상여로 소득처분하도록 규정하고 있다.

ⓔ 복리후생비: 법인이 그 임원과 직원(파견근로자를 포함한다)을 위하여 직장체육비, 직장문화비, 직장회식비, 우리사주조합의 운영비, 사용자부담 건강보험료·노인장기요양보험료 및 고용보험료, 직장어린이집 운영비, 사회통념상 타당하다고 인정되는 범위에서 지급하는 경조금 등 이와 유사한 비용은 복리후생비로서 손금에 산입한다.

④ 출산·양육지원금

임원 또는 직원의 출산 또는 양육 지원을 위해 해당 임원 또는 직원에게 공통적으로 적용되는 지급기준에 따라 지급하는 금액은 손비로 본다.

⑤ 임직원 할인금액 '25 신설

법인이 생산·공급하는 재화 또는 용역(제품등)을 그 법인에 종사하는 임직원에게 시가보다 낮은 가격으로 제공하거나 구입할 수 있도록 소득세법에 따라 지원*함으로써 해당 임직원이 얻은 이익은 손금에 산입한다.

* 지원방식 : 법인이 제품·용역(제품등)의 저가판매·제공, 법인의 제품등을 구입하는데 사용하도록 지원금 지급, 계열회사제품등을 구입하는데 사용하도록 지원금 지급, 계열회사제품등의 할인금액을 계열회사에 보전

⑥ 유형자산의 수선비

법인세법상 유형자산의 취득원가로 계상할 수 없는 수익적 지출에 해당하는 유형자산의 수선비는 손금에 산입된다.

⑦ 유형자산 및 무형자산에 대한 감가상각비

유형자산 및 무형자산에 대한 감가상각비는 법인세법에서 규정하고 있는 범위 내에서만 손금으로 인정된다. 이와 관련한 자세한 내용은 「감가상각」 부분을 참조하기 바란다.

⑧ 자산의 임차료

법인이 자산을 임차하고 지급하는 임차료는 손금으로 인정된다.

⑨ 차입금이자

차입금이자는 원칙적으로 손금으로 인정되나 일정한 요건에 의한 특정 차입금이자는 손금불산입하도록 규정하고 있다. 이와 관련한 자세한 내용은 「지급이자 손금불산입」 부분을 참조하기 바란다.

⑩ 대손금

법인이 거래처의 파산 등의 사유로 회수할 수 없는 채권금액을 대손금이라 하며, 법인세법에서는 이러한 대손금의 손금산입 요건을 규정하여 이를 충족하는 경우에만 손금으로 인정하고 있다. 이와 관련한 자세한 내용은 「대손충당금」 부분을 참조하기 바란다.

⑪ 제세공과금

법인의 제세공과금은 손금에 산입되는 것이 원칙이나, 벌과금의 성격으로 법인에 부과되는 벌금 및 가산금과 법인세, 법령에 따른 의무의 불이행 또는 금지·제한 등의 <u>위반을 이유로</u> 부과되는 공과금 등은 손금에 산입되지 않는다. `'25 개정`(종전: 위반에 대한 제재로서)

⑫ 기타 손금항목

법인의 업무와 관련하여 지출되는 일반적인 기타비용은 손금으로 인정된다.

(2) 손금불산입

손금불산입항목은 법인의 순자산을 감소시키는 비용이지만 법인세법에서 특별히 손금에 산입하지 않도록 규정하고 있는 항목들을 말한다.

1) 손금불산입항목의 개요

법인세법과 기업회계의 차이로 인한 세무조정사항은 대부분 손금불산입항목에서 발생한다. 회계에서 법인이 비용으로 계상하는 항목은 법인세법에서 손금에 해당하여 법인세를 과세하는 소득을 감소시키게 된다. 이러한 이유로 법인세법이 익금보다는 법인세 과세소득을 감소시키는 손금의 규제에 더 중점을 두고 있으며 손금불산입항목은 다음과 같이 분류해 볼 수 있다.

취지	구분
자본거래에 해당	① 주식할인발행차금 ② 잉여금의 처분을 손비로 계상한 금액
조세정책적 목적	③ 법령위반 · 의무불이행으로 인한 손금불산입항목 ④ 징벌적 목적의 손해배상금 등에 대한 손금불산입 ⑤ 재고자산 등 특정자산 이외의 자산의 평가차손 ⑥ 업무무관경비 ⑦ 임원상여금 한도초과액 및 임원퇴직금 한도초과액 ⑧ 채권자불분명사채이자 등 손금불산입되는 지급이자 ⑨ 업무용승용차 관련비용 중 업무미사용금액 등 ⑩ 각종 한도초과액

2) 손금불산입항목의 분류

① 주식할인발행차금

법인이 주식을 액면에 미달하는 가액으로 발행하는 경우 액면에 미달하는 금액을 주식할인발행차금이라 하며, 이는 손금불산입항목에 해당한다. 예를 들어, 액면가액이 5,000원인 주식을 3,000원에 발행하는 경우 2,000원(5,000원 - 3,000원)만큼의 주식할인발행차금이 발생하게 된다.

주식할인발행차금을 손금불산입항목으로 규정하는 것은 주식이 액면을 초과하여 발행되는 경우에 발생하는 주식발행초과금을 익금불산입항목으로 규정하고 있는 것과 동일한 논리라고 할 수 있다. 따라서 결산서상 주식할인발행차금을 자본에서 차감하여 회계처리하였다면 세무조정사항은 발생하지 아니한다.

② 잉여금의 처분을 손비로 계상한 금액

잉여금 처분을 손비로 계상한 금액은 손금에 산입하지 아니한다.

③ 법령위반 · 의무불이행으로 인한 손금불산입항목

법인이 법을 위반하거나 법에서 법인에게 규정한 의무를 이행하지 않아서 국가 또는 지방자치단체가 부과하는 벌금 · 과료 · 과태료 및 가산금, 강제징수비 등은 법인에 대한 징벌의 일종으로 부과되는 세금이다. 만일 이러한 벌금 등을 법인의 손금으로 인정하게 되면 법인의 법인세 과세소득이 그만큼 감소하고 따라서 법인세가 적게 계산될 것이다. 이와 같이 국가 또는 지방자치단체가 법인에게 부과하는 벌금 등이 또 다른 세금인 법인의 법인세를 감소시켜 주어서는 벌금 등의 징벌적인 효과를 거둘 수 없기 때문에 이를 손금불산입하도록 규정하고 있는 것이다.

예 제

법인이 재산세(1,000,000원)와 이에 대한 가산세(100,000원)를 납부하면서 다음과 같이 회계처리하였다. 필요한 세무조정을 수행하라.

(차) 세금과공과　　　　　　　　1,100,000원　　(대) 현금　　　　　　　　1,100,000원

풀 이

(손금불산입) 세금과공과　100,000원(기타사외유출)*

* 재산세는 법인세법상 손금으로 인정되는 세금과공과이나, 이에 대한 가산세는 손금불산입항목이므로 가산세 100,000원만큼만 손금불산입 세무조정을 수행한다. 또한 손금불산입되는 세금과공과는 기타사외유출로 소득처분된다.

---

④ 징벌적 손해배상금 등에 대한 손금불산입

내국법인이 법인세법 시행령 [별표 1]에 해당하는 법률*의 규정 또는 외국의 법령에 따라 지급한 손해배상금 중 실제 발생한 손해액을 초과하는 금액은 손금에 산입하지 아니한다. 실제 발생한 손해액이 분명하지 아니한 경우에는 다음 계산식에 따라 계산한 금액을 손금불산입대상 손해배상금으로 본다.

$$\text{손금불산입대상 공과금} = \text{손해배상액} \times \frac{1 - \text{법령상 손해배상액의 상한이 되는 배수}}{\text{법령상 손해배상액의 상한이 되는 배수}}$$

* [별표 1]에 열거된 법률의 예: 「개인정보보호법」, 「자동차관리법」, 「제조물 책임법」, 「중대재해처벌 등에 관한 법률」, 「하도급거래 공정화에 관한 법률」 등

예 제

(주)용산의 제품의 결함으로 신체에 피해가 발생하여 제조물책임법에 따라 30,000,000원의 손해배상금을 지급하고 다음과 같이 회계처리하였다. 이 경우 필요한 세무조정을 수행하라.

(차) 손해배상금(비용)　　　　30,000,000원　　　(대) 현금　　　　　　　30,000,000원

피해자의 실제 손해액이 분명하지 아니하나, 제조물책임법상 배상한도는 3배이다.

풀 이

(손금불산입) 징벌적배상금 20,000,000원[1](기타사외유출)[2]

[1] $30,000,000 \times \dfrac{3-1}{3} = 20,000,000$

[2] 신체의 피해로 인한 손해배상금은 소득세 과세대상이 아니므로 기타사외유출로 소득처분된다.

⑤ 재고자산 등 특정자산 이외의 자산의 평가차손

법인세법상 자산의 평가손실은 손금으로 인정하지 아니한다. 다만, 다음 자산의 평가손실은 감액사유가 발생한 사업연도에 결산을 확정할 때 손비로 계상하는 경우에는 손금으로 인정한다. → 결산조정사항

항목	평가차손
재고자산	파손·부패 등으로 인하여 정상가격으로 판매할 수 없는 경우
주식	① 주식발행법인이 부도가 발생하거나 회생계획인가의 결정을 받거나 부실징후기업이 된 경우: 상장주식, 특수관계가 없는 법인*이 발행한 비상장주식, 벤처투자회사(신기술사업금융업자 포함)가 보유하는 창업자(신기술사업자 포함)가 발행한 주식 ② 주식 등을 발행한 법인이 파산한 경우: 모든 주식
유형자산	천재지변, 화재, 법령에 의한 수용, 폐광 등의 사유로 파손되거나 멸실된 경우

* 지분율이 5% 이하를 소유하고 그 취득가액이 10억원 이하인 경우에는 소액주주로 보아 특수관계가 없는 것으로 본다.

⑥ 업무무관경비

법인이 사업활동과 관련하여 지출하는 일반적인 경비는 손금으로 인정되나, 법인세법에서는 다음에서 설명하는 법인의 경비는 업무무관경비로 규정하고 손금에 산입하지 않도록 하고 있다.

> ㉠ 업무무관자산을 취득·관리함으로써 생기는 비용·유지비·수선비 및 이와 관련되는 비용
> ㉡ 해당 법인이 직접 사용하지 않고 다른 사람(주주 등이 아닌 임원과 소액주주 등인 임원 및 직원은 제외)이 주로 사용하고 있는 장소·건축물·물건 등의 유지비·관리비·사용료와 이와 관련되는 지출금. 여기서 '소액주주 등'이란 발행주식총수(또는 출자총액)의 1%에 미달하는 주식(또는 출자지분)을 소유한 주주 등(해당 법인의 지배주주 등의 특수관계인은 제외)을 말한다.(법령 50 ②)
> ㉢ 해당 법인의 주주 등(소액주주 등은 제외) 또는 출연자인 임원 또는 그 친족이 사용하고 있는 사택의 유지비·관리비·사용료와 이와 관련되는 지출금
> ㉣ 업무무관자산을 취득하기 위하여 지출한 자금의 차입과 관련되는 비용
> ㉤ 해당 법인이 공여한 형법 또는 「국제상거래에 있어서 외국공무원에 대한 뇌물방지법」에 따른 뇌물(賂物)에 해당하는 금전 및 금전 외의 자산과 경제적 이익의 합계액. 여기서 '뇌물'이란 공무원 등의 직무에 관한 불법한 보수를 말한다.
> ㉥ 「노동조합 및 노동관계조정법」을 위반하여 지급하는 급여

⑦ 임원상여금 한도초과액 및 임원퇴직금 한도초과액

인건비 중 임원에 대한 상여금 및 퇴직금의 한도초과액은 손금불산입사항이며, 이는 「손금」 항목 중 인건비 부분의 내용을 참조하기 바란다.

⑧ 채권자불분명사채이자 등 손금불산입되는 지급이자

채권자불분명사채이자 등 손금에 산입되지 않는 지급이자와 관련한 자세한 내용은 「지급이자 손금불산입」 부분을 참조하기 바란다.

⑨ 업무용승용차 관련비용 중 업무미사용금액 등

업무용승용차 관련비용 중 업무사용금액에 해당하지 아니한 금액은 손금불산입 사항이다.
㉠ 업무용승용차의 범위
　개별소비세 과세대상인 승용자동차(운수업, 자동차판매업, 자동차임대업(렌트카회사), 운전학원업, 기계경비업무를 하는 경비업의 출동차량, 시설대여업(리스회사)에서 사업상 수익창출을 위해 직접 사용하는 승용자동차는 제외)
㉡ 업무용승용차 관련비용의 범위
　내국법인이 업무용승용차를 취득하거나 임차하여 해당 사업연도에 손금에 산입하거나 지출한 감가상각비, 임차료, 유류비, 수선비, 자동차세, 통행료, 금융리스부채에 대한 이자비용 등 업무용승용차의 취득·유지 관련 비용

ⓒ 업무용승용차 관련비용의 규제

업무용승용차 관련비용 중 업무용 사용금액에 해당하지 아니하는 금액은 해당 사업연도의 소득금액을 계산할 때 손금에 산입하지 아니한다.

⑩ 각종 한도초과액

법인세법에서는 조세정책적인 목적 등으로 일정한 한도까지만 손금으로 인정하고 이를 초과하는 금액은 손금으로 인정하지 아니하는 항목들을 규정하고 있다. 아래에서 예시한 항목의 자세한 내용은 교재의 해당 부분을 참조하기 바란다.

  ㉠ 특례기부금과 일반기부금의 한도초과액
  ㉡ 기업업무추진비 한도초과액
  ㉢ 감가상각비 한도초과액
  ㉣ 각종 충당금·준비금 한도초과액

예제 1

다음 중 손금에 해당하는 항목은?
① 직원에게 급여지급기준을 초과하여 지급된 상여금
② 기업업무추진비한도초과액
③ 업무무관경비
④ 주식할인발행차금

풀 이

①: 직원에게 지급된 급여지급기준 초과금액은 손금으로 인정된다.

예제 2

다음 항목들을 손금항목과 손금불산입항목으로 구분하라.
판매한 상품·제품에 대한 원료의 매입가액과 그 부대비용, 임원상여금 한도초과액, 기부금 한도초과액, 양도자산의 장부가액, 업무무관경비, 감가상각비 한도초과액

풀 이

① 손금항목: 판매한 상품·제품의 원료의 매입가액과 그 부대비용, 양도자산의 장부가액
② 손금불산입항목: 임원상여금 한도초과액, 기부금 한도초과액, 업무무관경비, 감가상각비 한도초과액

예제3

다음 자료를 기초로 법인세법상 손금불산입금액을 계산하라.
① 법인세: 10,000,000원
② 양도한 유형자산의 장부가액: 50,000,000원
③ 판매한 제품의 재료비: 20,000,000원
④ 직원 상여금: 100,000,000원 (상여지급기준상 한도액: 60,000,000원)
⑤ 임원 상여금: 50,000,000원 (상여지급기준상 한도액: 30,000,000원)
⑥ 벌과금: 2,000,000원

풀 이

손금불산입=10,000,000원+20,000,000원+2,000,000원=32,000,000원*
  * 손금불산입항목은 법인세(10,000,000원), 임원상여금 한도초과액(20,000,000원
    =50,000,000원−30,000,000원), 벌과금(2,000,000원)이다.

5 재고자산 및 유가증권의 평가

(1) 재고자산의 평가

1) 재고자산의 평가방법

법인세법상 재고자산의 평가방법에는 원가법과 저가법의 두 가지 방법이 있다.

① 원가법

원가법이란 재고자산을 개별법 · 선입선출법 · 후입선출법 · 총평균법 · 이동평균법 · 매출가격환원법 중 한 가지 방법을 선택하여 취득가액을 산출하고, 이를 재고자산의 평가금액으로 하는 방법이다.

② 저가법

저가법이란 원가법과 기업회계기준으로 정하는 시가 중에서 낮은 금액을 재고자산의 평가액으로 하는 방법이다. 법인이 법인세법상 재고자산평가방법을 저가법으로 신고한 경우 저가법에 따라 평가함에 따라 발생한 재고자산 평가손실은 법인세법상 손금으로 인정된다. 그러나 법인이 재고자산 평가방법을 법인세법상 저가법으로 신고하지 않은 경우에는 파손 · 부패 등의 사유로 계상한 재고자산평가손실 외의 평가손실은 손금으로 인정되지 아니한다.

2) 재고자산평가방법의 적용단위

재고자산의 종류별, 영업장별, 영업의 종목별에 따라 재고자산평가방법을 각각 달리 적용할 수 있다.
① 제품 및 상품
② 반제품 및 재공품
③ 원재료
④ 저장품

3) 재고자산평가방법의 신고 및 변경신고

① 재고자산평가방법의 신고

신설법인은 법인의 설립일이 속하는 사업연도의 법인세 과세표준 신고기한 내에 재고자산의 평가방법을 신고하여야 한다.

② 재고자산평가방법 변경신고

재고자산평가방법을 변경하고자 하는 법인은 변경할 재고자산평가방법을 적용하고자 하는 사업연도 종료일 이전 3개월이 되는 날까지 변경신고를 하여야 한다. 따라서 12월 31일이 사업연도 종료일인 법인은 9월 30일까지 변경신고를 하여야 한다.

예 제

다음의 자료를 기초로 재고자산에 대한 세무조정을 수행하라.
① 재고자산의 취득원가: 10,000,000원
② 결산일의 재고자산 시가: 8,000,000원
③ 법인은 결산시 재고자산을 저가로 평가하여 2,000,000원의 재고자산평가손실을 계상하였다
  (단 파손·부패 등의 사유로 계상한 재고자산평가손실은 아님). 법인세법상 재고자산평가방법
  이 원가법인 경우와 저가법인 경우 각각의 세무조정을 수행하라.

풀 이

① 원가법
  (손금불산입) 재고자산평가손실   2,000,000원(유보)*
  * 법인이 재고자산평가방법을 법인세법상 저가법으로 신고하지 않은 경우에는 파손·부패 등의 사유로 계상한
    재고자산평가손실 이외의 평가손실은 인정되지 않으므로 재고자산을 원가법으로 평가하여야 한다. 따라서 회
    사가 계상한 재고자산평가손실을 손금불산입하고 유보로 처분한다.

② 저가법
   세무조정 없음*

   * 회계상 재고자산가액이 신고방법인 저가법으로 평가한 재고자산가액과 동일하므로 추가적인 세무조정이 필요
     없다.

(2) 유가증권의 평가

1) 유가증권의 평가방법

법인세법에서는 유가증권의 평가방법으로 원가법 중 개별법(채권에 한정한다). 총평균법 또는
이동평균법 중 법인이 신고한 방법만을 적용하도록 규정하고 있다.

2) 유가증권평가방법의 신고 및 변경신고

유가증권평가방법의 신고 및 변경신고 방법은 재고자산의 경우와 동일하다.

예제

다음의 자료를 기초로 유가증권에 대한 세무조정을 수행하라.
① 유가증권의 취득원가: 100,000,000원
② 결산일의 유가증권 시가: 70,000,000원
③ 법인은 결산시 다음과 같이 회계처리하였다.
   (차) 단기매매증권평가손실   30,000,000원   (대) 단기매매증권   30,000,000원

풀이

(손금불산입) 단기매매증권평가손실   30,000,000원(유보)*1)

   *1) 법인세법상 유가증권은 원가법으로만 평가하여야 하므로 회계상 계상*2)한 단기매매증권평가손실을 손금불산
       입하고 유보로 소득처분한다.
   *2) 회계기준에 따르면 유가증권의 종류에 따라 평가방법이 다르고 이에 대한 세무조정이 차이가 나지만 이는 본서
       에서 다루지 아니한다.

6 유형자산과 무형자산의 감가상각

법인세법상 감가상각이란 유형자산과 무형자산의 취득가액에서 잔존가액을 차감한 금액을 자산의 내용연수에 걸쳐 비용으로 배분하는 과정을 말한다. 법인세법에서는 감가상각에 있어서 회계기준의 적용을 배제하고 있으므로 반드시 법인세법상의 규정을 따라야 한다는 점에 유의하여야 한다.

(1) 법인세법상 감가상각의 특징

① 법인세법상 감가상각비는 원칙적으로 장부상 비용으로 계상한 경우에만 상각범위액의 범위에서 그 계상한 감가상각비를 손금에 산입하고, 상각범위액을 초과하는 금액은 손금에 산입하지 아니한다. 다만, 법인세를 면제·감면받은 경우에는 반드시 감가상각비를 손금에 산입하도록 하는데 이를 감가상각의제라고 한다.

② 한국채택국제회계기준을 적용하는 법인의 경우에는 위와 같은 원칙에도 불구하고 유형자산과 무형자산에 대한 감가상각비를 일정 한도 내에서 추가로 손금산입할 수 있도록 허용하고 있다.

예 제

다음 중 감가상각에 관한 설명으로 옳지 않은 것은?
① 감가상각은 감가상각대상금액을 해당 자산의 내용연수에 걸쳐 비용으로 배분하는 과정이다.
② 상각범위액의 범위에서 감가상각 여부·금액 및 손금산입시기를 법인 스스로가 자유롭게 선택할 수 있다.
③ 취득시기에 상관없이 법인세법상 감가상각비는 결산시 회계장부에 비용으로 계상하지 않더라도 신고조정으로 손금에 산입하여야 한다.
④ 법인세법상 감가상각비 한도금액을 초과하여 법인이 계상한 감가상각비는 손금으로 인정되지 아니한다.

풀 이

③: 일반적으로 법인세법상 감가상각비는 결산시 회계장부에 감가상각비를 비용으로 계상하여야만 손금으로 인정받을 수 있는 결산조정사항이다.

(2) 감가상각대상자산

법인세법상 감가상각대상자산은 건물·기계장치 등과 같은 유형자산과 영업권·특허권 등과 같은 무형자산이다.

예 제

다음 중 감가상각할 수 있는 자산에 해당하는 것은?
① 재고자산　　　　　　② 기계장치
③ 토지　　　　　　　　④ 현금

풀 이

②: 감가상각대상자산은 법인의 건물·기계장치와 같은 유형자산과 영업권과 같은 무형자산이다.

---

(3) 감가상각의 기본요소

1) 취득가액

감가상각자산의 취득가액은 구입원가, 제작원가 및 경영진이 의도하는 방식으로 자산을 가동하는 데 필요한 장소와 상태에 이르게 하는 데 직접 관련되는 원가를 포함한다.

① 자본적 지출과 수익적 지출

법인이 감가상각자산에 대하여 지출하는 수선비는 그 수선비의 성격에 따라 자본적 지출과 수익적 지출로 구분된다. 이를 요약하면 다음과 같다.

구분	자본적 지출	수익적 지출
의의	감가상각자산의 내용연수를 증가시키거나 가치를 현실적으로 증가시키는 수선비	감가상각자산의 원상을 회복하거나 능률유지를 위하여 지출하는 수선비
세무상 처리	자산의 취득원가에 더해져 감가상각과정을 통해 법인의 손금에 산입	수선비가 발생한 사업연도에 전액 손금산입
사례	−본래의 용도를 변경하기 위한 개조 −엘리베이터 또는 냉·난방 장치의 설치 −빌딩에 있어서 피난시설 등의 설치 −재해 등으로 인한 건물·기계·설비 등이 멸실 또는 훼손되어 해당 자산의 본래의 용도에 이용가치가 없는 것의 복구 −기타 개량·확장·증설 등 위와 유사한 성질의 것	−건물 또는 벽의 도장 −파손된 유리나 기와의 대체 −기계의 소모된 부속품과 벨트의 대체 −자동차의 타이어 튜브의 대체 −재해를 입은 자산에 대한 외장의 복구·도장·유리의 삽입 −기타 조업가능한 상태의 유지 등 위와 유사한 성질의 것

2) 잔존가액

① 기본원칙

'잔존가액'이란 자산을 처분할 때 회수할 금액에서 그 자산의 제거·판매비용을 차감한 금액이다. 기업회계는 잔존가액에 대한 추정을 허용하고 있으나, 법인세법은 잔존가액을 획일적으로 '0'으로 규정하고 있다.

② 정률법에 따라 상각하는 경우

정률법 상각률은 잔존가액이 없으면 계산될 수 없다. 따라서 정률법에 따라 상각범위액을 계산하는 경우에는 취득가액의 5%에 상당하는 금액을 잔존가액으로 하되, 그 금액은 해당 감가상각자산에 대한 미상각잔액이 최초로 취득가액의 5% 이하가 되는 사업연도의 상각범위액에 가산한다.

3) 내용연수

내용연수란 법인세법에서 감가상각자산별로 규정하고 있는 감가상각자산의 사용가능기간으로서, 자산의 감가상각률을 결정하는 기준이 된다.

① 기준내용연수와 신고내용연수

법인세법 시행규칙 [별표]에는 감가상각자산의 자산 및 업종별로 기준내용연수와 내용연수범위(기준내용연수의 25%를 가감한 범위)를 규정하고 있다. 법인은 내용연수 범위에서 적용할 내용연수를 정해서 신고하여야 한다. 이와 같이 신고한 내용연수를 신고내용연수라고 하며, 내용연수를 신고하지 않으면 기준내용연수를 적용한다.

〈예〉 법인이 새로 취득한 기계장치의 기준내용연수가 8년(내용연수범위 6년~10년)인 경우

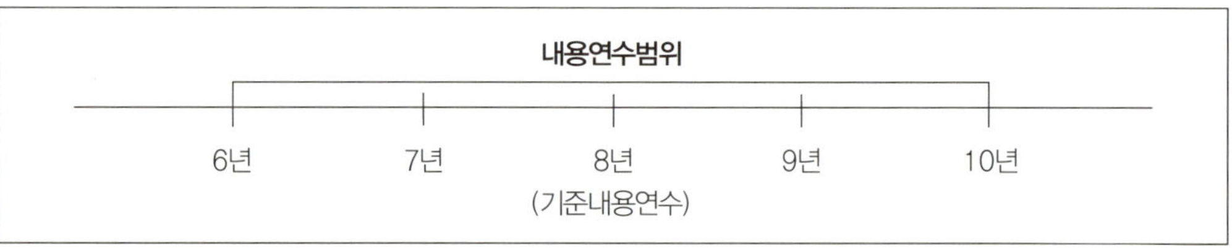

내용연수 범위에서 연 단위로 내용연수를 정해서 신고하면 신고내용연수를 인정함. 내용연수를 신고하지 않으면 기준내용연수인를 적용함

(4) 자산별 감가상각방법

법인세법에서는 감가상각자산별로 선택 가능한 감가상각방법을 규정하고 있으므로, 법인은 이러한 감가상각방법 중 하나를 선택하여 신고하여야 한다. 또한 신고한 감가상각방법은 이후 사업연도에도 계속적으로 적용하여야 한다.

구분		감가상각방법	무신고시 감가상각방법
유형자산	건축물	정액법	정액법
	광업용 유형자산	정액법 · 정률법 · 생산량비례법	생산량비례법
	위 이외 유형자산	정액법 · 정률법	정률법
무형자산	개발비	20년 내에서 신고한 기간 동안 정액법	5년간 균등상각
	사용수익기부자산가액	사용수익기간 동안 월별 균등상각	
	광업권	정액법 · 생산량비례법	생산량비례법
	기타무형자산	정액법	정액법

(5) 상각범위액의 계산

1) 정액법

$$상각범위액 = 취득가액 \times 상각률$$

2) 정률법

$$상각범위액 = 세무상\ 장부가액^* \times 상각률$$

* 세무상 장부가액 = 취득가액 − 기초감가상각누계액 + 상각부인액

예제

1월 1일부터 12월 31일까지를 사업연도로 하는 법인이 전기 사업연도에 취득가액 100,000,000원의 기계장치를 구입하였다. 다음과 같은 자료를 근거로 정액법과 정률법을 적용할 경우의 상각범위액을 계산하라.
① 전기말 감가상각누계액: 40,000,000원(상각부인액은 없음)
② 내용연수: 5년(정액법 상각률: 0.2, 정률법 상각률: 0.451)

구분	정액법		정률법	
상각대상액	취득가액	100,000,000원	취득가액 감가상각누계액 미상각잔액	100,000,000원 (40,000,000원) 60,000,000원
상각률	× 0.2		× 0.451	
상각범위액	20,000,000원		27,060,000원	

(6) 감가상각비 시부인계산

감가상각비 시부인계산이란 법인이 감가상각비로 계상한 금액과 법인세법상 손금산입한도액인 상각범위액을 비교하여 법인이 계상한 감가상각비를 시인할 지 아니면 부인할 지를 결정하는 과정을 말한다.

1) 상각부인액 및 시인부족액

법인이 계상한 감가상각비와 상각범위액의 차액을 상각부인액 또는 시인부족액이라 하며, 이를 요약하면 다음과 같다.

구분	명칭	세무조정
감가상각비 계상액 〉 상각범위액	상각부인액	당기: 손금불산입(유보)
		차기 이후: 차기 이후 시인부족액 발생시 그 범위 내에서 손금산입(△유보)하고, 자산을 양도하면 유보잔액을 손금산입(△유보)함
감가상각비 계상액 〈 상각범위액	시인부족액	원칙: 세무조정하지 않음
		예외: 전기에서 이월된 상각부인액을 시인부족액 범위 내에서 손금산입

① 상각부인액

상각부인액은 법인이 계상한 감가상각비가 법인세법상 상각범위액을 초과하는 경우에 발생하며 이는 손금불산입(유보)처분된 후 차기 이후에 시인부족액이 발생하는 경우에 시인부족액의 범위 내에서 손금산입(△유보)하고, 자산을 양도하면 유보잔액을 손금산입(△유보)한다.

② 시인부족액

시인부족액은 법인이 계상한 감가상각비가 법인세법상 상각범위액에 미달하는 경우에 발생한다. 주의할 사항은 감가상각비는 결산조정사항이기 때문에 법인의 결산서에 반영되지 않은 감가상각비 시인부족액을 손금에 산입하는 세무조정은 하지 않는다는 점이다. 다만, 전기 상각부인액이 있는 경우 시인부족액 범위 내에서 전기 상각부인액을 손금산입한다.

예 제

(주)삼일은 제1기 사업연도 개시일에 4,000원에 취득한 감가상각자산을 법인세법상 4년간 정액법으로 상각하고 있다. (주)삼일이 결산서상 다음과 같이 감가상각비를 계상한 경우에 필요한 세무조정을 수행하라(단, (주)삼일은 일반기업회계기준이 적용되는 회사임을 가정함).

	Case 1	Case 2
제1기	1,200원	800원
제2기	1,200원	800원
제3기	1,200원	800원
제4기	400원	800원
제5기		800원

풀 이

법인세법상 상각범위액은 매기 1,000원(취득가액 4,000원/4년)이다.

(Case 1)

	상각범위액	회사상각액	한도초과액	세무조정	유보잔액
제1기	1,000원	1,200원	200원	손금불산입 200원(유보)	200원
제2기	1,000원	1,200원	200원	손금불산입 200원(유보)	400원
제3기	1,000원	1,200원	200원	손금불산입 200원(유보)	600원
제4기	1,000원	400원	(600)원	손금산입 600원(△유보)*	−

* 제1기·제2기 및 제3기 손금불산입누계액 600원(유보)은 제4기 손금산입 600원(△유보)과 상계되어 정리된다.
※ 위의 사례에서 제4기 초에 자산을 양도하였다면 양도시 유보잔액 600을 손금산입(△유보)해야 한다.

(Case 2)

	상각범위액	회사상각액	한도초과액	세 무 조 정	유보잔액
제1기	1,000원	800원	(200)원	−	−
제2기	1,000원	800원	(200)원	−	−
제3기	1,000원	800원	(200)원	−	−
제4기	1,000원	800원	(200)원	−	−
제5기	1,000원*	800원	(200)원	−	−

＊제4기까지 회사상각액 3,200원을 제외한 잔액 800원(4,000원－3,200원)이 제5기에 손금으로 인정된다. 즉, 법인세법에서는 상각범위액만을 정하고 있을 뿐이며, 법인이 상각범위액 이내의 금액으로 감가상각하는 것은 몇년에 걸쳐서 상각하든지 항상 손금으로 인정된다.

7 기업업무추진비와 기부금

(1) 기업업무추진비

1) 기업업무추진비에 대한 규제

"기업업무추진비"란 접대, 교제, 사례 또는 그 밖에 어떠한 명목이든 상관없이 이와 유사한 목적으로 지출한 비용으로서 법인이 직접 또는 간접적으로 업무와 관련이 있는 자와 업무를 원활하게 진행하기 위하여 지출한 금액을 말한다.

기업업무추진비는 소모성경비이므로 그 지출의 투명성을 확보하기 위하여 건당 3만원(경조금 20만원) 초과분에 대하여 반드시 법정증명서류를 수취하도록 요구하고, 이 요구에 따르지 않은 기업업무추진비는 전액 손금불산입한다. 그 다음 기업업무추진비의 과다지출을 억제하기 위하여 기업업무추진비 한도액을 정하고 그 한도액을 초과하는 금액을 손금불산입하고 있다.

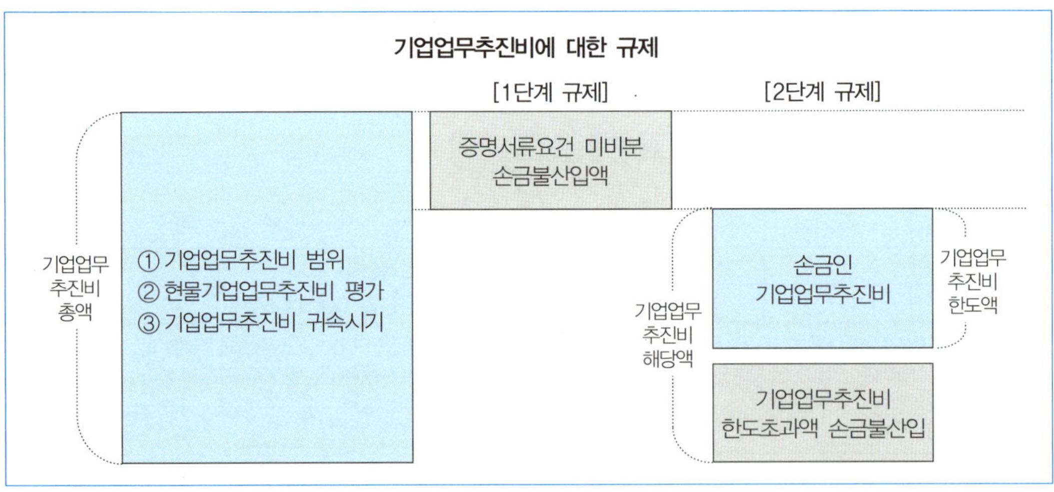

2) 기업업무추진비의 범위

① 기업업무추진비의 범위

기업업무추진비는 광고선전비 및 기부금과는 다음과 같은 차이가 있으므로 이를 구별해야 한다.

구분	내 용	업무관련	지출상대방	손금인정여부
기업업무추진비	접대행위에 의해 사업관계자들과의 사이에 친목을 두텁게 하여 거래관계의 원활한 진행을 도모하기 위한 지출	업무관련	특정인	한도 내 손금
광고선전비	불특정 다수인의 구매의욕을 자극하기 위한 지출		불특정다수	전액 손금
기부금	사업과 관련이 없는 재산 증여	업무무관	특정인	한도 내 손금 (비지정기부금은 전액 부인)

② 기업업무추진비의 귀속시기

기업업무추진비는 접대행위가 발생된 시점에서 그 지출이 확정되므로 기업업무추진비는 발생주의에 의하여 그 귀속시기를 판단한다. 예를 들어 기업업무추진비가 발생되었으나 미지급하였다가 다음연도에 지급하는 경우에도 발생된 사업연도의 기업업무추진비로 한다.

③ 현물기업업무추진비의 평가

기업업무추진비를 금전 외의 자산을 제공한 경우에는 '시가와 장부가액 중 큰 금액'을 기업업무추진비로 본다.

3) 증명서류 요건 미비분 손금불산입… 1단계 규제

한차례 접대에 지출한 기업업무추진비가 3만원(경조비 20만원)을 초과하는 경우에는 법정증명서류를 수취하여야 한다. 법정증명서류란 신용카드매출전표, 직불카드영수증, 현금영수증, 세금계산서, 계산서 등과 같이 거래가 투명하게 노출되는 증명서류로서 법령에 열거되어 있다. 기업업무추진비에서는 신용카드매출전표 등은 법인명의로 발급받은 경우에만 법정증명서류로 보므로 "임직원 명의"로 발급받은 경우에는 법정증명서류로 보지 아니한다.

[사례] 기업업무추진비에 대한 증명서류

증빙불비 기업업무추진비 30만원(귀속자 불분명)	〈손금불산입〉 30만원(상여) 증빙불비 경비는 가공비용이므로 대표자에게 상여로 소득처분함.
대표이사가 개인용도로 사용한 기업업무추진비 30만원	〈손금불산입〉 30만원(상여) 개인이 부담할 지출이므로 상여로 처분함
법인의 기업업무추진비이나 대표이사 개인신용카드를 사용한 기업업무추진비 30만원	〈손금불산입〉 30만원(기타사외유출) 증명서류가 있으나 법정증명서류가 아니므로 기타사외유출로 처분함.

4) 기업업무추진비 한도초과액 손금불산입… 2단계 규제

① 일반기업업무추진비 한도액: ㉠+㉡

기업업무추진비한도액은 기본한도와 수입금액별 한도의 합계액으로 한다. 수입금액을 기준으로 한 것은 기업업무추진비의 크기는 일반적으로 영업의 규모와 비례관계에 있다고 보기 때문이다.

㉠ 기본한도: 12,000,000원(중소기업은 36,000,000원) × $\dfrac{\text{사업연도 월수}}{12}$

㉡ 수입금액별 한도: 일반수입금액[1] × 적용률[2]+특정수입금액[1,3] × 적용률[2] × 10%

[1] 수입금액이란 기업회계기준에 따라 계산한 매출액(중단사업부문의 매출액 포함)을 말한다.
[2] 적용률

수입금액	수입금액 적용률
100억원 이하분	0.3%
100억원~500억원	3천만원+100억원 초과분 × 0.2%
500억원 초과분	1억 1천만원+500억원 초과분 × 0.03%

[3] 특수관계인과의 거래에서 발생한 수입금액을 의미함. 일반수입금액과 특정수입금액이 함께 있는 경우에는 수입금액의 합계액을 기준으로 적용률을 적용하되 일반수입금액부터 적용률을 적용한다.

② 문화 기업업무추진비 한도액

건전한 접대문화 장착을 장려하기 위하여 국내 문화 관련 지출로서 국내 문화 관련 지출로서 문화예술의 공연, 전시회, 박물관의 입장권 구입 등 일정한 용도로 지출한 문화기업업무추진비가 있는 경우 다음과 같이 계산한 금액을 기업업무추진비 한도액으로 한다.

> 문화 기업업무추진비 한도액 : Min(㉠, ㉡)
> ㉠ 문화기업업무추진비 지출액*[1]
> ㉡ 일반기업업무추진비 한도액 × 20%

*[1] 문화기업업무추진비의 범위 : 문화예술의 공연이나 전시회 또는 박물관의 입장권 구입, 체육활동의 관람을 위한 입장권의 구입, 음반 및 음악영상물의 구입, 박람회의 입장권 구입 등

③ 전통시장 기업업무추진비 한도액

전통시장에서 신용카드, 현금영수증 등을 통해 지출한 기업업무추진비로서 소비성서비스업 등에서 지출한 기업업무추진비가 아닌 기업업무추진비는 다음과 같이 계산한 금액을 기업업무추진비 한도액으로 한다.

> 전통시장 기업업무추진비 한도액: Min(㉠, ㉡)
> ㉠ 전통시장 기업업무추진비 지출액
> ㉡ 일반기업업무추진비 한도액 × 10%

④ 기업업무추진비 한도액

$$\text{기업업무추진비 한도액} = \text{일반기업업무추진비 한도액} + \text{문화기업업무추진비 한도액} + \text{전통시장기업업무추진비 한도액}$$

⑤ 기업업무추진비 한도초과액

$$\text{기업업무추진비해당액} - \text{한도액} = \begin{cases} (+) \ \text{한도초과액} \rightarrow \text{손금불산입(기타사외유출)} \\ (-) \ \text{한도미달액} \rightarrow \text{세무조정 없음} \end{cases}$$

다음 자료를 기준으로 기업업무추진비 세무조정을 수행하라.
1. 기업업무추진비: 150,000,000원(5,000,000원을 기업업무추진비로 지출하고 영수증을 수령한 1건 포함)
2. 매출액: 50,000,000,000원
3. 사업연도는 12개월이며, 중소기업에 해당되지 아니한다.

[1단계] 증빙서류 미비분 손금불산입
〈손금불산입〉 영수증수취분 5,000,000*(기타사외유출)
* 한 차례의 접대에 지출한 기업업무추진비 중 3만원 초과분에 대하여 법정증빙서류를 수취하지 않았으므로 이를 손금불산입한다.

[2단계] 기업업무추진비 한도초과액 손금불산입
(1) 기업업무추진비 손금산입한도액

$$12,000,000원 \times \frac{12}{12} + (30,000,000 + 40,000,000,000원 \times 0.2\%)$$

$$= 122,000,000원$$

(2) 기업업무추진비 해당액
   기업업무추진비 지출액－증빙요건 미비분 손금불산입액
   ＝150,000,000원－5,000,000원
   ＝145,000,000원

(3) 기업업무추진비 한도초과액
   기업업무추진비 해당액－기업업무추진비 한도액
   ＝145,000,000원－122,000,000원
   ＝23,000,000원

(4) 세무조정요약
   〈손금불산입〉
   영수증수취분   5,000,000원(기타사외유출)
   기업업무추진비 한도초과액   23,000,000원(기타사외유출)

(2) 기부금

기부금이란 법인이 사업과 직접 관련없이 타인에게 무상으로 지출한 재산적 증여가액을 말한다. 앞에서 설명한 기업업무추진비와 기부금 모두 타인에게 어떠한 대가를 받지 않고 지출하는 비용이라는 공통점이 있으나 기업업무추진비는 법인의 사업과 관련하여 지출되는 비용이고 기부금은 법인의 사업과 관련없이 지출되는 비용이라는 차이점이 있다.

1) 기부금의 종류

법인세법상 기부금은 기부대상에 따라 특례기부금, 일반기부금, 비지정기부금의 세 가지로 구분되며, 그 종류에 따라 손금으로 인정되는 한도가 다르다.

구분	손금인정 여부	한도초과액
특례기부금	한도금액 내만 손금인정	손금불산입(기타사외유출)
일반기부금	한도금액 내만 손금인정	
비지정기부금	전액 손금인정 안됨	전액 손금불산입(기타사외유출)

① 특례기부금

특례기부금은 법인이 국가나 지방자치단체에 무상으로 기증하는 금품, 국방헌금과 국군장병위문금품, 천재지변으로 생기는 이재민을 위한 구호금품, 사립학교 등에 시설비·교육비·장학금·연구비으로 지출하는 기부금 등을 말한다.

② 일반기부금

일반기부금은 법인이 사회복지·교육·문화·예술 등 공익성 있는 사업을 영위하는 단체에 대하여 제공하는 기부금을 말한다. 예를 들면, 사회복지법인, 어린이집, 종교단체, 의료법인 등의 고유목적사업비로 지출하는 기부금이 일반기부금에 해당한다.

③ 비지정기부금

특례기부금 또는 일반기부금으로 규정하고 있지 아니한 기부금이 비지정기부금이다. 비지정기부금은 공익성이 없으므로 전액 손금불산입한다. 예를 들면 동창회, 종친회, 향우회에 대한 기부금이 비지정기부금에 해당한다.

비지정기부금은 법인세법상 용어는 아니나 특례기부금 및 일반기부금과 구분을 위하여 수험목적상 이를 비지정기부금이라고 부른다.

2) 손금한도액

특례기부금과 일반기부금은 일정한 한도 내에서 손금으로 인정하고, 한도초과액은 손금불산입하여 기타사외유출로 소득처분한다. 이 경우 특례기부금과 일반기부금의 한도초과액은 그 후 10년 이내에 끝나는 사업연도에 이월하여 이월된 사업연도의 소득금액을 계산할 때 손금한도액의 범위에서 이월된 기부금을 우선 공제하고, 남은 기부금공제 한도 내에서 해당 사업연도에 지출한 기부금을 공제한다.

① 특례기부금한도액

$$\text{특례기부금 한도액} = (\text{기준소득금액}^{*1)} - \text{이월결손금}^{*2)}) \times 50\%$$

② 일반기부금한도액

$$\text{일반기부금 한도액} = (\text{기준소득금액}^{*1)} - \text{이월결손금}^{*2} - \text{특례기부금 손금산입액}) \times 10\%$$

*1) 기준소득금액: 차가감소득금액(합병·분할시 양도손익 제외)에 특례기부금 및 일반기부금을 더한 금액을 말한다.
*2) 이월결손금을 각 사업연도 소득의 80%를 한도로 공제받는 법인인 경우 이월결손금 공제액은 기준소득금액의 80%를 한도로 한다.

3) 기부금의 귀속시기

기부금의 귀속시기는 현금주의에 의한다.

예를 들어 기부금을 어음으로 지급하는 경우에는 어음의 결제일을 지출일로 한다. 금품이 지출되기 전에는 기부금으로 인정하지 않는 것이다.

4) 현물기부금의 평가

현물로 기부하는 경우 기부금의 종류에 따라 평가방법이 달라지는 바, 세부내역은 다음과 같다.

구 분	현물기부금 평가액
특례기부금	장부가액
일반기부금	장부가액(특수관계인에게 기부한 경우 장부가액과 시가 중 큰 금액)
비지정기부금	장부가액과 시가 중 큰 금액

예제 1

다음 중 기업업무추진비와 기부금에 관한 설명으로 옳지 않은 것은?
① 기업업무추진비는 법인이 사업과 관련하여 거래처 등에 지출한 비용을 말한다.
② 기부금은 법인이 사업과 관련없이 타인에게 지출한 비용을 말한다.
③ 법인세법상 기부금은 특례기부금, 일반기부금, 비지정기부금으로 구분된다.
④ 법인세법상 기업업무추진비 중 손금으로 인정되는 한도를 초과하는 금액은 손금불산입되나,
   기부금은 전액 손금으로 인정된다.

풀 이

④: 법인세법상 기업업무추진비는 물론 기부금에 대하여도 기부금의 종류에 따라 손금으로 인정
   되는 한도 규정이 있으며, 이러한 한도를 초과하는 금액은 손금불산입된다.

예제 2

(주)삼일이 제25기 사업연도(2025.1.1.~2025.12.31.)에 지출한 기부금에 대한 자료는 다음
과 같다. 이 자료로 기부금에 대한 세무조정을 하시오.
① 기부금 지출액과 손금한도액

구 분	기부금 지출액	손금한도액
일반기부금	50,000,000원	48,000,000원
비지정기부금	10,000,000원	–

② 기부금에 대한 회계처리
   (차) 기부금　　　60,000,000원　　(대) 현금　　　　60,000,000원

풀 이

1. 비지정기부금
   (손금불산입) 비지정기부금　　　　10,000,000원(기타사외유출)*
   * 비지정기부금은 법인세법상 손금으로 인정되지 아니하므로 전액 손금불산입하고 기타사외유출로 소득처분한다.

2. 일반기부금
   (손금불산입) 일반기부금한도초과액　　2,000,000원(기타사외유출)*
   * 일반기부금 중 한도액을 초과하는 금액 2,000,000원(50,000,000원-48,000,000원)을 손금불산입
     하고 기타사외유출로 소득처분한다.

(1) 퇴직급여충당금

퇴직급여충당금은 법인의 임직원이 퇴직할 때 지급할 퇴직금에 충당하기 위하여 설정하는 충당금을 말한다. 퇴직급여충당금은 결산조정사항이므로 법인이 결산서에 비용으로 회계처리한 경우에만 일정한 금액을 한도로 손금으로 인정한다.

1) 법인세법상 퇴직급여충당금 손금산입한도액

법인세법상 퇴직급여충당금의 손금산입한도액은 다음과 같다.

> 한도액 = Min[①, ②]
> ① 급여액기준: 당기말 재직하는 임직원 중 퇴직급여 지급대상이 되는 임직원에 대한 총급여액 × 5%
> ② 추계액기준: 퇴직금추계액[1] × 0%＋퇴직금전환금[2]－세무상 퇴직급여충당금잔액[3]

[1] 퇴직금추계액은 해당 사업연도 종료일 현재 재직하는 임직원 전원이 퇴직할 경우에 퇴직급여로 지급하여야 할 금액으로 일시 퇴지기준 추계액과 보험수리적 기준 추계액 중 큰 금액을 말한다.
[2] 퇴직금전환금은 당기말 재무상태표에 계상된 퇴직금전환금 잔액을 말한다.
[3] 세무상 퇴직급여충당금잔액: 전기말 재무상태표상 퇴직급여충당금－퇴직급여충당금부인액누계－당기에 임직원의 퇴사 등의 이유로 감소한 퇴직급여충당금

2) 세무조정

> 당기 퇴직급여충당금 설정액 － 한도액 =
> (＋) 한도초과액 → 손금불산입(유보)
> (－) 한도미달액 → 세무조정 없음

예제1

법인세법상 퇴직금 및 퇴직급여충당금에 대한 설명 중 옳지 않은 것은?
① 퇴직하는 직원에게 지급하는 퇴직금은 법인세법상 전액 손금으로 인정된다.
② 임원에게 지급되는 퇴직금은 법인세법상 일정범위내에서만 손금으로 인정된다.
③ 퇴직급여충당금은 법인의 임직원이 퇴직할 때 법인이 지급하여야 할 퇴직금을 계상한 충당금이다.
④ 임원 퇴직금한도초과액과 퇴직급여충당금한도초과액은 손금불산입되며 유보로 소득처분한다.

풀이

④ 임원 퇴직금한도초과액은 유보가 아니라 상여로 소득처분한다.

예제2

다음의 자료를 기초로 (주)삼일의 제21기(20X1. 1. 1.~ 20X1. 12. 31.) 퇴직급여충당금에 대한 세무조정을 하시오.

1. 당기말 현재 재직하는 임직원 중 퇴직급여지급대상자에 대한 총급여액: 40,000,000원
2. 퇴직급여충당금 계정의 내역

퇴직급여충당금

당 기 지 급	15,000,000	기 초 잔 액	155,000,000*
기 말 잔 액	145,000,000	당기 설정액	5,000,000
	160,000,000		160,000,000

* 기초잔액에는 전기말 퇴직급여충당금 부인누계액 138,750,000원이 포함되어 있다.

3. 퇴직금추계액: 145,000,000원
4. 당기말 재무상태표상 퇴직금전환금 잔액: 5,000,000원

풀 이

1. 퇴직급여충당금 한도액: Min[①, ②]=2,000,000원
   ① 급여액 기준: 총급여액 × 5%
   $$= 40,000,000원 × 5\%$$
   $$= 2,000,000원$$
   ② 추계액 기준: 퇴직금추계액 × 0%+퇴직금전환금−세무상 퇴직급여충당금잔액
   $$= 145,000,000원 × 0\%+5,000,000원−1,250,000원$$
   $$= 3,750,000원$$
   * 155,000,000원−138,750,000원−15,000,000원 = 1,250,000원

2. 퇴직급여충당금 한도초과액
   당기 퇴직급여충당금 설정액−퇴직급여충당금 한도액
   = 5,000,000원−2,000,000원=3,000,000원

3. 세무조정
   〈손금불산입〉 퇴직급여충당금 한도초과액   3,000,000원(유보)

퇴직연금제도

퇴직연금제도는 근로자의 퇴직급여 수급권 보호를 위해 사용자가 근로자의 재직기간 중에 일정요건을 갖춘 퇴직연금사업자에게 퇴직연금부담금을 납입하고, 해당 퇴직연금사업자가 퇴직하는 근로자에게 퇴직급여를 일시금 또는 연금의 형태로 지급하는 제도를 말한다.

퇴직연금제도는 사업장별로 노사의 협의에 따라 다음과 같이 확정기여형 퇴직연금제도와 확정급여형 퇴직연금제도를 선택할 수 있는 바, 양 제도의 주요 내용을 비교하면 다음과 같다.

〈확정기여형 퇴직연금과 확정급여형 퇴직연금의 비교〉

구분	확정기여형(Defined Contribution)	확정급여형(Defined Benefit)
개념	• 사전에 부담할 기여금을 확정 • 적립금을 근로자가 자기책임으로 운용 • 근로자가 일정한 연령에 달한 때에 그 운용 결과에 기초하여 급여를 지급(연금 55세 이상)	• 사전에 급여의 수준·내용을 약정 • 근로자가 일정한 연령에 달한 때에 약정에 따른 급여를 지급(연금 55세 이상)
기여금	확정	변동 (운용수익률·승급률 등 변경시)
급부	운영실적에 따름	확정 (계속근로기간 1년에 대하여 30일분의 평균임금 이상)
운용책임	개별 근로자 부담	회사 부담
기업부담	축소 불가	축소 가능 (수익률이 높을 경우)
통산제도	용이	어려움 (개인퇴직계좌를 통한 통산 가능)
연금수리	불필요	필요
선호계층	단기근속자 및 젊은 층	장기근속자
주요대상	연봉제, 중소기업	대기업, 기존 사외적립기업

(2) 대손충당금

법인이 보유하고 있는 매출채권, 대여금과 같은 채권은 채무자의 파산 등으로 회수할 수 없게 될 수 있다. 채권의 회수불능예상액을 추정하여 비용으로 계상한 것을 대손상각비라고 하고, 그 상대계정을 대손충당금이라고 한다. 대손충당금은 결산조정사항이므로 법인이 결산서에 비용으로 회계처리한 경우에만 일정한 금액을 한도로 손금으로 인정한다

1) 대손금

대손금이란 회수불능의 채권금액으로 손금에 해당하지만, 조세회피의 수단으로 악용될 수 있기 때문에 법인세법에서는 대손요건을 엄격하게 규정하고 있다.

주요 대손요건은 다음과 같다.

① 신고조정사항(강제사항)에 해당하는 대손금

다음 중 어느 하나에 해당하는 채권의 금액은 해당 사유가 발생하는 날이 속하는 사업연도의 손금으로 한다.

신고조정사항
① 상법·민법·어음법·수표법에 따른 소멸시효가 완성된 채권 ②「채무자 회생 및 파산에 관한 법률」에 따른 회생계획인가의 결정 또는 법원의 면책 결정에 따라 회수불능 채권으로 확정된 채권 ③ 민사집행법에 따라 채무자의 재산에 대한 경매가 취소된 압류채권 ④「서민의 금융생활 지원에 관한 법률」에 따른 채무조정을 받아 신용회복지원협약에 따라 면책으로 확정된 채권

② 결산조정사항에 해당하는 대손금

다음 중 어느 하나에 해당하는 채권의 금액은 해당 사유가 발생하여 손금으로 계상한 날이 속하는 사업연도의 손금으로 한다.

① 채무자의 파산, 강제집행, 형의 집행, 사업의 폐지, 사망, 실종, 행방불명으로 인하여 회수할 수 없는 채권
② 부도발생일*부터 6개월 이상 지난 수표 또는 어음상의 채권 및 중소기업의 외상매출금(부도발생일 이전의 것에 한함). 다만, 당해 법인이 채무자의 재산에 대해 저당권을 설정하고 있는 경우를 제외한다.
③ 회수기일을 6개월 이상 지난 채권 중 채권가액이 30만원 이하(채무자별 채권가액의 합계액 기준)의 채권
④ 중소기업 외상매출금으로서 회수기일부터 2년 이상 지난 외상매출금 및 미수금(다만, 특수관계인과의 거래로 인하여 발생한 외상매출금 및 미수금은 제외)
⑤ 재판상 화해 등 확정판결과 같은 효력을 가지는 것으로서 기획재정부령으로 정하는 것에 따라 회수불능으로 확정된 채권
⑥ 물품의 수출 또는 외국에서의 용역제공으로 발생한 채권으로서 무역에 관한 법령에 따라 기획재정부령으로 정하는 사유에 해당하여 한국무역보험공사로부터 회수불능으로 확인된 채권

* '부도발생일'이란 소지하고 있는 부도수표나 부도어음의 지급기일(지급기일 전에 해당 수표나 어음을 제시하여 금융회사 등으로부터 부도확인을 받은 경우에는 그 부도 확인일을 말함)을 말한다.

2) 법인세법상 대손충당금 손금산입한도액

$$\text{대손충당금 손금산입한도액} = \text{대손충당금 설정대상 채권의 장부가액} \times \text{설정률}$$

① 대손충당금 설정대상 채권

법인세법상 대손충당금 설정대상 채권에는 매출채권, 대여금, 미수금 등 기업회계기준에 의한 대손충당금 설정대상 채권이 해당된다.

② 설정률

대손충당금 설정률은 「1%」와 「대손실적률」 중 큰 비율을 적용한다.

$$\text{대손실적률} = \frac{\text{해당 사업연도 중 대손금}}{\text{직전사업연도말 대손충당금 설정대상 채권잔액}}$$

3) 세무조정

① 대손금

    ㉠ 대손요건을 충족한 경우: 세무조정 없음
    ㉡ 대손요건을 충족하지 못한 경우: 손금불산입(유보)

② 대손충당금

대손충당금 기말잔액과 한도액을 비교하여 한도초과액은 손금불산입(유보)으로 처리하고, 한도미달액은 별도의 세무조정을 하지 않는다.

$$\text{대손충당금 기말잔액}^* - \text{한도액} = \begin{cases} (+) \ \text{한도초과액} \rightarrow \text{손금불산입(유보)} \\ (-) \ \text{한도미달액} \rightarrow \text{세무조정 없음} \end{cases}$$

* 세법은 대손충당금 설정방법으로 총액법을 채택하고 있으므로 대손충당금 기말잔액과 한도액을 비교해서 한도초과액을 계산해야 한다.

예제 1

다음 중 대손충당금 설정대상 채권에 해당하는 것은?
① 토지　　　　　　　　　　② 재고자산
③ 매출채권　　　　　　　　④ 매입채무

풀 이

③: 법인세법상 대손충당금 설정대상 채권은 매출채권, 미수금, 대여금 등의 채권이다. 토지, 재고자산, 매입채무는 채권이 아니므로 대손충당금 설정대상이 될 수 없다.

예제 2

다음 자료를 기초로 대손충당금에 대한 세무조정을 수행하라.
1. 대손충당금 계정의 내역

대손충당금

당기상계액	1,000,000*	기 초 잔 액	10,000,000
기 말 잔 액	14,000,000	당기 설정액	5,000,000
	15,000,000		15,000,000

　* 당기상계액은 당기에 소멸시효가 완성된 매출채권을 상계한 것임

2. 대손충당금 설정대상 채권가액:　　　1,000,000,000원
3. 대손실적률:　　　　　　　　　　　　　0.5%

1. 대손충당금 한도액
   대손충당금 설정대상 채권 × 설정률
   =1,000,000,000원 × Max[1%, 0.5%]
   =10,000,000원
2. 대손충당금 한도초과액
   대손충당금 기말잔액−대손충당금 한도액
   =14,000,000원−10,000,000원
   = 4,000,000원
3. 세무조정
   (손금불산입) 대손충당금 한도초과액 4,000,000원(유보)

9 준비금

준비금은 법인세법과 조세특례제한법에서 조세정책적인 목적에 따라 중소기업 등이 법인세의 납부를 일정기간동안 유예할 수 있도록 규정하고 있는 조세지원제도이다. 즉, 준비금은 법인이 준비금을 손금에 산입하는 사업연도에는 법인세를 감소시켜주고 이후 준비금을 환입하거나 상계하는 사업연도에 익금에 산입되어 법인세를 증가시키게 되는 제도이다. 따라서 준비금은 법인의 법인세를 완전히 면제·감면하는 것이 아니라 법인세 납부시기를 늦춰주는 형태의 조세지원제도인 것이다.

10 지급이자 손금불산입

법인이 차입금에 대하여 지급하는 이자비용은 원칙적으로 손금으로 인정한다. 다만, 다음의 지급이자는 조세정책적 목적에서 손금에 산입하지 아니한다.

구분	손금불산입액	소득처분의 내용
① 채권자불분명 사채이자	해당 이자비용 전액	−원천징수액: 기타사외유출
② 비실명 채권·증권의 이자상당액	해당 이자비용 전액	−잔액: 대표자 상여
③ 건설자금이자	해당 이자비용 전액[1]	−건설중인 자산: 유보 −완성자산: 즉시상각의제[2]
④ 업무무관자산 등 관련 이자	업무무관부동산 등에 해당하는 이자비용	−기타사외유출

*1) 건설 등을 개시한 날부터 건설 등이 준공된 날까지 계산함.
*2) 즉시상각의제: 법인이 상각대상 자산을 취득하기 위하여 지출한 금액과 자본적 지출에 해당하는 금액을 손금으로 계상한 경우에는 이를 감가상각한 것으로 보아, 감가상각 시부인 대상에 포함됨.

예 제

다음 중 법인세법상 손금불산입되는 지급이자에 해당하지 아니하는 것은?
① 채권자불분명 사채이자
② 건설자금이자
③ 법인운영차입금에 대한 이자
④ 업무무관자산 등 관련 이자

풀 이

③: 법인운영차입금에 대한 이자비용과 같은 법인의 일반적인 차입금에 대한 이자비용은 법인세
법상 손금으로 인정된다.

11 부당행위계산의 부인

내국법인의 행위 또는 소득금액의 계산이 특수관계인과의 거래로 인하여 그 법인의 소득에 대한 조세의 부담을 부당하게 감소시킨 것으로 인정되는 경우 과세관청이 그 법인의 행위 또는 계산에 관계없이 객관적으로 타당한 소득이 있었던 것으로 보아 소득금액을 계산하는데, 이를 부당행위계산의 부인이라고 한다. 특수관계인은 법령에 열거되어 있는데, 출자자(소액주주 제외), 임직원, 계열회사 등이 포함된다.

(1) 부당행위계산부인의 적용요건

법인세법에서 규정하고 있는 부당행위계산의 부인 적용요건은 다음과 같다.
① 법인과 그 법인의 특수관계인과의 거래일 것
② 그 거래로 인하여 조세부담이 부당하게 감소되었을 것

다음 중 부당행위계산의 부인에 관한 규정과 관계없는 것은?
① 법인의 거래가 법인세법에서 규정하는 법인의 특수관계인과 이루어져야 한다.
② 거래의 실질내용이 부당거래라고 인정되어야 한다.
③ 거래결과 해당 법인의 법인세부담을 부당하게 감소시켜야 한다.
④ 거래당사자간에 문서로 된 계약서 없이 이루어진 거래이어야 한다.

풀 이

④: 부당행위계산부인규정의 적용요건에 문서로 된 계약서의 존재 여부는 해당사항이 없다.

(2) 부당행위계산의 부인 효과

부당행위계산의 부인규정의 적용대상이 되는 경우 시가나 적정임차료 등 법인세법에서 규정하고 있는 거래의 합리적인 금액과 법인이 거래한 실제 금액과의 차액을 익금산입하고, 귀속자에 따라 배당, 상여, 기타소득, 기타사외유출로 소득처분한다. 이에 따라 귀속자에게는 추가적으로 소득세나 법인세가 과세된다.

(주)삼일상사는 시가가 10,000,000원인 제품을 특수관계인인 (주)삼일공업에게 6,000,000원에 판매하였다. (주)삼일상사의 세무조정을 수행하라.

풀 이

① (주)삼일상사
　　(익금산입) 부당행위계산부인　　4,000,000원(기타사외유출)*
　　* 법인이 특수관계인에게 시가보다 4,000,000원(10,000,000원-6,000,000원) 낮은 가격에 판매함으로써 법인세법상 익금이 과소계상되어 법인세 부담이 감소되었으므로 부당행위계산부인에 해당한다. 이에 따라 과소계상된 익금을 익금에 산입하고 기타사외유출로 소득처분한다.

② (주)삼일공업
　　세무조정 없음.
　　* 저가매입시에는 법인세가 부당하게 감소되지 않으므로 부당행위계산부인이 적용되지 않는다.

예제 2

(주)삼일은 법인의 특수관계인인 대표이사 김회계 씨로부터 시가 12억원인 건물을 20억원에 매입하였다. (주)삼일은 20년 동안 동 건물을 감가상각하기로 하였고 당기 감가상각비로 1억원을 계상하였다. 이와 관련한 세무조정으로 옳지 않은 것은?

① 특수관계인과의 거래를 통해 과다하게 지급한 8억원을 세무상 건물의 자산가액으로 인정할 수 없으므로 8억원을 손금산입(△유보)으로 처분한다.

② 당기에 계상한 감가상각비 1억원 중 40%인 4천만원은 손금으로 인정할 수 없으므로 손금불산입(유보)으로 처분한다.

③ 위 거래를 통해 대표이사인 김회계 씨가 얻은 이익 8억원에 대해서는 익금산입(상여)으로 처분한다.

④ 위 거래와 관련하여 대표이사인 김회계 씨가 추가로 부담하여야 하는 조세는 없다.

풀 이

④: 김회계 씨는 소득처분된 8억원에 대한 소득세를 추가로 부담하여야 한다.

---

(3) 가지급금 인정이자

법인이 특수관계인에게 무상 또는 낮은 이자율로 금전을 빌려 주는 경우 법인세법상 인정되는 적정이자율로 계산한 이자금액과 실제 수입이자의 차액을 익금산입하는데 이를 가지급금 인정이자라고 한다.

$$\text{가지급금 인정이자} = \text{가지급금적수} \times \text{적정이자율}^* \times \frac{1}{365(\text{윤년 } 366)} - \text{실제 수입이자}$$

* 적정이자율은 가중평균차입이자율로 하되, 가중평균차입이자율의 적용이 불가능한 경우(해당 대여금 또는 차입금에 한정)와 법인이 당좌대출이자율을 시가로 선택하는 경우(선택한 사업연도와 이후 2개 사업연도에 계속 적용)에는 당좌대출이자율을 적정이자율로 한다.

예 제

다음 자료를 기초로 제25기 사업연도(2025.1.1.~2025.12.31.)에 대한 가지급금 인정이자에 대한 세무조정을 수행하라. 회사는 당좌대출이자율을 시가로 선택하였다.

① 특수관계인(내국영리법인)에 대한 가지급금적수: 7,300,000,000원

② 당좌대출이자율: 4.6%

③ 무이자로 대여하였으며 제25기 사업연도에 법인이 실제로 수령한 이자는 없다.

$$가지급금\ 인정이자 = 7{,}300{,}000{,}000원 \times 4.6\% \times \frac{1}{365} - 0원 = 920{,}000원$$

(익금산입) 가지급금 인정이자   920,000원(기타사외유출)

12 법인세 과세표준의 계산

법인세 과세표준은 다음 계산식에 따라 산출한다.

> 과세표준＝각 사업연도 소득금액－이월결손금－비과세소득－소득공제

(1) 이월결손금

　결손금이란 사업연도의 손금총액이 익금총액보다 큰 경우 동 차액을 말하며, 이월결손금이란 다음 사업연도로 이월된 결손금을 말한다. 이월결손금이 법인세 과세표준 계산시 각 사업연도 소득금액에서 차감되기 위한 요건은 다음과 같다.

① 각 사업연도 개시일 전 15년(2020. 1. 1 전에 개시하는 사업연도 발생분은 10년) 이내에 개시한 사업연도에 발생한 결손금일 것

② 당기 이전까지 공제받지 못한 이월결손금일 것. 예를 들어 2025년 사업연도의 법인세 과세표준을 계산하는 경우 2023년 사업연도에 발생한 이월결손금은 해당 사업연도에 차감 가능한 이월결손금이지만, 동 이월결손금이 이미 2024년 사업연도의 법인세 과세표준 계산시 차감되었다면 2025년 사업연도에 또 다시 차감할 수는 없다.

③ 이월결손금 연간 공제한도

- 일반기업: 각 사업연도 소득금액의 80%
- 중소기업 등 일정한 법인: 각 사업연도 소득금액의 100%*

　＊ 한도적용 제외대상(각 사업연도 소득금액의 100% 공제)의 주요내용
　　① 조세특례제한법에 따른 중소기업
　　② 법원이 인가결정한 회생계획을 이행 중인 법인
　　③ 기업개선계획의 이행을 위한 약정을 체결하고 기업개선계획을 이행 중인 법인
　　④ 해당 법인의 채권을 보유한 금융회사 등 또는 법 소정 공공기관과 경영정상화계획의 이행을 위한 협약을 체결하고 경영정상화계획을 이행 중인 법인
　　⑤ 사업재편계획 승인을 받은 법인
　　⑥ 유동화거래를 목적으로 설립된 법인으로서 일정한 요건을 갖춘 법인
　　⑦ 유동화전문회사 등에 대한 소득공제 대상 법인

예 제

다음 중 법인세법상 이월결손금에 관한 설명으로 옳지 않은 것은?
① 이월결손금이란 법인의 이전 사업연도에 발생되어 해당 사업연도로 이월된 결손금을 말한다.
② 법인세 과세표준 계산시 이월결손금은 각 사업연도 소득금액에서 차감된다.
③ 법인세 과세표준 계산시 차감되는 이월결손금은 발생한 사업연도에 관계없이 차감된다.
④ 법인세 과세표준 계산시 차감되는 이월결손금은 당기 이전까지 공제받지 못한 이월결손금이어
  야 한다.

풀 이

③: 법인세 과세표준 계산시 차감되는 이월결손금은 각 사업연도 개시일전 15년(2020. 1. 1 전에
  개시하는 사업연도 발생분은 10년) 이내에 개시한 사업연도에 발생한 결손금이어야 한다.

(2) 비과세소득

비과세소득이란 법인의 소득 중 법인세를 과세하지 아니하는 소득으로서 법인세법상으로는 공익
신탁의 신탁재산에서 생기는 소득 등이 있다. 한편, 비과세소득은 다음연도로 이월하여 공제받을
수 없다.

(3) 소득공제

소득공제란 법인세법에서 규정한 요건에 해당하는 경우 법인의 소득금액에서 일정액을 공제하여
주는 제도를 말한다.

예 제

다음 자료를 기초로 (주)삼일(법률상 중소기업)의 제25기(2025. 1. 1.~2025. 12. 31.) 법인
세 과세표준을 계산하라.
① 각 사업연도 소득금액: 100,000,000원
② 비과세소득: 5,000,000원
③ 이월결손금: 법인세 과세표준 계산시 한번도 공제되지 않은 이월결손금의 발생 사업연도와 금
  액은 다음과 같다.
  제11기: 5,000,000원
  제13기: 4,000,000원
  제16기: 10,000,000원
  제17기: 3,000,000원

법인세 과세표준=100,000,000원-13,000,000원*-5,000,000원=82,000,000원

* 이월결손금 중 2020. 1. 1 전에 개시하는 사업연도에 발생한 결손금은 10년간 이월공제하고, 2020.1.1. 이후 개시하는 사업연도에 발생하는 결손금은 15년간 이월공제하므로 공제가능한 결손금은 제16기(10,000,000원)와 제17기(3,000,000원)가 된다.

13 법인세 산출세액의 계산

법인세 산출세액은 과세표준에 다음과 같은 법인세율을 곱하여 계산한다.

과세표준	세율
2억원 이하	과세표준 × 9%*
2억원 초과 200억원 이하	1.8천만원 + 2억원을 초과하는 금액 × 19%
200억원 초과 3,000억원 이하	37억 8천만원 + 200억원을 초과하는 금액 × 21%
3,000억원 초과	625억 8천만원 + 3,000억원을 초과하는 금액 × 24%

* 부동산임대업을 주업으로 하는 등 일정한 요건을 구비한 특정법인(유동화전문회사 등은 제외)은 2억원 이하의 과세표준에 대하여 19%의 세율을 적용함 → 200억원 이하의 구간이 19%임 '25 개정

다음 자료를 기초로 (주)삼일(법률상 중소기업)의 제25기(2025. 1. 1. ~ 2025. 12. 31.) 법인세 과세표준과 산출세액을 계산하라.
① 각 사업연도 소득금액: 250,000,000원
② 공제가능 이월결손금: 10,000,000원
③ 비과세소득: 2,000,000원
※ 법인세의 세율
　과세표준 2억원 초과 200억원 이하: 18,000,000원+(2억원을 초과하는 금액×19%)

1. 법인세 과세표준=250,000,000원-10,000,000원-2,000,000원=238,000,000원
2. 산출세액=18,000,000원+(238,000,000원-200,000,000원) × 19%
　　　　=25,220,000원

14 차감납부할 세액의 계산

차감납부할 세액은 다음과 같이 계산한다.

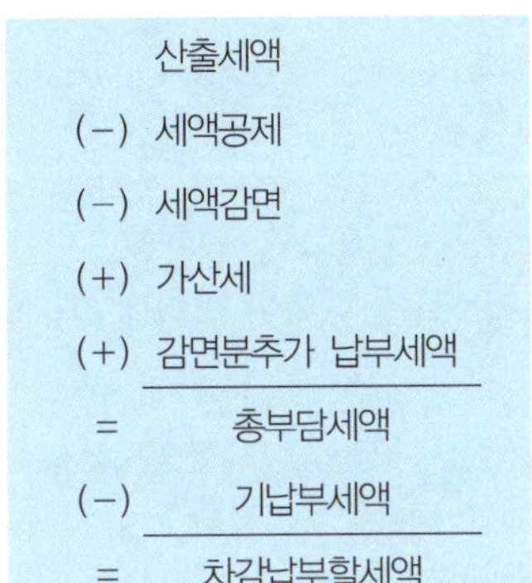

(1) 세액공제

세액공제란 법인세법에서 법인세 산출세액 계산시 일정금액을 공제하도록 규정한 제도를 말한다.

1) 외국납부세액공제

내국법인이 외국에서 소득을 얻는 경우 국내와 외국에서 이중으로 법인세를 부담하게 되므로 이러한 문제점을 조정하기 위한 것이 외국납부세액공제제도이다. 외국납부세액공제는 아래와 같이 계산된다.

$$
\text{외국납부세액공제액} = \text{Min}
\begin{cases}
\text{① 외국에 납부한 법인세 금액} \\
\text{② 법인세 산출세액}^* \times \dfrac{\text{과세표준에 산입된 국외원천소득}}{\text{과세표준}}
\end{cases}
$$

* 토지 등 양도소득에 대한 법인세와 미환류소득에 대한 법인세는 제외한다.

2) 재해손실세액공제

법인이 사업연도 중에 천재·지변 기타 재해로 인하여 법인의 사업용 자산가액의 20% 이상을 상실하여 법인세 납세가 곤란하다고 인정되는 경우에는 일정금액을 재해손실세액공제로 공제받을 수 있다.(단, 세액공제액은 상실된 자산의 가액을 초과할 수 없다)

(2) 세액감면

세액감면이란 중소기업에 대한 특별세액감면 등과 같이 법인의 특정소득에 대하여 법인세액의 일정금액을 감면해주는 제도를 말하며, 이의 계산방법은 다음과 같다.

$$\text{세액감면금액} = \text{산출세액} \times \frac{\text{감면소득 과세표준}}{\text{과세표준}} \times \text{감면비율}$$

(3) 최저한세

조세특례제한법에서는 특정법인에 대하여 과도하게 법인세를 감면해주게 될 경우 법인세를 감면받는 법인과 감면받지 못하는 법인 간에 과세형평의 문제가 발생할 수 있고 국가의 법인세 조세수입 또한 현격하게 감소할 수 있기 때문에, 법인세를 감면받는 법인도 최소한 세법이 규정한 일정한도의 세액은 납부하도록 하는 제도를 마련하고 있다. 이러한 제도에 의하여 규정된 일정한도의 법인세금액을 최저한세라고 한다.

(4) 기납부세액

기납부세액이란 법인이 사업연도 중에 미리 납부한 법인세금액으로 중간예납세액·원천납부세액·수시부과세액이 이에 해당된다.

1) 중간예납

사업연도의 기간이 6개월을 초과하는 법인은 사업연도 개시일부터 6개월간의 기간을 중간예납기간으로 하여 그 기간에 대한 법인세를 신고·납부하여야 하며, 이를 중간예납이라고 한다. 예를 들어, 사업연도가 1월 1일부터 12월 31일까지인 법인은 1월 1일부터 6월 30일까지 6개월간의 기간을 중간예납기간으로 하여 그 기간에 대한 법인세를 신고·납부하여야 한다.

2) 원천징수

금융회사 등 법인의 금융자산에 대하여 이자소득 등을 지급할 때 동 이자소득에 대한 세금을 떼어 내고 잔액만을 법인에 지급한다. 이 경우 금융회사 등이 미리 떼어 낸 세금을 법인세 원천징수세액이라고 하며, 이러한 제도를 원천징수라고 한다. 예를 들어, 법인에 대한 이자소득이 1,000,000원이고 원천징수하는 세율이 14%라면, 법인은 실제로 금융회사 등으로부터 원천징수금액 140,000원(=1,000,000원 × 14%)을 차감한 860,000원(=1,000,000원−140,000원)만을 수령하게 되는 것이다.

3) 수시부과

수시부과란 법인세 포탈의 우려가 있는 법인 등에 대하여 과세권자가 수시로 법인세를 부과하는 제도를 말한다.

15 법인세 신고 및 납부

(1) 법인세 신고

내국법인은 각 사업연도 소득에 대한 법인세를 사업연도 종료일이 속하는 달의 말일부터 3개월 이내에 신고하여야 한다. 각 사업연도 소득금액이 없거나 결손금이 있는 경우에도 신고는 하여야 한다. 예를 들어 12월 31일이 사업연도 종료일인 법인은 다음해 3월 31일까지 법인세를 신고하여야 한다. 다만, 외부감사대상 법인이 해당 사업연도의 감사가 종결되지 아니하여 결산이 확정되지 아니하였다는 사유로 신고기한 연장을 신청하는 경우 1개월의 범위 내에서 연장할 수 있다. 신고기한이 연장된 법인이 세액을 납부할 때 연장된 기간에 대하여 이자(연 3.1%)를 가산하여 납부하여야 한다.

(2) 법인세 납부

법인세는 법인세 신고기한내에 납부하여야 한다. 다만, 납부할 법인세액이 1천만원을 초과하는 때에는 납부기한이 경과한 날부터 1개월(중소기업은 2개월) 이내에 법인세를 분납할 수 있다.

01 다음 중 주식회사와 같은 법인의 소득에 대하여 국가가 부과 · 징수하는 세금을 무엇이라고 하는가?

① 부가가치세   ② 소득세
③ 법인세   ④ 취득세

02 다음 중 아래 신문기사와 관계가 깊은 법인세법의 내용으로 옳은 것은?

> 첨단을 걷는 '역외탈세' 추징액만 4,100억… 실제 매출규모는 조단위!
>
> 이번 역외탈세 조사결과에서 가장 눈에 띄는 업체는 A사다. 외국법인으로 위장해 국제 선박임대와 국제 해운, 선박 리베이트 등을 통해 벌어들인 소득을 모두 탈루했기 때문이다. 추징액 규모만 4,100억원이 넘는다. 추징액이 4,000억원대면 매출규모는 조 단위가 넘는다는 게 국세청의 설명이다.
> (후략)

① 외국법인과 내국법인은 본점이나 주사무소 또는 영업의 형식적 지배관리장소에 의해 구분된다.
② 외국영리법인은 국내원천소득에 한하여 법인세 납세의무를 진다.
③ 외국영리법인은 청산소득에 대한 납세의무가 있다.
④ 0토지 등을 양도함으로써 발생하는 소득에 대해서는 한시적으로 토지 등 양도소득에 대한 법인세를 과세하지 않는다.

03 다음 중 법인세 납세의무자의 납세의무 범위에 관한 설명으로 옳은 것은?

① 비영리내국법인은 소득의 발생원천을 가리지 아니하고 모든 소득에 대하여 법인세 납세의무를 진다.
② 영리외국법인은 청산소득에 대한 법인세 납세의무가 있다.
③ 비영리단체인 삼일대학교가 등록금을 받아서 수익사업이 아닌 본래의 목적사업에 사용한 경우 법인세 부담이 없다.
④ 청산소득의 납세의무자는 해산으로 소멸하는 모든 내국법인이므로 비영리내국법인도 청산소득의 납세의무가 있다.

04 다음 중 법인 종류별 납세의무의 범위로 옳지 않은 것은?

구분		납세의무의 범위			
		ㄱ	ㄴ	ㄷ	ㄹ
내국법인	영리법인	○	○	○	○
	비영리법인	○	○	×	×
외국법인	영리법인	○	○	×	×
	비영리법인	○	○	×	×

① ㄱ: 국내의 모든 원천소득 중 수익사업소득에 대한 법인세
② ㄴ: 토지 등 양도소득에 대한 법인세
③ ㄷ: 미환류소득에 대한 법인세
④ ㄹ: 청산소득에 대한 법인세

05 다음 중 자본금과 적립금조정명세서(을) 서식에 기입하는 항목으로 옳은 것은?

① 임대보증금에 대한 간주임대료
② 감가상각비 한도초과액
③ 기부금 한도초과액
④ 기업업무추진비 한도초과액

06 다음 중 소득의 귀속자에게 추가적으로 소득세를 과세하지 않는 것은?

① 배당
② 기타사외유출
③ 기타소득
④ 상여

07 다음 자료를 이용하여 각 사업연도 소득금액을 계산하면 얼마인가?

• 결산서상 당기순이익:	100,000,000원
• 익금산입:	10,000,000원
• 익금불산입:	20,000,000원
• 손금산입:	20,000,000원
• 손금불산입:	10,000,000원

① 80,000,000원
② 90,000,000원
③ 100,000,000원
④ 110,000,000원

08 다음 중 세무조정에 관한 설명으로 옳지 않은 것은?

① 익금불산입이란 기업회계상 수익으로 계상되지 않았으나 법인세법상 익금에 해당하는 항목을 말한다.
② 세무조정사항 중 익금산입·손금불산입항목은 결산서상의 당기순이익에 가산한다.
③ 신고조정사항은 손금귀속시기 선택이 가능하지 않다.
④ 세무조정사항을 집계하는 표가 「소득금액조정합계표」이다.

09 다음 중 결산조정사항과 신고조정사항의 차이점을 비교한 내용으로 옳은 것은?

구분	신고조정사항	결산조정사항
ㄱ. 대상	현금지출을 수반하지 않는 손금	익금항목 및 신고조정사항 외의 손금항목
ㄴ. 손금 귀속시기	손금 귀속시기 선택 가능	손금 귀속시기 선택불가
ㄷ. 결산서상 누락한 경우	세무조정(손금산입)할 수 없음.	세무조정할 수 있음.
ㄹ. 예시	조세특례제한법상 준비금	퇴직급여충당금

① ㄱ   ② ㄴ
③ ㄷ   ④ ㄹ

10 법인세법상 세무조정사항은 결산조정사항과 신고조정사항으로 구분할 수 있다. 다음 중 결산조정사항으로 옳지 않은 것은?

① 감가상각비   ② 대손충당금
③ 퇴직급여충당금   ④ 조세특례제한법상 준비금

11 다음 중 법인세법상 소득처분에 관한 설명으로 옳지 않은 것은?

① 사외유출된 소득의 귀속자가 불분명한 경우에는 대표자상여로 처분한다.
② 사외유출된 소득의 귀속자가 임원 또는 직원인 경우에는 상여로 처분하고 귀속자에 대하여는 추가적인 소득세 과세를 한다.
③ 최초 세무조정시 유보로 소득처분된 경우에는 차기 이후에 반드시 반대의 세무조정(△유보)을 통하여 정리된다.
④ 소액주주가 아닌 출자임원에게 귀속된 익금산입액은 배당으로 처분한다.

12 다음은 (주)삼일의 세무조정에 관한 세부항목이다. 이를 이용하여 [소득금액조정합계표]를 작성하고자 할 때 (가)와 (나)에 해당하는 금액으로 옳은 것은?

ㄱ. 단기매매증권평가이익	2,000,000원
ㄴ. 임원상여금한도초과액	5,000,000원
ㄷ. 기업업무추진비한도초과액	5,000,000원

익금산입 및 손금불산입				손금산입 및 익금불산입			
①과 목	②금 액	③소득처분		④과 목	⑤금 액	⑥소득처분	
		처분	코드			처분	코드
합 계	(가)			합계	(나)		

	(가)	(나)
①	10,000,000원	2,000,000원
②	2,000,000원	10,000,000원
③	5,000,000원	7,000,000원
④	2,000,000원	7,000,000원

13 다음 중 법인세법상 손익의 귀속시기에 관한 설명으로 옳은 것은?

① 금융기관 이외의 법인이 수입하는 이자수익의 귀속시기: 기간경과분 발생주의 인식
② 계약 등에 의하여 임대료 지급일이 정하여진 경우 임대손익의 귀속시기: 실제로 받은 날
③ 용역 제공기간이 1년 이상인 장기용역 손익의 귀속시기: 목적물의 인도일
④ 상품·제품 판매 손익의 귀속시기: 인도일

14 다음 중 법인세법상 손익의 귀속사업연도에 관한 설명으로 옳지 않은 것은?

① 장기할부판매손익은 실제 현금이 회수되는 기간에 인식하는 것이 원칙이다.
② 법인세법에서는 기업회계와의 조화를 위하여 발생주의도 인정하고 있다.
③ 법인세법의 손익인식기준은 권리·의무확정주의를 원칙으로 한다.
④ 상품판매와 관련된 손익의 귀속사업연도는 인도일이 속하는 사업연도이다.

15 다음 중 법인세법상 세무조정이 불필요한 경우에 해당하는 것은?

① (주)관악은 직원을 위하여 직장체육비 5,000,000원을 지출하고 비용으로 계상하였다.
② (주)마포는 채권자가 불분명한 사채이자 1,000,000원을 비용으로 계상하였다.
③ (주)용산은 특별한 사유없이 대표이사에게 회사 정관에 기재된 상여금 지급기준보다 5,000,000원을 초과하여 지급하였다.
④ (주)서초는 유상증자를 통해 액면가액 5,000원인 주식을 10,000원에 발행하고, 발생한 차액 5,000원을 수익으로 계상하였다.

16 다음 중 법인세법상 세무조정이 불필요한 경우에 경우에 대한 설명으로 옳은 것은?

① ㈜역삼은 당기에 감가상각비한도초과액이 발생하였다.

② ㈜성수는 대표이사 동창회에 기부금을 지급하였다.

③ 자동차 부품 제조회사인 ㈜서초는 발생한 미수이자(원천징수해당분) 500,000원을 계상하고 동 금액을 이자수익으로 인식하였다.

④ ㈜잠실은 감자를 수행하면서 액면금액 5,000원인 주식에 대하여 2,000원만 지급하고, 차액 3,000원을 감자차익(자본잉여금)으로 처리하였다.

17 다음 중 법인세법상 기밀비에 대한 소득처분으로 옳은 것은?

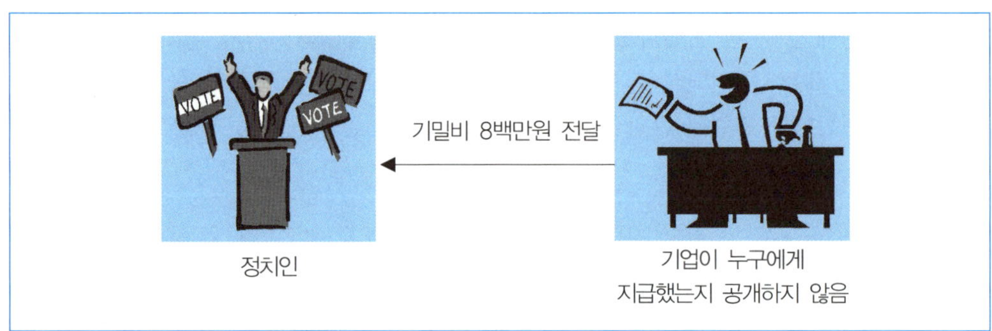

① 배당

② 대표자상여

③ 기타소득

④ 기타사외유출

18 다음 세무조정에 대한 소득처분 중 옳은 것은?

① (손금불산입) 감가상각비 한도초과액　　×××(배당)

② (손금불산입) 기업업무추진비 한도초과액　　×××(기타사외유출)

③ (손금불산입) 퇴직급여충당금 한도초과액　　×××(기타)

④ (익금불산입) 단기매매증권평가이익　　×××(상여)

19 다음은 (주)삼일의 제25기(2025년 1월 1일~2025년 12월 31일) 자료이다. 이에 따라 상여 또는 배당으로 소득처분할 금액은 각각 얼마인가?

> ㄱ. 직원 또는 임원이 아닌 개인 대주주에 대한 가지급금 인정이자   2,000,000원
> ㄴ. (주)삼일의 상여금지급규정을 초과하여 임원에게 지급된 상여금   5,000,000원
> ㄷ. (주)삼일이 특수관계인에 해당하는 법인에게 일반적인 판매가격보다
>   낮은 가격에 판매한 금액   5,000,000원

	상여	배당
①	2,000,000원	10,000,000원
②	10,000,000원	2,000,000원
③	5,000,000원	2,000,000원
④	5,000,000원	7,000,000원

20 다음 중 법인세법상 익금항목이 아닌 것을 모두 고르면?

> ㄱ. 손금에 산입한 금액 중 환입된 금액
> ㄴ. 감자차익
> ㄷ. 주식의 평가차익
> ㄹ. 간주임대료
> ㅁ. 자산의 양도금액

① ㄴ, ㄷ   ② ㄴ, ㄷ, ㄹ

③ ㄱ, ㄹ   ④ ㄷ, ㅁ

21 다음 자료를 기초로 법인세법상 익금불산입금액을 계산하면 얼마인가?

ㄱ. 국세환급금에 대한 이자	1,500,000원
ㄴ. 감자차익	5,000,000원
ㄷ. 특수관계있는 개인으로부터 유가증권 저가매입	3,500,000원
ㄹ. 채무면제이익	1,500,000원

① 5,000,000원 ② 6,500,000원
③ 7,500,000원 ④ 10,000,000원

22 (주)삼일은 다음의 자료를 기초로 단기매매증권에 대해 아래와 같이 회계처리하였다. 이 경우 필요한 세무조정으로 옳은 것은?

• 취득가액	1,000,000원
• 결산시 공정가치	1,200,000원

〈회계처리〉
(차) 단기매매증권　200,000원　　(대) 단기매매증권평가이익(I/S)　200,000원

① (익금불산입)　단기매매증권평가이익　200,000원(△유보)
② (익금산입)　단기매매증권평가이익　200,000원(유보)
③ (익금불산입)　단기매매증권　200,000원(△유보)
　(익금산입)　단기매매증권평가이익　200,000원(기타)
④ 세무조정 없음

23 다음은 (주)삼일의 제25기 손익계산서의 일부이다.

손익계산서

제25기: 2025년 1월 1일부터 2025년 12월 31일까지

(주)삼일   (단위: 천원)

과목	금액
Ⅰ. 매출액	50,000,000
Ⅱ. 매출원가*	25,000,000
Ⅲ. 매출총이익	25,000,000
· · · · · · · · · · · ·	
Ⅵ. 영업외비용	900,000
1. 유형자산 평가손실	150,000
2. 단기매매증권 평가손실	200,000
3. 잡손실**	300,000
· · · · · · · · · · · ·	

* 재고자산의 평가손실 500,000천원이 포함된 금액
** 사택의 일부가 파손되어 수리한 비용

(주)삼일의 제25기 법인세 세무조정사항에 대한 다음의 설명 중 옳지 않은 것은?

① 재고자산평가손실은 법인세법상 재고자산평가방법을 저가법으로 신고한 후 기말에 취득원가와 시가와의 차이를 계상한 것으로 세무조정은 발생하지 않는다.
② 유형자산평가손실은 홍수로 침수된 공장설비에 대한 평가손실을 계상한 것으로 세무조정은 발생하지 않는다.
③ 단기매매증권평가손실은 기말에 유가증권시세의 급격한 하락에 의한 것으로 세무조정은 발생하지 않는다.
④ 잡손실은 업무무관경비이므로 손금불산입으로 세무조정된다.

24 다음 중 법인세법상의 익금항목에 해당하는 것은?

> 가. 자회사로부터 수령한 임대료
> 나. 간주임대료
> 다. 법인세 가산세 환급액
> 라. 각 사업연도의 소득으로 이미 과세된 소득

① 가
② 가, 나
③ 가, 나, 다
④ 나, 다, 라

25 다음 자료를 기초로 법인세법상 익금금액을 계산하면 얼마인가?

> ㄱ. 법인세환급액   5,000,000원
> ㄴ. 감자차익   10,000,000원
> ㄷ. 채무면제이익(단, 세무상 결손금은 없다)   3,000,000원
> ㄹ. 간주임대료   20,000,000원
> ㅁ. 임대료수익   50,000,000원

① 50,000,000원
② 70,000,000원
③ 73,000,000원
④ 83,000,000원

26 (주)삼일이 제25기(2025. 1. 1.~2025. 12. 31.) 결산시에 차입금에 대하여 발생주의에 따라 이자비용 3천만원을 계상한 경우 제25기에 필요한 세무조정을 하면?(단, 차입일은 2025년 7월 1일이고 이자지급은 매년 6월 30일에 6천만원씩 지급하는 조건이다.)

① (손금불산입) 이자비용   30,000,000원(유보)
② (손금산입) 이자비용   30,000,000원(△유보)
③ (손금불산입) 이자비용   60,000,000원(유보)
④ 세무조정 없음

27 (주)삼일이 제25기(2025. 1. 1.~2025. 12. 31.) 결산시에 회계기준에 따라 은행예금에 대한 미수이자 3백만원을 계상한 경우 제25기에 필요한 세무조정은?

① (익금산입) 미수이자　　　3,000,000원(상여)

② (익금산입) 미수이자　　　3,000,000원(유보)

③ (익금불산입) 미수이자　　3,000,000원(기타사외유출)

④ (익금불산입) 미수이자　　3,000,000원(△유보)

28 다음 자료는 제조업을 영위하는 (주)삼일의 제25기 재무제표의 일부이다. 올바른 세무조정은? (단, 회사는 재고자산평가방법을 신고하지 않았다.)

재무상태표

2025년 12월 31일

재고자산	100,000,000원	부채	70,000,000원
유가증권	90,000,000원	자본	120,000,000원
계	190,000,000원	계	190,000,000원

손익계산서

2025년 1월 1일 ~ 12월 31일

매출원가	60,000,000원	매출	100,000,000원
재고자산 평가손실	10,000,000원		
지분법손실	20,000,000원		
당기순이익	10,000,000원		
계	100,000,000원	계	100,000,000원

① (손금불산입) 재고자산평가손실　10,000,000원(유보)

② (손금불산입) 재고자산평가손실　10,000,000원(유보)
　 (손금불산입) 지분법손실　　　　20,000,000원(유보)

③ (손금불산입) 매출원가　　　　　60,000,000원(유보)

④ (손금불산입) 지분법손실　　　　20,000,000원(유보)

29 다음 중 법인세법상 손금으로 인정되는 항목에 해당하는 것은?

① 벌과금의 성격으로 부과되는 벌금
② 퇴직금지급규정 범위 내의 대표이사에게 지급한 퇴직급여
③ 비실명채권에 대한 이자비용
④ 부가가치세법상 대손세액공제를 받은 채권으로서 회수불능 부가가치세 매출세액의 미수금

30 다음 중 법인세법상 손금항목과 손금불산입항목으로 올바르게 짝지은 것은?

㉠ 직원에게 급여지급기준을 초과하여 지급된 상여금
㉡ 기업업무추진비한도초과액
㉢ 업무무관경비
㉣ 징벌적손해배상금

	손금항목	손금불산입항목
①	㉠	㉡, ㉢, ㉣
②	㉡	㉠, ㉢, ㉣
③	㉠, ㉣	㉡, ㉢
④	㉣	㉠, ㉡, ㉢

31 다음 중 법인세법에 의하여 손금산입이 가능한 항목들만의 조합은?

㉠ 주식할인발행차금　　　　　　　㉡ 자산의 임차료
㉢ 유형자산의 수선비　　　　　　　㉣ 업무무관경비
㉤ 법인의 급여지급기준에 의하여 지급되는 상여금

① ㉠, ㉢, ㉣　　　　　　　　　② ㉡, ㉢, ㉤
③ ㉡, ㉢, ㉣　　　　　　　　　④ ㉠, ㉡, ㉤

32 (주)삼일이 채권자로부터 50,000,000원의 차입금 채무를 면제받으면서 다음과 같이 회계처리한 경우 법인에 필요한 세무조정은?(단, (주)삼일은 세무상결손금이 없다.)

(차) 차입금	50,000,000원	(대) 채무면제이익	50,000,000원

① (익금산입) 채무면제이익　20,000,000원(기타사외유출)
② (익금불산입) 채무면제이익 50,000,000원(기타)
③ (익금불산입) 채무면제이익 20,000,000원(기타)
④ 세무조정 없음

33 다음 자료를 이용하여 법인세법상 손금불산입금액을 계산하면 얼마인가?

• 법인세:	15,000,000원
• 채권자불분명사채이자:	200,000,000원
• 벌금 · 과태료 및 가산금:	5,000,000원
• 토지평가손실(시가하락):	20,000,000원

① 35,000,000원　　　　　　　② 40,000,000원
③ 200,000,000원　　　　　　④ 240,000,000원

34 다음은 법인이 임원 또는 직원을 위하여 지출한 (주)삼일 복리후생비 보조원장의 일부이다. 이 중 법인세법상 손금으로 인정되지 않는 금액은 모두 얼마인가?

세금과공과

월/일	상대계정	적요	차변	대변	잔액
01/23	현금	전기료	1,000,000원		1,000,000원
01/25	현금	수도광열비	500,000원		1,500,000원
02/03	현금	과태료	800,000원		2,300,000원
02/05	현금	벌과금	700,000원		3,000,000원

① 800,000원

② 1,000,000원

③ 1,500,000원

④ 2,300,000원

35 다음 중 법인세법상 손금불산입항목에 해당하는 것은?

> ㉠ 감가상각비한도초과액
> ㉢ 각 사업연도의 소득으로 이미 과세된 소득
> ㉤ 주식발행초과금
> ㉡ 양도자산의 장부가액
> ㉣ 법인세
> ㉥ 지방세 과오납금 환급금이자

① ㉠, ㉣, ㉥

② ㉠, ㉣, ㉤

③ ㉡, ㉢, ㉣, ㉥

④ ㉠, ㉣

36 다음 자료를 이용하여 법인세법상 익금금액을 계산하면 얼마인가?

> • 임대료수익: 10,000,000원
> • 법인세 환급액: 2,000,000원
> • 간주임대료: 5,000,000원
> • 손금에 산입한 금액 중 환입된 금액: 3,000,000원

① 17,000,000원

② 18,000,000원

③ 19,000,000원

④ 20,000,000원

37 다음 중 법인세법상 재고자산 및 유가증권의 평가에 관한 설명으로 옳은 것은?

① 유가증권은 총평균법 또는 이동평균법 중 법인이 신고한 방법에 의해 평가한다.
② 유가증권평가방법의 신고 및 변경신고 방법은 재고자산의 경우와 동일하다.
③ 법인세법상 재고자산을 저가법으로 평가하는 것은 허용되지 않는다.
④ 법인은 재고자산의 종류별로 또는 법인의 영업장별로 각각 다른 재고자산평가방법을 적용할 수 없다.

NEW

38 다음 중 법인세법상 재고자산의 평가방법에 대한 설명으로 옳지 않은 것은?

① 재고자산의 평가방법상 원가법에는 개별법, 선입선출법, 후입선출법, 총평균법, 이동평균법 및 매출가격환원법 등이 있다.
② 법인세법상 재고자산을 저가법으로 평가하는 것은 허용되지 않는다.
③ 신설법인은 법인의 설립일이 속하는 사업연도의 과세표준 신고기한까지 재고자산의 평가방법을 신고하여야 한다.
④ 재고자산평가방법을 변경하고자 하는 법인은 변경할 재고자산평가방법을 적용하고자 하는 사업연도종료일 이전 3개월이 되는 날까지 변경신고를 하여야 한다.

39 (주)삼일은 결산서상 당기 취득한 원재료의 금액을 시가로 평가하여 2,000,000원의 재고자산평가손실을 계상하였다. 제25기(2025년 1월 1일~2025년 12월 31일) 말 현재 취득원가와 시가는 다음과 같다.

구분	취득원가	시가
원재료	10,000,000원	8,000,000원

당초에 법인세법상 재고자산의 평가방법이 원가법으로 신고된 경우 다음 사항 중 옳은 것은?

① 재고자산평가방법은 법인세법상 원가법만이 인정된다.
② 파손·부패 등의 사유로 계상한 재고자산평가손실은 손금으로 인정되지 않는다.
③ 재고자산평가손실 2,000,000원을 손금불산입(유보)으로 세무조정을 실시하여야 한다.
④ 회계처리가 적정하므로 세무조정은 발생하지 않는다.

40 다음은 (주)삼일의 세무조정에 관한 세부항목이다. 이를 이용하여 '소득금액조정합계표'를 작성할 때 (가)와 (나)에 해당하는 금액으로 옳은 것은?

• 단기매매증권평가이익:	2,000,000원
• 감가상각비한도초과액:	5,000,000원
• 기업업무추진비한도초과액:	5,000,000원
• 징벌적손해배상금:	5,000,000원

익금산입 및 손금불산입				손금산입 및 익금불산입			
① 과목	② 금액	③ 소득처분 처분	코드	④ 과목	⑤ 금액	⑥ 소득처분 처분	코드
합계	(가)			합계	(나)		

	(가)	(나)
①	15,000,000원	2,000,000원
②	2,000,000원	15,000,000원
③	10,000,000원	7,000,000원
④	5,000,000원	7,000,000원

41 (주)삼일의 퇴직금지급기준에 의한 퇴직금은 12,000,000원이나 퇴직한 직원에게 실제로 20,000,000원을 퇴직금으로 지급한 경우 필요한 세무조정은?

① 세무조정 없음
② (손금불산입) 퇴직금한도초과액 8,000,000원(상여)
③ (손금산입)　　퇴직금한도초과액 8,000,000원(상여)
④ (손금불산입) 퇴직금한도초과액 8,000,000원(유보)

42 (주)삼일의 임원 및 직원에게 지급한 상여금과 상여지급기준이 다음과 같은 경우 필요한 세무조정은?

> • 임원 상여금 지급액: 80,000,000원(임원 상여지급기준상 한도액: 50,000,000원)
> • 직원 상여금 지급액: 100,000,000원(직원 상여지급기준상 한도액: 80,000,000원)

① (손금불산입) 상여금한도초과액   20,000,000원(상여)
② (손금불산입) 상여금한도초과액   30,000,000원(상여)
③ (손금불산입) 상여금한도초과액   50,000,000원(상여)
④ 세무조정 없음

43 다음의 세무조정 사항 중 「자본금과 적립금조정명세서(을)」에 기입하여 사후관리를 해야 하는 항목만으로 묶인 것은?

> ㉠ 단기매매증권평가이익   ㉡ 기부금한도초과액
> ㉢ 미수이자   ㉣ 증빙이 없는 기업업무추진비

① ㉠, ㉡   ② ㉠, ㉢
③ ㉡, ㉢   ④ ㉢, ㉣

44 다음 중 법인세법상 감가상각에 관한 설명으로 옳지 않은 것은?

① 정률법에 따라 상각범위액을 계산하는 경우에는 취득가액의 5%에 상당하는 금액을 잔존가액으로 하되, 그 금액은 해당 감가상각자산에 대한 미상각잔액이 최초로 취득가액의 5% 이하가 되는 사업연도의 상각범위액에 가산한다.
② 건축물 및 광업용 유형자산 이외의 유형고정자산의 무신고시 감가상각방법은 정액법이다.
③ 기준내용년수가 8년이면 최저 6년에서 10년 사이의 내용연수 중 법인이 선택한 내용연수를 신고내용연수로 한다.
④ 당기의 상각부인액은 차기이후 시인부족액 발생시 그 범위내에서 손금산입한다.

45 (주)삼일은 제1기 사업연도 개시일에 20,000,000원에 취득한 유형자산에 대해 연도별로 다음과 같이 감가상각비를 계상하였다. 제2기 감가상각비와 관련된 세무조정에 대해 자본금과적립금조정명세서(을)의 빈칸에 기입될 금액으로 알맞은 것은?(단, (주)삼일의 사업연도는 1. 1. ~12. 31.이며, 세무상 상각방법은 정액법이고 신고내용연수는 4년이라고 가정한다.)

구분	감가상각비 계상액
제1기	10,000,000원
제2기	4,000,000원

<table>
<tr><td>사업
연도</td><td>제2기</td><td colspan="5" align="center">자본금과 적립금조정명세서(을)</td><td>법인명</td><td>(주) 삼일</td></tr>
<tr><td colspan="4">※ 관리
번호　□□ － □□</td><td colspan="5">사업자등록번호　□□□ － □□ － □□□□□</td></tr>
<tr><td colspan="9">※ 표시란은 기입하지 마십시오.</td></tr>
<tr><td colspan="9" align="center">세무조정유보소득 계산</td></tr>
<tr><td rowspan="2">① 과목 또는 사항</td><td rowspan="2">② 기초잔액</td><td colspan="2">당기중 증감</td><td colspan="2" rowspan="2">⑤ 기말잔액
(익기초현재)</td><td rowspan="2" colspan="3">비고</td></tr>
<tr><td>③ 감소</td><td>④ 증가</td></tr>
<tr><td>감가상각비</td><td>5,000,000</td><td>(ㄱ)</td><td>(ㄴ)</td><td colspan="2">(ㄷ)</td><td colspan="3"></td></tr>
<tr><td></td><td></td><td></td><td></td><td colspan="2"></td><td colspan="3"></td></tr>
<tr><td></td><td></td><td></td><td></td><td colspan="2"></td><td colspan="3"></td></tr>
</table>

	(ㄱ)	(ㄴ)	(ㄷ)
①	없음	없음	5,000,000원
②	없음	1,000,000원	6,000,000원
③	1,000,000원	없음	4,000,000원
④	1,000,000원	1,000,000원	5,000,000원

46 다음 자료에 의할 경우 (주)삼일의 제25기(2025년 1월 1일 ～ 2025년 12월 31일)에 감가
상각방법으로 각각 정액법과 정률법을 적용할 때의 상각범위액은 각각 얼마인가?

> 제23기초에 기계장치를 취득가액 10,000,000원에 구입하였으며, 이 기계장치에 대한 자료는 다음
> 과 같다.
>   가. 제24기말 감가상각누계액 4,000,000원(상각부인액은 없음)
>   나. 내용연수: 5년
>   다. 상각률: 정액법 0.2, 정률법 0.451

	정액법	정률법
①	2,000,000원	4,510,000원
②	2,000,000원	2,706,000원
③	1,200,000원	4,510,000원
④	1,200,000원	2,706,000원

47 다음은 법인세법상 감가상각에 대한 세무조정을 수행하기 위한 기계장치에 대한 자료이다. 법
인이 결산시 회계장부에 감가상각비로 12,000,000원을 비용으로 계상한 경우 필요한 세무조
정은?

> • 취득가액: 50,000,000원
> • 내용연수: 5년
> • 감가상각방법: 정액법

① 세무조정 없음
② (손금산입)　　감가상각비　　　　　　　　　10,000,000원(△유보)
③ (손금불산입) 감가상각비한도초과액　　　　12,000,000원(△유보)
④ (손금불산입) 감가상각비한도초과액　　　　 2,000,000원(유보)

48 다음 중 기업업무추진비에 관한 설명으로 옳은 것은?

① 문화기업업무추진비를 지출하는 경우, 일정한도 이내에서 기업업무추진비 한도금액이 증가한다.

② 기업업무추진비 중 지출증빙이 없는 기업업무추진비는 손금불산입하고, 유보처분한다.

③ 법인의 기업업무추진비한도초과액은 상여로 소득처분된다.

④ 법인이 1건당 3만원이 넘는 기업업무추진비에 대해 세금계산서를 받았다면 동 금액은 손금불산입된다.

49 (주)삼일은 2,000,000원을 기업업무추진비로 지출하고 영수증(법정증빙이 아님)을 수취하였으며, 기업업무추진비를 판매비와 관리비로 회계처리 하였다. 이에 대한 세무조정으로 옳은 것은?

① 세무조정 없음
② 〈손금불산입〉 2,000,000원(대표자상여)
③ 〈손금불산입〉 2,000,000원(기타사외유출)
④ 〈손금불산입〉 2,000,000원(기타)

50 다음은 (주)삼일의 제25기(2025. 1. 1.~2025. 12. 31.) 기업업무추진비 보조원장을 요약 정리한 것이다. 법인세법상 기업업무추진비한도액이 15,000,000원일 경우 올바른 세무조정은?

기업업무추진비 보조원장

2025. 1. 1.~2025. 12. 31   (주)삼일

적요	금액	비고
거래처 기업업무추진비(1건)	400,000원	증빙 미수령분
거래처 기업업무추진비(1건)	5,000원	영수증 수령분
거래처 기업업무추진비(25건)	17,300,000원	신용카드매출전표 수령분
합계	17,705,000원	

① (손금불산입) 증빙 없는 기업업무추진비   405,000원 (상여)
② (손금불산입) 기업업무추진비한도초과액   2,705,000원 (기타사외유출)
③ (손금불산입) 증빙 없는 기업업무추진비   400,000원 (상여)
    (손금불산입) 기업업무추진비한도초과액   2,305,000원 (기타사외유출)
④ (손금불산입) 증빙 없는 기업업무추진비   405,000원 (상여)
    (손금불산입) 기업업무추진비한도초과액   2,300,000원 (기타사외유출)

51 다음 자료를 이용하여 (주)한일의 제25기(2025. 1. 1.~2025. 12. 31.) 기업업무추진비에 대한 세무조정을 수행하고자 할 때 손금불산입되는 금액은 얼마인가?

> • 기업업무추진비: 5천만원[기업업무추진비 중 신용카드 등을 사용하지 않고 영수증을 수령한 금액 1천만원(1건)이 포함되었으며, 나머지 기업업무추진비는 법정 증빙을 갖추었음]
> • 매출액: 500억원(특수관계인 매출 없음)
> • 회사는 제조업을 영위하며, 중소기업이 아니고 세법상 손금한도를 계산하기 위한 수입금액 기준적용률은 다음과 같다.
>
> | 수입금액 | 적용률 |
> |---|---|
> | 100억원 이하 | 0.3% |
> | 100억원 초과 500억원 이하 | 3천만원+100억원 초과분 × 0.2% |
> | 500억원 초과 | 1억 1천만원+500억원 초과분 × 0.03% |

① 8,000,000원   ② 10,000,000원
③ 20,000,000원   ④ 30,000,000원

52 다음은 기업업무추진비와 기부금에 대한 대화이다. 다음 중 기업업무추진비와 기부금에 대하여 옳지 않은 설명을 하는 사람은 누구인가?

> • 김대리: 기업업무추진비의 세무상 한도액은 수입금액의 크기에 영향을 받는 반면, 기부금의 세무상 한도액은 소득금액의 크기에 영향을 받는다.
> • 이과장: 기업업무추진비와 기부금의 세무상 한도초과액은 다음 연도로 이월되지 않고 소멸한다.
> • 송부장: 법인이 광고선전목적으로 견본품, 달력, 수첩 등을 불특정 다수인에게 기증하기 위하여 지출한 비용은 기업업무추진비로 보지 않는다.
> • 최사원: 기업업무추진비 중 지출증빙이 없는 기업업무추진비는 손금불산입하고 대표자에 대한 상여로 소득처분한다.

① 김대리　　　　　　　　　　② 이과장
③ 송부장　　　　　　　　　　④ 최사원

53 다음 중 기부금에 관한 설명으로 옳지 않은 것은?

① 법인세법상 기부금은 기부대상에 따라 특례기부금, 일반기부금과 비지정기부금으로 구분된다.
② 법인세법상 기부금한도초과액은 대표자에 대한 상여로 소득처분된다.
③ 법인세법상 비지정기부금으로 분류되는 기부금은 전액 손금불산입된다.
④ 법인이 기부하는 국방헌금, 수재의연금 등은 특례기부금에 해당한다.

54 다음 자료를 이용할 경우 필요한 기부금 세무조정은 무엇인가?

> • 특례기부금 지출액: 10,000,000원(한도액: 20,000,000원)
> • 비지정기부금 지출액: 5,000,000원

① 세무조정 없음
② (손금불산입) 기부금한도초과액　　10,000,000원(기타사외유출)
③ (손금불산입) 비지정기부금　　　　 5,000,000원(기타사외유출)
④ (손금불산입) 기부금한도초과액　　15,000,000원(기타사외유출)

55 다음은 기업업무추진비와 기부금의 특징을 보여주는 표이다. 다음 중 빈칸에 들어갈 표현으로 옳은 것은?

구분	손금 한도 여부	손금 귀속시기
기업업무추진비	ㄱ	ㄷ
기부금	ㄴ	ㄹ

	ㄱ	ㄴ	ㄷ	ㄹ
①	한도 있음	한도 있음	현금주의	발생주의
②	한도 없음	한도 없음	현금주의	발생주의
③	한도 있음	한도 있음	발생주의	현금주의
④	한도 없음	한도 없음	발생주의	현금주의

56 다음은 (주)삼일의 제25기(2025년 1월 1일~2025년 12월 31일) 기부금 관련 자료이다. 이를 기초로 기부금 지출액 중 손금으로 인정되지 않는 금액을 계산한 것으로 옳은 것은?

ㄱ. 기부금 지출액
 – 특례기부금: 20,000,000원
 – 일반기부금: 30,000,000원
 – 비지정기부금: 7,000,000원

ㄴ. 기부금 한도액
 – 특례기부금: 55,000,000원
 – 일반기부금: 15,000,000원

① 0원
② 7,000,000원
③ 15,000,000원
④ 22,000,000원

NEW

57 법인세법에서는 조세정책적인 목적 등으로 일정한 한도까지만 손금으로 인정하고 이를 초과하는 금액은 손금으로 인정하지 않는 항목들을 규정하고 있다. 다음 중 이에 해당하지 않는 것은?

① 광고선전비   ② 감가상각비

③ 기부금   ④ 기업업무추진비

58 다음 자료를 이용하여 퇴직급여충당금에 대한 세무조정을 하면?

• 법인세법상 퇴직급여충당금 손금한도액:	150,000,000원
• 당기 퇴직급여충당금 설정액:	200,000,000원

① (손금불산입) 퇴직급여충당금한도초과액   50,000,000원(유보)

② (손금불산입) 퇴직급여충당금한도초과액   50,000,000원(상여)

③ (손금산입) 퇴직급여충당금   150,000,000원(△유보)

④ 세무조정 없음

59 다음 중 법인세법상 퇴직금 및 퇴직급여충당금에 관한 설명으로 옳은 것은?

① 퇴직하는 직원에게 지급하는 퇴직금은 세법상 한도 내 금액만 손금으로 인정된다.

② 퇴직급여충당금의 손금산입은 신고조정사항이다.

③ 법인세법상 한도를 초과하여 설정된 퇴직급여충당금은 손금불산입되고 기타사외유출로 소득처분된다.

④ 퇴직급여충당금 전입액은 일정한 한도 내에서만 손금으로 인정된다.

60 다음에 열거한 채권 중에서 (가) 신고조정에 해당하는 대손요건을 충족한 채권, (나) 결산조정에 해당하는 대손요건을 충족한 채권을 올바르게 구분한 것은?

> ㄱ. 부도발생일부터 6개월 이상 지난 어음상의 채권
> ㄴ. 부도발생일부터 6개월 미만 지난 어음상의 채권
> ㄷ. 상법에 따른 소멸시효가 완성된 채권
> ㄹ. 채무자의 파산으로 회수할 수 없는 채권

	(가)	(나)
①	ㄱ, ㄹ	ㄴ, ㄷ
②	ㄱ, ㄷ	ㄹ
③	ㄴ, ㄷ	ㄱ, ㄹ
④	ㄷ	ㄱ, ㄹ

61 다음 중 법인세법상 대손충당금에 관한 설명으로 옳은 것은?

① 대손충당금은 법인세법상 손금산입한도액에 미달하는 경우 그 차액을 추가 손금산입한다.
② 법인세법상 대손충당금 손금산입한도액은 대손충당금 설정대상 채권의 장부가액에 대손충당금 설정률을 곱하여 계산한다.
③ 법인세법상 대손충당금 손금산입한도액을 초과하여 법인이 결산서에 계상한 대손충당금 금액은 손금불산입되고 기타사외유출로 소득처분된다.
④ 법인세법상 대손충당금 설정률은 「1%」와 「대손실적률」 중 작은 비율을 적용한다.

62 다음 중 법인세법상 대손으로 인정하는 요건에 해당하지 않는 것은?

① 채무자의 파산 등의 사유로 채권을 회수할 수 없는 경우
② 부도발생일부터 6개월 이상 지난 수표 또는 어음상의 채권
③ 채권의 상법 등에 따른 소멸시효가 완성된 경우
④ 결산시 회계장부에 대손으로 처리한 경우

63 다음은 (주)삼일의 대손충당금 관련 자료이다. 이를 기초로 당기에 필요한 세무조정으로 옳은 것은?

> (1) 당기 대손충당금 내역
>   : 기초 대손충당금 잔액   25,000,000원
>   : 당기 대손충당금 추가설정액   5,000,000원
>   : 기말 대손충당금 잔액   30,000,000원
> (2) 대손충당금 설정대상 채권가액: 1,000,000,000원
> (3) 대손실적률: 1.5 %

① 5,000,000원(손금산입, △유보)
② 15,000,000원(손금불산입, 유보)
③ 10,000,000원(손금산입, △유보)
④ 20,000,000원(손금불산입, 유보)

64 다음 괄호 안에 공통으로 들어갈 용어로 옳은 것은?

> (   )은(는) 법인세법과 조세특례제한법에서 조세정책적인 목적에 따라 중소기업 등이 법인세의 납부를 일정기간동안 유예할 수 있도록 규정하고 있는 조세지원제도이다. 즉, (   )은(는) 법인이 (   )을(를) 손금에 산입하는 사업연도에는 법인세를 감소시켜주고 이후 법인이 (   )을(를)환입하거나 상계하는 사업연도에 익금에 산입되어 법인세를 증가시키게 되는 제도이다.

① 준비금   ② 충당금
③ 결손금   ④ 유보금

65 다음의 지급이자를 비용으로 회계처리한 경우 지급이자 손금불산입 세무조정을 해야 하는 항목으로 올바르게 짝지어진 것은?

> ㄱ. 채권자가 불분명한 사채의 이자
> ㄴ. 법인운영차입금에 대한 이자
> ㄷ. 건설중인 자산에 대한 건설자금이자
> ㄹ. 업무무관자산 등 관련 이자

① ㄱ, ㄴ   ② ㄴ, ㄷ
③ ㄱ, ㄷ, ㄹ   ④ ㄱ, ㄴ, ㄷ

66 법인세 과세표준계산을 위한 다음의 양식에서 (가)에 들어갈 항목으로 적당하지 않은 것은?

<table>
<tr><td></td><td>결산서상 당기순이익</td></tr>
<tr><td>(+)</td><td>익금산입 · 손금불산입</td></tr>
<tr><td>(−)</td><td>손금산입 · 익금불산입</td></tr>
<tr><td></td><td>각사업연도 소득금액</td></tr>
<tr><td>(−)</td><td>(가)</td></tr>
<tr><td></td><td>과세표준</td></tr>
</table>

① 소득공제   ② 비과세소득
③ 수시부과세액   ④ 이월결손금

67 다음 중 법인세법상 지급이자에 관한 다음 대화에서 옳은 주장을 하고 있는 사람은 누구인가?

> 한부장: 법인이 차입금에 대하여 지급하는 이자비용은 원칙적으로 손금인정되지만 채권자가 불분명한 사채의 이자와 비실명 채권·증권이자는 전액 부인되니 세무조정시 주의하시기 바랍니다.
>
> 홍과장: 채권자가 불분명한 사채의 이자와 비실명 채권·증권이자에 대한 세무조정시 전액 기타사외유출로 소득처분됩니다.
>
> 김과장: 당기 건설 중인 자산의 취득에 소요된 차입금에 대한 지급이자를 비용처리한 경우 즉시 감가상각한 것으로 보아 감가상각비시부인대상에 포함해야 한다고 합니다.
>
> 사대리: 업무무관자산 등 관련이자도 손금불산입 대상입니다. 이때 손금불산입한 금액은 유보로 소득처분되지요.

① 한부장   ② 홍과장

③ 김과장   ④ 사대리

68 다음 중 법인세법상 지급이자 손금불산입규정에 관한 설명으로 옳지 않은 것은?

① 업무무관자산을 취득·보유하고 있는 법인의 경우 업무무관자산에 관련된 이자비용은 손금불산입하며, 기타사외유출로 소득처분 된다.

② 법인의 차입금에 대한 이자비용은 원칙적으로 손금으로 인정되나, 업무와 무관한 차입금에 대한 이자비용의 경우 손금불산입된다.

③ 채권자불분명 사채이자는 전액 손금불산입하며, 원천징수액과 이자지급액이 모두 대표자상여로 소득처분 된다.

④ 결산일 현재 건설중인 건물의 취득과 직접 관련된 이자비용은 전액 손금불산입하며, 유보로 소득처분 된다.

69 (주) 삼일은 제1기 사업연도 개시일에 1,000원에 취득한 기계장치를 법인세법에 따라 정액법으로 신고하고 4년간 상각하기로 하였다. 그러나 경리부장의 지시에 따라 기계장치의 감가상각비는 다음 자료와 같이 장부에 계상하였다. 이러한 경우에 4기에 필요한 세무조정은?(단, 비망계정은 무시하기로 한다.)

기수	상각비계상액
제1기	300원
제2기	300원
제3기	300원
제4기	100원

① (손금산입) 전기감가상각비 한도초과액추인　 50(△유보)
② (손금산입) 전기감가상각비 한도초과액추인 100(△유보)
③ (손금산입) 전기감가상각비 한도초과액추인 150(△유보)
④ 세무조정사항 없음

70 다음 중 부당행위계산의 부인에 관한 설명으로 옳은 것은?

① 특수관계에 있는 법인으로부터 자산을 저가로 매입한 경우 시가와 매입가액의 차이금액을 익금산입한다.
② 인정이자 계산시 적정이자율은 정기예금이자율을 말한다.
③ 특수관계인에 해당하는 관계법인에 대한 가지급금 인정이자는 익금산입되고 대표자에 대한 상여로 소득처분된다.
④ 가지급금 인정이자는 「가지급금적수×이자율×1/365」로 계산된 금액에서 법인이 실제로 특수관계인에게서 수입한 이자를 차감하여 계산된다.

71 다음 중 법인세법상 부당행위계산부인이 적용되지 않는 경우는?

① 대표이사에게 업무와 관련없이 1억원을 무이자 조건으로 대여한 경우
② 법인의 대표이사로부터 시가 12억원인 건물을 20억원에 매입한 경우
③ 특수관계기업인 거래처에 시가가 10,000,000원인 상품을 6,000,000원에 판매한 경우
④ 직원(해당직원은 지배주주의 특수관계인이 아님)에게 무상으로 사택을 제공한 경우

72 다음 중 법인세법상 가지급금 인정이자에 대한 설명으로 옳지 않은 것은?

① 법인이 특수관계인에게 무상대여를 제외한 낮은 이자율로 금전을 빌려주는 경우 가지급금 인정이자 세무조정을 수행한다.
② 가지급금 인정이자는 '가지급금적수×1/365×적정이자율'로 계산된 금액에서 실제 수입이자를 차감하여 계산한다.
③ 특수관계인(법인)에 대한 가지급금 인정이자 익금산입액은 기타사외유출로 소득처분한다.
④ 법인세법상 적정이자율은 가중평균차입이자율로 함이 원칙이다.

73 ㈜삼일은 일반거래처에 20,000,000원에 판매하는 제품을 특수관계인인 ㈜용산에게 14,000,000원에 현금 판매하였다. 다음 중 ㈜삼일의 세무조정으로 옳은 것은?

① 세무조정 없음
② (익금산입) 부당행위계산부인 6,000,000원 (유보)
③ (익금산입) 부당행위계산부인 6,000,000원 (기타사외유출)
④ (손금산입) 부당행위계산부인 6,000,000원 (기타사외유출)

NEW

74 다음 중 법인세법상 부당행위계산부인이 적용되지 않는 경우로 옳은 것은?

① 대표이사에게 업무와 관련없이 1억원을 무이자 조건으로 대여한 경우
② 법인의 대표이사로부터 시가 12억원인 건물을 20억원에 매입한 경우
③ 특수관계기업인 거래처에 시가가 1,000만원인 상품을 600만원에 판매한 경우
④ 임원 자녀에 대한 무이자 학자금대출은 인정이자 계산대상이 아니다.

75 다음 중 부당행위계산의 부인규정에 관한 대화로 옳지 않은 것은?

> 박대리: 부당행위계산의 부인규정은 관한 특수관계인과의 거래로서 거래 결과 법인의 조세부담을 부당하게 감소시킨 경우에 적용된다.
> 이대리: 대표이사 외의 특수관계인에게 금전을 대여한 경우 실제 이자를 받았는지 여부에 상관없이 시가에 상당하는 이자수익을 추가로 익금에 산입하고 대표자에 대한 상여로 소득처분한다.
> 김사원: 법인세법상 특수관계인에는 해당 법인의 출자자(소액주주 제외), 임원 및 계열회사 등이 있다.
> 최사원: 특수관계법인에게 제품을 시가보다 저가양도한 경우 부당행위계산부인규정이 적용된다.

① 박대리   ② 이대리
③ 김사원   ④ 최사원

76 다음은 법인세 과세표준 및 세액조정계산서의 일부이다. (a) 자리에 적합한 결산서상의 당기순손익금액은 얼마인가?

① 각사업연도소득계산	⑩결산서상 당기순손익		01	(a)
	소득조정금액	⑩익금산입	02	30,000,000원
		⑩손금산입	03	25,000,000원
	⑩차가감소득금액(⑩+⑩−⑩)		04	105,000,000원
	⑩기부금 한도초과액		05	1,000,000원
	⑩기부금 한도초과 이월액 손금산입		54	0원
	⑩각사업연도소득금액(⑩+⑩−⑩)		06	106,000,000원

① 50,000,000원   ② 75,000,000원
③ 100,000,000원   ④ 130,000,000원

77 다음 자료를 이용하여 법인세 산출세액을 계산하면 얼마인가?

• 결산서상 당기순이익:	240,000,000원
• 익금산입:	20,000,000원
• 익금불산입:	10,000,000원
• 손금산입:	15,000,000원
• 손금불산입:	30,000,000원
• 비과세소득:	3,000,000원
• 이월결손금:	2,000,000원 (공제요건 충족)

① 28,000,000원   ② 29,400,000원
③ 34,200,000원   ④ 35,200,000원

78 다음은 법인세 과세표준 및 세액조정계산서의 일부이다. 서식의 빈칸 (a)~(c)에 들어갈 법인세법상 기납부세액의 종류에 해당하지 않는 것은?

	⑳산 출 세 액(⑳=⑲)				
	㉑최 저 한 세 적 용 대 상 공 제 감 면 세 액			17	
	⑫차 감 세 액			18	
	㉓최 저 한 세 적 용 제 외 공 제 감 면 세 액			19	
④납부할 세액계산	㉔가 산 세 액			20	
	㉕가 감 계(⑫−㉓+㉔)			21	
	기납부세액	기한내납부세액	㉖ (a)	22	
			㉗ (b)	23	
			㉘ (c)	24	
			㉙간접투자회사등의외국납부세액	25	
			㉚소 계(㉖+㉗+㉘+㉙)	26	
	㉛신 고 납 부 전 가 산 세 액			27	
	㉜합 계(㉚+㉛)			28	

① 중간예납세액   ② 원천납부세액
③ 수시부과세액   ④ 세액공제

79 법인세 결산을 담당하고 있는 김대리는 제17기 사업연도 법인세를 (I)과 같이 계산하였다. 김대리의 법인세 결산결과를 검토한 최과장은 (II) 자료가 누락된 것을 발견하여 산출세액을 수정하였다. 다음 중 최과장이 수정한 산출세액은 얼마인가?(단, 회사는 중소기업이 아니다.)

(I) 김대리가 계산한 산출세액	
－과세표준	85,000,000원
－세율	9%
－산출세액	8,500,000원
(II) 최과장이 발견한 누락 자료	
－기업업무추진비한도초과액 손금불산입	80,000,000원
－기부금한도초과이월액 손금산입	5,000,000원

① 14,400,000원   ② 18,000,000원
③ 22,500,000원   ④ 23,000,000원

80 다음 중 법인세 과세표준에 관한 설명으로 옳은 것은?

① 과세표준을 계산함에 있어서 공제받지 못한 비과세소득은 다음 사업연도에 이월하여 공제받을 수 있다.
② 이월결손금이란 결손금으로서 그 후의 각 사업연도의 과세표준 계산상 공제되지 아니한 금액을 말한다.
③ 이월결손금은 당해 사업연도 소득금액 범위 내에서 전액 공제받을 수 있다.
④ 법인세 과세표준 계산시 차감되는 이월결손금은 해당 사업연도부터 5년 이내의 사업연도에서 발생한 세무상 결손금이어야 한다.

81 다음 중 법인세 과세표준 계산에 관한 설명으로 옳지 않은 것은?

① 법인세법상 결손금은 손익계산서의 당기순손실 금액과 항상 일치한다.
② 결손금이란 사업연도의 손금총액이 익금총액보다 큰 경우 동 차액을 말한다.
③ 비과세소득이란 법인의 소득 중 법인세를 과세하지 아니하는 소득으로서 법인세법상으로는 공익신탁의 신탁재산에서 생기는 소득 등이 있다.
④ 법인세과세표준은 각 사업연도 소득에서 이월결손금(법규정 내 금액), 비과세소득, 소득공제를 차감하여 계산한다.

82 다음 중 법인세 신고 및 납부에 관한 설명으로 옳은 것은?

① 내국법인은 각 사업연도 소득에 대한 법인세를 사업연도 종료일부터 6개월 이내에 신고하여야 한다.
② 각 사업연도 소득금액이 없거나 결손금이 있는 경우에는 신고의무가 없다.
③ 법인이 법정신고기한까지 법인세의 과세표준을 신고하였으나 과세표준을 과소신고한 경우에는 무신고가산세가 부과된다.
④ 납부할 법인세액이 1천만원을 초과하는 때에는 납부기한이 지난 날부터 1개월(중소기업은 2개월)내에 법인세를 분납할 수 있다.

83 사업연도가 20X1년 1월 1일 ~ 20X1년 12월 31일인 법인은 원칙적으로 법인세 신고를 언제까지 하여야 하나?

① 20X2년 3월 31일   ② 20X2년 2월 28일
③ 20X2년 3월 15일   ④ 20X2년 2월 10일

84 다음 중 괄호 안에 들어갈 내용으로 옳은 것은?

> 세법은 여러 가지 사회·경제적 정책목적상 개별세법과 조세특례제한법에서 각종 비과세, 세액공제 및 세액감면 등을 해주고 있어 세금을 전혀 납부하지 않는 사업자도 발생할 수 있다. 하지만 이는 세부담의 형평성에 어긋나는 것이므로, 세법에서는 최소한 세법이 규정한 일정한도의 세금은 납부하도록 하는 (   ) 규정을 두고 있다.

① 이연법인세　　　　　　　　　② 차감납부할 세액
③ 최저한세　　　　　　　　　　④ 공제감면세액

85 다음 중 (㉠)와 (㉡)에 들어갈 항목으로 옳은 것은?

> 법인세는 법인세 신고기한 내에 납부하여야 한다. 다만, 납부할 법인세액이 ㉠원을 초과하는 때에는 납부기한이 지난 날부터 1개월(중소기업은 ㉡) 이내에 법인세를 분납할 수 있다.

	㉠	㉡
①	1천만	2개월
②	2천만	3개월
③	3천만	5개월
④	5천만	6개월

Chapter 3

소득세

1 소득세의 의의

소득세는 개인이 벌어들인 소득에 대해 부과되는 세금이다. 개인의 소득에 대하여 부과된다는 점에서 법인의 소득에 대하여 부과되는 법인세와 구분된다.

소득세는 다음과 같은 특징이 있다.

(1) 부담능력에 따른 과세

소득세는 개인의 세금부담능력에 따라 과세되는 조세이다. 즉, 개인의 인적사항이 다르면 세금부담능력도 다르다는 것을 전제하는 것이며, 세금부담능력에 따른 과세를 위하여 소득세법에서는 각종 소득공제제도를 두고 있다. 예를 들면, 본인을 포함한 가족이 3명인 경우 4,500,000원의 기본공제를 받게 되며, 5명인 경우 7,500,000원의 기본공제를 받게 된다. 즉, 가족이 5명인 경우 3명인 경우보다 생활비가 많이 들 것이므로 과세대상 소득에서 더 많은 금액을 제외시켜 주는 것이다.

(2) 납세자와 담세자가 동일한 직접세

세금은 납세자와 담세자가 동일한지의 여부에 따라 직접세와 간접세로 나눌 수 있다. 소득세는 조세를 납부하는 납세자와 조세를 부담하는 담세자가 동일한 직접세이다. 즉, 소득세는 소득이 있는 개인이 직접 자신의 소득에 대한 세금을 신고·납부하는 것이며, 본인이 자신의 소득세를 부담하게 된다. 그러나 간접세의 경우 납세자와 담세자가 동일하지 않게 되는데, 대표적으로 부가가치세의 경우 판매자가 구매자로부터 부가가치세를 징수하여 납부하게 되므로 조세를 납부하는 자와 부담하는 자가 다르게 된다.

(3) 열거주의 과세방식(이자·배당은 유형별 포괄주의)

소득세는 개인이 일정기간(매년 1월 1일부터 12월 31일까지) 동안 벌어들인 소득에 대해서 부과되는데, 이때 개인의 소득은 다음과 같은 방법으로 계산할 수 있다.

첫째, 개인이 1년 동안 벌어들인 소득이 있다면, 12월 31일의 재산이 1월 1일의 재산보다 많게 된다. 따라서 1년 동안 벌어들인 소득은 12월 31일에 보유하고 있는 재산에서 1월 1일에 보유했던 재산을 차감하여 구할 수 있다. 이러한 논리를 순자산증가설이라고 한다.

1년 동안의 소득　＝　12월 31일의 재산　－　1월 1일의 재산

둘째, 개인의 소득을 1년 동안 벌어들인 총수입에서 이에 소요된 비용을 차감하여 구하는 방법이 있다. 이를 소득원천설이라 한다. 소득원천설은 개인의 소득금액계산시 지속적으로 반복하여 발생하는 소득만을 집계하여 구하는 방법이다. 개인의 소득 중에는 급여와 같이 지속적이고 반복적으로 발생하는 소득이 있는가 하면, 일시적이고 우연히 발생하는 소득이 있을 수 있다. 이 경우 일시적이고 우연히 발생하는 소득은 개인의 생활수단으로 보기가 힘들며 따라서 일정한 원천에서 지속적으로 반복하여 발생하는 소득에 대해서만 세금을 부과하자는 논리가 바로 소득원천설의 입장이다.

1년 동안의 소득　＝　1년간의 총수입금액　－　1년간의 필요경비

우리나라의 소득세법은 원칙적으로 소득원천설의 입장을 취하고 있어서 소득세법에 개인의 생활수단이 되는 원천소득을 일일이 열거하고 있으며, 열거된 소득에 대해서만 과세를 하고 열거되어 있지 않은 소득에 대해서는 과세하지 않는다. 다만, 예외적으로 이자소득과 배당소득은 유사한 소득의 경우에 구체적인 법조문으로 나열하지 않아도 과세할 수 있도록 하고 있어 유형별 포괄주의를 채택하고 있다고 볼 수 있다.

(4) 누진세율 적용

소득세는 과세대상금액을 단계별로 구분하여 일정금액까지는 낮은 세율을 적용하고, 일정금액을 초과하는 금액에 대해서는 높은 세율을 적용하는데 이를 초과누진세율이라 한다. 누진세율을 적용하는 경우 소득이 많은 개인은 상대적으로 더 많은 세금을 납부하게 되므로 소득재분배의 효과가 있다. 우리나라는 개인의 소득에 대해 단계별 누진세율을 적용하고 있다.

과세표준	세율
1,400만원 이하	6%
1,400만원 초과 5,000만원 이하	84만원 + 1,400만원 초과분의 15%
5,000만원 초과 8,800만원 이하	624만원 + 5,000만원 초과분의 24%
8,800만원 초과 1억 5천만원 이하	1,536만원 + 8,800만원 초과분의 35%
1억 5천만원 초과 3억원 이하	3,706만원 + 1억 5천만원 초과분의 38%
3억원 초과 5억원 이하	9,406만원 + 3억원 초과분의 40%
5억원 초과 10억원 이하	1억 7,406만원 + 5억원 초과분의 42%
10억원 초과	3억 8,406만원 + 10억원 초과분의 45%

예 제

소득세의 세율이 다음과 같은 경우 과세표준이 1,000만원인 김한강 씨와 2,000만원인 한용산 씨의 소득세 산출세액은?
- 세율: 과세대상소득 1,400만원 이하: 6%
  과세대상소득 1,400만원 초과~5,000만원 이하: 15%

풀 이

① 과세표준이 1,000만원 김한강 씨의 소득세 산출세액

   1,000만원 × 6%＝60만원
② 과세표준이 2,000만원인 한용산 씨의 소득세 산출세액

   84만원+(2,000만원−1,400만원) × 15%＝174만원
※ 이 사례에서 한용산 씨의 과세표준은 김한강 씨의 2배이나 누진세율로 인한 소득세는 2.9배가 된다. 과세표준이 2배가 되면 산출세액은 2배보다 증가하여 소득이 많은 사람이 상대적으로 더 많은 세금을 부담하게 된다.

위와 같은 특성 외에 소득세는 개인의 모든 소득에 대한 파악이 어렵고 세금부과가 다소 복잡한 편이며, 누진세율의 적용에 따라 세금에 대한 심리적 부담감이 커서 세율이 높으면 근로와 사업에 대한 의욕을 떨어뜨릴 우려가 있다.

2 납세의무자

납세의무자란 법적으로 세금을 납부해야 하는 주체를 말한다. 앞에서도 언급했듯이 원칙적으로 소득세를 납부해야 하는 납세의무자는 개인이다. 법인의 소득에 대하여는 소득세가 아닌 법인세를 과세하므로 법인은 소득세의 납세의무자가 아니다. 개인은 주소 또는 거소의 유무나 거주기간에 따라 거주자와 비거주자로 구분하는데, 이 구분에 따라 과세대상소득의 범위가 달라진다. 즉, 거주자는 국내외원천소득에 대해 소득세를 납부하며, 비거주자는 국내원천소득에 대해서만 소득세를 납부하게 된다.

거주자	비거주자
국내외원천소득에 대한 과세	국내원천소득에 대해 과세

(1) 거주자

국내에 주소를 두거나 국내에 거소를 둔 기간이 다음 중 어느 하나에 해당하는 개인을 거주자라 한다. 거주자는 국내외원천소득에 대하여 소득세를 과세한다.
① 1과세기간 중 183일 이상인 경우
② 계속하여 183일 이상인 경우 `'25 신설`('26.1.1.부터 시행)

비거주자가 국내에 주소를 둔 경우에는 주소를 둔 날에, 국내에 거소를 둔 기간이 183일 이상인 경우에는 183일이 되는 날에 거주자가 된다. 외국인도 국내에 183일 이상 거소를 둔 경우에는 거주자에 해당하므로 거주자 여부를 판정할 때 국적이나 영주권의 취득 등은 고려요소가 아니다. 여기에서 거소는 주소지 외의 장소로서 개인이 상당 기간에 걸쳐 거주하는 장소이나 주소와 같이 밀접한 일반적인 생활관계가 형성되지 아니한 장소를 말한다.

거주자나 내국법인의 국외사업장 또는 해외현지법인(내국법인이 발행주식총수 또는 출자지분의 100%를 직접 또는 간접 출자한 경우에 한정함) 등에 파견된 임원 또는 직원이나 국외에서 근무하는 공무원은 거주자로 본다.

거주자는 국내에서 벌어들인 소득뿐 아니라 외국에서 벌어들인 소득에 대하여도 납세의무를 지게 되는데, 이처럼 소득의 원천을 묻지 않고 발생한 모든 소득에 대하여 납세의무를 지는 자를 무제한 납세의무자라 한다.

(2) 비거주자

비거주자는 거주자가 아닌 개인을 말한다. 비거주자는 소득원천이 국내에 있는 소득에 대해서만 납세의무를 지는데, 이를 제한 납세의무자라 한다.

소득세법상 소득은 개인이 1년 동안 벌어들인 수익(총수입금액)에서 그 수익을 얻기 위해 소요된 비용(필요경비)을 차감한 금액이다. 그러나 개인이 1년 동안에 벌어들인 경제적 이득이라 할지라도 모든 소득에 대해서 과세하는 것은 아니며, 이들 중 화폐가치로 측정이 불가능하거나 정책상 과세하기에 적합하지 아니한 소득은 과세대상에서 제외한다.

소득세법은 원칙적으로 열거주의 과세방식을 취하고 있다. 따라서 소득세법에서 열거하고 있는 과세대상소득의 범주에 해당하지 않는 경우 비록 개인의 경제적 부를 증가시키는 소득이라 할지라도 과세하지 아니한다.

예를 들면, 상장주식의 양도차익에 대하여 소득세법에서는 대주주인 경우와 장외거래인 경우만 과세대상으로 열거하고 있다. 따라서 대주주가 아닌 사람이 장내에서 상장주식을 양도하여 얻은 소득에는 소득세가 과세되지 않는다.

소득세법에서는 과세대상소득을 이자소득, 배당소득, 사업소득 등 8가지로 나누어 이 중에서 이자소득 등 6가지 소득은 합하여 종합과세하고, 나머지 퇴직소득, 양도소득은 각각 별도로 분류과세하고 있다.

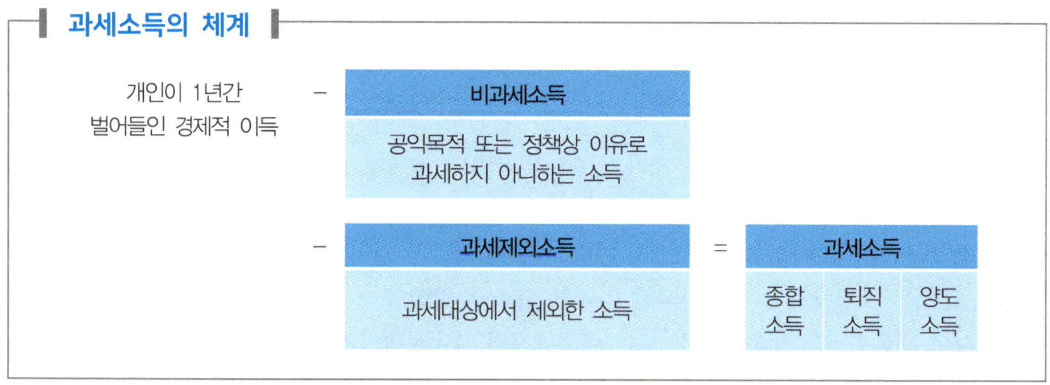

※ 2025.1.1.부터 시행예정이던 '금융투자소득세'는 폐지함 `'25 개정`

4 과세기간

개인의 과세대상소득과 세금을 계산할 때 언제부터 언제까지 벌어들인 소득에 대해 세금을 부과할 것인지를 정해야 한다. 이렇게 과세대상소득과 세금을 계산하는 기초가 되는 일정한 기간을 과세기간이라 하는데, 나라마다 시작일과 종료일이 다를 수 있다.

소득세법상 과세기간은 매년 1월 1일부터 12월 31일까지 1년이다. 법인세법상 법인은 1년 이내에서 선택에 의해 사업연도를 임의로 정할 수 있으나, 개인은 선택에 따라 과세기간을 임의로 정할 수 없으며, 모든 개인에게 동일한 과세기간이 적용된다.

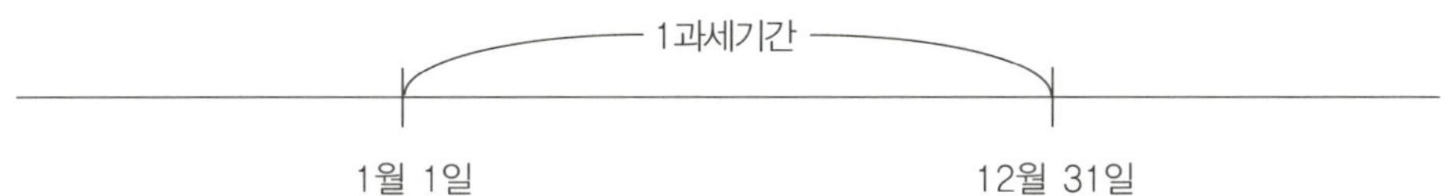

다만, 납세의무자가 사망한 경우에는 1월 1일부터 사망일까지의 기간을 1과세기간으로 하며, 거주자가 주소 또는 거소를 국외로 이전하여 비거주자로 되는 경우에는 1월 1일부터 출국일까지의 기간을 1과세기간으로 한다.

한편, 신규사업자 또는 폐업자는 일반 거주자와 마찬가지로 1월 1일부터 12월 31일까지의 기간을 1과세기간으로 하고 있는데, 이는 신규사업 전 또는 폐업 이후에도 과세대상이 되는 소득이 있을 수 있기 때문이다.

구분	과세기간
일반적인 경우	1월 1일 ~ 12월 31일
거주자가 사망한 경우	1월 1일 ~ 사망한 날
거주자가 주소 또는 거소를 국외로 이전하여 비거주자가 되는 경우	1월 1일 ~ 출국한 날

5 납세지

납세지는 개인이 소득세를 납부하는 장소를 말한다. 즉, 개인이 자신의 과세대상소득과 세금을 계산한 후 실제 납부하게 되는데, 이때 소득세의 관할세무서를 정하는 장소적 기준이 되는 것이 바로 납세지이다.

거주자의 소득세 납세지는 주소지로 하며, 주소가 없는 때에는 거소지로 한다. 비거주자의 소득세 납세지는 주된 국내사업장 소재지로 하며, 국내사업장이 없는 경우에는 국내원천소득이 발생하는 장소로 한다.

한편, 국세청장 또는 관할지방국세청장은 사업소득이 있는 거주자가 사업장 소재지를 납세지로 신청한 경우와 납세지가 납세의무자의 소득상황으로 보아 부적당하거나 납세의무의 이행상 불편하다고 인정되는 경우에 납세지를 따로 지정할 수 있다.

또한, 주소지가 2 이상인 때에는 주민등록법에 의하여 등록된 곳을 납세지로 하고, 거소지가 2 이상인 때에는 생활관계가 보다 밀접한 곳을 납세지로 한다.

구분	납세지
거주자	주소지(주소지가 없는 경우에는 거소지)
비거주자	주된 국내사업장 소재지(국내사업장이 없는 경우에는 국내원천소득이 발생하는 장소)
납세지 지정	사업소득이 있는 거주자가 사업장 소재지를 납세지로 신청한 경우 등

Ⅱ 소득세의 계산

1 소득세의 계산구조

(1) 종합과세와 분류과세 및 분리과세

소득세법은 소득의 발생원천이나 형태에 따라 과세대상소득을 8가지로 나누고 있다. 이러한 8가지의 과세대상소득에 대해 과연 어떠한 방법으로 세금을 계산하고 있을까? 우선, 일반적인 과세방법을 살펴보고 이후에 우리나라에서 사용하고 있는 방법에 대해 살펴보도록 하자.

과세방법에는 종합과세와 분류과세가 있다.

종합과세는 1년 동안 개인이 벌어들인 모든 소득을 합산하여 전체 과세대상소득을 구하고 여기에 세율을 곱하여 납부할 세금을 구하는 방법이다.

분류과세는 각각의 소득을 합산하지 않고, 원천에 따른 소득의 종류별로 별도의 세율로 과세하는 방법이다.

종합과세		분류과세	
A소득		A소득	× 별도세율
+			
B소득	× 종합소득세율	B소득	× 별도세율
+			
C소득		C소득	× 별도세율

소득세법은 소득 중에서 이자소득, 배당소득, 사업소득, 근로소득, 연금소득 및 기타소득은 종합과세하며 퇴직소득, 양도소득은 장기간에 걸쳐 형성된 소득이 일정 시점에 실현되는 것으로서 1년 동안에 획득한 다른 소득과 합하여 과세하면 누진세율로 인하여 세액이 급격히 증가하는 결집효과가 발생하므로 퇴직소득과 양도소득은 종합소득과 구분하여 소득별로 분류과세하고 있다.

한편, 종합소득에 속하는 소득 중에서도 일정한 소득에 대해서는 과세정책상 또는 과세기술상 종합소득에서 분리하여 과세하는데 이를 분리과세라 한다. 분리과세대상소득은 소득을 지급하는 자가 소득을 지급할 때 정해진 세금을 미리 징수하여 대신 납부함으로써 납세의무가 종결하게 된다.

구분	분리과세소득
(1) 거주자의 경우	① 분리과세 이자소득 ② 분리과세 배당소득 ③ 근로소득 중 일용근로자의 급여 ④ 분리과세 연금소득 ⑤ 분리과세 기타소득
(2) 비거주자의 경우	원천징수특례의 대상이 되는 소득

예 제

김한일 씨는 1월 1일 이자율 10%의 은행예금에 100만원을 예금하였다. 이 예금에서 발생하는 이자는 분리과세대상소득이며, 원천징수세율이 14%일 때, 1년간 은행에서 김한일 씨의 이자소득에 대하여 원천징수하는 소득세와 김한일 씨의 종합소득에 합산해야 할 이자소득을 구하시오?

풀 이

① 이자소득: 1,000,000원 × 10% = 100,000원
　 원천징수 소득세: 100,000원 × 14% = 14,000원
② 상기 예금에서 발생하는 이자소득은 분리과세대상소득이므로, 은행에서 14,000원을 미리 징수하여 대신 납부함으로써 납세의무가 종결하게 된다. 따라서 김한일 씨의 종합소득에 가산되는 이자소득은 없다.

(2) 소득세의 계산구조

소득세의 계산구조는 다음과 같다.

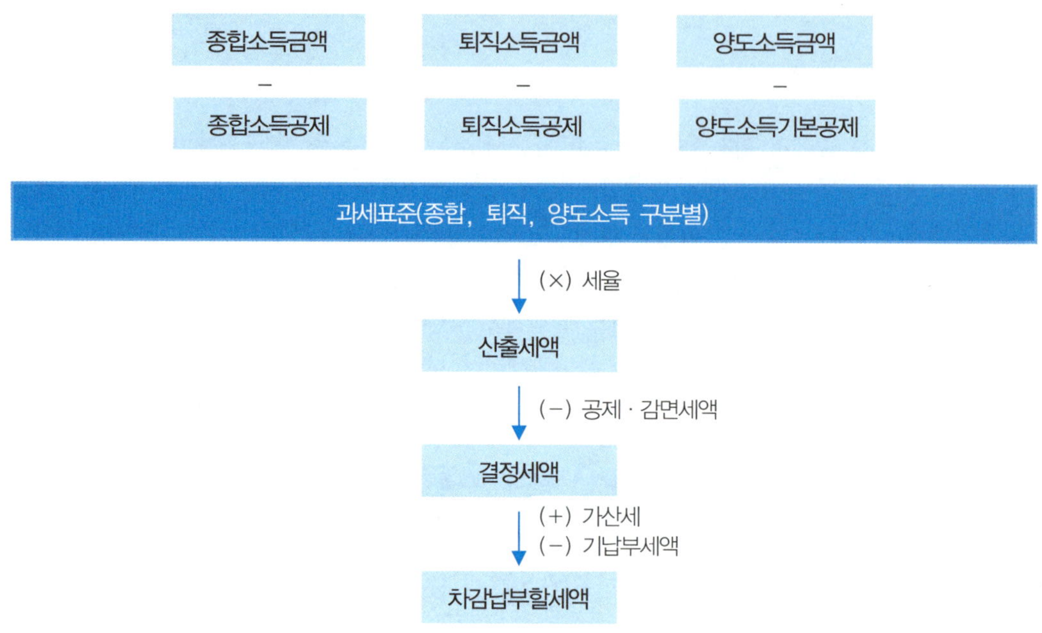

(3) 종합소득 과세표준

과세표준이란 세금부과의 대상이 되는 금액으로서 절차상으로는 소득세 산출세액을 구하기 위해 세율을 곱하는 금액을 말한다.

종합소득 과세표준은 다음의 순서로 계산한다.

먼저 1년간의 소득 중에서 이자소득, 배당소득, 사업소득, 근로소득, 연금소득 및 기타소득의 6가지 소득에 대하여 각 소득별로 비과세소득과 분리과세소득을 제외한 각 소득별 소득금액을 계산한 다음, 이를 합계하여 종합소득금액을 계산한다.

종합소득금액이 계산되면 종합소득금액에서 종합소득공제를 하여 종합소득 과세표준을 계산한다. 종합소득공제는 정책적으로 납세자의 과세소득을 줄여주기 위해 소득금액에서 차감하는 것을 말한다.

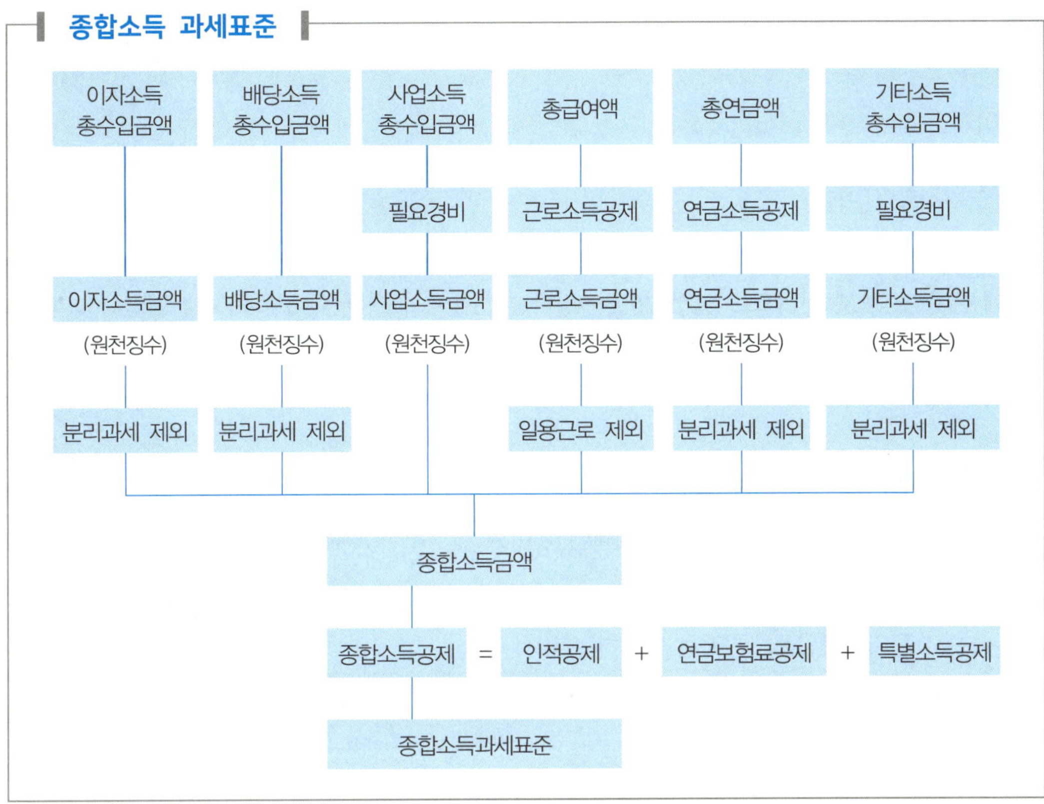

(4) 종합소득세액의 계산

1) 종합소득 과세표준이 계산되면, 종합소득 과세표준에 세율을 곱하여 산출세액을 계산한다.

산출세액＝과세표준 × 세율

2) 산출세액에서 세액공제와 감면세액을 차감하면 종합소득 결정세액이 계산된다.

결정세액＝산출세액－(세액공제＋감면세액)

3) 결정세액에 가산세를 더하고 기납부세액을 차감하면 차감납부할세액이 된다.

차감납부할세액＝결정세액＋가산세－기납부세액

(1) 이자소득

1) 이자소득의 의의

개인은 여유자금이 있거나 미래 지출에 대비하고자 은행 등에 예금을 한다. 예금을 하는 경우 은행에 돈을 빌려 준 것이므로 일정 기간이 지나면 은행에서 예금에 대한 이자를 지급하게 된다. 개인이 받게 되는 이러한 이자가 바로 이자소득이 된다.

소득세법에서는 많은 종류의 이자소득을 열거하고 있는데 대표적인 예를 들면 다음과 같다.

① 국가나 공공기관에서 발행한 채권에서 발생하는 이자

집을 살 때 매입하게 되는 국민주택채권에서 발생하는 이자가 여기에 해당된다.

② 주식회사 등이 발행한 채권에서 발생하는 이자

③ 은행 등의 예금에서 발생하는 이자

④ 단기저축성보험의 보험차익

보험회사에 가입하는 보험 중 생명보험과 같은 보장성보험은 통상 만기에 지급받는 금액이 없거나 있더라도 계약기간 동안 납부한 보험료보다 적게 지급받는다. 그러나 교육보험과 같은 저축성보험은 만기에 받는 금액이 계약기간동안 납부한 보험료보다 많게 되는데, 이러한 차액의 성격을 은행예금의 이자처럼 보아 이자소득에 포함시킨 것이다.

⑤ 비영업대금의 이익

비영업대금의 이익은 영업적으로 자금을 대여하는 대금업을 영위하지 않는 일반 개인이 타인에게 자금을 대여하고 받는 이자를 말한다. 물론 영업적으로 자금을 대여하고 이자를 받는 것은 사업소득에 해당한다.

⑥ 위의 소득과 유사한 소득으로서 금전 사용에 따른 대가로서의 성격이 있는 것

→ 유형별포괄주의

⑦ 위의 이자소득을 발생시키는 상품과 파생상품을 결합한 복합금융거래에서 발생한 이익

2) 비과세 이자소득

비과세 이자소득
• 공익신탁의 이익 • 농어가목돈마련저축에서 발생하는 이자소득(2025. 12. 31까지 가입분에 한함) • 개인종합자산관리계좌(ISA)에서 발생하는 금융소득(이자소득과 배당소득) 중 200만원까지의 금액 (요건 충족 시 400만원) • 청년도약계좌에서 발생하는 이자소득(2025 .12. 31.까지 가입분에 한함) • 그 밖의 조세특례제한법상 비과세이자소득

3) 이자소득금액의 계산

앞의 「소득세의 개요」에서 소득은 개인이 1년 동안 벌어들인 수익(총수입금액)에서 그 수익을 얻기 위해 소요된 비용(필요경비)을 뺀 금액이라고 하였다.

그러나 이자소득의 경우에는 필요경비를 인정하지 않고 개인이 1년 동안 벌어들인 이자소득 총수입금액이 곧바로 이자소득금액이 된다. 이자소득의 필요경비는 발생사실의 여부가 불확실하며, 총수입금액과의 연관성을 입증하기가 쉽지 않으므로 정책적으로 필요경비를 인정하지 않고 있다.

이자소득금액＝이자소득 총수입금액(비과세소득과 분리과세소득은 제외)

4) 이자소득의 수입시기

구분	수입시기
채권이자	무기명채권이자: 실제 지급받은 날 기명채권이자: 약정에 의한 이자지급일
보통예금 · 정기예금 · 적금 · 부금 이자	• 원칙: 실제 이자지급일 • 원본에 전입하는 뜻의 특약 있는 이자: 원본전입일 • 해약으로 인하여 지급되는 이자: 해약일 • 계약기간을 연장하는 경우: 연장일
저축성보험의 보험차익	보험금 또는 환급금의 지급일 또는 중도해지일
비영업대금의 이익	약정에 의한 지급일(단, 약정이 없거나 약정일 이전 이자를 지급받는 경우 또는 회수불능으로 총수입금액에서 제외하였던 이자를 받는 경우에는 그 이자지급일)
유사이자소득 및 이자부 복합금융거래에서 발생한 이익	약정에 따른 상환일. 다만, 기일 전에 상환하는 때에는 그 상환일

앞에서 언급한 대표적인 이자소득의 수입시기는 다음과 같다.

다음 중 이자소득에 해당하지 않는 것은?
① 지역개발공채에서 발생하는 이자
② 친구에게 돈을 빌려주고 받은 이자
③ 정기예금에서 발생하는 이자
④ 자동차보험 가입 후 사고발생시 수령하는 보험금

④: 저축성보험의 보험차익은 이자소득에 해당하나, 자동차보험은 보장성보험에 해당하므로 그 보험금은 이자소득이 아니다.

(2) 배당소득

1) 배당소득의 의의

배당소득은 개인이 주식 등에 투자하여 배당금으로 수령하는 금액을 말한다. 주식 등에 투자하는 것은 개인이 주인된 입장에서 회사에 자금을 빌려주는 것으로 볼 수 있다. 따라서 채권자들이 자금을 빌려준 대가로 이자를 받는 것처럼 주식 등에 투자한 개인도 배당을 받게 된다.

배당은 현금배당뿐만 아니라 물건으로 하는 현물배당, 주식으로 하는 주식배당 등이 있는데, 지급형태에 관계없이 모두 배당소득으로 본다.

소득세법에서 열거하고 있는 배당소득에는 다음과 같은 것들이 있다.

① 일반적인 이익배당
② 의제배당
③ 법인세법에 따라 내국법인으로 보는 신탁재산("법인과세 신탁재산")으로부터 받는 배당금 또는 분배금
④ 법인세법에 따라 배당으로 처분된 금액(인정배당)
⑤ 집합투자기구*로부터의 이익

* '집합투자기구'란 투자자로부터 운용지시를 받지 않으며 자산을 운용하여 그 결과를 배부해주는 기구로 투자신탁, 투자회사(투자유한회사, 사모투자전문회사), 투자조합이 등이 있다.

⑥ 국내 또는 국외에서 받는 대통령령으로 정하는 파생결합증권 또는 파생결합사채로부터의 이익*

  * 금 또는 은의 가격에 따라 수익이 결정되는 골드, 실버뱅킹 포함

⑦ 조각투자상품으로부터의 이익 `25 신설` ('25.7.1.부터 시행)

⑧ 공동사업에서 발생한 소득금액 중 출자공동사업자의 손익분배비율에 해당하는 금액

⑨ 위의 배당소득과 유사한 소득으로서 수익분배의 성격이 있는 것 → 유형별 포괄주의

⑩ 위의 배당소득을 발생시키는 상품과 파생상품을 결합한 복합금융거래에서 발생한 이익

개인이 주식 등에 투자한 경우 결산일까지 보유하고 있어야 배당을 받게 된다. 즉, 12월 31일이 결산일인 회사에 주식 투자한 경우 12월 31일까지 팔지 않고 다음 해로 넘어 간 경우에 배당을 받을 권리가 생기는데, 보통 다음 해 3월 말이나 4월 초에 배당금수령통지서를 받게 된다. 이 통지서를 보면 총배당금수령액에서 배당소득세를 차감하여 실수령액을 계산하고 있다. 이러한 이익배당으로 인한 소득이 바로 배당소득이다.

2) 배당소득금액의 계산

배당소득은 총수입금액이 전액 배당소득금액이 된다.

즉, 배당소득에 대해서도 이자소득과 마찬가지로 필요경비를 인정하지 않고 있다.

> 배당소득금액 = 배당소득 총수입금액* + Gross-up 금액

* 비과세소득과 분리과세소득 제외

3) 배당소득의 수입시기

앞에서 언급한 대표적인 배당소득의 수입시기는 다음과 같다.

구분	수입시기
실지배당	• 무기명주식의 이익배당: 실제 지급일 • 기명주식의 이익배당: 잉여금처분결의일
법인세법에 의하여 처분된 배당(인정배당)	법인의 당해 사업연도 결산확정일
집합투자기구로부터의 이익	집합투자기구로부터 이익을 지급받는 날(현금주의). 다만, 원본전입의 특약이 있는 경우에는 원본에 전입하는 날
조각투자상품으로부터의 이익	이익을 지급받는 날 `25 신설` ('25.7.1.부터 시행)
유사배당소득 및 배당부 복합금융거래에서 발생한 이익	그 지급을 받은 날(현금주의)

(3) 금융소득 과세방법

　금융소득이란 이자소득과 배당소득을 합한 금액을 말한다. 이자소득과 배당소득은 일을 하거나
사업을 하여 얻는 소득이 아니고 자금을 대여하거나 투자하여 얻는 소득이다.

이자소득	+	배당소득	=	금융소득

　개인이 받게 되는 이자소득과 배당소득은 대부분 분리과세로 납세의무를 종결하게 되나, 고소득
자의 금융소득은 금액이 커서 일률적으로 분리과세를 적용할 경우 영세한 개인과의 세금부담 측면
에 있어서 형평성의 문제가 제기될 수 있다. 따라서 금융소득이 연간 2천만원 이하인 경우에는 해
당 금융소득을 분리과세하고 금융소득이 2천만원을 초과하는 경우에는 초과분의 금융소득에 대해
종합과세하게 된다. 다만, 출자공동사업자의 배당소득과 국내에서 원천징수되지 않은 금융소득은
무조건 종합과세한다.

　금융소득이 분리과세 되는 경우 14%의 원천징수 세율이 적용되나, 종합과세되는 경우 2천만원
까지는 14%의 세율을 적용하고 2천만원 초과분은 누진세율(6~45%)을 적용하므로 일반적으로
적용되는 세율이 높은 고소득층의 세금부담이 늘어나게 된다.

〈예〉 은행이자 5천만원과 사업소득금액 7천만원인 거주자

　　금융소득이 2천만원을 초과하므로 금융소득을 종합과세하되, 2천만원까지는 14% 세율을 적용하고, 3천만원
　　은 사업소득금액과 합해서 누진세율을 적용한다.

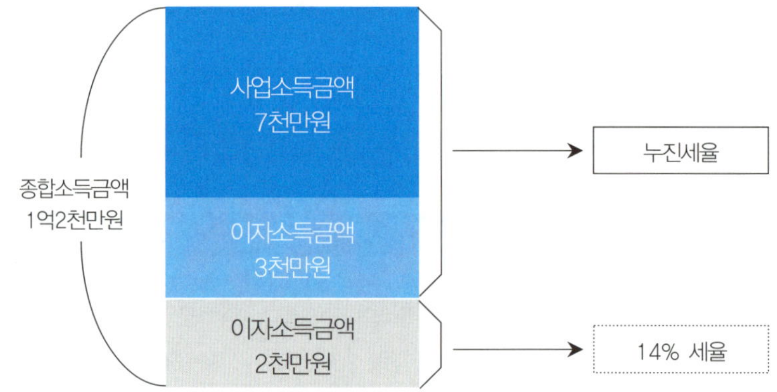

3 사업소득

(1) 사업소득의 의의

사업소득은 개인이 사업을 영위함으로써 얻게 되는 소득을 말한다. 일반적으로 사업이란 다른 사람에게 고용되지 않고 독립적으로 자기의 계산과 위험을 부담하면서 계속적·반복적으로 행하는 영리추구활동을 말한다. 직접 일을 함으로써 소득이 발생한다는 점에서는 근로소득과 동일하나, 근로소득은 타인에게 고용되어 일을 하고 그 대가를 받는 것이지만 사업소득은 타인에게 고용되지 않고 독립적으로 일을 한다는 점에서 차이가 있다.

사업의 종류는 한국표준산업분류표의 내용을 준거하여 소득세법에서 열거하고 있다. 그러나 열거된 사업에서 얻는 소득과 유사한 소득으로서 영리를 목적으로 자기의 계산과 책임 하에 계속적·반복적으로 행하는 활동을 통하여 얻는 소득도 사업소득으로 보고 있다.

(2) 사업소득금액의 계산방법

사업소득금액은 사업소득 총수입금액에서 관련 필요경비를 공제하여 계산한다.

> 사업소득금액＝사업소득 총수입금액－필요경비

사업소득금액은 일반적으로 법인의 각 사업연도소득금액의 계산과 마찬가지로 기업회계에 따른 결산을 기초로 하여 소득금액을 계산한다. 즉, 손익계산서상의 당기순이익에 기업회계와 세법의 차이만을 조정하여 소득금액을 계산하게 된다.(이를 세무조정이라 한다)

결산서	세무조정	소득세법
수익	(＋) 총수입금액산입 (－) 총수입금액불산입	총수입금액
(－) 비용	(＋) 필요경비산입 (－) 필요경비불산입	(－) 필요경비
(＝) 당기순이익	(＋) 총수입금액산입·필요경비불산입 (－) 필요경비산입·총수입금액불산입	(＝) 사업소득금액

개인에 있어서는 법인과 달리 자본금이 확정되어 있지 않고 개인의 사업상의 필요에 따라 투입, 인출이 되어 수시로 변동되는 등 차이가 있다. 그러나 대부분의 사업소득금액 계산방법은 법인세법의 각 사업연도 소득금액의 계산구조와 동일한 바, 이하에서는 사업소득과 법인세법상 각 사업연도 소득과의 차이점을 살펴보고 기타의 내용은 법인세편을 참조하기 바란다.

(3) 사업소득과 각사업연도소득

1) 과세소득의 범위

법인세법은 순자산증가설에 따라 경상적·계속적인 소득뿐만 아니라 불규칙적·우발적으로 발생하는 소득도 과세소득으로 포함시키기 때문에 기업의 순자산을 증감시키는 유형자산의 처분이익과 처분손실을 각각 익금과 손금으로 인정한다. 반면 소득세법은 원칙적으로 소득원천설에 입각하여 경상적·계속적으로 발생한 것만 과세소득으로 열거하고 불규칙적·우발적으로 발생하는 것은 과세소득에 포함시키지 않는다. 따라서 사업과 관련된 수익과 비용만을 각각 총수입금액과 필요경비에 산입하므로 사업과 무관한 유형자산의 처분손익은 사업소득의 총수입금액과 필요경비에 산입하지 않는다. 다만, 복식부기의무자는 부동산을 제외한 사업용 유형자산 처분손익을 총수입금액과 필요경비에 산입한다.

2) 과세방법상의 차이

법인세법에 따르면 소득의 종류를 구분하지 않고 모든 소득을 각 사업연도 소득에 포함하여 종합과세하므로 분리과세나 분류과세가 없다.

반면, 소득세법에 따르면 과세대상소득을 이자·배당·사업·근로·연금·기타·퇴직·양도소득의 8가지로 구분하여 과세한다. 예를 들어, 사업상의 운영자금을 일시 예금하여 발생한 이자는 사업소득이 아니라 이자소득에 해당한다.

3) 법인과 개인의 차이

① 대표자 인건비: 법인세법에 따르면 법인의 대표자에게 지급하는 보수와 상여금은 근로제공에 대한 대가이므로 법인의 손금에 산입된다. 반면 소득세법에 따르면 개인사업의 대표자는 고용관계에 있지 아니하므로 급여를 지급받을 수 없으며, 만일 급여를 받게 되면 이것은 대표자가 납입한 출자금의 인출에 해당하므로 필요경비에 산입되지 아니한다.
② 퇴직급여충당금: 법인세법에 따르면 법인의 대표자를 포함한 모든 임직원에 대하여 퇴직급여충당금을 설정할 수 있다. 반면 소득세법에 따르면 개인사업의 대표자는 퇴직급여충당금의 설정대상이 아니다.

예 제

다음 설명 중 옳지 않은 것은?
① 소득세법은 원칙적으로 소득원천설에 의하여 과세하나 법인세법은 순자산증가설에 의하여 과세한다.
② 소득세법과 법인세법에는 모두 분리과세와 분류과세가 존재한다.
③ 법인의 대표자와는 달리 개인사업의 대표자가 지급받는 급여는 필요경비에 산입되지 않는다.
④ 소득세법상 개인사업의 대표자는 퇴직급여 충당금 설정대상이 아니다.

풀 이

②: 소득세법에는 분리과세와 분류과세가 존재하나 순자산증가설에 의해 모든 소득에 대하여 종합과세하는 법인세법에는 분리과세와 분류과세가 없다.

심화학습

사업소득 중 부동산임대소득

부동산임대소득은 사업소득에 포함되어 과세된다. 사업소득 중 부동산임대소득의 주요내용은 다음과 같다.

1. 부동산임대소득의 의의

부동산임대소득은 부동산 등을 임대하고 그 대가로 얻는 소득을 말한다. 이러한 부동산임대소득은 일반적으로 부동산은 토지와 건물을 의미하지만, 부동산임대소득은 토지와 건물 외에도 광업권자 등의 채굴에 관한 권리의 대여로 인한 소득도 포함하고 있다.

부동산임대소득 중에서 논과 밭을 작물생산에 이용하게 함으로써 발생하는 소득은 비과세한다.

2. 부동산임대소득금액의 계산

부동산임대소득금액은 개인이 1년 동안 벌어들인 부동산임대소득 총수입금액에서 이에 소요된 필요경비를 차감한 금액이다.

> 부동산임대소득금액 = 부동산임대소득 총수입금액 - 필요경비

(1) 부동산임대소득 총수입금액

부동산임대소득은 계약 또는 관습에 의해 그 지급일이 정해진 경우에는 그 정해진 날이 속하는 연도의 소득으로 보며, 그 지급일이 정해지지 않은 경우에는 실제 지급받는 날이 속하는 연도의 소득으로 보게 된다.

한편, 계약에 따라서는 임대료를 미리 받는 경우가 있다. 이렇게 임대료를 선세금으로 미리 받은 경우에는 받는 시점에 전액 부동산임대소득으로 보는 것이 아니고 그 해의 임대기간에 해당하는 만큼의 금

액만 소득으로 본다. 예를 들어, 7월 1일 부동산을 임대하고 향후 1년간의 임대료 1,200만원을 일시에 받은 경우 해당 과세기간의 부동산임대소득 총수입금액은 7월 1일부터 12월 31일까지 6개월간의 임대료인 600만원이 되는 것이다.

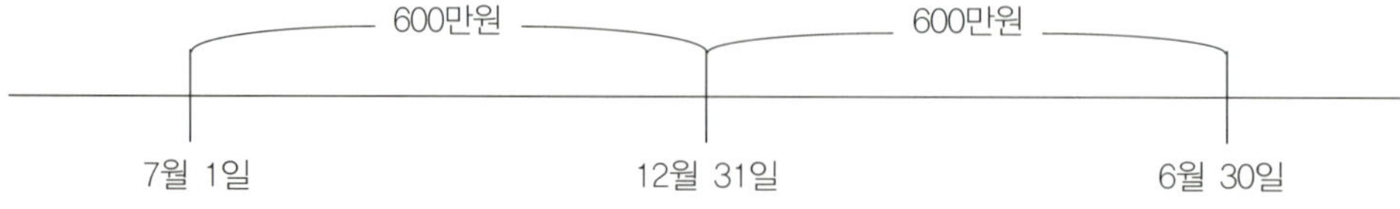

* 월수의 계산에 있어 당해 계약기간의 개시일이 속하는 달이 1개월 미만인 경우는 1개월로 하고 당해 계약기간의 종료일이 속하는 달이 1개월 미만인 경우에는 이를 산입하지 아니한다.

부동산 등을 임대하고 임대보증금이나 전세금(이하 "보증금 등"이라 함)을 받은 경우 보증금 등은 계약기간 만료시 임차인에게 반환해야 하므로 그 자체가 부동산임대소득의 총수입금액은 아니다. 그러나 임대인이 보증금 등을 운용하면 임대료에 준하는 일정한 수익이 발생할 수 있다. 이에 따라 보증금 등에 대해서는 법정 계산식을 적용하여 산출된 금액을 임대료로 보아 부동산임대소득의 총수입금액에 산입하는데 이를 간주임대료라고 한다.

〈주택에 대한 간주임대료〉
주택(그 부수토지 포함)을 대여하고 받는 보증금 등에 대해서는 간주임대료를 계산하지 아니하나, 3주택 이상을 소유하고 해당 주택의 보증금 등의 합계액이 3억원을 초과하는 경우에는 간주임대료를 계산한다. 주택수를 계산할 때 소형주택(주거용도로만 쓰이는 면적이 1호 또는 1세대당 40㎡ 이하인 주택으로서 해당 과세기간의 기준시가가 2억원 이하인 주택)은 2026.12.31.까지는 주택 수에 포함하지 않는다.
* 2026년부터는 2주택(해당 과세기간의 기준시가가 12억원 이하인 주택은 주택 수에 포함하지 아니함)을 소유하고 해당 주택의 보증금 등의 합계액이 12억원을 초과하는 경우에도 간주임대료를 계산한다.

(2) 부동산임대소득 필요경비
부동산임대소득의 필요경비는 인건비, 감가상각비, 보험료, 재산세 등 임대부동산의 관리를 위하여 일반적으로 용인되는 지출을 말한다.

4 근로소득

> ① 과세대상 근로소득: 해당 과세기간에 발생한 소득세법상의 근로소득에서 비과세소득을 공제한 금액을 말한다.
> ② 소득세법상 근로소득의 범위: 근로자가 지급받는 봉급·상여·수당 등으로서 그 명칭여하에 불구하고 근로의 제공으로 인하여 받는 모든 급여성질의 지급액을 말한다.
> ③ 비과세소득의 범위: 소득세법상 비과세 근로소득은 소득세법 제12조 제3호 및 시행령에 열거된 실비변상적 성질의 급여 등을 말한다.

(1) 근로소득의 범위

근로소득이란 근로자가 고용계약에 의하여 종속적인 지위에서 근로를 제공하고 대가로 받는 모든 금품을 말한다. 근로소득은 해당 과세기간에 발생한 다음의 소득으로 한다.

① 근로를 제공함으로써 받는 봉급·급료·보수·세비·임금·상여·수당과 이와 유사한 성질의 급여
② 법인의 주주총회·사원총회 또는 이에 준하는 의결기관의 결의에 따라 상여로 받는 소득
③ 법인세법에 따라 상여로 처분된 금액(인정상여)
④ 퇴직함으로써 받는 소득으로서 퇴직소득에 속하지 아니하는 소득
⑤ 종업원등 또는 대학의 교직원이 지급받는 직무발명보상금(종업원 등 또는 대학의 교직원이 퇴직한 후에 지급받는 직무발명보상금은 기타소득으로 봄)
⑥ 사업자나 법인이 생산·공급하는 재화 또는 용역을 그 사업자나 법인(계열회사 포함)의 사업장에 종사하는 임원 또는 종업원에게 시가보다 낮은 가격으로 제공하거나 구입할 수 있도록 지원*함으로써 해당 임원 등이 얻는 이익. 다만, 다음 중 어느 하나에 해당하는 경우에는 임원 등이 해당 재화 또는 용역을 구입하거나 제공받을 때 지급한 가격을 시가로 한다. `'25 신설`('25.1.1.부터 시행)
  – 재화의 파손 또는 변질로 인해 임원 등이 아닌 자에게 판매할 수 없는 경우
  – 탑승권 및 숙박권 등 사용시기가 제한되는 재화 또는 용역의 사용 기한이 임박하여 임원 등이 아닌 자에게 판매 또는 제공하는 것이 현저히 곤란한 경우
    * 지원방식: ㉠ 제품·용역(이하 :'제품등'이라 함)의 저가판매·제공, ㉡ 자사 제품 등의 구입지원금 지급, ㉢ 계열회사 제품 등의 구입지원금 지급, ㉣ 계열회사의 제품 등의 저가판매·제공시 계열회사에 차액 보전

(2) 근로소득에 포함되는 것으로 보는 것

근로소득에는 다음의 소득이 포함된다.
① 기밀비(판공비 포함)·교제비 기타 이와 유사한 명목으로 받는 것으로서 업무를 위하여 사용된 것이 분명하지 아니한 급여

② 종업원이 받는 공로금 · 위로금 · 개업축하금 · 학자금 · 장학금(종업원의 수학중인 자녀가 사용자로부터 받는 학자금 · 장학금을 포함한다) 기타 이와 유사한 성질의 급여
③ 근로수당 · 가족수당 · 전시수당 · 물가수당 · 출납수당 · 직무수당 · 급식수당 · 주택수당 · 피복수당 · 기술수당 · 보건수당 및 연구수당 · 시간외근무수당 · 통근수당 · 개근수당 · 특별공로금 · 벽지수당 · 해외근무수당 기타 이와 유사한 성질의 급여
④ 여비의 명목으로 받는 연액 또는 월액의 급여
⑤ 주택을 제공받음으로써 얻는 이익
⑥ 종업원이 주택(주택에 부수된 토지를 포함한다)의 구입 · 임차에 소요되는 자금을 저리 또는 무상으로 대여 받음으로써 얻는 이익
⑦ 임원이 지급받는 퇴직소득으로서 법인세법에 따라 손금불산입된 임원퇴직급여 한도초과액
⑧ 「공무원 수당 등에 관한 규정」, 「지방공무원 수당 등에 관한 규정」, 「검사의 보수에 관한 법률 시행령」, 대법원규칙, 헌법재판소규칙 등에 따라 공무원에게 지급되는 직급보조비
⑨ 공무원이 국가 또는 지방자치단체로부터 공무 수행과 관련하여 받는 상금과 부상

그러나 다음의 금액은 근로소득으로 보지 아니한다.

① 사용자가 근로자의 업무능력향상 등을 위하여 연수기관 등에 위탁하여 연수를 받게 하는 경우에 근로자가 지급받는 교육훈련비
② 종업원이 출 · 퇴근을 위하여 차량을 제공받는 경우의 운임
③ 사내근로복지기금으로부터 근로자 또는 근로자의 자녀가 지급받는 장학금(학자금)과 무주택근로자가 지급받는 주택보조금 등
④ 근로자에게 지급한 경조금 중 사회통념상 타당하다고 인정되는 금액
⑤ 퇴직급여로 지급되기 위하여 적립(근로자가 적립금액 등을 선택할 수 없는 것으로서 기획재정부령으로 정하는 방법에 따라 적립되는 경우에 한정한다)되는 급여*

  * 근로소득을 퇴직연금계좌에 적립하면 상대적으로 세부담이 낮은 퇴직소득으로 전환할 수 있는데, 이러한 전환이 아무런 제한 없이 이루어지는 경우에는 조세회피의 우려가 있으므로 사업장 내의 모든 근로자에게 적용되는 퇴직연금 적립규칙을 설정하고 그에 따라 적립하는 경우에만 퇴직소득으로 전환할 수 있도록 하였다.

예 제

다음 중 과세대상 근로소득에 해당하는 것은?
① 근로자에게 지급한 경조금 중 사회통념상 타당하다고 인정되는 금액
② 사내근로복지기금으로부터 받는 자녀학자금
③ 직무수당과 연·월차수당
④ 회사가 납입하는 확정기여형 퇴직연금

풀 이

③: 직무수당과 연·월차수당은 일반적인 근로제공의 대가로 보아 과세한다.

---

(3) 비과세 근로소득

1) 실비변상적인 성질의 급여

소득세를 비과세하는 실비변상적 성질의 급여에는 다음과 같은 종류가 있다.

① 일직·숙직료 또는 여비로서 실비변상정도의 지급액(종업원이 소유 또는 임차한 차량으로 사업주의 업무수행에 이용하고 그에 소요된 실제비용을 지급받지 않으면서 별도로 지급받는 월 20만원 이내의 자가운전보조금 포함)
② 근로기준법·산업재해보상보험법 등에 의해 지급하는 요양·휴업·장해·유족급여, 장의비 등
③ 공무원연금법 등에 의한 보건·휴업·재해급여·재해보상금 등과 공무원·군인 및 교원이 신체 및 정신상의 장애·질병으로 인하여 휴직기간 중에 받는 급여
④ 광산 근로자가 지급받는 입갱·발파수당
⑤ 기자의 취재수당으로서 월 20만원 이내의 금액
⑥ 소득세법시행령이 정하는 월 20만원 이내의 벽지수당
⑦ 천재·지변·기타 재해로 인하여 받는 급여
⑧ 공공기관 지방이전에 따라서 한시적으로 지급되는 월 20만원 이내의 이전지원금

심화학습

벤처기업의 임직원이 해당 벤처기업으로부터 2027. 12. 31. 이전에 부여받은 주식매수선택권을 행사(퇴직 후 행사하는 경우 기타소득으로 비과세 포함)함으로써 얻은 이익 중 연간 2억원(누적한도 5억원) 이내의 금액은 비과세한다. `'25 개정`(3년 연장)

2) 국외근로소득

① 국외에서 근로를 제공하고 받은 급여 중 월 100만원 이내(원양어선 · 국외항행선박 선원 · 해외
  건설근로자 및 감리 및 설계 업무수행자의 경우는 월 500만원 이내)의 금액
② 공무원 등이 국외에서 근무하고 받는 수당 중 국내에서 근무할 경우에 받을 금액을 초과하여 받는
  금액

3) 생산직근로자가 받는 연장시간근로 · 야간근로 또는 휴일근로수당

월정액급여 210만원 이하로서 직전 과세기간의 총급여액이 3,000만원 이하인 다음의 생산직근
로자(일용근로자를 포함한다)가 근로기준법에 의한 연장시간근로 · 야간근로 또는 휴일근로로 인하
여 통상임금에 가산하여 지급받는 급여는 연간 240만원을 한도로 비과세된다.

> ① 공장 근로를 제공하는 생산 및 생산관련 종사자
> ② 어업을 영위하는 자에게 고용되어 근로를 제공하는 자
> ③ 운전 및 운송 관련직 종사자, 돌봄 · 미용 · 여가 및 관광 · 숙박시설 · 조리 및 음식 관련 서비스직 종사
>   자, 매장 판매 종사자, 상품 대여 종사자, 통신 관련 판매직 종사자, 운송 · 청소 · 경비 · 가사 · 음식 ·
>   판매 · 농림 · 어업 · 계기 · 자판기 · 주차관리 및 기타 서비스 관련 단순 노무직 종사자 중 기획재정부령
>   으로 정하는 자

4) 비과세되는 식사대 등

① 근로자가 사내급식 또는 이와 유사한 방법으로 제공받는 식사, 기타 음식물
② 식사와 그 밖의 음식물을 제공받지 않는 근로자가 받는 식사대 중 월 20만원 이히의 금액

5) 기타 비과세소득

① 근로의 제공으로 인한 부상 · 질병 · 사망과 관련하여 근로자나 그 유가족이 받는 연금과 위자료의
  성질이 있는 급여
② 국민연금법에 의한 노령연금 · 장해연금 · 유족연금과 반환일시금
③ 「고용보험법」에 따라 받는 실업급여, 육아휴직 급여, 육아기 근로시간 단축 급여, 출산전후휴가
  급여, 배우자 출산휴가급여 등
④ 기업출산지원금과 보육급여

구분	내 용	비과세한도
기업출산 지원금 '25 신설	근로자(사용자가 개인인 경우 친족관계, 법인인 경우 지배주주등인 관계에 있는 자 제외) 또는 그 배우자의 출산과 관련하여 자녀의 출생일 이후 2년 이내에 사용자로부터 최대 두차례에 걸쳐 지급받는 급여* * 세 차례 이상 해당 급여를 지급받는 경우 출생일 이후 최초로 지급받는 급여와 그 다음 지급받는 급여를 최대 2차례에 걸쳐 지급받는 급여로 보며, 지급횟수는 사용자별로 계산함	한도 없음 → 전액 비과세
보육급여	근로자 또는 그 배우자의 해당 과세기간 개시일을 기준으로 6세 이하(6세가 되는 날과 그 이전 기간을 말함)인 자녀의 보육과 관련하여 사용자로부터 지급받는 급여 '25 개정	월 20만원 한도

〈예〉 출산지원금 사례

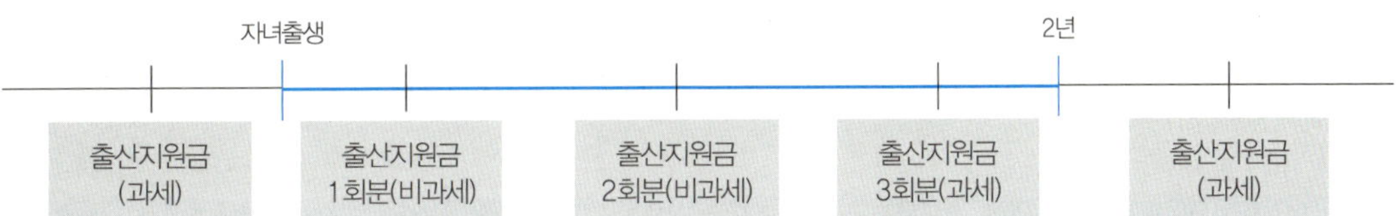

⑤ 공무원연금법 등에 의한 퇴직자·사망자의 유족이 받는 급여

⑥ 다음 요건에 해당하는 근로자 본인의 학자금(입학금·수업료 기타 공납금)

   ㉠ 업무와 관련있는 교육·훈련일 것

   ㉡ 회사의 지급기준에 따라 받을 것

   ㉢ 교육·훈련기간이 6개월 이상인 경우 교육·훈련 후 해당 교육기간을 초과하여 근무하지 않는 경우 반환하는 조건일 것

⑦ 국민건강보험법, 고용보험법, 노인장기요양보험법에 따라 국가·지방자치단체 또는 사용자가 부담하는 부담금

⑧ 교육기본법에 따라 받는 장학금 중 대학생이 근로를 대가로 지급받는 장학금

⑨ 종업원, 대학 교직원, 학생이 받는 직무발명보상금 중 700만원 이내 금액

⑩ 복리후생적 성질의 급여로서 다음의 것

   ㉠ 비출자임원, 소액주주* 임원, 임원이 아닌 종업원(비영리법인 또는 개인의 종업원 포함), 국가·지방자치단체로부터 근로소득을 지급받는 사람이 사택을 제공받음으로써 얻는 이익

     * 소액주주: '소액주주'란 해당 법인의 발행주식총액(또는 출자총액)의 1%에 해당하는 금액과 3억원(액면가액의 합계액을 말한다) 중 적은 금액 미만의 주식을 소유하는 주주(지배주주의 특수관계인 주주는 제외)를 말한다(소령 38 ③). 다만, 은행 등 금융기관의 주주는 지분율이 1% 미만이면 보유주식의 액면가액이 3억원 이상이라 하더라도 소액주주로 취급한다.

   ㉡ 중소기업 종업원이 주택(주택에 부수토지 포함)의 구입·임차에 소요되는 자금을 저리 또는 무상으로 대여 받음으로써 얻는 이익

구분	출자임원	비출자임원*	종업원
① 사택제공이익	근로소득	–	–
② 주택자금대여이익	근로소득	근로소득	근로소득 (단, 중소기업은 제외)

ⓒ 종업원이 계약자이거나 종업원 또는 그 배우자 및 기타의 가족을 수익자로 하는 보험·신탁 또는 공제와 관련하여 사용자가 부담하는 보험료·신탁부금 또는 공제부금 중 다음의 보험료 등
  – 단체순수보장성보험과 단체환급부보장성보험의 보험료 중 연 70만원 이하의 금액
  – 임직원의 고의(중과실 포함) 외의 업무상 행위로 인한 손해의 배상청구를 보험금의 지급 사유로 하고 임직원을 피보험자로 하는 보험의 보험료
ⓔ 공무원이 국가 또는 지방자치단체로부터 공무 수행과 관련하여 받는 상금과 부상 중 연 240만원 이내의 금액

⑪ 임직원 할인금액 '25 신설

구분	내 용
비과세 요건	임원 또는 종업원(이하 '임원 등') 할인금액의 비과세요건은 다음의 요건을 모두 충족해야 한다. ① 임원 등 본인이 소비하는 것을 목적으로 제공받거나 지원을 받아 구입한 재화·용역으로서 재판매 금지기간 동안 재판매가 허용되지 아니할 것 ② 해당 재화·용역의 제공과 관련하여 모든 임원 등에게 공통으로 적용되는 기준이 있을 것
비과세한도	비과세한도 : Max[①, ②] ① 임원 등이 해당 과세기간동안 시가보다 낮은 가격으로 구입한 재화 또는 용역의 시가를 합한 금액 × 20% ② 연 240만원

* 재판매 금지기간
  ㉠ 품목별 소비자분쟁해결기준에 따른 품목별 내용연수가 5년을 초과하는 재화 : 2년
  ㉡ 개별소비세법 제1조 제2항 제2호의 재화(예귀금속제품·고급시계·고급가방 등) : 2년
  ㉢ ㉠ 및 ㉡에 해당하지 않는 재화 : 1년

김한일 씨의 20×1년 급여내역이 다음과 같을 때 총급여액은?
① 급여:　　　　　　　　20,000,000원
② 상여:　　　　　　　　 9,000,000원
③ 식사대:　　　　　　　 2,760,000원(월 230,000원, 별도의 식사를 제공받지 않음)
④ 출산지원금　　　　　 50,000,000원('25년초에 출생한 자녀에 대한 출산지원금, 1회분)
⑤ 자녀보육수당:　　　　 3,000,000원(월 250,000원)
⑥ 김한일 씨는 본인이 소비할 목적으로 판매가격 2,000만원인 회사의 제품을 30% 할인하여 1,400만원에 구입하였다. 김한일 씨는 2년 이내에는 그 제품을 재판매하지 않을 예정이며, 회사는 제품할인판매에 대하여 임직원에게 공통적으로 적용되는 규정이 있다.

풀 이

총급여액이란 비과세소득은 제외한 금액이다.

총급여액: 급여   20,000,000원
     상여   9,000,000원
     식사대   360,000원[1]
     출산지원금   –[2]
     자녀보육수당   600,000원[3]
     제품할인금액   2,000,000원[4]
            31,960,000원

[1] 식사대는 월 200,000원을 한도로 비과세한다.
[2] 자녀 출생일 이후 2년 이내에 2회분까지 지급받는 출산지원금은 비과세대상이다.
[3] 자녀보육수당은 월 200,000원까지 비과세된다.
[4] 비과세 제품할인금액: $Min[2,000,000 \times 20\%, 2,400,000] = 4,000,000$
   과세 제품할인금액: $6,000,000 - 4,000,000 = 2,000,000$

(4) 근로소득금액의 계산

1) 근로소득금액

근로소득금액은 근로의 제공으로 인하여 받은 봉급, 급료, 수당, 상여 등의 총급여액에서 근로소득공제액을 뺀 금액이다.

> 근로소득금액＝총급여액－근로소득공제

근로소득의 수입시기는 일반급여의 경우 근로를 제공한 날이고, 잉여금처분에 의한 상여는 잉여금처분 결의일이다.

2) 근로소득공제

근로소득의 경우에는 실제로 소요된 필요경비를 확인하기가 어렵기 때문에 획일적으로 일정한 금액을 필요경비로 공제하는데, 이것이 바로 근로소득공제이다.

해당 과세기간에 받는 총급여액(비과세소득은 제외)에서 다음의 금액을 공제한다. 다만, 공제액이 2천만원을 초과하는 경우에는 2천만원을 공제한다.

총급여액	근로소득공제액
500만원 이하	총급여액 × 70%
500만원 초과 1,500만원 이하	350만원+500만원 초과액 × 40%
1,500만원 초과 4,500만원 이하	750만원+1,500만원 초과액 × 15%
4,500만원 초과 1억원 이하	1,200만원+4,500만원 초과액 × 5%
1억원 초과	1,475만원+1억원 초과액 × 2%

* 일용근로자에 대한 근로소득공제액: 일 15만원

예제 1

20×1년도에 월급여 120만원, 상여 400%, 연간 자녀학자금 80만원을 받은 경우 근로소득금액은?(자녀학자금은 사내근로복지기금으로부터 받은 것이 아니다.)

풀 이

11,750,000원
① 총급여액: (1,200,000원×12)+(1,200,000원×400%)+800,000원
  =20,000,000원
② 근로소득공제액: 750만원+(2,000만원−1,500만원)×15%=8,250,000원
③ 근로소득금액=총급여액−근로소득공제액=20,000,000−8,250,000=11,750,000원

예제 2

20×1년 7월 1일 처음 취직한 근로자에 대하여 연말정산시 근로소득공제를 월로 환산하여 공제하여야 하는가?

풀 이

근로기간이 1년 미만인 경우에도 근로소득공제는 월할 계산하지 않고 연액(전액)을 공제한다.

(5) 근로소득의 수입시기

① 급여: 근로를 제공한 날
② 잉여금처분에 의한 상여: 당해 법인의 잉여금처분 결의일
③ 인정상여: 근로를 제공한 날이 속하는 사업연도
④ 임원의 퇴직소득금액 중 일정 한도를 초과하는 금액: 지급받거나 지급받기로 한 날

심화학습

법인세법에 따른 소득처분	소득세법		
	소득의 구분	수입시기	원천징수시기 특례
(1) 배당	배당소득	결산확정일	① 신고시 처분된 금액: 신고일
(2) 상여	근로소득	근로제공일	② 결정·경정시 처분된 금액: 소득금액변동통지서 수령일
(3) 기타 소득	기타소득	결산확정일	

5 연금소득 및 기타소득

(1) 연금소득

1) 연금소득의 의의

종전에는 국민연금이나 공무원연금 등 각종 연금의 기여금 납입액에 대하여 소득세 계산시 소득 공제가 허용되지 않았으나, 세법 개정으로 인하여 연금의 기여금 납입시 소득공제를 인정하고 대신 연금소득 수령시에 과세하도록 규정하고 있다.

이는 연금기여금에 대해 소득공제를 인정함으로써 근로소득자 등 중산층의 세금부담을 경감시키는 한편, 노령화사회로의 진전에 따라 점차 연금인구가 증가하고 연금소득의 비중도 커질 것으로 예상되므로 그동안 비과세되었던 연금소득을 과세로 전환하여 과세기반을 확충하고 소득종류 간 과세형평을 제고하기 위함이다.

연금소득은 공적연금소득과 사적연금소득으로 나누어진다.

구분	내용
공적연금소득*	국민연금법, 공무원연금법, 군인연금법, 사립학교교직원연금법, 별정우체국법 또는 「국민연금과 직역연금의 연계에 관한 법률」(이하 '공적연금 관련법')에 따라 받는 각종 연금
사적연금소득	다음의 금액을 연금계좌(연금저축계좌 또는 퇴직연금계좌)에서 연금수령하는 경우의 그 연금 ① 이연퇴직소득 : 퇴직소득 중 연금계좌에 입금하여 과세되지 아니한 소득 ② 세액공제받은 납입액 : 거주자가 세액공제를 받은 연금계좌 납입액 ③ 운용수익 : 연금계좌의 운용 실적에 따라 증가된 금액

* 공적연금에 의하여 지급하는 유족연금 · 장애연금 등은 소득세를 과세하지 아니함.

2) 연금기여금 납입액에 대한 소득공제 · 세액공제

국민연금 등 공적연금의 연금기여금 납입액에 대해서는 전액 소득공제하고, 개인계좌 납입액에 대해서는 일정액을 한도로 연금계좌세액공제를 한다.

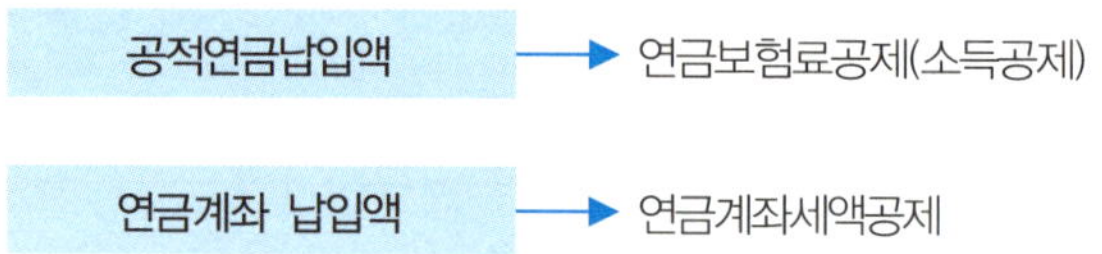

3) 연금수령시 연금소득금액 계산

연금소득금액은 총연금액(분리과세 연금소득 제외)에서 연금소득공제를 뺀 금액이다.

> 연금소득금액=총연금액(분리과세 연금소득 제외)−연금소득공제

총연금액(분리과세 연금소득 제외)은 공적연금소득과 사적연금소득을 합하여 계산한다. 연금소득에 대해서는 실제 필요경비는 공제하지 아니하고 연금소득공제만 공제한다. 연금소득공제는 다음과 같이 계산하며 연 900만원을 한도로 한다.

총연금액	연금소득공제액
350만원 이하	전액
350만원 초과 700만원 이하	350만원+350만원 초과액의 40%
700만원 초과 1,400만원 이하	490만원+700만원 초과액의 20%
1,400만원 초과	630만원+1,400만원 초과액의 10%

연금계좌인출방식에 따른 연금소득 과세체계

연금계좌 인출 방식에 따라 소득세법상 과세방법은 다음과 같이 상이함.

1. 연금수령의 경우 연금소득으로 과세하고,
2. 연금외수령의 경우에는 소득원천에 따라 퇴직소득 또는 기타소득으로 과세

☞ 연금소득은 3~5%의 낮은 세율로 과세하나, 기타소득으로 분류된 연금외 수령분은 15%의 높은 세율로 과세

〈연금계좌〉

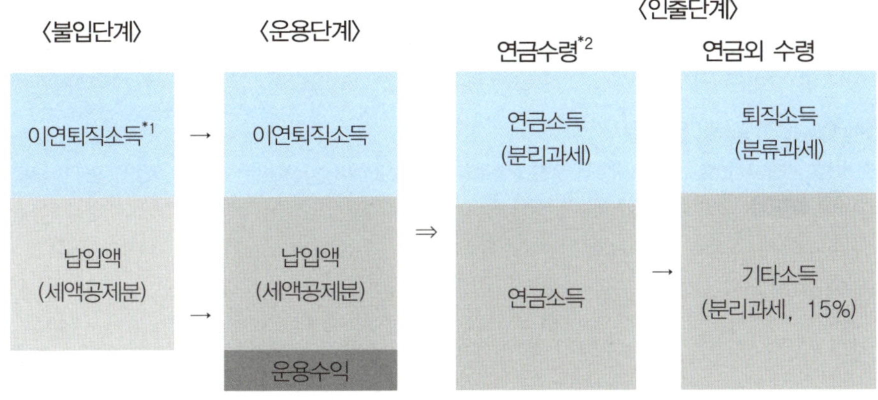

*1 퇴직소득을 퇴직연금계좌에 이체 또는 입금함에 따라 그 퇴직연금계좌에서 가입자가 실제로 지급받을 때까지 퇴직소득세의 과세를 이연시키는데 과세가 이연된 퇴직소득을 이연퇴직소득이라고 한다.

*2 연금수령이란 다음의 요건을 모두 갖추어 인출하는 것을 말한다.
① 가입자가 55세 이후 연금계좌취급자에게 연금수령 개시를 신청한 후 인출할 것
② 연금계좌의 가입일부터 5년이 경과된 후 인출할 것(다만, 이연퇴직소득이 있는 계좌는 제외)
③ 법령으로 정하는 한도 내에서 인출할 것

(2) 기타소득

1) 기타소득의 의의

기타소득은 이자소득, 배당소득, 사업소득, 근로소득, 연금소득, 퇴직소득 및 양도소득에 해당하지 않는 것으로서 다음의 소득을 말한다.

① 상금 · 현상금 · 포상금
② 복권이나 경품권, 그 밖의 추첨권에 당첨되어 받는 금품
③ 카지노와 같은 사행행위에 참가하여 얻은 이익
④ 경마, 경륜에 투표하여 얻는 이익
⑤ 저작자외의 자가 저작권 또는 인접권의 양도 또는 사용의 대가로 받는 금품
⑥ 광업권, 어업권, 산업재산권 · 산업정보 등을 양도하거나 대여하고 대가로 받은 금품

⑦ 「공익사업을 위한 토지 등의 취득 및 보상에 관한 법률」 제4조에 따른 공익사업과 관련하여 지역권·지상권(지하 또는 공중에 설정된 권리포함)을 설정하거나 대여함으로써 발생하는 소득
⑧ 계약의 위약 또는 해약으로 인하여 받는 위약금과 배상금
⑨ 원작자가 받는 원고료
⑩ 사례금
⑪ 일시적으로 행한 강의의 강사료
⑫ 연금계좌에서 연금외 수령한 소득
⑬ 통신판매중개를 하는 자를 통하여 물품 또는 장소를 대여하고 연 500만원 이하의 사용료로서 받은 금품
⑭ 이외에 소득세법 제21조에 열거된 소득

> ※ 가상자산의 양도·대여 소득: 가상자산을 양도하거나 대여함으로써 발생하는 소득은 2027.1.1.부터 기타소득으로 과세 `'25 개정`(과세시기 2년 연기)

2) 기타소득금액의 계산

기타소득금액은 기타소득 총수입금액에서 필요경비를 공제한 금액이다.

기타소득금액＝기타소득 총수입금액－필요경비

필요경비에 산입할 금액은 실제로 지출된 금액이 원칙이지만 다음과 같은 경우에는 실제필요경비와 법정필요경비 중 큰 금액을 공제한다.

구분	필요경비공제액
① 주택입주 지체상금 ② 공익법인이 주무관청의 승인을 얻어 시상하는 상금과 대회에서 입상을 하고 받는 상금과 부상 ③ 다수가 순위경쟁하는 대회에서 입상자가 받는 상금과 부상	Max(총수입금액의 80%, 실제필요경비)
① 일시적인 문예창작소득 ② 일시적인 인적용역제공의 대가 ③ 광업권·어업권·산업재산권 등의 양도 또는 대여하고 그 대가로 받은 금품 ④ 법률에 의한 공익사업과 관련된 지역권·지상권을 설정하거나 대여하고 받는 금품 등 ⑤ 통신판매중개를 하는 자를 통하여 물품 또는 장소를 대여하고 연 500만원 이하의 사용료로서 받은 금품	Max(총수입금액의 60%, 실제필요경비)

참고로 기타소득금액의 합계액이 300만원 이하인 경우에는 거주자가 분리과세와 종합과세 중 과세방법을 선택할 수 있다. 다만, 복권당첨소득 등은 무조건 분리과세한다.

6 종합소득 과세표준계산 및 세액계산

(1) 개요

종합소득 과세표준은 종합소득금액에서 종합소득공제를 뺀 금액이다. 물론 비과세소득과 분리과세소득은 종합소득 과세표준의 계산에서 제외한다.

> 종합소득 과세표준＝종합소득금액－종합소득공제

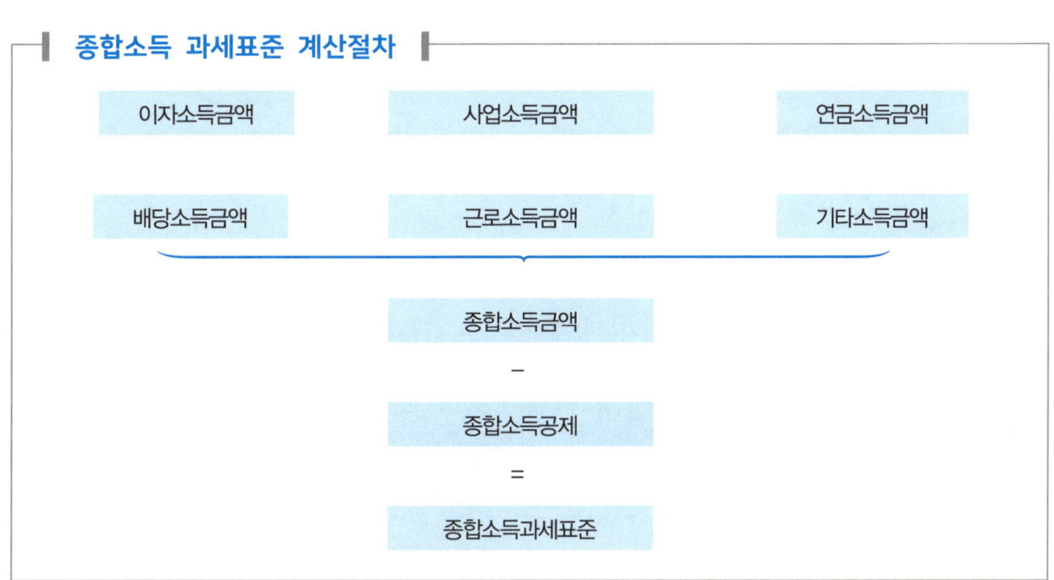

(2) 종합소득공제

1) 종합소득공제의 개요

종합소득공제는 종합소득이 있는 거주자에 대하여 일정한 금액을 종합소득금액에서 공제하는 금액을 말한다. 종합소득공제는 소득금액이 소득공제에 미달하는 소득자를 과세대상에서 제외함으로써 영세소득자의 최저생계를 보장하고 납세자 개인의 인적사항을 고려하여 세금부담능력에 상응한 과세를 하기 위한 제도이다.

종합소득공제에는 인적공제, 연금보험료공제, 주택담보노후연금 이자비용공제와 특별소득공제가 있다. 인적공제는 거주자의 가족상황에 따른 생계비 성격의 공제로 기본공제와 추가공제가 있으며, 특별소득공제는 보험료공제와 주택자금공제가 있다. 조세특례제한법상의 소득공제로는 신용카드 등 사용금액에 대한 소득공제 등이 있다.

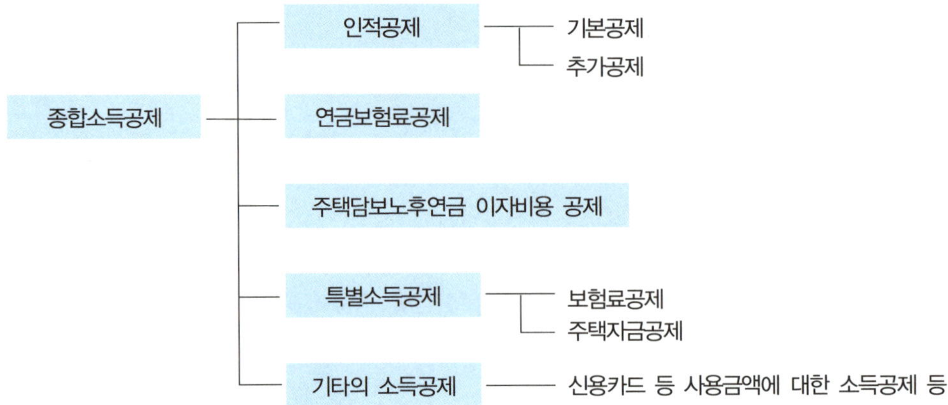

2) 인적공제

① 기본공제

기본공제는 거주자 본인을 포함하여 생계를 같이하는 가족 1명당 연 150만원을 해당 과세기간 종합소득에서 공제하는 것을 말한다. 기본공제대상자는 다음과 같다.

구분	공제대상자	소득공제액	
		연령	연간 소득금액 합계
(1) 본인	해당 거주자	제한 없음	–
(2) 배우자	거주자의 배우자	제한 없음	100만원 이하[1]
(3) 부양가족[2]	해당 거주자(배우자 포함)와 생계를 같이하는 부양가족		
	• 직계존속[4]	60세 이상	100만원 이하[1]
	• 직계비속[3]과 입양자[4]	20세 이하[5]	100만원 이하[1]
	• 형제자매	20세 이하[5] 또는 60세 이상	100만원 이하[1]

[1] 근로소득만 있는 경우 총급여액 500만원 이하인 경우를 말함.
[2] 부양가족이 장애인에 해당하는 경우에는 나이의 제한을 받지 않음.
[3] 장애인인 직계비속의 배우자가 장애인인 경우도 기본공제 대상임.
[4] 계부·계모 및 의붓자녀도 해당함
[5] 20세 이하란 20세가 되는 날과 그 이전 기간을 말함. `'25 신설`

예 제

거주자와 생계를 같이하는 배우자에게 근로소득금액이 90만원이 있는 경우 배우자공제를 받을 수 있는가?

풀 이

배우자가 연간소득금액의 합계액(90만원)이 100만원 이하이기 때문에 공제받을 수 있다.

공제대상 배우자·공제대상 부양가족·공제대상 장애인 또는 공제대상 경로우대자에 해당하는지 여부의 판정은 12월 31일 현재의 상황에 의하되, 사망한 자 또는 장애가 치유된 자에 대하여는 사망일 전일 또는 치유일 전일의 상황에 의한다. 한편, 나이에 제한을 받는 기본공제대상자의 경우 해당 과세기간 중에 그 연령에 해당하는 날이 있는 경우에는 공제대상자로 한다. 다만, 기본공제대상자 판정시 20세 이하는 20세가 되는 날과 그 이전 기간을 말한다.

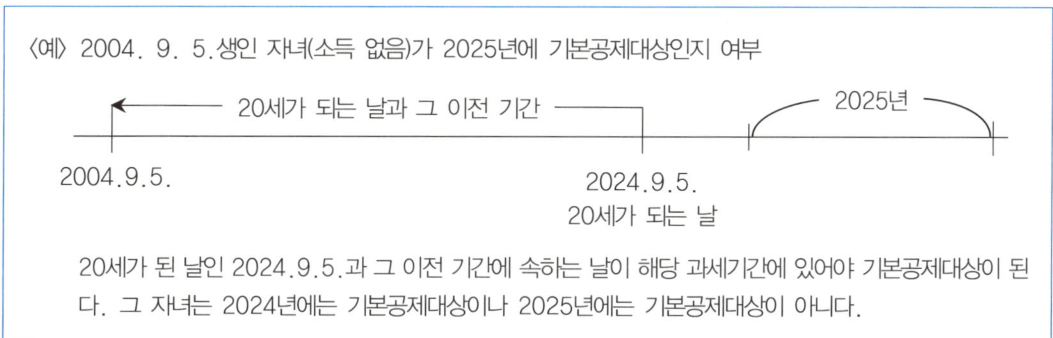

20세가 된 날인 2024.9.5.과 그 이전 기간에 속하는 날이 해당 과세기간에 있어야 기본공제대상이 된다. 그 자녀는 2024년에는 기본공제대상이나 2025년에는 기본공제대상이 아니다.

② 추가공제

기본공제대상자(근로자 본인, 배우자, 부양가족)가 다음의 사유에 해당되는 경우 기본공제금액 외에 일정액을 추가로 공제하는데, 이를 추가공제라고 한다.

추가공제대상은 다음과 같다.

구분	내용	공제금액
(1) 경로우대자공제	70세 이상인 경우	1명당 100만원
(2) 장애인공제	「장애인복지법」에 따른 장애인, 발달재활서비스를 지원받고 있는 장애아동, 상이자 및 이와 유사한 사람으로서 근로능력이 없는 사람, 중증질환자 등[*1]	1명당 200만원
(3) 부녀자공제	해당 거주자(해당 과세기간의 종합소득금액이 3천만원 이하인 거주자로 한정함)가 배우자가 없는 여성으로서 기본공제대상인 부양가족이 있는 세대주이거나 배우자가 있는 여성인 경우	1명당 50만원
(4) 한부모공제[*2]	해당 거주자가 배우자가 없는 사람으로서 기본공제대상자인 직계비속 또는 입양자가 있는 경우	연 100만원

[*1] 중증질환, 희귀난치성질환 또는 이와 유사한 질병·부상으로 인해 중단 없이 주기적인 치료를 요하는 자로서 의료기관의 장이 취업·취학 등 일상적인 생활에 지장이 있다고 인정하는 자 '25 개정
[*2] 부녀자공제와 한부모가족 공제 모두에 해당하는 경우 한부모공제를 적용함.

거주자와 생계를 같이하는 직계비속 중 소득이 없는 20세 이상인 장애인이 있을 때 기본공제(부양가족공제)와 추가공제(장애인공제)가 가능한가?

장애인은 근로자와 생계를 같이하는 부양가족인 경우 나이에 관계없이 기본공제(부양가족공제) 대상이며, 또한 장애인이므로 추가공제(장애인공제)가 가능하다.

3) 연금보험료공제

종합소득이 있는 거주자가 공적연금 관련법에 따른 기여금 또는 개인부담금을 납입한 경우에는 해당 과세기간에 납입한 연금보험료를 전액 공제한다.

4) 주택담보노후연금 이자비용 공제

연금소득이 있는 거주자가 주택담보노후연금을 받고 일정 요건을 갖춘 경우, 공제를 신청한 자에 대해 연 200만원 한도 내에서 주택담보노후연금이자를 공제한다.

5) 특별소득공제

특별소득공제에는 보험료공제와 주택자금공제가 있으며, 이러한 항목별 공제는 원칙적으로 근로

소득이 있는 경우에만 적용할 수 있다. 만일 근로소득자가 항목별 공제를 신청하지 않은 경우에는 표준세액공제를 적용한다.

① 보험료공제

> 공제액＝국민건강보험료(전액)＋고용보험료(전액)＋노인장기요양보험료(전액)

근로소득이 있는 거주자(일용근로자는 제외)가 해당 과세기간에 국민건강보험료, 고용보험료 및 노인장기요양보험료를 부담한 경우 그 금액을 전액 해당 과세기간의 근로소득금액에서 공제한다. 근로소득자의 공적연금과 건강보험료, 고용보험료 등은 급여 지급시 원천징수되고 있기 때문에 소득공제를 통하여 과세대상소득에서 공제하고 있다.

② 주택자금공제

근로소득이 있는 거주자로서 세대주*가 ① 주택청약종합저축에 납입한 금액, ② 주택임차자금차입금의 원리금상환액, ③ 장기주택저당차입금의 이자상환액이 있는 경우에는 일정한 조건하에 그 금액을 종합소득과세표준에서 공제한다. 이때 ①과 ②를 합한 금액의 40%를 공제하며, 400만원을 한도로 하고, ③이 있는 경우 ①에서 계산한 금액과 합하여 최고 2,000만원을 한도로 한다.(법정요건 충족시)

* ②와 ③의 경우에는 세대주가 주택자금공제를 받지 아니하는 경우에는 세대의 구성원을 말하며, 일정한 요건을 갖춘 외국인을 포함한다.

(3) 기타의 소득공제

1) 신용카드 등 사용금액에 대한 소득공제

개인이 신용카드를 사용하게 되면 현금으로 결제하는 경우에 비해 사업자의 소득탈루를 방지하여 정부에서는 더 많은 세원을 확보할 수 있다. 이에 적극적인 신용카드 사용의 권장을 위해 도입한 제도가 바로 신용카드 등 사용금액에 대한 소득공제제도이다.

근로소득자가 2025년 12월 31일까지 ① 신용카드나 ② 현금영수증, ③ 직불카드 또는 기명식 선불카드 등을 사용한 금액의 연간 합계액(신용카드 등 사용금액: ①＋②＋③)이 총급여액의 25%를 초과하는 경우 다음 금액을 근로소득금액에서 공제한다.

(1) 신용카드 등 사용금액의 구분

　　㉠ 전통시장 사용분: 　전통시장 구역 안의 법인 또는 사업자와 거래한 금액

　　㉡ 대중교통 이용분: 대중교통의 육성 및 이용촉진에 관한 법률에 따른 대중교통 사용대가

　　㉢ 문화체육사용분: 간행물 구입, 신문 구독, 공연 관람, 박물관·미술관·영화상영관 입장료, 체육시설 이용분*(총급여액 7천만원 이하인 경우에만 해당함 `25 개정`(체육시설 이용분은 '25.7.1.부터 시행)
　　　　* 수영장과 체력단련장의 이용료

　　㉣ 직불카드 등 사용분: 　직불카드, 기명식선불카드, 직불전자지급수단, 기명식선불전자지급수단, 기명식전자화폐, 현금영수증 사용분(㉠, ㉡, ㉢ 사용분 제외)

　　㉤ 신용카드 등 사용금액(㉠, ㉡, ㉢ 사용분 제외)

(2) 소득공제액: (㉠+㉡)×40%+(㉢+㉣)×30%+㉤×15%−차감금액

(3) 차감금액

　　• 신용카드사용분(㉤) ≥ 최저사용금액(=총급여액의 25%): 최저사용금액×15%

　　• 신용카드사용분(㉤) 〈최저사용금액이고,

　　　㉢+㉣+㉤ ≥ 최저사용금액인 경우: ㉤×15%+(최저사용금액−㉤)×30%

　　　㉢+㉣+㉤ 〈 최저사용금액인 경우: ㉤×15%+(㉢+㉣)×30%+{최저사용금액−(㉢+㉣+㉤)}×40%

(4) 한도액: 300만원(총급여액이 7천만원을 초과하는 경우 250만원)

(5) 추가공제(한도초과금액이 있는 경우)

$$\text{Min}\begin{bmatrix} \text{한도초과금액} \\ \text{Min}[(㉠×40\%+㉡×40\%+㉢×30\%),\ 300만원(총급여가\ 7천만원을\ 초과하는\ 경우\ 200만원)] \end{bmatrix}$$

예 제

김한일 씨의 2025년 중 총급여는 8,000만원이고, 2025년 1월 1일부터 2025년 12월 31일까지의 신용카드사용액은 3,000만원(전통시장사용분 500만원 포함)인 경우 2025년의 신용카드 등 사용금액에 대한 소득공제액은 얼마인가?

풀 이

구　분	사 용 액	공제율	소득공제액
전통시장사용분	5,000,000	40%	2,000,000
신용카드사용분	25,000,000	15%	3,750,000
최저사용금액	(20,000,000*)	15%	(3,000.000)
공제액			2,750,000

* 80,000,000 × 25% = 20,000,000

- 신용카드 소득공제액 : (1)+(2)=2,750,000
  (1) 기본공제액 : Min[2,750,000, 한도 2,500,000]=2,500,000
  (2) 추가공제액 : Min[①, ②]=250,000
    ① 기본공제 한도초과액 : 250,000
    ② 한도 : Min[5,000,000×40%, 2,000,000]=2,000,000

(4) 세율

우리나라 종합소득세의 세율은 종합소득 과세표준에 따라 다음과 같이 초과누진세율 구조로 되어 있다.

종합소득과세표준	세율
1,400만원 이하	6%
1,400만원 초과 5,000만원 이하	84만원 + 1,400만원 초과분의 15%
5,000만원 초과 8,800만원 이하	624만원 + 5,000만원 초과분의 24%
8,800만원 초과 1억 5천만원 이하	1,536만원 + 8,800만원 초과분의 35%
1억 5천만원 초과 3억원 이하	3,706만원 + 1억 5천만원 초과분의 38%
3억원 초과 5억원 이하	9,406만원 + 3억원 초과분의 40%
5억원 초과 10억원 이하	1억 7,406만원 + 5억원 초과분의 42%
10억원 초과	3억 8,406만원 + 10억원 초과분의 45%

(5) 세액공제 및 감면

1) 세액공제

① 자녀세액공제

ㄱ 자녀수에 따른 세액공제

종합소득이 있는 거주자의 기본공제대상자에 해당하는 자녀(입양자, 위탁아동 포함. 이하 "공제대상자녀"라 함) 및 손자녀로서 만 8세 이상의 사람에 대해서는 다음의 구분에 따른 금액을 종합소득산출세액에서 공제한다.

자녀 수	세액공제 금액 '25 개정 (1명당 10만원씩 인상)
1명	연 25만원
2명	연 55만원
3명 이상	연 55만원 + (자녀수−2명) × 40만원

ⓛ 출생·입양세액공제

해당 과세기간에 출산하거나 입양 신고한 공제대상자녀가 있는 경우 다음의 구분에 따른 금액을 종합소득산출세액에서 공제한다.

구분	금액
첫째 출생·입양	30만원
둘째 출생·입양	50만원
셋째 출생·입양	70만원

② 연금계좌세액공제

종합소득이 있는 거주자 중 총급여가 5천 5백만원 이하(종합소득금액 4천 5백만원 이하)인 자는 연금계좌에 납입한 금액의 15%에 해당하는 금액을, 총급여가 5천 5백만원 초과(종합소득금액 4천 5백만원 초과)하는 자는 연금계좌에 납입한 금액의 12%에 해당하는 금액을 해당 과세기간의 종합소득산출세액에서 공제한다.

연금계좌납입액이 연 600만원을 초과하는 경우에는 그 초과하는 금액은 없는 것으로 하며, 퇴직연금납입액이 있는 경우 공제한도를 300만원 추가한다.(연금저축 + 퇴직연금납입액 총한도 900만원)

③ 특별세액공제

특별세액공제에는 보험료세액공제, 의료비세액공제, 교육비세액공제, 기부금세액공제, 표준세액공제가 있다.

㉠ 보험료세액공제

ⓐ 공제대상 보험료: 근로소득이 있는 거주자(일용근로자를 제외하며 이하 특별세액공제에서 같음)가 기본공제대상자를 피보험자로 하는 보장성 보험료 지급한 경우 보험료세액공제액을 종합소득산출세액에서 공제한다. 공제대상보험료는 100만원을 한도로 적용하나, 기본공제대상자 중 장애인을 피보험자로 하는 경우에는 추가로 100만원의 한도가 적용된다.

구분	세액공제대상 보험료	공제대상금액
장애인전용 보장성보험료*	기본공제대상자 중 장애인을 피보험자 또는 수익자로 하는 보장성 보험	Min(보험료, 100만원)
일반 보장성보험료*	기본공제대상자를 피보험자로 하는 보장성 보험	Min(보험료, 100만원)

* 보장성보험료란 만기에 받는 금액이 납입보험료를 초과하지 않는 생명보험, 상해보험 등의 보험료를 말한다. 따라서 만기수령액이 납입보험료를 초과하는 저축성보험의 보험료는 공제대상이 아니다.

ⓑ 보험료세액공제 금액: 위에서 산정한 보험료에 일정률을 세액공제한다.

구분	공제금액
장애인전용 보장성보험료	공제대상 보험료 × 15%
일반 보장성보험료	공제대상 보험료 × 12%

ⓛ 의료비세액공제

　근로소득이 있는 거주자가 기본공제대상자(나이 및 소득의 제한을 받지 아니한다)를 위하여 해당 과세기간에 의료비를 지급한 경우 의료비세액공제액을 종합소득산출세액에서 공제한다.

ⓐ 공제대상의료비(보험회사로부터 지급받은 실손의료보험금은 제외함)

구분	공제대상의료비
㉮ 일반의료비*	기본공제대상자를 위하여 지급한 의료비(아래 ㉯~㉱까지의 의료비 제외)
㉯ 특정의료비*	해당 거주자 본인, 과세기간 개시일 현재 6세 이하(6세가 되는 날과 그 이전 기간을 말함)인 사람, 과세기간 종료일 현재 65세 이상의 사람, 장애인, 중증질환자·희귀난치성질환자·결핵환자를 위하여 지급한 의료비
㉰ 미숙아 등 의료비	미숙아·선천성이상아를 위하여 지급한 의료비
㉱ 난임시술비	(모자보건법에 따른 보조생식술에 소요된 비용을 말하며, 난임시술과 관련하여 처방을 받은 의약품 구입비용을 포함함

* 시력보정용 안경과 콘택트렌즈 구입비용은 1인당 50만원을 한도로 하며, 산후조리원의 산후조리 및 요양비용은 출산 1회당 200만원을 한도로 함
※ 미용·성형수술을 위한 비용 및 건강증진을 위한 의약품 구입비용은 의료비세액공제대상이 아님.

ⓑ 의료비세액공제액

　공제대상 의료비가 총급여액의 3%를 초과하는 경우 그 초과액(세액공제대상금액)에 세액공제율을 곱한 금액을 세액공제한다. 이 경우 총급여액의 3%는 ㉮ 일반의료비에서 먼저 공제하고, 미공제분은 ㉯ 특정의료비, ㉰ 미숙아 등 의료비, ㉱ 난임시술비의 순서로 차례로 공제한다. 일반의료비에서 총급여액의 3%를 뺀 금액이 연간 700만원을 초과하는 경우 연간 700만원을 한도로 한다.

구분	총급여액의 3% 차감순서	세액공제대상금액 (의료비−총급여액의 3%)	세액공제율
㉠ 일반의료비	1순위	연간 700만원 한도	15%
㉡ 특정의료비	2순위	한도 없음	15%
㉢ 미숙아 등 의료비	3순위	한도 없음	20%
㉣ 난임시술비	4순위	한도 없음	30%

> 의료비세액공제액= 세액공제대상금액×세액공제율(15%, 미숙아 등 의료비 20%, 난임시술비 30%)

ⓒ 교육비세액공제

근로소득이 있는 거주자가 그 거주자와 기본공제 대상자(나이의 제한을 받지 아니함)를 위하여 해당과세기간에 교육비를 지급한 경우 교육비세액공제액을 해당 과세기간의 종합소득산출세액에서 공제한다. 다만, 소득세 또는 증여세가 비과세 되는 학자금·장학금 수령액은 공제하지 아니한다.

ⓐ 공제대상교육비

㉠ 대학원생	전액(본인만 해당)
㉡ 대학생	1명당 연 900만원
㉢ 초·중·고등학생*	1명당 연 300만원
㉣ 유치원아·영유아·취학전 아동	1명당 연 300만원

* 학교에 실시하는 수련활동, 수학여행 등 현장체험학습비 지출액은 학생 1인당 연 30만원의 한도를 적용한다.
※ 초·중·고·대학생의 대학입학전형료, 수능응시료도 공제대상교육비에 포함한다.

ⓑ 교육비세액공제금액

> 공제대상교육비 × 15%

ⓓ 기부금세액공제

거주자(사업소득만 있는 자는 제외하되, 연말정산대상 사업소득만 있는 자는 포함함)가 해당 과세기간에 지급한 기부금[기본공제대상자(나이의 제한을 받지 아니하며, 다른 거주자의 기본공제를 적용받은 사람은 제외함)가 지급한 기부금을 포함함]이 있는 경우 기부금세액공제액을 종합소득산출세액에서 공제한다.

ⓐ 공제대상기부금과 한도액

구분	공제대상 기부금	기부금공제한도
㉮ 특례기부금	국가·지방자치단체에의 기부금, 국방헌금과 위문금품, 천재지변으로 생긴 이재민을 위한 구호금품의 가액 등	기준소득금액×100%
㉯ 일반기부금	사회복지법인, 문화예술단체, 종교단체 등에의 기부금, 근로자가 노동조합에 납부한 노동조합비 등	(기준소득금액 – 특례기부금공제액) ×30%(종교단체 10%)

ⓑ 기부금세액공제액

세액공제대상기부금 × 15%(1천만원 초과분은 30%)

㉢ 표준세액공제

거주자가 다음 중 어느 하나에 해당하는 경우 다음 구분에 따른 금액을 종합소득산출세액에서 공제하는데 이를 표준세액공제라고 한다.

구　분		표준공제금액
근로소득 있는 거주자로서 특별소득공제·특별세액공제·월세세액공제를 신청하지 않은 경우*		연 13만원
종합소득이 있는 자(근로소득 있는 자 제외)로서 조특법상 의료비·교육비·월세세액공제를 신청*하지 않은 자	소득세법의 성실사업자	연 12만원
	그 외의 경우	연　7만원

* 근로소득이 있는 자가 특별소득공제·특별세액공제·월세세액공제를 신청한 경우와 성실사업자 등이 조세특례제한법에 따른 의료비·교육비·월세세액공제를 신청한 경우에는 표준세액공제를 적용하지 아니한다.

④ 근로소득세액공제

종합소득 중 근로소득은 타소득에 비해 소득의 탈루가 매우 어렵다는 특징이 있다. 따라서 근로소득자는 사업소득자 등에 비해 세금부담이 매우 무겁다고 할 수 있는데, 이러한 근로소득자의 세금부담을 다소 경감시켜 주기 위하여 마련한 제도가 바로 근로소득세액공제이다.

근로소득이 있는 거주자에 대해서는 그 근로소득에 대한 종합소득산출세액에서 다음의 금액을 공제하되, 세액공제액이 세액공제한도액을 초과하는 경우에는 그 초과하는 금액은 없는 것으로 본다.

㉠ 세액공제액

근로소득 산출세액	세액공제액
130만원 이하	근로소득 산출세액 × 55%
130만원 초과	715,000원 + (근로소득 산출세액 – 1,300,000원) × 30%

ⓛ 세액공제한도액

총급여액	세액공제 한도
3,300만원 이하	74만원
3,300만원 초과 7,000만원 이하	Max(ⓐ, ⓑ) ⓐ 74만원－(총급여액－3,300만원)×0.8% ⓑ 66만원
7,000만원 초과 1억 2,000만원 이하	Max(ⓐ, ⓑ) ⓐ 66만원－(총급여액－7,000만원)×50% ⓑ 50만원
1억 2,000만원 초과	Max(ⓐ, ⓑ) ⓐ 50만원－(총급여액－1억 2,000만원)×50% ⓑ 20만원

⑤ 근로소득자의 월세 세액공제

과세기간 종료일 현재 주택을 소유하지 않는 세대의 세대주로서 해당 과세기간의 총급여액이 8천만원 이하인 근로소득이 있는 거주자(종합소득금액 7천만원을 초과하는 사람은 제외)가 월세액을 지급하는 경우 다음 금액을 해당 과세기간의 종합소득산출세액에서 공제한다.

월세 세액공제액 = Min[주택을 임차하기 위하여 지급한 월세액, 1,000만원] × 15% 또는 17%*

* 총급여 5,500만원 이하인 근로소득자(종합소득금액 4,500만원 초과자 제외)의 경우 17% 적용

2) 세액감면

$$감면세액 = 근로소득\ 산출세액 \times \frac{감면대상\ 근로소득금액}{근로소득금액}$$

소득세법에서는 외국인의 근로소득에 대한 세액감면을 규정하고 있다. 이는 정부간 협약에 의하여 우리나라에 파견된 외국인이 쌍방 또는 일방 당사국의 정부로부터 받는 급여에 대해서 세액을 감면하는 것을 말한다.

7 퇴직소득 및 양도소득

(1) 퇴직소득

1) 퇴직소득의 의의

근로자가 회사 등에 퇴직하는 경우 회사의 퇴직금지급규정이나 근로자퇴직급여보장법에 따라 퇴직금을 받게 된다. 이처럼 근로자가 사용자부담금을 기초로 하여 현실적인 퇴직을 원인으로 지급받는 소득은 퇴직소득에 해당한다. 다만, 임원에 대한 퇴직금은 법 소정 한도를 초과하면 한도초과액은 근로소득으로 본다.

한편, 퇴직소득 중 근로의 제공에 따른 부상, 질병 또는 사망과 관련하여 받는 퇴직급여에 대해서는 비과세한다.

퇴직급여를 실제로 받지 않은 경우는 퇴직으로 보지 않을 수 있는 경우	퇴직급여를 미리 지급받은 경우 그 지급받은 날에 퇴직으로 보는 경우
• 종업원이 임원이 된 경우 • 합병·분할 등 조직변경, 사업양도, 직접·간접으로 출자관계에 있는 법인으로의 전출(또는 동일한 사업자가 경영하는 다른 사업장으로의 전출)이 이루어진 경우 • 법인의 상근임원이 비상근임원이 된 경우 • 비정규직 근로자(기간제근로자 또는 단시간근로자를 말함)가 정규직 근로자(근로기준법에 따라 근로계약을 체결한 근로자로서 비정규직 근로자가 아닌 근로자를 말함)로 전환된 경우	• 「근로자퇴직급여 보장법」에 따라 근로자가 주택구입 등 긴급한 자금이 필요한 사유로 퇴직금을 퇴직하기 전에 미리 중간정산하여 지급받은 경우* • 「근로자퇴직급여 보장법(제38조)」에 따라 퇴직연금 제도가 폐지되는 경우

* ① 무주택근로자의 주택구입 및 전세금·보증금 부담, ② 질병·부상으로 6개월 간 요양, ③ 파산선고·개인회생절차개시 결정, ④ 임금피크제의 실시로 임금이 줄어드는 사유로 근로자가 요구하는 경우

(2) 양도소득

1) 양도소득의 의의

양도소득이란 개인이 부동산 등을 양도하여 얻는 소득을 말한다. 이러한 양도소득은 보유자산의 가치상승에 따라 얻는 이익으로 자산의 양도시 가치상승으로 인한 이익이 실현되므로 과세대상이 된다. 다만, 사업적으로 부동산 등을 판매하여 발생하는 소득은 소득세법상 사업소득에 해당하며 이는 종합소득세로 과세된다. 따라서 양도소득세의 대상이 되는 양도소득은 사업성이 없는 경우로만 국한된다.

2) 양도의 개념

양도소득세의 과세대상이 되는 양도란 매도, 교환 등으로 인하여 그 자산이 유상(有償)으로 사실상 이전되는 것을 말한다. 그러므로 무상으로 이전되는 경우에는 양도소득세가 아닌 증여세(영리법인은 법인세)가 과세된다.

3) 양도소득 과세대상 자산

소득세법에서 규정하고 있는 양도소득 과세대상은 다음과 같다.

① 토지
② 건물: APT, 상가, 오피스텔, 콘도미니엄(ownership)
③ 부동산을 취득할 수 있는 권리: APT당첨권 등
④ 특정시설물 이용권: 골프회원권, 콘도회원권, 헬스클럽회원권 등
⑤ 사업에 사용하는 토지, 건물, 부동산상의 권리와 함께 양도하는 영업권
⑥ 주식
    ㉠ 상장주식으로서 대주주가 양도하는 것과 증권시장에서 거래하지 아니하고 양도하는 것
    ㉡ 비상장주식
    ㉢ 외국주식
⑦ 파생상품의 거래 또는 행위로 발생하는 소득(이자소득 또는 배당소득에 해당하는 파생상품의 거래 또는 행위로부터 발생하는 소득 제외)
⑧ 신탁수익권

「자본시장과 금융투자업에 관한 법률」에 따른 주권상장법인의 주식 양도에 대해서는 대주주인 경우와 장외거래 주식의 경우를 제외하고는 증권시장의 육성을 위하여 정책적으로 양도소득세 과세대상에서 제외하고 있다.

4) 양도소득세의 비과세

소득세법은 1세대 1주택(고가주택 제외)의 양도 등에 대해서는 양도소득세를 과세하지 아니한다. 이 경우 1세대 1주택이란 1세대가 양도일(주택 매매계약일 이후 해당 계약에 따라 주택을 주택 외의 용도로 용도변경하여 양도하는 경우에는 매매계약일. 이하 같음) 현재 국내에 1주택을 소유하고 있는 경우로서 해당 주택의 보유기간이 2년 이상인 것(취득당시에 조정대상지역에 있는 주택의 경우에는 보유기간 중 거주기간 2년 이상인 것)을 말한다. 단, 1년 이상 거주한 주택을 취학, 근무상의 형편, 질병의 요양, 기타 부득이한 사유 등으로 양도하는 경우 등에는 거주기간 및 보유기간의 제한을 받지 아니한다. '25 개정

5) 양도 또는 취득의 시기

자산의 취득시기 또는 양도시기는 원칙적으로 해당 자산의 대금을 청산한 날(잔금수령일)로 한다.

8 신고 · 납부와 징수

(1) 개요

소득세는 과세기간이 종료된 후 과세기간에 대한 과세표준과 세액을 다음 해 5월에 스스로 신고 · 납부(확정신고)함을 원칙으로 한다. 다만, 모든 납세자에 대해 확정신고만을 하도록 하면 정부의 조세수입 뿐 아니라 납세자의 세금부담도 일시에 집중되는 문제가 발생한다. 따라서 정부는 세금을 조기에 확보하고 납세자에게는 세금부담을 분산시키기 위해 과세기간 중에 미리 소득세를 납부하도록 하고 있는데 중간예납, 수시부과 및 원천징수 등이 이에 해당한다.

(2) 중간예납

1) 중간예납의 의의

중간예납이란 매년 1월 1일부터 6월 30일까지의 기간(중간예납기간) 동안의 소득에 대하여 소득세를 납부하는 것을 말한다. 관할세무서장은 11월 1일부터 11월 15일까지의 기간 내에 중간예납세액의 납부고지서를 발급하여야 하며, 중간예납세액을 납부하여야 할 거주자는 11월 16일부터 11월 30일까지 납부하여야 한다.

모든 거주자가 중간예납 대상자인 것은 아니며, 사업소득이 있는 거주자(그 과세기간 중 신규로 사업을 개시하는 자는 제외)만 중간예납대상자이다.

2) 중간예납세액의 계산

중간예납세액은 직전 과세기간의 과세실적을 기준으로 직전 과세기간 납부세액의 1/2을 중간예납세액으로 결정하는 것을 원칙으로 한다. 다만, 직전 과세기간의 과세실적이 없거나 중간예납기간의 소득이 직전 과세기간의 과세실적에 현저히 미달하는 경우 중간예납기간의 종합소득을 기준으로 중간예납세액을 추산하여 계산하는 방법을 사용한다. 단, 중간예납세액이 50만원 미만일 경우 중간예납세액을 징수하지 아니한다.

(3) 수시부과와 원천징수

1) 수시부과

소득세는 1년 동안의 소득에 대해 세액을 납부하는 것이지만, 다음과 같은 경우에는 관할세무서장 등이 수시로 그 거주자에 대한 소득세를 부과할 수 있다.

① 사업부진이나 그 밖의 사유로 장기간 휴업 또는 폐업 상태에 있는 때로서 소득세를 포탈할 우려가 있다고 인정되는 경우
② 그 밖에 조세를 포탈할 우려가 있다고 인정되는 상당한 이유가 있는 경우
수시부과를 하는 경우 해당 과세기간 사업개시일부터 그 사유가 발생한 날까지를 수시부과기간으로 하여 과세표준과 세액을 결정한다.

2) 원천징수

원천징수란 원천징수대상소득을 지급하는 자가 그 소득을 지급하는 때에 일정 세액을 징수하여 정부에 납부하는 제도이다. 원천징수는 조세징수비용의 절약과 탈루소득 방지의 효과가 있다.
원천징수는 다음과 같이 완납적원천징수와 예납적원천징수로 구분된다.

① 완납적원천징수

거주자의 소득 중 분리과세대상소득에 대한 원천징수가 이에 해당하며, 원천징수에 의해 납세의무가 종결된다. 즉, 거주자는 원천징수당한 소득에 대하여는 후에 별도로 신고할 필요가 없다.

② 예납적원천징수

예납적원천징수는 거주자의 소득에 대해 일정 금액을 미리 징수한 것일 뿐 이로써 납세의무가 종결되지 않는다. 즉, 거주자는 확정신고시 원천징수당한 소득을 다른 소득과 함께 신고하고, 원천징수당한 세액은 기납부세액으로 공제받게 된다.

(4) 확정신고와 세액납부

1) 과세표준 확정신고

해당 과세기간의 종합소득금액, 퇴직소득금액 및 양도소득금액이 있는 거주자(종합소득과세표준이 없거나 결손금이 있는 거주자를 포함함)는 각 소득의 과세표준을 해당 과세기간의 다음연도 5월 1일부터 5월 31일까지 관할세무서장에게 신고해야 하는데, 이를 과세표준 확정신고라고 한다.

단, 다음의 경우에는 확정신고를 하지 않아도 된다.

① 근로소득만 있는 자

② 퇴직소득만 있는 자

③ 공적연금소득만 있는 자

④ 연말정산대상 사업소득만 있는 자

⑤ 원천징수되는 기타소득으로서 종교인소득만 있는 자

⑥ 근로소득과 퇴직소득만 있는 자

⑦ 퇴직소득과 공적연금소득만 있는 자

⑧ 퇴직소득과 연말정산대상 사업소득만 있는 자

⑨ 퇴직소득과 원천징수되는 기타소득으로서 종교인소득만 있는 자

⑧ 분리과세이자소득, 분리과세배당소득, 분리과세연금소득 및 분리과세기타소득만 있는 자

⑨ ①부터 ⑨까지의 규정에 해당하는 사람으로서 분리과세이자소득, 분리과세배당소득, 분리과세연금소득 및 분리과세기타소득이 있는 자

2) 확정신고 자진납부

거주자는 해당 과세기간 각 소득의 과세표준에 대한 산출세액에서 공제세액과 감면세액을 뺀 금액을 과세표준 확정신고기한까지 납부하여야 한다. 이 경우 이미 납부한 중간예납세액, 수시부과세액 및 원천납부세액이 있는 때에는 이를 공제하고 납부한다. 그리고 납부할 세액이 1천만원을 초과하는 경우에는 2개월 이내 분납할 수 있다.

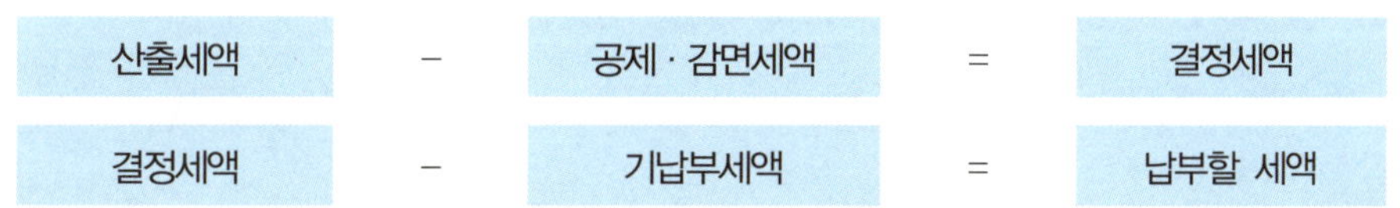

(중간예납세액, 수시부과세액, 원천납부세액)

1 연말정산의 의의

연말정산이란 근로소득을 지급하는 자가 다음 해 2월분 급여를 지급할 때에 직전 1년간의 총급여액에 대한 근로소득세액을 세법에 따라 정확하게 계산한 후, 매월 급여지급시 간이세액표에 의하여 이미 원천징수납부한 세액과 비교하여 많이 징수한 세액은 돌려주고 덜 징수한 세액은 더 징수하여 납부하는 절차를 말한다. 따라서 근로소득자는 연말정산을 통하여 다음 해 2월에 직전 1년간의 근로소득에 대한 정확한 세금정산을 하여 세금을 초과납부하였으면 이를 환급받고, 과소납부하였으면 추가로 원천징수당하게 된다.

본래 소득세는 과세기간 종료 후 다음 해 5월 과세표준 확정신고를 통하여 납세의무를 종결하는 것이 원칙이다. 그러나 급여를 받는 봉급생활자들은 근로소득 외의 다른 소득이 없는 경우가 대부분이므로 세법은 세무행정과 납세자의 편의를 위해 근로소득만 있는 자에 대해서는 다음 해 2월에 연말정산만을 함으로써 납세의무를 종결하도록 하고 있다.

(1) 연말정산의무자

근로소득세의 연말정산은 이자ㆍ배당ㆍ사업소득 등 다른 소득이 없는 대부분의 근로소득자가 별도의 종합소득세 신고ㆍ납부절차 없이 납세의무를 종결하는 제도로서, 근로소득을 지급하는 모든 개인ㆍ법인 및 국가ㆍ지방자치단체는 근로소득세를 연말정산할 의무가 있다.

(2) 연말정산시기

근로소득세 연말정산은 다음의 시기에 하여야 한다.

1) 일반적인 경우

다음 해 2월분 급여를 지급하는 때에 연말정산을 하여야 한다.

2) 중도에 퇴직한 경우

중도에 퇴직한 자의 연말정산은 퇴직한 달의 급여를 지급하는 때에 한다.

예를 들어, 20×1년 8월에 퇴직한 자의 급여를 20×1년 9월 5일에 지급하였다면 20×1년 9월 5일에 연말정산하고 20×1년 10월 10일까지 세액을 납부하여야 한다.

MEMO

NEW

01 다음 중 소득세법에 관한 설명으로 옳지 않은 것은?

① 소득세법은 열거주의 과세방식을 채택하지만, 이자소득과 배당소득은 열거되지 않은 소득이라도 유사한 성격의 소득이면 과세하는 유형별포괄주의 과세방식을 적용하고 있다.
② 소득세법은 조세를 납부하는 납세자와 조세를 부담하는 담세자가 동일한 직접세이다.
③ 우리나라의 소득세법은 원칙적으로 순자산증가설의 입장을 취하고 있어서 일시적이고 우연히 발생하는 소득도 모두 과세대상이 된다.
④ 소득세법은 개인의 인적사항이 다르면 세금부담능력도 다르다는 것을 전제하여 과세되는 조세이다.

NEW

02 다음 중 소득세의 납세의무자에 관한 설명으로 옳지 않은 것은?(2025년에 적용되는 소득세법을 기준으로 답할 것)

① 국외에서 근무하는 공무원은 거주자로 본다.
② 외국인도 국내에 1과세기간 중 183일 이상 거소를 둔 경우에는 거주자에 해당한다.
③ 우리나라 사람으로서 국내회사의 임직원이 국외사업장에 파견된 경우에는 비거주자로 본다.
④ 외국인이 국내에 주소를 둔 경우에는 거주기간에 관계없이 거주자로 본다.

03 다음 중 소득세법상 비거주자에 관한 설명으로 옳지 않은 것은?

① 비거주자는 거주자가 아닌 개인을 말하며, 국내외원천소득에 대해 과세한다.
② 비거주자가 국내에 주소를 둔 경우에는 주소를 둔 날에 거주자가 된다.
③ 비거주자는 국내에 거소를 둔 기간이 183일이 되는 날에 거주자가 된다.
④ 여기에서 거소는 주소지 외의 장소로서 개인이 상당 기간에 걸쳐 거주하는 장소나 주소와 같이 밀접한 일반적인 생활관계가 형성되지 아니한 장소를 말한다.

04 다음 중 소득세법상 과세기간에 관한 설명으로 옳지 않은 것은?

① 소득세법상 과세기간은 법인과 달리 개인이 임의로 선택할 수 없다.
② 거주자가 주소 또는 거소를 국외로 이전하여 비거주자가 되는 경우에는 1월 1일부터 출국한 날까지를 1과세기간으로 한다.
③ 납세의무자가 사망한 경우에는 1월 1일부터 사망일까지의 기간을 1과세기간으로 한다.
④ 개인사업자가 폐업한 경우에는 1월 1일부터 폐업일까지의 기간을 1과세기간으로 한다.

05 다음 중 소득세법상 납세지에 관한 설명으로 옳지 않은 것은?

① 거주자의 소득세 납세지는 주소지로 하며, 주소가 없는 때에는 거소지로 한다.
② 국세청장 또는 관할지방국세청장은 사업소득이 있는 거주자가 사업장 소재지를 납세지로 신청한 경우와 납세지가 납세의무자의 소득상황으로 보아 부적당하거나 납세의무의 이행상 불편하다고 인정되는 경우에 납세지를 따로 지정할 수 있다.
③ 비거주자의 소득세 납세지는 주된 국내사업장 소재지로 하며, 국내사업장이 없는 경우에는 그 비거주자의 거류지로 한다.
④ 주소지가 2 이상인 때에는 주민등록법에 의하여 등록된 곳을 납세지로 하고, 거소지가 2 이상인 때에는 생활관계가 보다 밀접한 곳을 납세지로 한다.

06 다음 중 소득세법상 납세의무자에 관한 설명으로 옳지 않은 것은?

① 내국법인의 국외사업장에 파견된 임원 또는 직원은 거주자로 본다.
② 거주자 여부를 판정할 때는 국적이나 영주권 취득 등은 고려하지 않는다.
③ 거주자가 아닌 개인을 비거주자라 하며 비거주자에 대하여는 국외원천소득에 대한 과세권이 없다.
④ 비거주자가 국내에 거소를 둔 기간이 183일 이상인 경우에는 183일이 되는 날의 다음 날에 거주자가 된다.

07 다음 중 분류과세에 해당하는 것은?

① 근로소득   ② 양도소득
③ 연금소득   ④ 사업소득

08 다음 중 소득세의 과세대상소득에 관한 설명으로 옳지 않은 것은?

① 종합소득은 이자소득, 배당소득, 사업소득, 근로소득, 연금소득, 기타소득으로 구성되어 있다.
② 소득세는 종합소득, 퇴직소득, 양도소득으로 나누어서 과세한다.
③ 소득세법에서 열거하고 있는 과세대상소득(이자소득, 배당소득 및 연금소득은 제외)의 범주에 해당하지 않는 경우 비록 개인의 경제적 부를 증가시키는 소득이라 할지라도 과세하지 아니한다.
④ 소득세법상 소득은 개인이 1년 동안 벌어들인 수익(총수입금액)에서 그 수익을 얻기 위해 소요된 비용(필요경비)를 차감한 금액이다.

09 다음은 역외탈세에 관한 신문기사 내용의 일부이다. 다음 중 아래 신문기사의 내용과 관련이 있는 것은?

> 한국에 살면서 홍콩에 있는 기업체를 운영하는 사람에 대한 소득세는 한국과 홍콩 중 어느 국가에서 신고납부 하여야 하는 걸까? 한국과 홍콩 두 곳에서 모두 소득세를 거둔다면 도저히 기업을 유지할 수 없을 것이다.
>
> 이 때문에 각국은 이러한 이중과세를 피하기 위해 조세조약을 맺고 이 중 누가 세금을 거둘지를 미리정한다. 현재 세계적인 추세는 세금납부자의 거주지, 즉 위의 경우에는 한국에서 세금을 내야 한다는 쪽으로 가닥이 잡히고 있다.
>
> 그런데, 여기에는 허점이 있다. '거주지'에 대해 전 세계적으로 통용되는 기준이 없는 데다 모호하다는 점이다. 역외 탈세혐의자들은 이런 법체계의 허점을 악용, 국내 체류일수를 조작하고 영주권 등을 동원해 한국에 살지 않는다고 주장할 가능성이 높다. 대신, 이들은 세율이 낮은 국가인 홍콩 등에 살고 있다고 항변할 것이다.

① 거주자는 국내에서 벌어들인 소득뿐만 아니라 국외에서 벌어들인 소득에 대하여도 납세의무를 진다.

② 모든 거주자가 중간예납 대상자는 아니며, 사업소득이 있는 거주자만이 중간예납 의무를 진다.

③ 종합소득이 있는 거주자는 종합소득공제가 가능하다.

④ 해당 과세기간에 종합소득금액 및 퇴직소득금액이 있는 거주자는 원칙적으로 과세표준 확정신고를 해야 한다.

10 사업자인 한저금 씨는 2025년 1월 1일에 10,000,000원을 재일은행에 예금하였다. 이 예금의 연이율은 10%이며, 이 예금에서 발생하는 이자 이외에 한저금 씨의 다른 금융소득은 없다. 동년 12월 31일에 재일은행은 1년간 예금에 대하여 이자를 지급하는데, 이때 재일은행이 이자소득에 대하여 원천징수해야 하는 소득세는 얼마이며, 한저금 씨의 2025년 종합소득에 가산되는 이자소득은 얼마인가?(단, 개인지방소득세는 고려하지 않는다)

	원천징수금액	이자소득
①	140,000원	0원
②	140,000원	1,000,000원
③	168,000원	0원
④	1,000,000원	1,000,000원

11 다음 중 소득세법상 이자소득의 수입시기에 관한 설명으로 옳지 않은 것은?

① 기명채권 등의 이자와 할인액: 채권 취득일
② 보통예금의 이자: 실제 이자 지급일
③ 저축성보험의 보험차익: 보험금 또는 환급금의 지급일
④ 기명주식의 배당금: 잉여금 처분 결의일

12 다음 중 이자소득에 관한 설명으로 옳지 않은 것은?

① 보통예금에 대한 이자소득의 수입시기는 원칙적으로 실제 이자를 지급받는 날이 된다.
② 비영업대금에 대한 이자소득의 수입시기는 약정에 의한 지급일이므로, 총수입금액은 해
    당 과세기간에 실제 수입하였거나 수입할 금액으로 한다.
③ 예금을 해약함으로 인하여 이자를 지급받는 경우에는 해약일에 이자를 수입한 것으로
    본다.
④ 무기명 채권이자에 대한 이자소득의 수입시기는 약정에 의한 지급일로 한다.

13 다음 중 배당소득에 관한 설명으로 옳지 않은 것은?

① 내국법인뿐만 아니라 외국법인으로부터 받는 이익의 배당도 배당소득에 포함된다.
② 배당소득은 현금배당만 포함할 뿐 현물 또는 주식배당은 포함하지 않는다.
③ 배당소득에 대해서는 필요경비가 인정되지 않는다.
④ 법인의 이익을 주주에게 현금으로 지급한 배당은 아니지만, 세법상 배당으로 보는 경우
    가 있다.

14 다음 중 종합과세, 분류과세 및 분리과세에 관한 설명으로 옳지 않은 것은?

① 종합과세는 1년 동안 개인이 벌어들인 모든 소득을 합산하여 과세하는 방법이다.
② 분류과세는 각각의 소득을 합산하지 않고, 원천에 따른 소득의 종류별로 과세하는 방법이다.
③ 퇴직소득과 양도소득은 장기간에 걸쳐 형성된 소득이 일정 시점에 실현되는 것으로, 분류과세를 적용한다.
④ 이자소득, 배당소득은 무조건 종합과세를 적용한다.

15 다음 중 무조건 종합과세되는 금융소득은 어느 것인가?

① 비실명 금융소득
② 은행 예금이자
③ 비영업대금이익
④ 국외 금융소득

16 다음 중 금융소득 종합과세의 대상으로 옳은 것은?

① 이자소득, 배당소득
② 이자소득, 사업소득
③ 배당소득, 사업소득
④ 이자소득, 배당소득, 사업소득

17 다음 자료에 의하여 거주자 김삼일 씨의 2025년도 사업소득금액으로 옳은 것은?

(1) 포괄손익계산서상 당기순이익	40,000,000원
(2) 포괄손익계산서상 당기순이익에 반영되어 있는 항목	
1. 대표자급여	12,000,000원
2. 유형자산처분이익(단, 김삼일 씨는 복식부기 의무자가 아님)	8,000,000원
3. 이자수익(사업자금을 일시 예치함으로써 발생한 당기수령분임)	5,000,000원

① 27,000,000원   ② 39,000,000원

③ 47,000,000원   ④ 52,000,000원

18 다음은 김삼일 씨의 2025년의 사업소득에 포함된 부동산임대소득 관련자료이다. 이를 바탕으로 김삼일 씨의 2025년 사업소득금액을 구하면 얼마인가?

- 김삼일 씨는 상가건물 A를 2025년 1월 1일에 임대하고 매월 초 50,000원을 받기로 하였다.
- 상가건물 A의 2025년도 감가상각비는 300,000원이며, 정액법으로 상각하고 있다.
- 상가건물 A의 2025년도 인건비, 보험료 등 임대부동산의 관리를 위한 비용으로 100,000원을 지출하였다.

① 200,000원   ② 300,000원

③ 400,000원   ④ 600,000원

19 다음 중 소득세법상 사업소득과 관련된 설명으로 옳지 않은 것은?

① 해당 사업에 직접 종사하고 있는 대표자의 급여는 필요경비에 산입하지 않는다.

② 사업상의 운영자금을 일시 예금하여 발생한 이자는 사업소득에 해당하지 아니한다.

③ 대표자는 사업소득의 필요경비 계산상 퇴직급여충당금의 설정대상이 아니다.

④ 사업용 유형자산의 처분손익은 사업소득에 포함되지 않으나 사업용 유형자산인 토지와 건물의 처분손익은 사업소득에 포함한다.

20 다음 중 소득세법상 사업소득금액과 법인세법상 각 사업연도 소득금액의 차이에 관한 설명으로 옳지 않은 것은?

① 개인사업의 대표자에게 지급하는 급여는 필요경비로 인정되지만, 법인의 대표자에게 지급하는 급여는 법인의 손금으로 인정되지 않는다.
② 개인의 과세소득은 원칙적으로 소득원천설에 입각하여 소득의 범위를 정하고 있는데 반하여, 법인의 과세소득은 순자산증가설에 의하여 과세소득의 범위를 정하고 있다.
③ 개인사업의 대표자는 퇴직급여충당금의 설정대상이 아닌데 반하여, 법인의 대표자는 퇴직급여충당금 설정대상이다.
④ 사업상의 운영자금을 일시 예금하여 발생한 이자는 법인세법상 각 사업연도 소득금액에 포함되지만, 소득세법상 사업소득금액에는 포함되지 않는다.

21 다음 자료에 의하여 소득세법상 사업소득금액과 법인세법상 각 사업연도 소득금액을 계산하면 얼마인가?

1. 포괄손익계산서상 당기순이익	20,000,000원
2. 포괄손익계산서상 당기순이익에 반영되어 있는 항목	
(1) 대표자급여	5,000,000원
(2) 사업용 토지 처분손실	10,000,000원
(3) 이자수익(사업자금을 일시 예치함으로써 발생한 당기수령분임)	2,000,000원

	사업소득금액	각사업연도소득금액
①	25,000,000원	30,000,000원
②	25,000,000원	25,000,000원
③	33,000,000원	25,000,000원
④	33,000,000원	20,000,000원

22 다음 중 소득세법상 비과세 근로소득을 설명한 내용으로 옳지 않은 것은?

① 근로자가 사내급식 또는 이와 유사한 방법으로 제공받는 식사, 기타 음식물
② 근로자 또는 그 배우자의 해당 과세기간 개시일을 기준으로 6세 이하(6세가 되는 날과 그 이전 기간을 말함)인 자녀의 보육과 관련하여 사용자로부터 지급받는 급여로서 월 20만원 이내의 금액
③ 국민건강보험법, 고용보험법, 노인장기요양보험법에 따라 국가·지방자치단체 또는 사용자가 부담하는 부담금
④ 근로자(사용자가 개인인 경우 친족관계, 법인인 경우 지배주주등인 관계에 있는 자 제외) 또는 그 배우자의 출산과 관련하여 자녀의 출생일 이후 3년 이내에 사용자로부터 최대 두차례에 걸쳐 지급받는 급여로서 1억원 이내의 금액

23 다음 중 과세대상 근로소득에 해당하는 것은?

① 퇴직시 받는 금액 중 퇴직소득에 속하지 아니하는 소득
② 국외건설현장에서 근로를 제공하고 받는 급여 중 월 500만원
③ 월 20만원씩 받는 기자의 취재수당
④ 월 20만원 수령하는 자가운전보조금

24 다음 중 생산직근로자가 받는 연장근무수당 등에 관한 설명으로 옳지 않은 것은?

① 생산직근로자란 공장·광산 등에서 주로 육체적인 노동에 종사하는 자를 말하며, 통상 관리직은 제외된다.
② 월정액급여가 210만원 이하이며, 직전 과세기간의 총급여액이 3,000만원 이하인 생산직근로자(일용근로자를 포함한다)에 대해서만 연장근무수당 등에 대해 비과세한다.
③ 일용근로자와 광산근로자를 제외하고는 연간 240만원 한도 내에서 비과세한다.
④ 월정액급여가 210만원을 초과하여 비과세를 적용받지 못한 금액은 다음 달로 이월하여 적용받을 수 있다.

25 김삼일 씨의 2025년도 급여내역이 다음과 같을 때 소득세법상 총급여액을 계산하면 얼마인가?

• 급여:	매월 3,000,000원
• 식사:	매월 시가 200,000원의 식사
• 식사대:	매월 200,000원
• 상여:	연간 4,000,000원
• 연차수당:	연간 800,000원
• 출산지원금:	20,000,000원

(출산지원금은 2025년 12월초에 출생한 자녀에 대하여 1회분 지급분임)

김삼일 씨는 연중 계속 근무하였으며, 위 사항 이외의 근로소득은 없다.

① 36,000,000원
② 37,200,000원
③ 42,000,000원
④ 43,200,000원

26 다음 중 근로소득에 포함되어 소득세가 과세되는 것만 모은 것은?

(a) 법인의 주주총회의 결의에 의하여 받는 상여
(b) 비출자임원과 종업원이 사택을 제공받음으로써 얻는 이익
(c) 연 또는 월 단위로 받는 여비로서 실비변상적인 급여로 보기 어려운 것
(d) 근로자에게 지급한 경조금 중 사회통념상 타당하다고 인정되는 금액
(e) 일직, 숙직료 또는 여비로서 실비변상 정도의 지급액
(f) 근로자가 사내급식 또는 이와 유사한 방법으로 제공받는 식사

① (a), (c)
② (c), (d)
③ (b), (d)
④ (e), (f)

27 다음 자료를 이용하여 (주)삼일에 근무하고 있는 근로소득자 S씨의 2025년도 근로소득금액을 구하면? (단, S씨는 1년간 계속하여 근무하였다)

〈급여내역〉

내역	금액
연간급여	24,000,000원
상여금	6,000,000원
보육수당(월 25만원)[*1]	3,000,000원
식대(월 25만원)[*1]	3,000,000원
제품 할인금액[*2]	4,000,000원
계	40,000,000원

*1 금액기준을 제외한 비과세의 요건은 모두 충족했다고 가정한다.
*2 (주)삼일에서 본인이 소비할 목적으로 임직원에게 공통적으로 적용되는 기준에 따라 시가 20,000,000원인 제품을 20% 할인하여 16,000,000원에 구입함에 따라 얻은 이익이다. 재판매금지기간에 재판매하지 않을 것이다.

〈근로소득공제액〉

연간급여액	근로소득공제
500만원 초과 1,500만원 이하	350만원+(총급여− 500만원)×40%
1,500만원 초과 4,500만원 이하	750만원+(총급여−1,500만원)×15%

① 18,750,000원
② 21,270,000원
③ 22,270,000원
④ 23,070,000원

28 다음 중 필요경비가 인정되지 않는 소득을 모두 고른 것은?

ㄱ. 기타소득　　ㄴ. 사업소득　　ㄷ. 이자소득　　ㄹ. 배당소득

① ㄱ, ㄴ
② ㄱ, ㄷ
③ ㄴ, ㄷ
④ ㄷ, ㄹ

NEW

29 다음 다음 중 종합소득금액 계산시 실제 지출된 필요경비를 차감할 수 있는 소득은 어느 것인가?

① 근로소득
② 배당소득
③ 연금소득
④ 사업소득

NEW

30 다음 중 소득세법상 소득구분으로 옳은 것은?

① 종업원이 받는 직무발명보상금: 기타소득
② 이연퇴직소득을 연금외수령한 경우: 기타소득
③ 저작자 외의 자가 저작권을 양도하고 받은 대가: 기타소득
④ 연금계좌에 납입시 세액공제를 받은 금액을 연금수령한 경우의 소득: 기타소득

31 다음 중 소득세법상 기타소득에 관한 설명으로 옳은 것은?

① 회계강의 전문 강사의 강의료는 기타소득에 해당한다.
② 복권당첨소득은 무조건 종합과세를 적용하여야 하므로, 당첨금을 수령한 다음 연도 5월에 반드시 과세표준 확정신고를 해야 한다.
③ 광업권·어업권의 양도로 인한 소득은 기타소득에 속한다.
④ 기타소득 발생 시 필요경비가 확인되지 않은 경우 총수입금액의 80%를 필요경비로 인정하고 있다.

32 다음 중 소득세법상 연금소득에 관한 설명으로 옳지 않은 것은?

① 국민연금 등 공적연금의 연금기여금 납입액에 대해서는 전액 소득공제가 인정된다.
② 연금소득의 총연금액에서 연금소득공제를 차감한 금액을 연금소득금액이라 한다.
③ 연금소득공제는 900만원을 한도로 하고, 근로소득공제는 2천만원을 한도로 한다.
④ 연금계좌에서 발생한 운용수익을 연금형태로 지급받는 경우에는 퇴직소득으로 보아 퇴직소득세를 과세한다.

33 다음 중 소득세법상 연금소득에 관한 설명으로 옳지 않은 것은?

① 국민연금 등 공적연금의 연금기여금 납입액에 대해서는 전액 소득공제를 인정하고 있다.
② 연금소득은 기여금 납입시에 공제하지 않고, 수령시에는 과세하지 않는 것이 원칙이다.
③ 연금소득금액은 총연금액에서 연금소득공제를 차감한 금액이다.
④ 연금소득공제의 한도는 연 900만원이다.

34 다음 대화에서 소득세법상 과세되는 소득의 종류가 잘못 분류된 것은?

> 장미영: 나는 이번에 퇴직하면서 퇴직연금계좌에서 이연퇴직소득을 연금형태로 받았어.
> 김윤상: 나는 저번주에 경마에 참가해서 5천만원의 이익을 얻었어.
> 강대중: 부럽다. 나도 가지고 있던 비상장주식을 팔아서 이익을 좀 봤지.
> 한혜수: 나는 (주)삼일이 발행한 채권에 투자했더니 채권이자를 받았어.

① 장미영 – 퇴직소득　　　　　　② 김윤상 – 기타소득
③ 강대중 – 양도소득　　　　　　④ 한혜수 – 이자소득

35 다음은 김삼일 씨의 2025년도 소득내역이다. 소득세(원천징수소득세 포함)가 과세되지 않는 항목은?

① 단기저축성보험에 대한 보험차익 1,000만원
② 고용보험법에 따라 받는 실업급여 200만원
③ 아파트 건설현장에서 일용근로자로 일하고 받은 일당 30만원
④ 주택복권당첨소득 2,000만원

36 다음 중 종합소득공제에 관한 설명으로 옳은 것은?

① 종합소득공제는 납세의무자 개인의 인적사항은 반영되지 않는다.
② 인적공제에는 기본공제, 추가공제, 기부금공제가 있다.
③ 특별소득공제 중 항목별공제는 모든 개인에게 적용되는 것이 아니고 보험료, 주택자금 등 해당 지출이 발생한 근로소득자에게만 적용된다.
④ 종합소득공제가 0인 경우도 있다.

37 거주자 김삼일 씨와 함께 살고 있는 다음 부양가족 중 소득세법상 기본공제대상자에 해당하지 않는 사람은?

① 근로소득금액이 500만원 있는 33세의 아내
② 소득금액이 전혀 없는 57세의 장애인인 부친
③ 이자소득금액이 60만원 있는 7세의 아들
④ 소득금액이 전혀 없는 61세의 장모님

38 다음은 거주자 김삼일 씨의 종합소득공제 대상자에 대한 설명이다. 인적공제 중 기본공제금액으로 옳은 것은?(인적공제가 가능한 경우 모두 김삼일 씨의 공제대상자에 포함한다)

관계	이름	내용
본인	김삼일(남성)	46세의 근로소득자이며, 연간 근로소득금액은 4,000만원임
배우자	김삼일(여성)	34세의 근로소득자이며, 연간 근로소득금액은 1,200만원임
아들	김감사	21세의 장애인이며, 소득이 없음
딸	김택스	17세의 고등학생이며, 소득이 없음

① 6,000,000원   ② 4,500,000원
③ 3,000,000원   ④ 1,500,000원

39 다음 중 종합소득공제에 관한 설명으로 옳은 것은?

① 근로소득자에게 70세 이상의 직계존속이 있는 경우 경로우대공제로 직계존속 1명당 100만원을 공제받을 수 있다.
② 특별소득공제인 보험료공제와 주택자금공제는 근로소득이나 사업소득이 있는 자가 공제대상이다.
③ 배우자가 없는 거주자가 기본공제 대상인 자녀가 있는 경우 50만원을 공제한다.
④ 총급여액이 2,500만원 이하인 근로소득자가 혼인한 경우 결혼비용으로 50만원을 소득공제한다.

40 다음은 근로소득이 있는 거주자 김삼일 씨와 2025년 말 현재 함께 살고 있는 부양가족에 대한 내용이다. 김삼일 씨의 2025년 종합소득에서 공제가능한 소득세법상 인적공제 중 기본공제금액은 얼마인가?(단, 김삼일 씨를 제외한 가족은 소득이 없고, 김삼일 씨를 포함한 가족들 중에 장애인은 없다)

ㄱ. 김삼일(본인, 47세)	ㄴ. 홍영희(아내, 45세)
ㄷ. 김은영(딸, 22세)	ㄹ. 김효영(딸, 15세)

① 4,500,000원   ② 6,000,000원
③ 7,500,000원   ④ 9,000,000원

NEW

41 다음은 근로소득(총급여액 5천만원)이 있는 거주자 남용산 씨와 2025년 말 현재 함께 살고 있는 부양가족에 대한 내용이다. 남용산 씨의 2025년 종합소득에서 공제가능한 소득세법상 인적공제 중 추가공제금액은 얼마인가?(단, 남용산 씨를 제외한 가족은 소득이 없다.)

ㄱ. 남용산(본인, 47세)	ㄴ. 홍영희(모친, 70세)
ㄷ. 남은영(딸, 22세, 장애인)	ㄹ. 남효영(딸, 15세)

① 3,000,000원   ② 4,000,000원
③ 4,500,000원   ④ 5,000,000원

NEW

42 다음 중 소득세법상 소득의 구분이 옳지 않은 것은?

① 산업재산권을 양도하거나 대여하고 대가로 받은 금품: 기타소득
② 연금저축에 가입하고 연금형태로 지급받는 소득: 연금소득
③ 2025.9.1.에 지급받은 조각투자상품으로부터의 이익: 이자소득
④ 복권당첨소득: 기타소득

NEW

43 근로자 김삼일 씨는 패스트푸드점에서 부업을 하면서 매월 40만원(연간 480만원)의 근로소득이 있는 아내가 배우자공제 대상이 되는지가 궁금해서 주위 사람들에게 자문을 구했다. 다음 중 옳은 설명을 한 사람은 누구인가?

나용재: 총급여액이 300만원이므로, 배우자 공제대상에서 제외된다.
도인근: 배우자는 소득과 상관없이 공제대상이 된다.
최종선: 총급여액이 500만원 이하이므로 배우자공제대상이 된다.
한경국: 총급여액의 크기와 상관없이 소득이 조금이라도 있으면 배우자 공제대상에서 제외된다.

① 나용재   ② 도인근
③ 최종선   ④ 한경국

44 해당 과세기간의 종합소득금액 및 퇴직소득금액이 있는 거주자는 각 소득의 과세표준을 다음 연도 5월 1일부터 5월 31일까지 관할세무서장에 신고해야 하는데, 다음 중 이러한 과세표준확정신고를 하지 않아도 되는 거주자만으로 짝지어진 것은?

> A씨: 해당 과세기간 근로소득과 소유 중인 상가를 임대하여 임대소득이 발생
> B씨: 해당 과세기간 중 퇴사하여 수령한 퇴직금으로 편의점을 운영하여 사업소득이 발생
> C씨: 로또복권에 당첨되어 세금을 공제하고 20억원 수령
> D씨: 소액주주로서 상장주식을 양도하여 양도차익 2,000만원이 발생

① A, B ② B, C
③ C, D ④ D, A

45 다음의 소득공제와 세액공제 중 개인과 법인 모두에게 적용될 수 있는 것은?

① 외국납부세액공제 ② 배당세액공제
③ 신용카드 등 사용금액에 대한 소득공제 ④ 기장세액공제

46 다음 의료비 중 의료비 세액공제대상에 해당하는 것은?

① 시력보정용 안경구입비 50만원
② 건강증진을 위한 보약구입비 30만원
③ 비타민 구입비용 10만원
④ 미용을 위한 보톡스 시술비용 40만원

47 다음 중 소득세법상 연말정산에 관한 설명으로 옳은 것은?

① 중도에 퇴직한 자의 연말정산은 퇴직한 달의 급여를 지급하는 때에 한다.
② 회사는 12월분 급여를 지급하는 때에 연말정산을 하여야 한다.
③ 근로소득 외 다른 소득이 없는 자도 연말정산 후 다음해 5월에 종합소득세를 신고 · 납부하여야 한다.
④ 사업소득만 있는 개인은 연말정산으로 납세의무를 종결한다.

48 다음 자료를 참고하여 신용카드 등 사용금액에 대한 소득공제액을 계산하면 얼마인가?

> 1) 총급여: 3,000만원
> 2) 해당 과세기간의 신용카드 사용액: 1,250만원(전통시장 사용분 500만원 포함된 금액이다.)

① 75만원 ② 100만원
③ 200만원 ④ 300만원

49 다음 중 소득세법상의 사업소득과 법인세법상의 각 사업연도 소득에 관한 설명으로 옳은 것은?

① 원칙적으로 사업소득은 소득원천설에 의해, 각 사업연도 소득은 순자산증가설에 의해 계산한다.
② 동일한 경영성과(이익)를 가정하면 개인이든 법인이든 조세부담은 항상 동일하다.
③ 사업소득은 유형자산처분손실을 사업과 관련 없는 행위로 보아 필요경비로 인정하지 않는다.
④ 사업소득과 각사업연도소득은 대표자에 대한 급여를 손금으로 인정한다.

50 아래 소득세 계산구조의 빈칸에 들어갈 단어로 옳지 않은 것은?

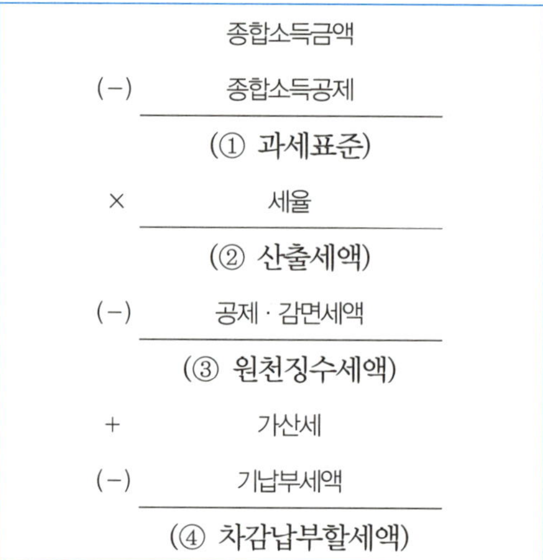

51 다음 중 퇴직소득에 관한 설명으로 옳은 것은?

① 근로자가 사용자부담금을 기초로 하여 현실적인 퇴직을 원인으로 지급받는 소득은 퇴직소득에 해당한다.
② 근로의 제공에 따른 부상, 질병 또는 사망과 관련하여 받는 퇴직금도 퇴직소득으로 과세한다.
③ 임원이 현실적으로 퇴직하여 받는 퇴직금은 한도를 따지지 않고 전액 퇴직소득으로 본다.
④ 이연퇴직소득은 연금수령하는 경우에 퇴직소득으로 본다.

52 다음 중 양도소득에 관한 설명으로 옳지 않은 것은?

① 양도란 등기 또는 등록에 관계없이 자산이 타인에게 유상 또는 무상으로 이전되는 것을 말한다.
② 소액주주가 주권상장법인의 주식을 양도하여 얻은 소득에는 양도소득세를 과세하지 않는다.
③ 자산의 취득 및 양도시기는 원칙적으로 대금을 청산한 날로 한다.
④ 보유기간 및 거주기간이 4년인 1세대 1주택(고가주택 제외)의 양도에 대해서는 양도소득세를 과세하지 않는다.

53 다음 중 소득세법상 양도소득에 대한 설명으로 옳지 않은 것은?

① 과세대상이 되는 양도란 매도, 교환 등으로 인하여 그 자산이 유상으로 사실상 이전되는 것을 말한다.
② 주권상장법인의 주식은 대주주의 양도와 장외거래인 경우 양도소득세 과세대상에 포함된다.
③ 토지, 건물 등과 같은 부동산과 비상장주식은 양도소득세 과세대상에 포함된다.
④ 사업적으로 부동산 등을 판매하여 발생하는 소득이라도 양도소득세 과세대상이면 양도소득으로 과세한다.

54 다음 중 양도소득세 과세대상이 아닌 것은?

① 골프회원권을 양도한 경우
② 부동산매매업자가 상가를 판매한 경우
③ 주권상장법인의 대주주가 증권시장에서 주식을 양도한 경우
④ 사업에 사용하는 토지, 건물, 부동산에 관한 권리와 영업권을 함께 양도한 경우

55 다음 중 소득세법에서 규정하고 있는 과세대상 양도소득을 모두 고른 것으로 옳은 것은?

> ㄱ. 주권상장법인의 대주주 외의 자가 장외에서 상장주식을 양도한 경우
> ㄴ. 양도일 현재 보유기간 및 거주기간이 3년인 1세대 1주택(고가주택 아님)을 양도한 경우
> ㄷ. 골프회원권을 양도한 경우
> ㄹ. 외국주식을 양도한 경우
> ㅁ. 부동산 매매업자가 상가건물을 판매한 경우

① ㄱ, ㄹ, ㅁ
② ㄱ, ㄴ, ㄷ
③ ㄷ, ㄹ, ㅁ
④ ㄱ, ㄷ, ㄹ

56 다음 중 소득세법에 관한 설명으로 옳은 것은?

① 중간예납세액은 전년도의 과세실적을 기준으로 계산하는 방법만 있다.
② 정당한 사유없이 휴·폐업신고를 하지 않고 장기간 휴업 또는 폐업상태에 있는 등 조세포탈의 우려가 있다고 인정되는 경우에는 수시부과할 수 있다.
③ 1,000만원의 이자소득이 있는 거주자는 이자소득 수령시에 원천징수세액을 부담하고, 종합소득 확정신고시 다른 소득과 합하여 종합소득신고를 하여야 한다.
④ 근로소득만 있는 거주자도 다음 해 5월에 확정신고를 하여야 한다.

57 다음 중 소득세법상 중간예납에 관한 설명으로 옳지 않은 것은?

① 중간예납이란 매년 1월 1일부터 6월 30일까지의 기간 동안의 소득에 대해 소득세를 납부하는 것이며, 납부기한은 11월 30일이다.
② 해당 과세기간 중에 사업을 시작하는 자는 중간예납의무를 지지 않는다.
③ 사업소득이 있는 거주자는 중간예납의무를 진다.
④ 중간예납세액은 직전 과세기간의 납부세액 기준과 중간예납기간의 실적 기준 중 거주자가 선택하여 계산하는 것을 원칙으로 한다.

58 다음 중 과세표준 확정신고 의무에 관한 설명으로 옳지 않은 것은?

	소득유형	신고유무
①	근로소득만 있는 자	연말정산으로 납세의무 종결 가능
②	퇴직소득만 있는 자	원천징수로 납세의무 종결 가능
③	근로소득과 퇴직소득만 있는 자	종합소득 확정신고의 방법으로만 납세의무 종결 가능
④	연말정산대상이 아닌 사업소득만 있는 자	종합소득 확정신고의 방법으로만 납세의무 종결 가능

59 다음 중 과세표준 확정신고를 꼭 해야 되는 자는?

① 근로소득과 사업소득이 있는 자
② 근로소득과 퇴직소득만 있는 자
③ 근로소득만 있는 자
④ 연말정산대상인 사업소득만 있는 자

60 2025년 5월 25일에 퇴직한 김한일 씨의 급여를 2025년 7월 10일에 지급한 경우 김한일 씨의 연말정산세액의 납부기한은 언제인가?

① 2025년 5월 25일   ② 2025년 6월 10일
③ 2025년 7월 10일   ④ 2025년 8월 10일

61 다음 중 일반적인 근로자에 대한 연말정산 절차와 계산 방법으로 옳지 않은 것은?

	연말정산 절차	계산 방법
①	과세대상 근로소득 계산	근로자가 1년간 직장에서 받은 급여총액에 비과세 근로소득을 가산하여 계산
②	근로소득공제를 차감하여 근로소득금액 계산	소득세법에 따라 계산한 근로소득공제액을 과세대상 근로소득에서 차감함
③	종합소득공제를 차감하여 과세표준을 계산	인적공제와 특별공제 및 조세특례제한법상의 소득공제를 차감하여 과세표준을 계산
④	산출세액에서 세액공제·감면을 차감하여 결정세액 계산	소득세법과 조세특례제한법에서 정한 세액공제·감면금액을 차감하여 결정세액 계산

62 다음 중 연말정산에 관한 설명으로 옳지 않은 것은?

① 중도퇴직한 경우에는 퇴직한 달의 다음달 말일까지 연말정산한다.
② 일반적인 경우 회사는 다음 해 2월분 급여를 지급하는 때에 연말정산을 하여야 한다.
③ 산후조리원의 산후조리 및 요양비용은 출산 1회당 200만원을 한도로 의료비로 본다.
④ 근로소득 외 다른 소득이 없는 자는 종합소득세를 신고·납부할 필요 없이 연말정산으로 납세의무를 종결할 수 있다.

MEMO

Chapter

4

원천징수
실무

1 원천징수의 의의

(1) 원천징수의 개념

원천징수(tax withholding)란 소득을 지급하는 사람(지급자)이 소득 또는 수입금액을 지급할 때 그 지급을 받는 사람(소득자)이 내야 할 세금을 미리 징수하여 정부에 납부하는 제도이다. 즉, 소득을 지급하는 사람이 그 소득에 대한 원천징수세액을 뺀 잔액만을 지급하고 그 원천징수한 세액을 정부에 납부하는 것을 원천징수라 한다. 여기서 소득을 지급하는 사람을 원천징수의무자라 하고 소득 또는 수입금액의 지급을 받는 사람을 납세의무자라고 한다. 원천징수에 있어서는 세금을 실제로 부담하는 납세의무자와 이를 신고·납부하는 원천징수의무자는 서로 다르게 된다.

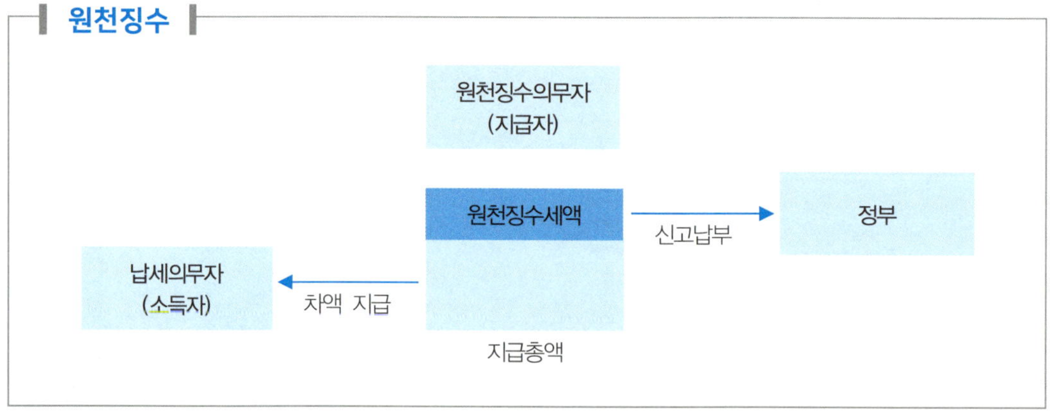

우리가 흔히 볼 수 있는 원천징수의 예로는 회사가 직원에게 월급을 지급할 때 그 지급하는 금액에 대한 소득세를 월급총액에서 징수하여 정부에 납부하는 경우를 들 수 있다. 이 경우 회사는 원천징수의무자가 될 것이며 직원은 소득자인 납세의무자가 된다. 따라서 직원은 총급여액에서 원천징수세액을 뺀 금액을 지급받게 된다. 한편 은행에 맡긴 예금에 대해서 은행(원천징수의무자)이 예금주(납세의무자)에게 이자(소득)를 지급할 때 그 이자에 대한 소득세(세금)를 원천징수하여 정부에 납부하는 경우도 우리가 일상에서 접할 수 있는 원천징수의 예이다.

(2) 원천징수의 장점

원천징수제도가 채택되고 있는 이유는 다음과 같다.

1) 탈세의 방지

원천징수는 납세의무자의 숫자가 대단히 많아 정부에서 일괄적으로 세원을 관리하기 어려운 문제를 해결하기 위해 그 세원이 발생하는 원천에서 세금을 일괄징수하여 세원의 탈루를 최소화할 수 있다는 측면에서 광범위하게 활용되고 있다.

2) 조세수입의 조기확보와 평준화

정부에서는 소득이 발생할 때마다 원천징수를 함으로써 조세수입을 조기확보할 수 있고 정부재원조달의 평준화를 기할 수 있다.

3) 징세비용 절약과 징수사무의 간소화

원천징수의무자가 정부를 대신하여 원천징수를 하게 되므로 징세비용 절약과 징수사무의 간소화를 기할 수 있다.

4) 납세의무자의 세금부담 분산

납세의무자의 입장에서 원천징수는 세금부담을 분산시킨다.

(3) 원천징수의 종류

원천징수는 원천징수로 납세의무가 종결되는지 여부에 따라 완납적원천징수와 예납적원천징수로 나눌 수 있다.

우선 완납적원천징수란 원천징수로써 별도의 확정신고 절차 없이 해당 소득에 대한 납세의무가 종결되는 경우의 원천징수를 말한다. 예를 들어 이자율 10%의 1년 만기 정기예금에 1,000만원을 가입한 개인이 1년 후에 받게 되는 이자수익 수령액은 총이자 100만원에서 소득세 14만원(총이자의 14%)을 공제한 86만원이 된다(개인지방소득세는 고려하지 않을 경우). 즉 이자를 지급받는 시점에서 해당 금융회사 등이 이자에 대한 원천징수를 해 줌으로써 개인의 납세의무는 종결하는 경우가 완납적원천징수에 해당한다.

한편, 예납적원천징수란 원천징수 이후에 별도의 확정신고 절차를 통하여 과세기간동안 납세의무자가 벌어들인 총소득에 대하여 사후에 세금을 정산하는 경우의 원천징수를 말한다. 즉 원천징수의무자가 원천징수한 세금을 정부에 납부하는 것으로 납세의무가 종결되는 것이 아니라 과세기간동안에 발생한 소득금액이나 수입금액을 합산하여 해당 과세기간에 대한 과세표준과 세액을 산출한 다음 이미 원천납부한 세금을 기납부세액으로 공제하여 그 차액을 신고·납부함으로써 해당 소득에 대한 납세의무가 종결되는 경우의 원천징수를 말한다. 예를 들어 어떤 회사에서 A직원에게 매달 100만원의 급여를 주면서 매달 10만원을 원천징수하여 납부한 경우를 생각해 보자. 만약 1년 동안의 A직원의 총급여 1,200만원에 대해 계산된 소득세가 130만원이라면 A직원은 이미 120만원의 세금을 원천징수를 통하여 납부하였으므로 그 차액인 10만원을 추가로 신고·납부하면 급여에 대한 납세의무는 종결된다. 그런데 만약 1년 동안의 A직원의 총급여에 대한 소득세가 110만원이라면 A직원은 이미 납부한 세금 120만원이 납부할 세금 110만원을 초과하므로 10만원을 환급받게 된다. 이렇게 예납적원천징수는 원천징수만으로 납세의무가 종결되는 것이 아니라 추가적인 확정신고를 통해서 납세의무가 종결되는 경우를 말한다.

완납적원천징수와 예납적원천징수의 비교

구분	완납적원천징수	예납적원천징수
납세의무종결	원천징수로 납세의무종결	원천징수로 납세의무가 종결되지 않음
확정신고의무	확정신고 의무 없음	확정신고 의무 있음
조세부담	원천징수세액	확정신고시 정산하고 원천징수세액을 기납부세액으로 공제함
내상소득	분리과세소득	분리과세 이외의 소득

(4) 원천징수의 전체적 흐름

원천징수는 소득의 지급자(원천징수의무자)가 소득을 지급할 때 지급할 소득에서 원천징수세액을 징수하여 세무서에 원천징수와 관련된 신고서 등을 제출하고 해당세액을 납부하는 것이다.

원천징수와 관련된 기본적인 흐름을 정리하면 다음 그림과 같다.

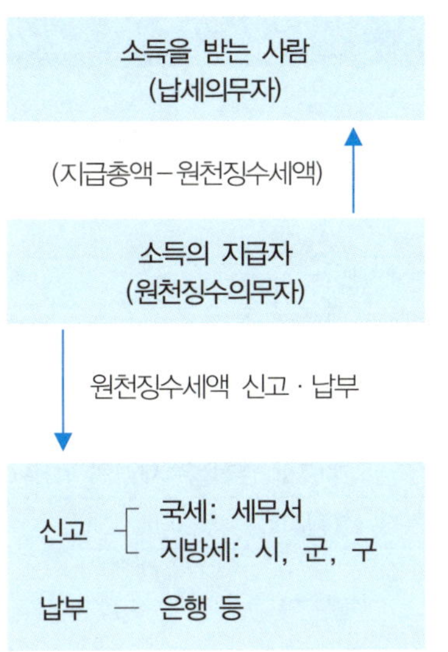

2 원천징수 실무

(1) 원천징수의무자 및 대상소득, 관련 세법과의 관계

원천징수의무자란 세법에서 규정하고 있는 특정한 소득금액이나 수입금액(대상소득)을 지급하는 때에 소정의 세율(원천징수세율)을 적용하여 계산한 세금을 상대자(납세의무자)로부터 징수하여 소정기일 내에 정부에 납부하도록 의무를 부과한 개인이나 법인을 말한다. 이 때 지급받는 자가 법인인 경우에는 법인세법을, 개인인 경우에는 소득세법을 적용하여 원천징수하게 된다.

1) 소득세법상 소득세원천징수(지급받는 자가 개인인 경우)

소득의 지급자가 개인에게 다음과 같은 소득금액 또는 수입금액을 지급하는 경우에는 그 지급하는 금액에 해당하는 원천징수세율을 적용하여 계산한 소득세를 원천징수하여 그 징수일이 속하는 달의 다음 달 10일까지 이를 납세지 관할 세무서에 납부하여야 한다.

구분	원천징수여부	비고
이자소득	O	– 지급액의 14% – 비영업대금 이익[*1]은 25%(금융위원회에 등록한 온라인투자연계 금융업자를 통하여 지급받는 이자소득은 14%)
배당소득	O	– 지급액의 14%
특정사업소득	O	– 사업소득수입금액의 3%(봉사료는 5%)
근로소득	O	– 근로소득 간이세액표에 따라 원천징수
연금소득	O	– 공적연금소득: 연금소득 간이세액표에 따라 징수 – 사적연금소득: 연금지급액의 3%~5% (이연퇴직소득은 연금외수령시 원천징수세액의 70% 또는 60%)
기타소득	O	– 기타소득금액의 20%[*2] (봉사료는 5%)
퇴직소득	O	
양도소득	X	

[*1] 비영업대금의 이익이란 영업적으로 자금을 대여하는 대금업을 영위하지 않는 일반개인이 타인에게 자금을 대여하고 받는 이자를 말한다.

[*2] 복권당첨소득 중 3억원 초과분에 대해서는 30%를 원천징수세율로 하며 원천징수로 과세를 종료한다.
다음의 기타소득에 대한 원천징수세율은 15%로 한다.
① 세액공제받은 연금계좌납입액과 운용수익을 연금외수령하는 경우
② 법정사유 외의 사유로 소기업·소상공인 공제부금 해지일시금을 받는 경우

한편, 국외에서 지급하는 소득에 대하여는 원천징수를 하지 않는다. 원천징수는 국내에서 지급하는 경우에 한하여 이루어지는 것이기 때문이다.

2) 법인세법상 법인세원천징수(지급받는 자가 법인인 경우)

소득의 지급자가 내국법인에게 이자소득과 투자신탁의 이익금액을 지급하는 때에는 법인세를 원천징수하여 그 징수일이 속하는 달의 다음 달 10일까지 이를 납세지 관할 세무서장에게 납부해야 한다.

(2) 원천징수세액의 납부제도

1) 원천징수세액의 납부

원천징수의무자는 원천징수한 세액을 그 징수일이 속하는 달의 다음달 10일까지 국세징수법에 의한 납부서와 함께 원천징수관할세무서·한국은행 또는 체신관서에 납부하여야 한다. 이 경우 원천징수의무자는 원천징수이행상황신고서를 원천징수 관할 세무서장에게 제출하여야 한다.

2) 원천징수세액의 반기별 납부

금융 및 보험업을 제외한 상시 고용인원이 20인 이하인 영세사업자와 종교단체는 관할세무서장의 승인을 얻어 원천징수한 세액을 그 징수일이 속하는 반기의 마지막 달의 다음달 10일까지 납부할 수 있다. 따라서 개인사업자의 경우, 1월부터 6월 사이의 원천징수액은 7월 10일까지 납부하고, 7월부터 12월 사이의 원천징수액은 다음 해 1월 10일까지 납부할 수 있다.

3) 원천징수관련 지급명세서 제출

원천징수의무자는 소득금액이나 수입금액을 지급하는 연도의 다음연도 2월 말일까지 세법에서 규정하는 지급명세서를 원천징수 관할 세무서장에게 제출하여야 한다.

4) 원천징수관련 가산세

① 원천징수 등 납부지연가산세

원천징수의무자가 징수하였거나 징수하여야 할 세액을 그 기한 내에 납부하지 아니하였거나 미달하게 납부한 때에는 다음 금액을 가산세로 납부하여야 한다.

> 원천징수 등 납부지연가산세 : Min[①, ②]
> ① 미납부세액 × 3% + 미납부세액 × 미납일수* × 0.022%
> ② 한도 = 미납부세액 × 10%

* 미납일수 : 법정납부기한의 다음 날부터 납부일까지의 기간

② 지급명세서제출불성실가산세

지급명세서를 제출하여야 할 자가 해당 지급명세서를 그 기한 내에 제출하지 아니하였거나 제출된 지급명세서가 불분명한 경우에는 그 제출하지 아니한 분의 지급금액 또는 불분명한 분의 지급금액의 1%에 해당하는 금액을 결정세액에 가산한다. 단, 제출기한이 지난 후 3개월 이내에 제출하는 경우에는 지급금액의 0.5%로 한다.

3 원천징수이행상황신고서

원천징수의무자는 원천징수한 세액을 그 징수일이 속하는 달의 다음달 10일까지 납부함에 있어서 원천징수이행상황신고서를 작성하여 관할세무서장에게 제출하여야 하며 원천징수이행상황신고서의 관련서식은 다음과 같다.

① 신고구분							[ ]원천징수이행상황신고서 [ ]원천징수세액환급신청서		② 귀속연월	년 월
매월	반기	수정	연말	소득 처분	환급 신청				③ 지급연월	년 월

원천징수 의무자	법인명(상호)		대표자(성명)		일괄납부 여부	여, 부
					사업자단위과세 여부	여, 부
	사업자(주민) 등록번호		사업장 소재지		전화번호	
					전자우편주소	@

❶ 원천징수 명세 및 납부세액

(단위: 원)

소득자 소득구분			코드	원천징수명세						⑨ 당월 조정 환급세액	납부세액	
				소득지급 (과세 미달, 일부 비과세 포함)		징수세액					⑩ 소득세 등 (가산세 포함)	⑪ 농어촌 특별세
				④ 인원	⑤ 총지급액	⑥ 소득세 등	⑦ 농어촌 특별세	⑧ 가산세				
개 인 (거주자 · 비거주자)	근로 소득	간이세액	A01									
		중도퇴사	A02									
		일용근로	A03									
		연말 정산 합계	A04									
		연말 정산 분납신청	A05									
		연말 정산 납부금액	A06									
		가감계	A10									
	퇴직 소득	연금계좌	A21									
		그 외	A22									
		가감계	A20									
	사업 소득	매월징수	A25									
		연말정산	A26									
		가감계	A30									
	기타 소득	연금계좌	A41									
		종교인 소득 매월징수	A43									
		종교인 소득 연말정산	A44									
		가상자산	A49									
		인적용역	A59									
		그 외	A42									
		가감계	A40									
	연금 소득	연금계좌	A48									
		공적연금(매월)	A45									
		연말정산	A46									
		가감계	A47									
	이자소득		A50									
	배당소득		A60									
	저축 등 해지 추징세액 등		A69									
	비거주자 양도소득		A70									
법인	내 · 외국법인원천		A80									
수정신고(세액)			A90									
총합계			A99									

❷ 환급세액 조정

(단위: 원)

전월 미환급 세액의 계산			당월 발생 환급세액					⑱ 조정대상 환급세액 (⑭+⑮+⑯+⑰)	⑲ 당월조정 환급세액계	⑳ 차월이월 환급세액 (⑱-⑲)	㉑ 환급 신청액
⑫ 전월 미환급세액	⑬ 기환급 신청세액	⑭ 차감잔액 (⑫-⑬)	⑮ 일반 환급	⑯ 신탁재산 (금융회사 등)	⑰ 그 밖의 환급세액						
					금융 회사 등	합병 등					

원천징수의무자는 「소득세법 시행령」 제185조제1항에 따라 위의 내용을 제출하며, **위 내용을 충분히 검토하였고 원천징수의무자가 알고 있는 사실 그대로를 정확하게 적었음을 확인합니다.**

년 월 일

신고인   (서명 또는 인)

세무대리인은 조세전문자격자로서 위 신고서를 성실하고 공정하게 작성하였음을 확인합니다.

세무대리인   (서명 또는 인)

세 무 서 장   귀하

신고서 부표 등 작성 여부		
※ 해당란에 "○" 표시를 합니다.		
부표(4~5쪽)	환급(7쪽~9쪽)	승계명세(10쪽)

세무대리인	
성명	
사업자등록번호	
전화번호	
국세환급금 계좌신고	
예입처	
예금종류	
계좌번호	

210mm×297mm[백상지|80g/㎡ 또는 중질지|80g/㎡]

Ⅱ 근로소득에 대한 원천징수

1 근로소득의 개념

근로소득이란 근로계약에 의하여 근로를 제공하고 받은 모든 대가이다. 근로제공의 대가에는 봉급·급료·보수·임금·상여·수당 등 명칭이나 형식여하에 불구하고 근로제공으로 받은 모든 대가를 포함한다.

2 근로소득에 대한 원천징수와 연말정산의 관계

(1) 근로소득 원천징수

근로소득세액은 근로소득자가 연간 지급받는 금액을 기준으로 하여 계산하는 것이나 소득세법은 매월 지급되는 급여액에 대해서는 근로소득 간이세액표를 적용하여 매월 급여지급시 원천징수하여 납부하도록 규정하고 있는데 이를 근로소득에 대한 원천징수라 한다.

(2) 근로소득에 대한 원천징수와 연말정산과의 관계

연말정산이란 근로소득을 지급하는 원천징수의무자가 해당 과세기간의 다음연도 2월분의 근로소득을 지급하는 때에 이를 받는 자의 1년간 총급여액에 대한 근로소득세액을 계산하고 해당 과세기간의 매월 급여지급시 간이세액표에 의하여 이미 원천징수납부한 세액을 비교하여 많이 징수한 세액은 근로소득자에게 돌려주고 덜 징수한 경우에는 더 징수하여 납부하는 절차이다.

(3) 연말정산과 확정신고의 관계

근로소득만 있는 근로소득자의 경우 연말정산에 의한 근로소득세의 원천징수는 소득세법에 의한 종합소득 과세표준의 확정신고와 같이 처리되므로 그 다음해 5월에 소득세 과세표준확정신고를 하지 아니하여도 되나, 근로소득 이외의 다른 종합소득이 있는 경우에는 다른 종합소득과 이미 연말정산한 근로소득을 합한 종합소득에 대한 과세표준과 세액을 새로이 계산하여 소득세 과세표준확정신고를 하여야 한다.

(1) 근로소득 간이세액표의 의의

근로소득 간이세액표란 사용주가 종업원의 매월분 급여지급시 근로소득세로 징수해야 할 세액을 규정하고 있는 세액표이다.

(2) 근로소득 간이세액표 양식과 보는 방법

월급여액(천 원) (비과세 및 학자금 제외)		공제대상가족의 수				
이상	미만	1	2	3	4	5
1,960	1,970	18,420	13,920	5,800	2,430	–
1,970	1,980	18,630	14,130	6,000	2,630	–
1,980	1,990	18,880	14,330	6,200	2,820	–
1,990	2,000	19,200	14,540	6,400	3,020	–
2,000	2,010	19,520	14,750	6,600	3,220	–
2,010	2,020	19,850	14,950	6,800	3,420	–
2,020	2,030	20,170	15,160	6,990	3,620	–
2,030	2,040	20,490	15,370	7,190	3,820	–

* 자녀세액공제 적용 방법
  공제대상가족 중 8세 이상 20세 이하 자녀가 있는 경우의 세액은 근로소득 간이세액표의 금액에서 해당 자녀수별로 다음 각 목의 금액을 공제한 금액으로 함. 다만, 공제한 금액이 음수인 경우의 세액은 0원으로 함.
  가. 8세 이상 20세 이하 자녀가 1명인 경우 : 12,500원
  나. 8세 이상 20세 이하 자녀가 2명인 경우 : 29,160원
  다. 8세 이상 20세 이하 자녀가 3명 이상인 경우 : 29,160원 + 2명 초과 자녀 1명당 25,000원

근로소득자의 월급여액(비과세소득은 제외)이 속해 있는 소득구간을 먼저 찾은 후 공제대상가족의 수(본인, 배우자도 각각 1명으로 봄)와 cross되는 란에 적혀 있는 근로소득세를 확인한다.

예를 들어 월급이 1,950,000원이고 별도로 식대를 매월 250,000원(식사제공 없음) 지급받으며, 가족사항은 본인, 배우자, 20세 이하 자녀 1명으로서 자녀세액공제 적용시 공제대상가족의 수가 4명인 경우 간이세액표상의 세액은 다음과 같다.

월급여액은 월급 1,950,000원에 식대 중 비과세로 인정되는 200,000원을 제외한 50,000원을 더한 2,000,000원이므로 해당 소득구간은 2,000,000원 이상 2,010,000원 미만 구간이 되며, 공제대상가족수는 4명이 적용된다. 동 구간과 공제대상가족수 4명이 cross되는 란의 근로소득세는 3,220원이 된다. 따라서 그 달에 간이세액표에 의하여 원천징수할 세액은 근로소득세 3,220원과 개인지방소득세 320원(원단위 절사) (개인지방소득세는 소득세에 부가하여 항상 10%를 납부하여야 함)을 합한 3,540원이 되는 것이다.

4 상여지급시 원천징수세액

원천징수의무자가 근로소득에 해당하는 상여 등을 지급하는 때에 원천징수하는 세액의 계산은 지급대상기간이 있는 상여와 지급대상기간이 없는 상여 두가지 경우로 나누어 설명할 수 있다.

(1) 지급대상기간이 있는 상여 등

상여금을 일정기간마다 정기적으로 지급하는 경우에는 다음과 같은 산식에 의하여 계산된 세액을 원천징수한다.

$$\left\{ \frac{\text{상여금}+ \text{지급대상기간의 상여금 외의 급여 합계액}}{\text{지급대상기간의 월수}} \right\} \text{에 대한 간이세액표상의 해당세액}$$
$$\times \text{지급대상기간의 월수} - \text{지급대상기간의 상여 이외의 급여에 대한 기원천징수세액}$$
$$= \text{상여 지급시 원천징수할 세액}$$

(2) 지급대상기간이 없는 상여

지급대상기간이 없는 상여는 그 상여금을 지급받은 연도의 1월 1일부터 지급일이 속하는 달까지를 지급대상기간으로 하여 "지급대상기간이 있는 상여"의 계산산식에 의하여 산출된 금액을 원천징수세액으로 한다.

이 경우 그 연도에 2회 이상의 상여금을 받은 때에는 직전에 상여금을 받은 날이 속하는 달의 다음달부터 그 후에 상여금을 받은 날이 속하는 달까지를 지급대상기간으로 하여 세액을 계산한다.

5 일용근로자의 원천징수

원천징수의무자가 일용근로자에게 근로소득을 지급하는 때에는 그 일급여액에서 근로소득공제로 150,000원을 공제한 금액에 2.7%(원천징수세율 6%에서 근로소득세액공제 55%를 공제)의 세율을 적용하여 계산한 금액을 소득세로 원천징수한다.

6 근로소득 원천징수세액의 납부방법

원천징수한 세액은 귀속연월 및 징수연월별로 납부서를 별지로 작성하여 납부하여야 한다. 또한 연말정산시기가 다음해 2월이므로 12월분 급여와 다음해 2월분 급여의 지급시에도 간이세액표에 의하여 반드시 원천징수납부는 하여야 하며, 연말정산결과 납부할 세액이 있는 경우 2월분 급여에 대한 징수세액과 연말정산분 징수세액을 별지의 납부서로 납부하여야 한다.

7 근로소득원천징수영수증(지급명세서)

국내에서 근로소득을 지급하는 원천징수의무자는 매월분의 근로소득을 지급하는 때에는 해당 영수증을 발급하지 아니하고, 1년분의 근로소득금액을 해당 과세기간의 다음연도 2월 말일까지 근로소득원천징수영수증(원천징수지급명세서)을 그 지급을 받는 자에게 발급하여야 하며, 다음연도 3월 10일까지 관할세무서장에게 제출해야 한다.

근로소득원천징수영수증(원천징수지급명세서)은 발행자보고용, 발행자보관용, 소득자보관용의 3매로 구성되어 있다.

Ⅲ 퇴직소득에 대한 원천징수

1 퇴직소득의 범위

퇴직소득은 근로소득과 구분하여 오랜 재직기간에 걸쳐 누적적으로 발생된 소득을 퇴직하는 시점에서 일시에 지급하게 되는 소득으로 퇴직급여, 공무원이 받는 명예퇴직수당, 일반 근로자가 퇴직할 때 받는 퇴직연금 등을 말한다.

2 퇴직소득원천징수영수증(지급명세서)

퇴직소득을 지급하는 원천징수의무자는 퇴직소득지급일이 속하는 달의 다음달 말일까지 퇴직소득원천징수영수증(원천징수지급명세서)을 작성하여 지급받는 자에게 발급하여야 하며, 다음연도 3월 10일까지 관할세무서장에게 제출해야 한다.

퇴직소득원천징수영수증(원천징수지급명세서)은 발행자보고용, 발행자보관용, 소득자보관용의 3매로 구성되어 있다.

Ⅳ 이자·배당소득에 대한 원천징수

1 이자 · 배당소득에 대한 원천징수

(1) 이자소득

이자소득은 은행 등 금융회사 등에 예금을 하거나 타인에게 자금을 대여하고 일정기간의 경과에 따라 받는 이자, 할인액 등을 의미한다. 이자소득은 이자의 지급자가 이자를 지급하는 시점에서 소득자가 지급받는 금액의 14%(비영업대금의 이익은 25%로 하되, 금융위원회에 등록한 온라인 투자연계금융업자를 통하여 지급받는 이자소득에 대해서는 14%)를 원천징수하여 관할세무서에 납부하여야 한다. 하지만 비과세되는 이자소득은 원천징수하지 아니한다. 비과세되는 이자소득에는 공익신탁의 이익, 비과세종합저축에서 발생하는 이자소득, 개인종합자산관리계좌에서 발생하는 이자소득 등이 있다.

(2) 배당소득

배당소득은 법인에 출자한 납입자본금에 대한 보상으로서 주주 또는 출자자가 법인으로부터 받는 이익의 분배금을 의미한다. 배당소득도 이자소득과 마찬가지로 배당금을 주는 법인이 배당금을 지급하는 시점에서 주주가 받는 배당금액의 14%를 원천징수하여 관할세무서에 납부하여야 한다. 하지만 비과세되는 배당소득은 원천징수하지 아니한다. 비과세되는 배당소득에는 공익신탁의 이익, 비과세종합저축에서 발생하는 배당소득, 개인종합자산관리계좌에서 발생하는 배당소득 등이 있다.

2 원천징수영수증(지급명세서)

이자나 배당소득을 지급하는 원천징수의무자는 이자나 배당소득을 지급하는 때에 원천징수영수증(지급명세서)을 작성하여 지급받는 자에게 발급하여야 하며, 다음연도 2월 말일까지 관할세무서장에게 제출해야 한다.

원천징수영수증(지급명세서)은 발행자보고용, 발행자보관용, 소득자보관용의 3매로 구성되어 있다.

1 기타소득과 원천징수

기타소득은 일시적이고 우발적으로 발생하는 소득으로 이자 · 배당 · 사업 · 근로소득과 퇴직 · 양도소득 이외의 소득을 의미한다. 원천징수의무자가 타인에게 상금, 강연료 등의 기타소득금액을 지급하는 때에는 기타소득 총수입금액에서 필요경비를 뺀 기타소득금액의 20%를 원천징수하여 관할세무서장에게 납부하여야 한다. 무조건분리과세대상인 복권당첨소득 등에 대해서는 기타소득금액의 20%(3억원을 초과하는 경우 그 초과하는 분에 대해 30%)를 원천징수한다. 참고로 무조건분리과세대상 기타소득금액이나 기타소득금액이 300만원 이하인 경우로 분리과세를 선택하면 원천납부세액은 확정신고시 공제받을 수 없다.

한편, 비과세되는 기타소득은 원천징수하지 않는다. 비과세되는 기타소득에는 다음과 같은 것이 있다.

① 국가보안법에 의하여 받는 상금
② 국가 또는 지방자치단체로부터 받는 상금과 부상
③ 종업원의 직무와 관련된 우수발명으로서 발명진흥법에 의한 직무발명으로 사용자로부터 받는 보상금
④ 국가지정문화유산으로 지정된 서화 · 골동품의 양도로 발생하는 소득
⑤ 서화 · 골동품을 박물관 또는 미술관에 양도함으로써 발생하는 소득

2 원천징수영수증(지급명세서)

기타소득을 지급하는 원천징수의무자는 기타소득을 지급하는 때에 원천징수영수증(지급명세서)을 작성하여 지급받는 자에게 발급하여야 하며, 다음연도 2월 말일까지 관할세무서장에게 제출해야 한다.

원천징수영수증(지급명세서)은 발행자보고용, 발행자보관용, 소득자보관용의 3매로 구성되어 있다.

VI 사업소득에 대한 원천징수

1 사업소득과 원천징수

사업소득이란 일정한 사업에서 발생하는 소득을 말한다. 여기서 사업이라 함은 영리를 목적으로 독립적·계속적으로 이루어지는 활동을 의미한다. 사업소득금액은 종합소득과세표준에 합산하여 누진세율을 적용하여 과세한다. 사업소득은 대부분 원천징수대상이 아니다. 다만, 다음에 해당하는 사업소득을 지급하는 때에는 소득의 지급자가 총수입금액에 대하여 필요경비의 공제없이 원천징수하고 이후 다시 종합과세한다.

① 부가가치세가 면세되는 인적용역
② 의료·보건용역
③ 유흥업소 등의 봉사료

부가가치세가 면세되는 인적용역과 의료·보건용역은 총수입금액의 3%(<u>외국인직업운동가가 프로스포츠구단과의 계약에 따라 용역을 제공하고 받는 소득은 20%</u>)를 원천징수하고 유흥업소 등의 봉사료는 총수입금액의 5%를 원천징수한다. '25 개정 (종전: 계약기간 3년 초과시 3%)

2 사업소득원천징수영수증(지급명세서)

원천징수대상 사업소득을 지급하는 원천징수의무자는 사업소득을 지급하는 때에 사업소득원천징수영수증(지급명세서)을 작성하여 지급받는 자에게 발급하여야 하며, 다음연도 3월 10일까지 관할세무서장에게 제출해야 한다.

사업소득원천징수영수증(지급명세서)은 발행자보고용, 발행자보관용, 소득자보관용의 3매로 구성되어 있다.

1 원천징수의무자

원천징수의무자는 법인에게 이자소득을 지급하거나 배당소득 중 투자신탁의 이익을 지급할 경우, 각 소득금액에서 원천징수세액을 징수하여야 하며 그 원천징수세액은 징수일이 속하는 달의 다음달 10일까지 납세지 관할세무서장에게 납부하여야 한다. 법인에 대한 원천징수는 예납적원천징수에 해당하므로 원천징수를 당한 법인은 법인세 과세표준을 신고할 때에 이자소득 및 투자신탁의 이익을 포함시켜야 하며 원천징수세액은 기납부세액으로 법인세액에서 공제한다. 예를 들어 금융회사 등에 예금을 예치한 A법인은 예금에 대한 이자소득을 지급받는 시점에 원천징수대상금액을 공제한 나머지 금액을 지급받을 것이며 원천징수세액은 A법인이 법인세를 신고 · 납부하는 시점에 기납부세액으로서 공제받는다.

2 원천징수대상소득금액과 원천징수세율

원천징수대상소득금액		원천징수세율
내국법인	이자소득금액	14%
	비영업대금의 이익	25%(금융위원회에 등록한 온라인투자연계금융업자를 통하여 지급받는 이자소득 14%)
	투자신탁의 이익	14%

MEMO

01 다음 중 원천징수에 관한 설명으로 옳은 것은?

① 원천징수한 세금을 정부에 납부하는 자를 납세의무자라고 한다.
② 원천징수에 있어 납세의무자와 원천징수의무자는 동일하다.
③ 원천징수제도로 인해서 납세의무자가 부담해야 할 세액이 줄어들거나 늘어나지 않는다.
④ 예납적 원천징수는 원천징수로 납세의무가 종결된다.

02 다음 중 원천징수의 예로 적절하지 못한 것은?

① 냉장고를 사면서 부가가치세 10%를 부담하였다.
② 예금에 대한 이자를 받으면서 14%의 세금을 부담하였다.
③ 급여를 받으면서 근로소득세가 공제되었다.
④ 특별상여를 받으면서 근로소득세가 공제되었다.

03 다음은 원천징수제도가 광범위하게 이용되고 있는 이유를 설명한 것으로 옳지 않은 것은?

① 정부는 조세수입을 조기 확보할 수 있다.
② 소득의 지급자가 소득을 지급하는 시점에서 원천징수가 이루어지므로 세금의 탈루를 최소화할 수 있다.
③ 납세의무자는 부담하는 세액을 줄일 수 있다.
④ 소득의 지급자가 원천징수를 함으로써 징수사무의 간소화를 꾀할 수 있다.

04 다음 중 예납적원천징수와 완납적원천징수에 관한 설명으로 옳은 것은?

① 예납적원천징수는 원천징수로 납세의무가 종결된다.
② 완납적원천징수에 있어 납세의무의 종결을 위해서는 원천징수와는 별도로 확정신고를 해야 한다.
③ 예납적원천징수의 대표적인 예가 금융소득 종합과세 대상이 아닌 배당소득에 대한 원천징수이다.
④ 완납적원천징수의 세금부담은 원천징수세액이 된다.

05 다음 중 완납적원천징수와 예납적원천징수를 나누는 기준으로 옳은 것은?

① 원천징수의무자가 누가 되느냐의 여부
② 원천징수로 납세의무가 종결되는지 여부
③ 부담하는 세액의 크기
④ 관할세무서가 어디냐의 여부

06 다음 중 예납적원천징수의 예시로 옳지 않은 것은?

① 급여 지급시 근로소득세 원천징수
② 사업소득 지급시 사업소득 원천징수
③ 기타소득으로 2,500만원 지급시 원천징수
④ 금융회사 등이 개인에게 이자 지급시 예금이자에 대한 원천징수(단, 개인예금은 금융소득종합과세대상이 아니다.)

07 다음 중 예납적원천징수와 완납적원천징수에 관한 설명으로 옳지 않은 것은?

	구분	예납적원천징수	완납적원천징수
①	대상소득	분리과세 소득	분리과세 이외의 소득
②	납세의무종결	원천징수 종결 안됨	원천징수로 종결됨
③	확정신고의무	확정신고 의무 있음	확정신고 의무 없음
④	조세부담	확정신고시 세액을 선출하고 원천징수세액을 공제함	원천징수세액

08 다음 중 원천징수에 관한 설명으로 옳은 것은?

① 실지명의가 확인되는 거주자의 이자소득에 대한 소득세 원천징수세율은 이자소득금액의 14%로 하되, 비영업대금의 이익은 25%(금융위원회에 등록한 온라인투자연계금융업자를 통하여 지급받는 이자소득은 14%)이다.
② 법인에게 이자소득과 배당소득을 지급하는 법인은 원천징수의무가 있다.
③ 거주자의 법 소정 인적용역과 의료보건용역에 대하여 원천징수하는 경우 수입금액의 5%로 한다.
④ 거주자의 기타소득에 대한 원천징수의 경우 소득세법에서는 기타소득금액의 20%를 원천징수하고, 법인세법도 동일하다.

09 다음 중 원천소득에 대한 원천징수세율로 옳지 않은 것은?

① 이자소득(비영업대금의 이익 제외): 14%
② 기타소득: 20%(또는 30% · 15%)
③ 비영업대금의 이익: 20%
④ 사업소득(봉사료 제외): 3%

10 소득이 발생하면 일반적으로 소득의 지급자가 원천징수를 하게 된다. 다음 거주자에게 지급한 다음 소득 중 원천징수를 하지 않는 소득은 어느 것인가?

① 연금소득　　　　　　　　　　　② 양도소득
③ 배당소득　　　　　　　　　　　④ 퇴직소득

11 다음 중 원천징수에 관한 설명으로 옳은 것은?

① 원천징수의무자는 원천징수대상이 되는 소득을 지급할 때 일반적으로 원천징수영수증을 납세의무자에게 발급하여야 한다.
② 원천징수한 세금은 징수한 달의 마지막 날까지 납부하여야 한다.
③ 최종적으로 부담할 세액은 확정신고에 의해 확정되므로 원천징수한 세금을 세무서에 신고할 때에는 일정한 서식이나 서류가 필요 없다.
④ 원천징수시 적용할 세법은 지급하는 자가 법인이면 법인세법을, 개인이면 소득세법을 적용한다.

12 다음 중 소득세법상 원천징수에 관한 설명으로 옳지 않은 것은?

① 완납적 원천징수는 원천징수로 납세의무를 종결하지만 예납적 원천징수의 경우 확정신고를 하여야 한다.
② 예납적 원천징수된 금액은 확정신고 시 소득공제의 명목으로 공제한다.
③ 완납적 원천징수의 경우 세부담이 원천징수세액으로 한정되나 예납적 원천징수는 확정신고를 통하여 추가납부세액이 생길 수 있다.
④ 완납적 원천징수대상이 되는 소득을 분리과세대상소득이라고 한다.

13 다음 중 제조업을 영위하는 법인인 (주)삼일이 원천징수를 하지 않아도 되는 경우로 옳은 것은?

① 사무직 직원 홍길동 씨에게 급여를 지급할 때
② 도매업을 영위하는 개인 홍일동 씨에게 이자를 지급할 때
③ 개인 홍이동 씨로부터 건물을 매입하고 대금을 지급할 때
④ 개인주주 홍삼동 씨에게 배당금을 지급할 대

14 다음 중 소득세법상 원천징수에 관한 설명으로 옳은 것은?

① 일용근로자에게 일당 15만원을 지급하는 경우 소득세를 원천징수하여야 한다.
② 기타소득금액이 300만원 이하인 경우 분리과세를 선택하면 원천납부세액은 확정신고시 공제받을 수 없다.
③ 기타소득을 지급하는 원천징수의무자는 해당 과세기간 12월 말일까지 기타소득원천징수영수증을 작성하여 지급받는 자에게 발급하여야 한다.
④ 소득세 원천징수의무자가 원천징수하였거나 원천징수하여야 할 세액을 납부기한 경과 후 납부하는 경우에도 가산세 등 불이익이 없다.

15 다음 중 근로소득의 원천징수에 관한 설명으로 옳지 않은 것은?

① 매월 급여를 지급시 근로소득세를 원천징수한다.
② 원천징수한 세액을 합치면 해당 과세기간에 납부할 세액이 된다.
③ 일용근로자의 경우 원천징수만으로 납세의무는 종결된다.
④ 급여에 대한 원천징수시 이용하는 표가 근로소득 간이세액표이다.

16 다음 중 소득세법상 근로소득 원천징수 제도에 관한 설명으로 옳지 않은 것은?

① 소득세법은 매월 지급되는 급여액에 대해 근로소득 간이세액표를 통하여 원천징수할 금액을 결정하도록 하고 있다.
② 일용직근로자의 일급여액이 150,000원 이하인 경우 징수할 원천징수세액은 없다.
③ 상여를 지급하는 때에는 지급대상 기간이 있는 상여와 지급대상 기간이 없는 상여로 나누어 원천징수세액을 계산하도록 하고 있다.
④ 근로소득 원천징수는 원천징수로써 소득세 납세의무가 종결되는 완납적원천징수이다.

17 다음 중 근로소득의 원천징수에 관한 설명으로 옳지 않은 것은?

① 근로소득만 있는 경우 연말정산에 의한 근로소득세의 원천징수를 완료시 소득세 과세표준확정신고를 할 필요가 없다.
② 근로소득세액은 매월 지급되는 급여액에 대해 근로소득 간이세액표를 적용하여 원천징수하도록 하고 있다.
③ 상여를 지급하는 때에는 지급대상 기간이 있는 상여와 지급대상 기간이 없는 상여로 나누어 원천징수세액을 계산하도록 하고 있다.
④ 일용직근로자도 일반근로자와 동일하게 근로소득 간이세액표상 세율을 적용하여 원천징수 하여야 한다.

18 제조업을 영위하고 있는 (주)부실은 자금부족을 해결하고자 (주)건전으로부터 10억원의 자금을 연 10%의 이자로 차입하였다. 이자는 1년에 한번 지급하기로 하였다. 다음에 설명하고 있는 내용은 (주)부실이 (주)건전에게 이자를 지급하는 시점에서 (주)부실의 원천징수와 관련된 사항이다. 잘못 설명하고 있는 것은 어느 것인가?

① (주)부실은 이자 지급시 25,000,000원을 원천징수하여 납부하였다.
② 이자를 지급하는 시점에서 원천징수영수증을 (주)건전에게 발급하였다.
③ 원천징수영수증을 (주)건전에게 발급하였으므로 원천징수신고를 할 필요가 없다.
④ 다음연도 2월 말일까지 원천징수지급명세서를 세무서에 제출할 예정이다.

19 다음 중 소득세법 또는 법인세법에 따른 원천징수대상이 아닌 것은?

① 은행이 거주자에게 정기예금이자를 지급하는 경우
② 상장법인이 개인주주에게 배당금을 지급하는 경우
③ 개인이 온라인쇼핑몰(법인)에서 물품을 구입하고 대가를 지급하는 경우
④ 회사가 직원에게 상여금을 지급하는 경우

20 다음 중 원천징수할 때 필요경비를 인정해 주는 소득은 어느 것인가?

① 이자소득 ② 배당소득
③ 사업소득 ④ 기타소득

21 주권상장법인인 ㈜삼일은 결산이익과 관련된 배당으로 소액주주인 (주)서울에 10,000,000원을 지급하려고 한다. 이때 주권상장법인인 ㈜삼일이 원천징수할 법인세(법인지방소득세 포함)는 얼마인가?

① 0원 ② 1,540,000원
③ 2,200,000원 ④ 2,750,000원

22 다음 중 소득세법상 원천징수에 관한 설명으로 옳지 않은 것은?

① 원천징수에 있어서 세금을 실제로 부담하는 납세의무자와 이를 신고·납부하는 원천징수의무자는 서로 다르다.
② 원천징수의무자는 정부를 대신하여 원천징수를 하게 되므로 원천징수와 관련하여 가산세가 존재하지 않는다.
③ 원천징수의무자는 납세의무자에게 원천징수세액을 차감한 금액을 지급하게 된다.
④ 정부는 원천징수를 통해 세원의 탈루를 최소화 할 수 있다.

Chapter

5

부가가치세

Ⅰ 부가가치세의 이해

우리는 일상적으로 물건을 구입하면서 받은 거래내역서에서 부가가치세라는 항목을 종종 보게 된다. 이러한 거래내역서를 보면 우리가 지불한 가격에는 물건의 가액뿐만 아니라 그 가액의 10%에 해당하는 금액이 추가로 포함되어 있음을 알 수 있다. 그렇다면 과연 우리가 지불한 금액 중 물건가액에 추가된 10% 금액은 무엇일까? 이것이 바로 우리가 물건 등을 소비하는 경우 납부하는 세금인 부가가치세인 것이다. 부가가치세는 대표적인 소비세(consumption tax)로 소비자가 물건 등을 소비하는 것에 대하여 과세되는 세금이다. 따라서 우리는 물건을 살 때마다 실제 물건가액의 10%만큼을 부가가치세라는 항목으로 별도로 국가에 납부하고 있는 것이다. 다만, 소비자가 부가가치세를 직접 세무서에 납부하는 것이 비효율적이므로 물건의 판매자가 부가가치세를 소비자로부터 징수하여 국가에 납부하고 있을 뿐이다.

1 부가가치세의 의의

부가가치세(value added tax: VAT)란 부가가치에 대하여 과세되는 세금이다. 즉 생산 및 유통의 각 단계에서 생성되는 부가가치에 대해 부과되는 세금으로서, 생산 및 유통의 각 단계에서 생성된 상품이나 서비스를 소비하는 경우 그 소비자가 부담하게 되는 세금을 말한다. 그럼 과연 부가가치(附加價値)란 무엇일까? 부가가치란 글자 뜻 그대로 풀이하면 '더해진(附加) 가치(價値)'이다. 즉 생산 및 유통을 통하여 더해진 또는 증가한 가치를 말하는 것이다. 부가가치는 사업자가 생산 활동 또는 유통과정을 통하여 새로이 창출한 가치의 순증가액을 말하는 것으로서 일반적으로는 재화 또는 용역의 매출액에서 원재료 등 외부로부터 매입한 중간생산물의 가치를 뺀 순생산액으로 정의된다.

> 부가가치 = 매출액 − 매입액

예를 들어 어떤 도매상이 생산자로부터 상품을 8,000원에 매입한 후 이를 소비자에게 10,000원에 파는 경우 부가가치는 가치의 상승액인 2,000원인 것이다.

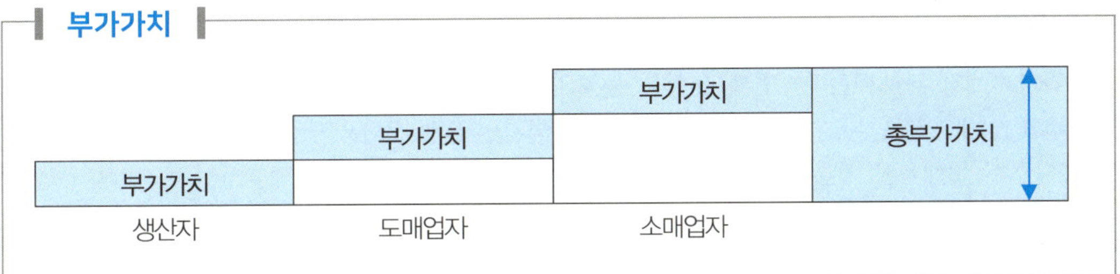

(1) 부가가치세의 과세대상

부가가치는 각종 재화나 용역을 생산하거나 이를 유통시킴으로써 창출된다. 이렇게 창출된 부가가치는 사용 또는 소비될 것이므로, 창출된 부가가치가 사용 또는 소비될 수 있도록 하는 거래에 대하여 소비세인 부가가치세가 과세된다.

1) 재화의 공급

부가가치세는 재화를 공급하는 경우 과세된다. 재화를 공급하는 경우란 생산자가 물건을 생산하여 판매하는 경우나 도매상이나 소매상이 상품을 구입하여 보관하다가 판매하는 경우를 말한다. 이처럼 재화를 생산함으로써 새로운 가치를 창출하는 경우나 생산된 재화를 소비자가 원하는 시점에 원하는 장소에서 사용할 수 있도록 운송·보관·판매함으로써 재화의 가치를 증가시키는 경우는 모두 부가가치를 창출하는 경우에 해당한다. 따라서 재화를 공급하게 되면 부가가치가 창출됨과 동시에 소비 또는 사용이 가능해지므로 이에 대하여 부가가치세가 과세된다.

> **예 제**
>
> 쓰레기통을 생산하는 갑돌이는 100원을 주고 원재료를 매입한 후 이를 가공하여 쓰레기통으로 만들었다. 다음날 갑돌이는 완성된 쓰레기통을 500원에 갑순이에게 팔았다. 이 경우 갑돌이가 창출한 부가가치는 얼마일까?
>
> **풀 이**
>
> 부가가치 = 매출액 − 중간생산물 매입액
> = 500원 − 100원
> = 400원
> 갑돌이가 창출한 부가가치는 매출액 500원에서 원재료의 매입가격 100원을 차감한 400원이 된다.

2) 용역의 공급

부가가치세가 과세되는 두 번째 유형은 용역의 공급이다. 예를 들어 부동산임대업자가 건물을 빌려주고 임대료를 받는 경우 부동산임대업자는 임차인에게 임대용역을 제공한 것이고 임차인은 그 대가로서 임대료를 지불하는 것이다. 이처럼 일정한 서비스(용역)를 제공하는 경우에도 부가가치가 생기게 된다. 따라서 부가가치세는 용역의 공급에 대해서도 과세된다.

3) 재화의 수입

부가가치세가 과세되는 세 번째 유형은 재화의 수입이다. 재화의 수입, 즉 외국에서 제조한 재화를 우리나라로 수입하는 것은 외국에서 창출된 부가가치를 우리나라로 가져오는 것으로 볼 수 있다. 이러한 행위는 우리나라의 입장에서 보면 이전에 없었던 새로운 가치의 창출이다. 그러므로 외국에서 재화를 수입하는 경우는 새로운 가치의 창출이라는 측면에서 볼 때 재화를 국내에서 생산하는 경우와 다르지 않다. 따라서 재화를 외국에서 수입하는 경우에도 부가가치가 생기게 되며 부가가치세가 과세된다.

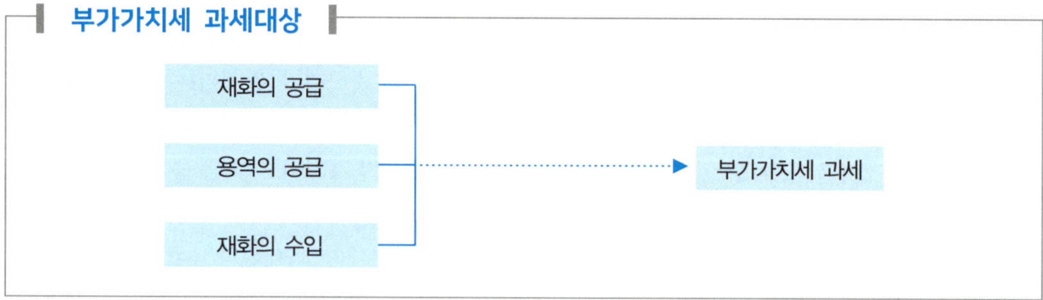

(2) 부가가치세율

부가가치세는 부가가치에 세율을 적용하여 계산된 금액으로 과세된다. 현행 부가가치세법은 부가가치세율을 10%로 규정하고 있다.

$$
\begin{aligned}
부가가치세 &= 부가가치 \times 10\% \\
&= (매출액 - 매입액) \times 10\% \\
&= 매출액 \times 10\% - 매입액 \times 10\% \\
&= 매출세액 - 매입세액
\end{aligned}
$$

부가가치세는 부가가치에 대하여 10%의 세율로 과세되는 것으로 이는 결국 매출세액에서 매입세액을 차감하여 계산된다.

예 제

갑돌이는 나무를 직접 재배한 후 이를 가공하여 나무상자를 만들어 판매하고 있다. 갑돌이는 나무 상자 1개당 1,000원씩 받기를 원한다. 10%의 부가가치세가 있다면 갑돌이는 소비자에게 얼마를 받아야 할까? 그리고 이 경우 회계처리는?

풀 이

① 나무상자를 1,000원에 판매한다고 할 경우 갑돌이가 창출한 부가가치는 1,000원이므로 10%의 부가가치세율을 적용한 부가가치세는 100원일 것이다. 따라서 갑돌이는 나무상자를 1,100원을 받고 팔아야 한다. 갑돌이는 나무상자 판매시 수령한 1,100원 중 100원은 세무서에 납부하고 나머지 1,000원을 판매수익으로 가지게 될 것이다.

② 매출시 거래징수한 부가가치세 100원은 추후 납부할 세금이므로 부채의 성격을 갖는다. 따라서 부채의 성격을 갖는 '부가가치세예수금'계정으로 회계처리하면 된다. 판매시 갑돌이의 회계처리는 다음과 같다.

(차) 현금 1,100		(대) 매출	1,000
		부가가치세예수금	100

(3) 부가가치세의 과세방법

1) 전단계세액공제법

부가가치세법은 부가가치세 과세방법으로서 '전단계세액공제법'을 채택하고 있다. 전단계세액공제법이란 매출액에 세율을 적용하여 계산한 매출세액에서 매입시에 징수당한 매입세액을 공제한 금액으로 납부세액(또는 환급세액)을 계산하는 방법이다.

전단계세액공제법에서는 세금계산서에 의해 확인되는 매입세액만을 매출세액에서 공제하기 때문에 재화·용역을 공급받은 경우라도 세금계산서에 의하여 매입세액이 확인되지 않으면 매입세액을 공제받을 수 없다.

전단계세액공제법에서는 납부세액(또는 환급세액)을 다음과 같이 계산한다.

$$\text{납부세액(환급세액)} = \text{매출세액} - \text{매입세액}$$

2) 거래징수

부가가치세법은 재화 또는 용역을 공급하는 자(공급자)가 그 공급을 받는 자(매입자)에게서 공급가액(매출액)의 10%를 부가가치세로 징수하여 국가에 납부하도록 하고 있다. 이를 '거래징수'라 한다. 따라서 공급자는 재화 또는 용역의 공급시 공급받는 자(매입자)에게서 매출세액을 거래징수하여야 하며 그 거래징수한 매출세액에서 매입시 부담한 매입세액을 공제하여 납부세액을 계산한 후 이를 세무서에 신고·납부하여야 한다.

예 제

도매상인 을동이는 나무상자 생산업자인 갑돌이에게서 나무상자 1개를 부가가치세를 포함하여 1,100원에 매입하였다. 을동이는 500원의 마진을 남기기 위하여 공급가액을 1,500원으로 정하였다.
① 을동이의 매입시의 회계처리는?
② 을동이는 얼마를 받고 나무상자를 팔아야 할까? 그리고 매출시의 회계처리는?
③ 을동이가 납부할 부가가치세액과 부가가치세 납부시 회계처리는?

풀 이

① 을동이가 나무상자를 매입할 때 부담한 1,100원 중 100원은 부가가치세이다. 이렇게 매입시에 부담한 부가가치세(매입세액)는 나중에 매출세액에서 차감되어 납부할 세액을 줄여준다. 따라서 이는 자산의 성격을 갖는 '부가가치세대급금' 계정으로 회계처리한다. 매입시의 회계처리는 다음과 같다.

(차) 매입	1,000원	(대) 현금	1,100원
부가가치세대급금	100원		

② 을동이는 매출가액 1,500원에 10%의 부가가치세를 포함하여 1,650원을 받아야 한다. 매출시 회계처리는 다음과 같다.

(차) 현금	1,650원	(대) 매출	1,500원
		부가가치세예수금	150원

③ 을동이가 상기 거래 이후 세무서에 납부하여야 할 부가가치세는 소비자에게서 징수한 부가가치세(매출세액) 150원 중에서 매입시에 지불한 부가가치세(매입세액) 100원을 차감한 잔액인 50원이다. 결국 을동이는 매출시 소비자에게 징수한 150원에서 매입시에 지불한 매입세액 100원을 회수하게 되고 나머지 금액(납부세액) 50원을 세무서에 납부하는 것이다.

(차) 부가가치세예수금	150원	(대) 부가가치세대급금	100원
		현금	50원

상기 사례의 거래흐름을 요약하면 다음과 같다.

	갑돌이	을동이	최종소비자
① 매출액	1,000원	1,500원	
② 매입액	–	1,000원	
③ 부가가치(①-②)	1,000원	500원	1,500원
(VAT 계산)			
① 매출세액	100원	150원	
② 매입세액	–	100원	
③ 납부세액(①-②)	100원	50원	150원

소비자가격 1,650원

VAT 징수액 150원

위와 같은 거래흐름을 통하여 우리는 각 거래단계별로 과세된 부가가치는 최종단계의 총부가가치와 일치한다는 것을 알 수 있다. 즉, 갑돌이가 창출한 부가가치 1,000원과 을동이가 창출한 부가가치 500원의 합계액은 을동이의 판매가격 1,500원과 일치한다. 또한 부가가치세의 부담자는 최종소비자라는 것도 알 수 있다. 즉, 갑돌이가 납부한 100원과 을동이가 납부한 50원은 최종소비자가 부담한 150원에서 조달된 것이다. 다만, 이를 납부하는 자는 거래단계별 공급자인 갑돌이와 을동이가 될 뿐이다. 한편, 국가는 갑돌이에게서 100원, 을동이에게서 50원을 징수하기 때문에 결국 재화의 최종 부가가치인 1,500원의 10%인 150원을 부가가치세로 거두어들이는 것이다. 결국 부가가치세는 소비를 과세대상으로 하는 일반소비세의 성격과 소비자가 부담한 세금을 공급자가 대신 납부하는 간접세의 성격을 가진다.

3) 소비지국과세원칙

부가가치세법은 소비지국과세원칙에 따라 수출하는 재화에는 부가가치세를 과세하지 않으며, 수입하는 모든 재화에 대하여 자국에서 생산된 물품과 동일하게 부가가치세를 과세하고 있다. 즉, 수출재화에 대하여는 영세율('0'의 세율)을 적용하여 부가가치세 부담을 완전히 면제하나, 수입품에 대하여는 세관장이 자국물품과 동일하게 부가가치세를 과세하고 있다.

(4) 부가가치세의 특징

앞에서 살펴본 부가가치세는 다음과 같은 특징을 지니고 있다.

1) 소비를 과세대상으로 하는 일반소비세이다.
2) 납세의무자와 담세자가 일치하지 않는 간접세이다.
3) 제조, 도매, 소매 등의 거래의 각 단계에서 과세하는 다단계거래세이다.
4) 10%의 비례세율로 과세된다.
5) 납세의무자의 신고에 의하여 납세의무가 확정되는 신고납세제도를 채택하고 있다.
6) 납세의무자의 인적 사정을 고려하지 않는 물세이다.

예 제

다음 중 부가가치세에 관한 설명으로 옳지 않은 것은?
① 부가가치세는 재화 또는 용역의 공급과 재화의 수입에 대하여 과세된다.
② 부가가치세는 10%의 비례세율로 과세된다.
③ 부가가치세는 세금을 부담하는 자가 납세의무를 지는 직접세이다.
④ 부가가치세는 납세의무자의 인적 사정을 고려하지 않는 물세이다.

풀 이

③: 부가가치세는 납세의무자는 재화 또는 용역의 공급자이나 소비자가 세금을 부담하는 간접세이다.

2 부가가치세의 계산구조

부가가치세의 계산구조는 다음과 같다.

	과세표준	… 재화·용역의 공급가액(면세재화·용역 제외)
(×)	세율	… 10%(영세율: 0%)
	매출세액	
(−)	매입세액	… 과세기간 중 매입세액(매입세액불공제액 제외)
	납부(환급)세액	
(−)	공제세액	
(+)	가산세	… 세금계산서불성실가산세 등
	차가감납부세액(환급세액)*	

* 이 중 74.7%는 부가가치세로, 나머지 25.3%는 지방소비세로 귀속된다.

3 납세의무자

세법에 의하여 세금을 납부할 의무가 있는 자를 납세의무자라 하며, 세금을 실질적으로 부담하는 자를 담세자라 한다. 세금은 이러한 납세의무자와 담세자의 일치여부에 따라 직접세와 간접세로 나누어진다. 직접세란 납세의무자와 담세자가 일치하는 세금을 말하며 법인세와 소득세가 직접세에 해당한다. 반면 간접세란 납세의무자와 담세자가 일치하지 않는 세금을 말하며 대표적인 간접세로는 부가가치세가 있다.

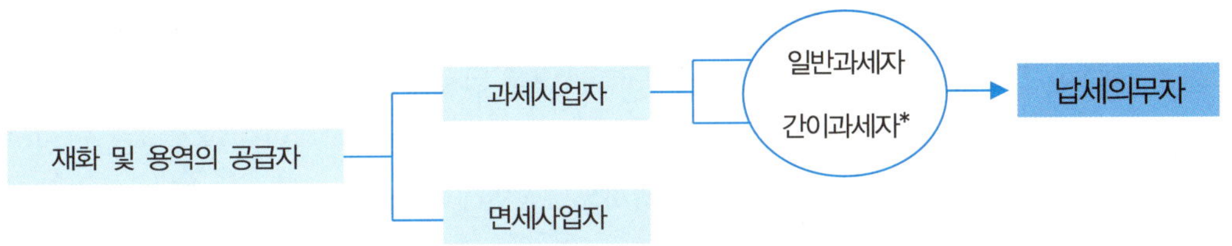

* 직전 1역년의 재화와 용역의 공급대가가 1억4백만원(부동산임대업과 과세유흥장소를 경영하는 사업자는 4천800만원)에 미달하는 개인사업자

(1) 사업자

부가가치세법상 납세의무자는 사업자이다. 따라서 사업자가 아닌 자는 납세의무를 지지 아니한다. 사업자가 지게 되는 부가가치세 납세의무란 공급받는 자로부터 부가가치세를 징수하여 납부할 의무를 말한다.

(2) 사업자의 요건

부가가치세법상 사업자란 '사업상 독립적으로 재화나 용역을 공급하는 자'를 말하며 사업목적이 영리이든 비영리이든 상관없다.

1) 사업상

'사업상'이란 재화 또는 용역의 공급을 계속적 · 반복적으로 하는 것을 말한다. 따라서 단순히 한두번 정도의 재화와 용역을 공급하는 행위는 사업성이 인정될 수 없다. 그러므로 집에 있는 헌 책을 친구에게 판 경우처럼 비반복적인 경우는 사업성이 없는 것이다.

2) 독립적

'독립적'이란 의미는 다른 사람에게 고용되어 있지 않고 점포와 같은 물적 설비가 다른 사람의 것과 구분되어야 한다는 것을 의미한다. 따라서 종업원은 사업자가 될 수 없다.

3) 영리목적의 유무

사업목적이 영리인지 비영리인지는 사업자를 정의하는데 있어 영향을 주지 않는다. 따라서 비영리법인의 경우도 재화나 용역을 공급하면 부가가치세를 납부할 의무가 있는 사업자가 되는 것이다.

(3) 사업자의 구분

세법상 부가가치세는 모든 재화 및 용역을 과세대상으로 하고 있지 않다. 즉 일정한 재화나 용역에 대해서는 부가가치세를 면제하고 있다. 세법에서는 쌀, 채소, 생선과 같은 생활필수품이나 병원의 의료보건용역 등에 대해서는 부가가치세를 면제하도록 규정하고 있는데 이를 '면세'라고 한다. 따라서 재화나 용역은 부가가치세가 과세되는 품목과 부가가치세가 면세되는 품목으로 나뉘어진다. 마찬가지로 사업자도 또한 과세품목을 공급하느냐, 면세품목을 공급하느냐에 따라 '과세사업자'와 '면세사업자'로 나뉘어진다.

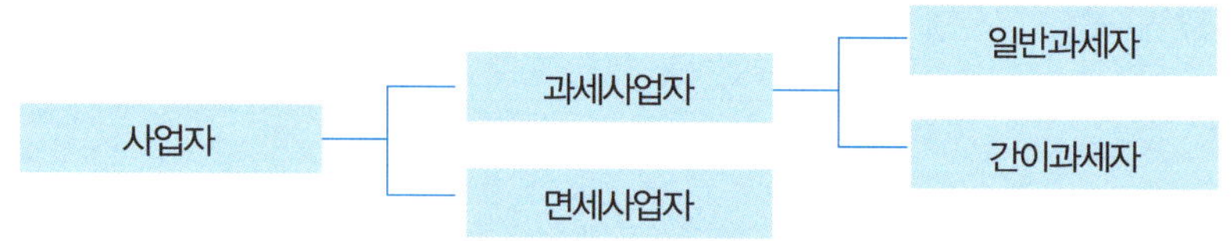

1) 과세사업자

과세사업자란 부가가치세의 과세대상이 되는 재화 또는 용역을 공급하는 사업자를 말한다. 따라서 부가가치세 납세의무를 지는 자는 과세사업자이다. 주의할 것은 과세사업자라 하더라도 면세대상 재화 또는 용역을 공급하는 경우에는 부가가치세가 면제된다는 것이다.

한편, 과세사업자는 다시 매출액의 규모와 업종에 따라 일반과세자와 간이과세자로 구분된다. 세법에서는 사업규모가 영세한 개인사업자인 경우 세법상 규정하는 부가가치세의 신고 · 납부 절차를 이행하는 것이 어렵다고 판단하여 이들을 '간이과세자'로 규정하고 이들에 대해서는 세금의 납부절차와 세율, 세금계산서 등의 발행 및 기장의무를 달리 하고 있다. 이러한 간이과세제도는 사업규모가 작은 영세사업자의 납세의무이행을 간편하게 하려는 취지에서 만들어진 제도이다.

2) 면세사업자

면세사업자란 부가가치세가 면세되는 재화 또는 용역을 공급하는 사업자를 말한다. 사업자를 과세사업자와 면세사업자로 구분할 경우 부가가치세는 과세사업자만이 납세의무를 지며 면세사업자는 납세의무를 지지 않는다. 왜냐하면 면세사업자가 공급하는 면세품목은 부가가치세가 면제되므로 납부할 세금이 없기 때문이다. 따라서 면세사업자는 매출세액을 거래징수할 필요가 없으며 매입세액을 공제받을 수도 없다. 면세사업자는 실질적인 납세의무자가 아니므로 사업자등록, 세금계산서 발급, 과세표준신고 등의 제반의무에서 제외되고 있다.

3) 과세 및 면세사업(비과세 사업 포함) 겸영자

겸영사업자는 과세사업과 면세사업을 함께 영위하는 자를 말한다. 겸영사업자는 부가가치세 납세의무가 있기 때문에 과세사업자로 분류하고 있다.

예제

다음 중 부가가치세의 납세의무자인 사업자에 관한 설명으로 옳지 않은 것은?
① 사업자란 사업상 독립적으로 재화나 용역을 공급하는 자를 말한다.
② 사업자는 과세사업자와 면세사업자로 나뉜다.
③ 과세사업자는 다시 일반과세자와 간이과세자로 나뉜다.
④ 사업자가 되기 위해서는 영리목적이 있어야 한다.

풀이

④: 사업목적이 영리인지 비영리인지는 사업자를 정의하는데 있어 영향을 주지 않는다. 따라서 비영리법인의 경우도 재화나 용역을 공급하면 부가가치세를 납부할 의무가 있는 사업자가 된다.

---

4 납세지

(1) 의의

납세지란 납세의무를 이행함에 있어서 기준이 되는 장소로서, 세법에서 정한 각종 신고의무를 이행하고 세액을 납부하기 위한 관할세무서를 결정하는 의미가 있다.

부가가치세는 사업자별로 종합과세하지 않고 사업장별로 과세한다. 그리고 세금을 납부하는 납세지도 사업장 소재지로 하고 있다. 따라서 사업자는 사업장마다 사업자등록을 하여야 하며, 사업장별로 구분하여 부가가치세를 신고 · 납부하여야 한다. 예를 들어 한 회사에 여러 개의 사업장이 있는 경우 회사는 사업장마다 사업자등록을 하고 사업장별로 부가가치세를 신고 · 납부하여야 한다. 다만, 주사업장총괄납부사업자는 주사업장에서 총괄하여 납부할 수 있고, 사업자단위과세사업자는 본점 또는 주사무서에서 전체 사업장의 부가가치세를 신고 · 납부한다.

(2) 사업장

부가가치세법상 사업장이란 사업을 하기 위하여 거래의 전부 또는 일부를 하는 고정된 장소를 말한다.

1) 직매장

직매장이란 사업자가 자기의 사업과 관련하여 생산 또는 취득한 재화를 직접 판매하기 위하여 판매시설을 갖춘 장소를 말하며, 이러한 직매장은 사업장으로 본다.

2) 사업장으로 보지 않는 장소

① 하치장

재화를 보관하고 관리할 수 있는 시설만을 갖춘 장소로서 사업자가 관할세무서장에게 그 설치 신고를 한 장소를 말하며, 하치장은 사업장으로 보지 않는다.

② 임시사업장

각종 경기대회나 박람회 등 행사를 개최하도록 개설한 임시사업장으로서, 그 개설 신고된 장소를 말한다. 임시사업장은 사업장으로 보지 않으며, 기존 사업장에 포함되는 것으로 한다.

심화학습

사업유형별 사업장

구분	사업장
광업	광업사무소의 소재지
제조업	최종 제품을 완성하는 장소. 다만, 따로 제품의 포장만을 하거나 용기에 충전만을 하는 장소는 제외한다.
건설업·운수업과 부동산매매업	• 사업자가 법인인 경우: 그 법인의 등기부상의 소재지 (등기부상 지점 소재지 포함) • 사업자가 개인인 경우: 업무총괄장소
부동산임대업	그 부동산의 등기부상의 소재지
무인자동판매기를 통하여 재화·용역을 공급하는 사업	그 사업에 관한 업무총괄장소
비거주자 또는 외국법인	소득세법, 법인세법에 따른 국내사업장

(3) 주사업장 총괄납부

부가가치세는 사업장 단위로 과세되는 것이 원칙이지만, 사업자가 신청하는 경우에는 주된 사업장에서 다른 사업장의 부가가치세를 총괄하여 납부할 수 있다. 이는 납세의 편의를 도모하기 위한 것으로 '주사업장 총괄납부'라고 한다. 총괄납부신청을 한 사업자는 부가가치세를 주사업장에서 총괄하여 납부할 수 있다. 주의할 것은 총괄납부는 부가가치세의 납부만 주사업장에서 하는 것이며 부가가치세 신고는 반드시 사업장별로 이루어져야 한다는 것이다.

(4) 사업자단위과세제도

사업장이 둘 이상인 사업자가 사업자단위로 등록한 경우 그 사업자를 사업자단위과세사업자라고 한다. 사업자단위과세사업자는 각 사업장을 대신하여 그 사업자의 본점 또는 주사무소의 소재지를 납세지로 하므로 본점 또는 주사무소 관할 세무서에 전체 사업장의 부가가치세를 신고·납부하여야 한다. 주사업장 총괄납부는 납부만 총괄하지만 사업자단위과세제도는 신고·납부를 모두 총괄한다는 점에서 차이가 있다.

예 제

다음 중 사업장에 관한 설명으로 옳지 않은 것은?
① 부가가치세는 사업자별로 종합과세하지 않고 사업장 단위로 과세한다.
② 사업자는 사업장별로 부가가치세를 신고·납부하여야 한다.
③ 사업자는 사업장마다 사업자등록을 하여야 한다.
④ 주사업장 총괄납부를 하면 주사업장에서 신고와 납부를 모두 총괄한다.

풀 이

④: 주사업장 총괄납부는 납부만 총괄하므로 신고는 반드시 사업장별로 하여야 한다.

---

5 과세기간

부가가치세는 일년에 몇 번 신고·납부해야 하는 것일까? 현실적으로 매출이나 매입이 일어날 때마다 매번 부가가치세를 신고·납부한다는 것은 불가능하므로 세법에서는 부가가치세를 과세하는 기간(과세기간)을 두어 그 기간 동안 일어난 거래에 대하여 세무서에 신고하고 세금을 납부하도록 하고 있다. 세법상 과세기간이란 과세표준 및 납부세액을 계산하기 위한 단위기간을 의미한다.

소득세는 1년을 과세기간으로 하고 있으나, 부가가치세는 1년을 2과세기간으로 나누어 6개월을 1과세기간으로 하고 있다. 즉 부가가치세법은 매년 1월 1일부터 6월 30일까지를 제1기, 7월 1일부터 12월 31일까지를 제2기로 정하고 있다. 단, 간이과세자의 경우 1월 1일부터 12월 31일까지를 1과세기간으로 한다.

제1기: 1월 1일부터 6월 30일까지
제2기: 7월 1일부터 12월 31일까지

계속사업자 이외의 사업자에 대한 과세기간은 다음과 같다.

(1) 신규사업을 시작한 경우	• 최초의 과세기간 사업개시일~그 날이 속하는 과세기간의 종료일 * 사업개시일 이전에 사업자등록을 신청한 경우: 신청일~해당 과세기간의 종료일
(2) 사업자가 폐업하는 경우	• 해당 과세기간의 개시일~폐업일
(3) 간이과세자가 간이과세를 포기하여 일반과세자로 되는 경우	• 간이과세자의 과세기간 : 해당 과세기간의 개시일~포기신고일이 속하는 달의 마지막 날 • 일반과세자의 과세기간 : 포기신고일이 속하는 달의 다음 달 1일~그 과세기간의 종료일

(1) 예정신고와 납부

부가가치세법에서는 각 과세기간 개시 이후 3개월을 예정신고기간으로 하여 그 예정신고기간에 대한 과세표준과 세액을 신고·납부하도록 하고 있는데, 이것을 '예정신고납부'라고 한다. 이에 따라 1월 1일부터 3월 31일까지의 기간을 제1기 예정신고기간, 7월 1일부터 9월 30일까지를 제2기 예정신고기간이라 한다. 사업자는 각 예정신고기간에 대한 과세표준과 납부세액(또는 환급세액)을 부가가치세 예정신고서에 기재하여 해당 예정신고기간이 끝난 후 25일 이내에 사업장 관할세무서장에게 신고하고 납부세액을 납부하여야 한다. 따라서 제1기 예정신고는 4월 25일까지 하여야 하며 제2기 예정신고는 10월 25일까지 하여야 한다.

(2) 확정신고와 납부

사업자는 각 과세기간(6개월)에 대한 과세표준과 납부세액을 과세기간의 말일(폐업하는 경우에는 폐업일이 속한 달의 말일)부터 25일 이내에 각 사업장 관할세무서장에게 신고하고 해당 과세기간에 대한 납부세액을 납부하여야 한다. 다만, 예정신고가 이루어진 부분은 확정신고시 신고대상에서 제외된다. 따라서 예정신고가 정상적으로 이루어졌다면 예정신고 이후분만이 신고대상이 된다. 그러므로 확정신고시에는 예정신고시 이미 신고한 과세표준과 세액을 제외한 나머지 과세기간 해당분에 예정신고시 누락된 과세표준과 세액을 합산하여 신고·납부하면 된다.

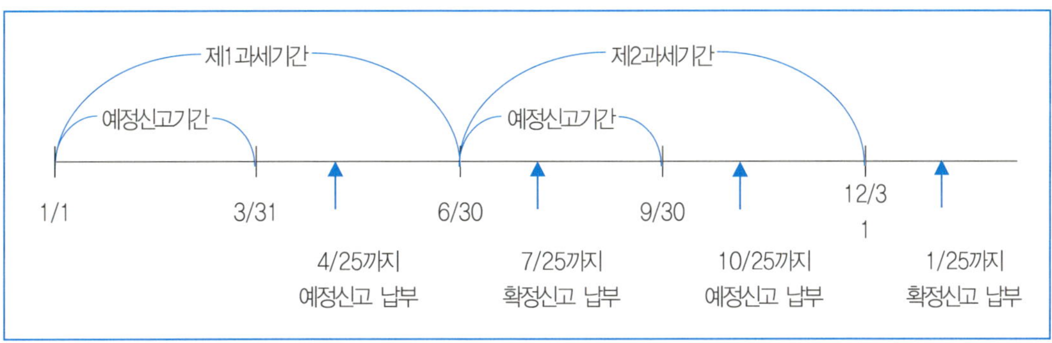

결국, 납세의무자인 사업자는 제1기 예정, 제1기 확정, 제2기 예정, 제2기 확정기간에 대하여 각각 신고·납부를 하여야 하므로 1년에 4번 부가가치세를 신고·납부하게 된다. 이와 같이 세법에서 예정신고납부제도를 시행하는 것은 연간 조세수입을 평준화하고 납세의무자의 세금납부를 분산시키기 위함이다.

단, 간이과세자의 경우 납세편의를 제고하기 위하여 1년에 1회 부가가치세를 신고 납부하도록 신고의무를 완화하는 한편, 1회 납부에 따른 납세부담을 완화하기 위하여 1월 1일부터 6월 30일까지를 예정부과기간으로 하여 직전 과세기간에 대한 납부세액의 2분의 1에 해당하는 금액을 납부세액으로 결정 징수하도록 한다.

6 사업자등록

사업을 시작하는 사람은 세무서에 사업자등록을 하여야 한다. 즉 사업자는 사업장 관할세무서에 납세의무자로서 인적사항 등을 신고하여 사업자등록을 해야 하는데, 이는 과세자료를 효율적으로 관리하고 조세회피를 방지하기 위한 것이다. 사업자가 사업자등록을 하게 되면 사업자등록번호가 부여된 사업자등록증을 발급받게 되는데 사업자등록번호는 주민등록번호처럼 사업자의 고유번호로 사용된다.

(1) 사업자등록의 신청

신규로 사업을 개시하는 사람은 원칙적으로 사업장마다 사업개시일부터 20일 이내에 사업장 관할세무서장에게 사업자등록*을 하여야 한다.

* 전국 모든 세무서에 신청이 가능하고 서면 신청뿐만 아니라 온라인 신청도 가능하다.

1) 사업자등록신청서

사업자등록을 하고자 하는 사업자는 세무서에 비치되어 있는 사업자등록신청서에 다음의 사항을 기재하여 제출하여야 한다.

① 인적사항: 상호, 성명, 전화번호, 주민등록번호, 사업장소재지, E-Mail 주소
② 사업장현황: 사업의 종류, 개업일, 종업원수, 기타
③ 기타 참고사항

2) 첨부서류

사업자등록을 하고자 하는 사업자는 사업자등록 신청시 다음의 서류를 첨부하여야 한다.

① 법령에 의하여 허가를 받아야 하는 사업의 경우에는 사업허가증 사본
② 사업장을 임차한 경우에는 임대차계약서 사본
③ 사업장을 전차한 경우: 전대차계약서 사본 및 임대인의 전차동의서(임대차계약서에 전차를 할 때 임대인의 동의가 필요 없다는 특약이 있는 경우 해당 임대차계약서 사본) '25 신설

3) 사업개시일

사업자등록 신청은 사업개시일부터 20일 이내에 하여야 한다. 그렇다면 사업개시일은 언제를 말하는 것일까? 부가가치세법상 사업개시일은 다음과 같다.

① 제조업: 제조장별로 재화의 제조를 개시하는 날
② 광업: 사업상별로 광물의 채취·채광을 개시하는 날
③ 기타의 사업: 재화 또는 용역의 공급을 개시하는 날

따라서 사업자등록 신청은 상기의 사업개시일부터 20일 이내에 하여야 한다. 그렇다면 사업자등록 신청을 사업개시일 이전에 할 수는 없을까? 세법은 신규로 사업을 개시하고자 하는 자에 한하여 예외적으로 사업개시일 전이라도 등록할 수 있도록 하고 있다. 이는 사업자가 사업개시 전에 시설이나 상품을 매입하는 경우 매입세액을 환급받을 수 있도록 하기 위하여 세법상 인정하는 것이다.

4) 겸영사업자와 면세사업자의 사업자등록

사업자가 과세사업과 면세사업을 겸업할 경우에는 부가가치세법에 의한 사업자등록만을 하면 되고 소득세법이나 법인세법에 의한 사업자등록을 별도로 하지 않는다. 그러나 면세사업만을 영위하는 경우에는 부가가치세법에 의한 사업자등록은 할 수가 없고 소득세법이나 법인세법에 따른 사업자등록을 하여야 한다.

> • 과세사업자 → 부가가치세법에 의한 사업자등록
> • 겸영사업자 → 부가가치세법에 의한 사업자등록
> • 면세사업자 → 소득세법이나 법인세법에 따른 사업자등록

5) 공동사업자의 사업자등록

2명 이상이 공동으로 사업을 하는 경우에는 공동사업자 중 1명을 대표자로 하여 대표자 명의로 사업자등록신청을 하여야 한다. 그리고 공동사업사실을 증명할 수 있는 서류(동업계약서 등)를 제출하여야 한다.

(2) 사업자등록의 불이행

사업자가 사업자등록을 하지 아니하면 다음과 같은 세법상 불이익을 당하게 된다.

1) 매입세액 불공제

부가가치세는 매출세액에서 매입세액을 공제하여 납부세액을 계산한다. 따라서 매입세액은 납부세액을 줄여주게 된다. 그러나 사업자가 사업자등록을 하지 않거나 세법상의 기한 이후에 하는 경우에는 사업자등록을 하기 전의 매입세액을 매출세액에서 공제할 수 없다. 즉 사업자등록전 매입세액은 불공제된다.

단, 공급시기가 속하는 과세기간이 끝난 후 20일 이내에 등록 신청한 경우 등록신청일부터 공급시기가 속하는 과세기간 기산일까지 역산한 기간 이내의 매입세액은 공제할 수 있다. 따라서 부가가치세 1기 과세기간까지 사업자등록신청을 하지 않은 경우에도 7월 20일까지 사업자등록신청을 한 경우에는 제1기 과세기간의 기산일부터 발생한 매입세액은 공제가 가능한 것이다.

2) 미등록가산세

사업자가 사업개시일부터 20일 이내에 사업자등록을 신청하지 아니한 경우 미등록가산세가 적용된다. 미등록가산세는 사업개시일부터 등록신청일의 직전일까지의 공급가액에 대하여 1%의 가산세를 적용한다.

다음 중 사업자등록에 관한 설명으로 옳지 않은 것은?
① 사업자등록신청은 사업개시일부터 20일 이내에 하여야 한다.
② 사업자등록번호는 주민등록번호처럼 사업자의 고유번호로 사용된다.
③ 신규로 사업을 개시하고자 하는 자는 사업개시일 전이라도 등록할 수 있다.
④ 사업자등록 전 매입세액은 전액 불공제된다.

④: 사업자등록전 매입세액이라 하더라도 등록신청일부터 역산하여 20일 이내에 종료하는 과세기
간 기산일까지 역산한 기간의 매입세액은 불공제대상에서 제외한다.

(3) 사업자등록 정정신고

사업자가 사업을 영위하다가 상호를 바꾸거나, 업종을 변경하는 경우가 생길 수 있다. 이러한
경우에는 관할 세무서에 정정신고를 하여야 한다.

심화학습

사업자등록 정정신고를 하여야 하는 경우
① 상호를 변경하는 경우
② 법인의 대표자를 변경하는 경우
③ 사업의 종류에 변동이 있는 경우
④ 사업장(사업자단위과세사업자의 경우에는 사업자단위적용사업장을 말한다)을 이전하는 경우. 다만, 사
   업장과 주소지가 동일한 사업자가 사업자등록 신청서 또는 사업자등록 정정신고서를 제출하면서 주민
   등록법에 따른 주소가 변경되면 사업장의 주소도 변경되는 것에 동의한 경우에는 사업자가 주민등록법
   에 따른 전입신고를 하면 사업자등록 정정신고서를 제출한 것으로 본다.
⑤ 상속으로 사업자의 명의가 변경되는 경우
⑥ 공동사업자의 구성원 또는 출자지분 변경되는 경우
⑦ 임대인, 임대차목적물 및 그 면적, 보증금, 임차료 또는 임대차기간이 변경되거나 새로 상가건물을 임
   차한 경우
⑧ 사업자단위과세사업자가 사업자단위과세적용사업장을 변경하는 경우
⑨ 사업자단위과세사업자가 종된 사업장을 신설하거나 이전하는 경우
⑩ 사업자단위과세사업자가 종된 사업장의 사업을 휴업하거나 폐업하는 경우
⑪ 통신판매업자가 사이버몰의 명칭 또는 인터넷 도메인이름을 변경하는 경우

※ 사업장을 이전하는 경우에는 이전 후의 사업장 관할 세무서에 신고하여야 한다.

■ 법인세법 시행규칙 [별지 제73호서식] 〈개정 2025. 3. 21.〉

홈택스(www.hometax.go.kr)에서도 신고할 수 있습니다.

(앞쪽)

접수번호	[ ] 법인설립신고 및 사업자등록신청서 [ ] 국내사업장설치신고서(외국법인)	처리기간 2일 (보정기간은 불산입)

귀 법인의 사업자등록신청서상의 내용은 사업내용을 정확하게 파악하여 근거과세의 실현 및 사업자등록 관리업무의 효율화를 위한 자료로 활용됩니다. 아래의 사항에 대하여 사실대로 작성하시기 바라며 신청서에 서명 또는 인감(직인)날인하시기 바랍니다

1. 인적사항

법 인 명(단체명)		승인법인고유번호 (폐업당시 사업자등록번호)	
대 표 자		주민등록번호	–
사업장(단체)소재지		층 호	
전 화 번 호	(사업장)	(휴대전화)	

2. 법인현황

법인등록번호	–	자본금	원	사업연도	월 일 ~ 월 일

법 인 성 격 (해당란에 "○" 표시)

내 국 법 인							외 국 법 인			지점(내국법인의 경우)		분할신설법인		
영리 일반	영리 외투	신탁 재산	비영리	국가 지방 자치	법인으로 보는 단체		지점 (국내사업장)	연락 사무소	기타	해당	미해당	본점 사업자 등록번호	분할 전 사업자 등록번호	분할 연월일
					승인법인	기타								

조합법인 해당 여부		사업자 단위 과세 여부		법인과세 신탁재산		공 익 법 인					외국 · 외투 법인	국 적	투자 비율
해당	미해당	해당	미해당	해당	미해당	해당 여부		사업유형	주무부처명	출연자산여부			
						해당	미해당			해당	미해당		

3. 법인과세 신탁재산의 수탁자(법인과세 신탁재산의 설립에 한함)

법 인 명(상호)		사 업 자 등 록 번 호	
대 표 자		주 민 등 록 번 호	
사 업 장 소 재 지			

4. 외국법인 내용 및 관리책임자 (외국법인에 한함)

외 국 법 인 내 용

본점	상 호	대 표 자	설 치 년 월 일	소 재 지

관 리 책 임 자

성 명(상 호)	주민등록번호(사업자등록번호)	주 소(사업장소재지)	전 화 번 호

5. 사업장현황

사 업 의 종 류						사업(수익사업) 개 시 일
주업태	주 종 목	주업종코드	부업태	부 종 목	부업종코드	
						년 월 일

사이버몰 명칭		사이버몰 도메인	

사업장 구분 및 면적		도면첨부		사업장을 빌려준 사람(임대인)			
자가	타가	첨부	미첨부	성 명(법인명)	사업자등록번호	주민(법인)등록번호	전화번호
㎡	㎡						

임 대 차 계 약 기 간	(전세)보증금	월 세(부가세 포함)
20 . . . ~ 20 . . .	원	원

개별소비세				주류면허		부가가치세 과세사업		인 · 허가 사업 여부			
제조	판매	장소	유흥	면허번호	면허신청	해당	미해당	신고	등록	인 · 허가	기타
					신청 / 미신청						

대표자 현황	공동대표( ), 각자대표( )					
	성명	주민등록번호	담당 업무	성명	주민등록번호	담당 업무

210mm×297mm[백상지 80g/㎡ 또는 중질지 80g/㎡]

(뒤쪽)

설립등기일 현재 기본 재무상황 등						
자산 계	유동자산	비유동자산	부채 계	유동부채	비유동부채	종업원 수
천원	천원	천원	천원	천원	천원	명

전자우편주소		국세청이 제공하는 국세정보 수신동의 여부	[　] 문자(SMS) 수신에 동의함(선택) [　] 이메일 수신에 동의함(선택)

6. 사업자등록신청 및 사업 시 유의사항(아래 사항을 반드시 읽고 확인하시기 바랍니다)

가. 사업자등록 **명의를 빌려주는 경우** 해당 법인에게 부과되는 각종 세금과 과세자료에 대하여 소명 등을 해야 하며, 부과된 세금의 체납 시 **소유재산의 압류 · 공매처분, 체납내역 금융회사 통보, 여권발급제한, 출국규제 등**의 불이익을 받을 수 있습니다.

나. 내국법인은 주주(사원)명부를 작성하여 비치해야 합니다. 주주(사원)명부는 사업자등록신청 및 법인세 신고 시 제출되어 지속적으로 관리되므로 사실대로 작성해야 하며, 주주명의를 대여하는 경우에는 **양도소득세 또는 증여세**가 과세될 수 있습니다.

다. 사업자등록 후 정당한 사유 없이 **6개월이 경과할 때까지 사업을 개시하지 않은 경우, 부가가치세 및 법인세를 신고하지 않거나 사업장을 무단으로 이전**하여 실제 사업영위 여부의 확인이 어려울 경우에는 **사업자등록이 직권으로 말소**될 수 있습니다.

라. **실물거래 없이 세금계산서 또는 계산서를 발급하거나 수취하는 경우** 「조세범처벌법」 제10조제3항 또는 제4항에 따라 해당 법인 및 대표자 또는 는 관련인은 **3년 이하의 징역 또는 공급가액에 부가가치세의 세율을 적용하여 계산한 세액의 3배 이하에 상당하는 벌금에 처하는 처벌**을 받을 수 있습니다.

마. 신용카드 가맹 및 이용은 반드시 사업자 본인 명의로 해야 하며 **사업상 결제목적 이외의 용도로 신용카드를 이용할 경우** 「여신전문금융업법」 제70조제3항에 따라 **3년 이하의 징역 또는 2천만원 이하의 벌금에 처하는 처벌**을 받을 수 있습니다.

바. 공익법인의 경우 공익법인에 해당하게 된 날부터 **3개월 이내에 전용계좌를 개설하여 신고해야 하며, 공익목적사업과 관련한 수입과 지출금액은** 반드시 신고한 **전용계좌를 사용**해야 합니다.(미이행시 가산세가 부과될 수 있습니다)

사. 「정보통신망 이용촉진 및 정보보호 등에 관한 법률」 제2조제1항제1호에 따른 정보통신망을 이용하여 가상의 업무공간에서 사업을 수행하는 사업자의 경우 그 법인의 등기부에 따른 본점이나 주사무소의 소재지(국내에 본점 또는 주사무소가 있지 않은 경우에는 사업을 실질적으로 관리하는 장소의 소재지)를 "사업장(단체)소재지"란에 적을 수 있습니다.

신청인의 위임을 받아 대리인이 사업자등록신청을 하는 경우 아래 사항을 적어 주시기 바랍니다.

대 리 인 인적사항	성　　명		주민등록번호	
	주 소 지			
	전화 번호		신청인과의 관계	

신청 구분	[　] 사업자등록만 신청　　　[　] 사업자등록신청과 확정일자를 동시에 신청 [　] 확정일자를 이미 받은 자로서 사업자등록신청(확정일자 번호: 　　　　　　　　　　　　　)

신청서에 적은 내용과 실제 사업내용이 일치함을 확인하고, 「법인세법」 제75조의12제3항 · 제109조 · 제111조, 같은 법 시행령 제152조부터 제154조까지, 같은 법 시행규칙 제82조제7항제11호 및 「상가건물 임대차보호법」 제5조제2항에 따라 법인설립 및 국내 사업장설치 신고와 사업자등록 및 확정일자를 신청합니다.

년　　　　월　　　　일

신청인　　　　　　　(서명 또는 인)
위 대리인　　　　　(서명 또는 인)

세무서장 귀하

첨부 서류	1. 정관(외국법인만 해당합니다) 1부 2. 임대차계약서 또는 전대차계약서 사본[사업장을 임차하거나 전차(轉借)한 경우에만 첨부합니다] 1부 3. 「상가건물 임대차보호법」의 적용을 받는 상가건물의 일부를 임차한 경우에는 해당 부분의 도면 1부 4. 주주 또는 출자자명세서 1부 5. 사업허가증 · 사업등록증 · 신고확인증 사본(해당 법인만 첨부합니다) 또는 설립허가증사본(비영리법인만 첨부합니다) 1부 6. 현물출자명세서(현물출자법인인 경우에만 첨부합니다) 1부 7. 자금출처명세서(금지금 도 · 소매업, 액체 · 기체연료 도 · 소매업, 재생용 재료 수집 및 판매업, 과세유흥장소에서 영업을 하려는 경우에만 제출합니다) 1부 8. 본점 등의 등기에 관한 서류(외국법인만 해당합니다) 1부 9. 국내사업장의 사업영위내용을 입증할 수 있는 서류(외국법인만 해당하며, 담당 공무원 확인사항에 의하여 확인할 수 없는 경우만 해당합니다) 1부 10. 신탁 계약서(법인과세 신탁재산의 경우만 해당합니다) 1부 11. 사업단위과세 적용 신고자의 종된 사업장 명세서(법인사업자용)(사업단위과세 적용을 신청한 경우만 해당합니다) 1부

작 성 방 법
사업장을 임차한 경우 「상가건물 임대차보호법」의 적용을 받기 위해서는 사업장 소재지를 임대차계약서 및 건축물관리대장 등 공부상의 소재지와 일치되도록 구체적으로 적어야 합니다. (작성 예) ○○동 ○○○○번지 ○○호 ○○상가(빌딩) ○○동 ○○층 ○○○○호

210mm×297mm[백상지 80g/㎡ 또는 중질지 80g/㎡]

[별지 제7호 서식 (2)] (2014. 3. 14. 개정)

사업자등록증

(   )

등록번호 :

① 법인명(단체명):

② 대표자:

③ 개업 연월일: 년   월   일   ④ 법인등록번호:

⑤ 사업장 소재지:

⑥ 본점 소재지:

⑦ 사업의 종류:

업태	종목	생산 요소

⑧ 발급 사유:

⑨ 주류판매신고번호:

⑩ 사업자 단위 과세 적용사업자 여부: 여(   ) 부(   )

⑪ 전자세금계산서 전용 전자우편주소:

년   월   일

○○세무서장 | 직인 |

| 국세 상담이 필요할 땐 ☎126 |

210mm×297mm[백상지 120g/㎡]

1 부가가치세의 과세대상

부가가치세의 과세대상에는 ① 재화의 공급 ② 용역의 공급 ③ 재화의 수입이 있다. 다만, 부가 가치세법상 납세의무자는 사업자이므로 부가가치세는 사업자가 사업상 독립적으로 재화나 용역을 공급하는 경우 과세된다. 한편, 재화의 수입에 있어서는 공급자가 국외에 있으므로 세관장이 국외 의 공급자를 대신하여 수입자로부터 부가가치세를 징수하여 납부하게 된다. 이 경우 수입자는 공급 을 받는 자에 해당하므로 재화의 수입에 있어서는 해당 수입자가 사업자인지 여부에 관계없이 부가 가치세가 과세된다.

(1) 재화의 공급

재화의 공급이란 계약상 또는 법률상의 모든 원인에 의하여(즉 매매계약 등에 의하여) 재화를 인도 또는 양도하는 것을 말한다. 여기에서 인도란 동산의 소유권을 이전하는 것을 말하며, 양도란 부동산의 소유권을 이전하는 것을 말한다. 재화는 동산과 부동산을 모두 포함하기 때문에 세법은 인도 또는 양도라고 표현한 것이다.

1) 재화의 범위

재화란 재산적 가치가 있는 모든 물건과 권리를 말한다. 물건은 상품, 제품, 원료, 기계, 건물 등 모든 유체물과 전기, 가스, 열 등 관리할 수 있는 자연력을 말한다. 권리는 광업권, 특허권, 저작권 등 물건 외에 재산적 가치가 있는 모든 것으로 한다. 다만, 어음·수표 등의 화폐대용증권 과 주식·사채 등의 유가증권은 재화에서 제외된다.

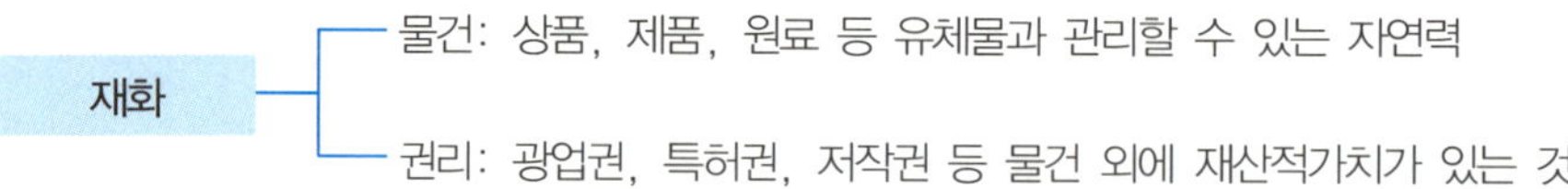

예 제

다음 중 재화의 공급에 해당하지 않는 것은?
① 건물의 양도 　　　　② 자동차의 판매
③ 주식의 양도 　　　　④ 전기의 공급

풀 이

③: 어음·수표 등의 화폐대용증권과 주식·사채 등의 유가증권은 부가가치세가 과세되는 재화에서 제외된다.

---

2) 재화공급의 유형

재화가 인도 또는 양도되었다고 하여 모두 부가가치세가 과세되는 것은 아니다. 부가가치세가 과세되기 위해서는 재화가 대가관계에 의하여 실질적으로 공급되어야 한다. 부가가치세 과세대상이 되는 재화의 공급에 대한 대표적인 유형을 살펴보면 다음과 같다.

① 매매계약에 의한 재화의 인도 또는 양도

현금판매, 외상판매, 할부판매, 위탁판매 등 매매계약에 의하여 재화를 인도 또는 양도하는 것은 재화의 공급으로 본다.

② 가공계약에 의한 재화의 인도

사업자가 상대방으로부터 인도받은 재화를 가공하여 새로운 재화를 만드는 가공계약에 있어서는 주요자재의 전부 또는 일부를 부담할 때에만 재화의 공급으로 본다. 따라서 주요자재를 부담하지 아니하고 가공계약에 따라 재화를 가공하여 인도하는 것은 용역의 공급으로 본다.

③ 교환계약에 의한 재화의 인도 또는 양도

재화를 인도하고 그 대가로서 다른 재화를 인도받거나 용역을 제공받는 교환계약에 의하여 재화를 인도 또는 양도하는 것은 재화의 공급으로 본다.

④ 그 밖의 원인에 의한 재화의 인도 또는 양도

경매, 수용, 현물출자와 그 밖의 계약상 또는 법률상의 원인에 따라 재화를 인도 또는 양도하는 것은 재화의 공급으로 본다.

3) 재화의 공급으로 보지 않는 특례

계약상 또는 법률상의 원인에 따라 재화를 인도하거나 양도하는 것은 부가가치세법상 과세대상인 재화의 공급이 된다. 그럼에도 불구하고 부가가치세법은 납세자의 편의 또는 조세행정의 효율성 확보를 위해 일정한 경우에는 재화의 공급으로 보지 않는 특례를 다음과 같이 두고 있다.

구분	내용
① 사업의 양도	원칙적으로 재화의 공급으로 보지 않지만, 양수인이 대리납부를 하는 경우에는 재화의 공급으로 본다.
② 신탁재산의 소유권 이전	신탁재산의 소유권 이전으로 다음 중 어느 하나에 해당하는 것은 재화의 공급으로 보지 아니한다. ㉠ 위탁자로부터 수탁자에게 신탁재산을 이전하는 경우 ㉡ 신탁의 종료로 인하여 수탁자로부터 위탁자에게 신탁재산을 이전하는 경우 ㉢ 수탁자가 변경되어 새로운 수탁자에게 신탁재산을 이전하는 경우
③ 그 밖의 경우	㉠ 담보의 제공 ㉡ 조세의 물납 ㉢ 법률에 따른 공매·경매 ㉣ 법률에 따른 수용, 「도시 및 주거환경정비법」에 따른 사업시행자의 매도청구

예 제

다음 중 부가가치세법상 재화의 공급에 해당하지 않는 것은?
① 컴퓨터를 현금판매한 경우
② 상가건물을 공장과 교환한 경우
③ 건물을 담보목적으로 양도한 경우
④ 자동차를 할부판매한 경우

풀 이

③: 재화를 담보로 제공한 경우는 재화가 실질적으로 공급된 경우가 아니므로 재화의 공급으로 보지 않는다.

(2) 용역의 공급

1) 용역의 범위

용역의 공급이란 계약상 또는 법률상의 모든 원인에 의하여(즉 임대계약 등에 의하여) 역무를 제공하거나 재화·시설물 또는 권리를 사용하게 하는 것을 말한다. 이 경우 용역이란 재화 외의 재산 가치가 있는 모든 역무 및 그 밖의 행위를 말한다. 세법은 건설업, 숙박 및 음식점업, 운수업, 통신업, 금융·보험업, 부동산임대업 등에 해당하는 모든 역무 및 그 밖의 행위를 용역으로 규정하고 있다.

2) 용역의 공급으로 보지 아니하는 거래

대가를 받지 아니하고 타인에게 용역을 무상으로 공급하거나 고용관계에 의해서 근로를 제공하는 것은 용역의 공급으로 보지 아니한다. 다만, 사업자가 특수관계인에게 사업용 부동산의 임대용역을 무상으로 공급하는 경우에는 용역의 공급으로 보는 것이 원칙이다.

예 제

다음 중 부가가치세법상 용역의 공급에 해당하지 않는 것은?
① 음식점에서 식사를 제공하는 경우
② 부동산임대회사가 건물을 임대하는 경우
③ 건설회사가 공사를 수주하여 건물을 건설하는 경우
④ 건설회사가 건물을 매각하는 경우

풀 이

④: 건설회사가 건설용역을 제공하는 것은 용역의 공급에 해당하나 건물을 매각하는 것은 재화의 공급에 해당한다.

---

(3) 재화의 수입

재화를 수입하는 경우 부가가치세가 과세된다. 부가가치세 과세대상이 되는 재화의 수입은 외국으로부터 재화를 들여오는 경우와 수출신고를 마치고 선적이 완료된 물품을 국내로 다시 반입하는 경우가 있다. 수출신고를 마치고 선적이 완료된 물품을 국내로 다시 반입하는 경우를 부가가치세 과세대상으로 하는 이유는 일단 수출신고를 하고 선적이 완료된 물품은 외국물품으로 간주되기 때문이다.

한편, 재화를 수입하는 경우에는 세관장이 수입자로부터 해당 재화의 부가가치세를 징수한다. 이 경우 수입자는 공급을 받는 자에 해당하므로 재화의 수입에 있어서는 해당 수입자가 사업자인지 여부에 관계없이 부가가치세가 과세된다.

예제

무역업을 영위하는 최동일 씨는 컴퓨터를 수입하여 판매하고 있다. 최동일 씨는 20×2년 1/4분기 중 컴퓨터를 수입하여 30,000,000원의 매출을 달성하였으며 20×2년 1기 예정신고시에 1,000,000원의 부가가치세를 납부하였다. 재화의 수입 이외에 다른 매입거래가 없는 경우 최동일 씨가 수입시에 부담한 매입세액은 얼마인가?

풀이

① 매출세액=30,000,000원×10%=3,000,000원
② 납부세액=1,000,000원
③ 매입세액=3,000,000원-1,000,000원=2,000,000원
※ 납부세액=매출세액-매입세액

2 부수 재화 및 부수 용역의 공급

(1) 주된 거래에 부수되어 공급하는 재화 또는 용역

주된 재화 또는 용역의 공급에 부수(附隨)되어 공급되는 것으로서 다음 중 어느 하나에 해당하는 재화 또는 용역의 공급은 주된 재화 또는 용역의 공급에 포함되는 것으로 본다.

구분	사례
1) 대가관계: 해당 대가가 주된 거래인 재화 또는 용역의 공급대가에 통상적으로 포함되어 공급되는 재화 또는 용역 2) 공급관계: 거래의 관행으로 보아 통상적으로 주된 거래인 재화 또는 용역의 공급에 부수하여 공급되는 것으로 인정되는 재화 또는 용역	① 피아노를 공급하면서 피아노용 의자를 제공하고 이를 운반해 주는 경우 ② 미술학원에서 교육용역을 제공하면서 실습교재를 공급하는 경우 ③ TV를 공급하고 그 후 A/S 용역을 제공하는 경우 ④ 수선용역을 제공하면서 부속품을 교체해 주는 경우

이들은 별도의 독립된 거래로 보지 않고 주된 거래인 재화 또는 용역의 공급에 흡수되는 것으로 본다. 따라서 이러한 부수 재화 또는 용역의 공급에 관해서는 그 공급시기를 별도로 판단할 필요가 없으며, 별도로 세금계산서를 발급할 필요가 없고, 따라서 별도로 과세표준을 계산하지 않는다. 한편 그 부수 공급에 대한 과세·면세 여부도 주된 거래에 따르는 것이다.

(2) 주된 사업에 부수하여 공급되는 재화 또는 용역

주된 사업에 부수되는 다음에 해당하는 재화 또는 용역의 공급은 별도의 공급으로 보되, 과세 및 면세 여부 등은 주된 사업의 과세 및 면세 여부 등을 따른다.

범위	사례
1) 우연히·일시적 공급: 주된 사업과 관련하여 우연히 또는 일시적으로 공급되는 재화 또는 용역	• 사업용 고정자산의 매각
2) 부산물: 주된 사업과 관련하여 주된 재화의 생산 과정이나 용역의 제공 과정에서 필연적으로 생기는 재화* * 여기에는 용역이 포함되지 않음에 주의할 것	• 부산물·작업설물 등(생사*제조업에서 발생하는 번데기, 유리도매업에서 발생되는 파유리 등)의 매각 * 누에고치에서 뽑아낸 실

주된 사업에 부수되는 재화 또는 용역의 공급은 이를 독립된 사업으로 보지는 않지만, 독립된 거래로는 취급함으로써 별도의 공급으로 본다. 따라서 별도의 공급시기가 존재하며, 세금계산서를 발급해야 하고, 공급가액도 별도로 계산하여야 한다. 이 점이 주된 거래에 부수하여 공급되는 경우와 커다란 차이가 있다.

(3) 과세·면세 여부 판정

구분	독립적 거래 여부	과세·면세 여부
주된 거래에 부수되는 공급	주된 거래에 포함되어 독립된 거래를 형성하지 않음	주된 거래의 과세·면세 여부에 따름
주된 사업에 부수되는 공급	독립된 거래로 봄	주된 사업의 과세·면세 여부에 따름

3 재화와 용역의 공급시기

부가가치세는 1년을 2개의 과세기간으로 구분하여 각 과세기간별로 과세된다. 따라서 각 과세기간별로 신고하여야 할 거래대상을 구분하기 위해서는 개별거래에 대하여 귀속되는 과세기간을 결정하기 위한 시간적 기준이 필요하다. 이러한 시간적 기준이 바로 재화 또는 용역의 공급시기이다. 재화 또는 용역의 공급시기란 재화 또는 용역의 공급이 이루어진 것으로 보는 시기이다. 따라서 사업자는 재화 또는 용역의 공급시기에 세금계산서를 발급하고 부가가치세를 거래징수하여야 하며, 공급시기가 해당 과세기간에 속하는 거래에 대하여 과세표준을 신고하여야 한다.

(1) 재화의 공급시기

1) 일반적 기준

재화의 공급시기는 원칙적으로 다음 세 가지 기준에 따른다.

---

① 재화의 이동이 필요한 경우 → 재화가 인도되는 때
  ⇒ 일반적인 상품 및 제품
② 재화의 이동이 필요하지 아니한 경우 → 재화가 이용가능하게 되는 때
  ⇒ 부동산, 무체물
③ 상기 두 가지 기준을 적용할 수 없는 경우 → 재화의 공급이 확정되는 때

---

2) 거래형태별 공급시기

① 현금판매 · 외상판매 · 할부판매

현금판매 · 외상판매 또는 할부판매의 경우에는 해당 재화가 인도되는 때를 공급시기로 한다. 만약 공급가액이 결정되기 전에 재화를 인도하는 경우에는 인도시에 인도시점의 시가에 따라 세금계산서를 발급하고 추후 공급가액이 결정될 때 수정세금계산서를 발급하면 된다. 한편, 판매시점과 재화의 인도시점이 서로 다른 경우에는 실질적인 판매가 이루어지는 때가 공급시기가 된다.

② 장기할부판매

장기할부판매의 경우에는 대가의 각 부분을 받기로 한 때가 공급시기이다. 따라서 실제 대가를 받았는지 여부에 상관없이 지급약정일에 세금계산서를 발급하여야 한다. 이 경우 '장기할부판매'란 (ⅰ) 2회 이상으로 분할하여 대가를 받고, (ⅱ) 재화의 인도일의 다음날부터 최종 할부금 지급기일까지의 기간이 1년 이상인 것을 말한다.

예 제

정수기를 판매하는 (주)맑은물의 거래내역이다. 해당 과세기간의 제1기 예정신고 및 확정신고시의 과세표준은 얼마인가?

① 3월 5일: 정수기를 60,000원에 외상으로 판매하고 4월 5일 대금을 회수함.

② 3월 6일: 정수기를 90,000원에 6개월 할부로 판매하고 3월 6일부터 매월 15,000원씩 회수함.

③ 3월 7일: 정수기를 150,000원에 15개월 할부로 판매하고 3월 7일부터 매월 10,000원씩 회수함.

풀 이

① 외상판매시 공급시기는 재화의 인도일이므로 3월 5일이 공급시기이다.

② 대가를 2회 이상 분할하여 회수하나, 기간이 1년을 넘지 않으므로 할부판매이다. 할부판매의 공급시기는 재화의 인도일이므로 3월 6일이 공급시기이다.

③ 2회 이상으로 분할하여 대가를 받고, 인도일의 다음날부터 최종 할부금 지급기간까지의 기간이 1년 이상이므로 장기할부판매이다. 장기할부판매의 경우에는 대가의 각 부분을 받기로 한 때가 공급시기이므로 3월 7일부터 매월 대가를 받기로 한 때가 각각의 공급시기이다. 따라서 예정신고의 대상이 되는 것은 3월 7일에 받기로 한 10,000원이며 확정신고대상이 되는 것은 4월 7일, 5월 7일, 6월 7일에 각각 받기로 한 30,000원이다.

구분	제1기 예정신고 과세표준	제1기 확정신고 과세표준
외상판매	60,000원	–
할부판매	90,000원	–
장기할부판매	10,000원	30,000원
합계	160,000원	30,000원

③ 완성도기준지급 또는 중간지급조건부판매 및 계속적 공급

완성도기준지급 또는 중간지급조건부판매 및 계속적 공급의 경우에는 그 대가의 각 부분을 받기로 한 때가 공급시기이다. 이 경우 '완성도기준지급'이란 재화의 완성비율에 따라 대금을 지급받는 경우를 말하며 '중간지급조건부판매'란 계약금을 받기로 한 날의 다음 날부터 재화를 인도하는 날 또는 재화를 이용가능하게 하는 날까지의 기간이 6개월 이상인 경우로서 그 기간 이내에 계약금 외의 대가를 분할하여 받는 경우를 말한다. 그리고 '계속적 공급'이란 전기나 가스처럼 공급이 계속적으로 이루어지는 경우를 말한다.

부가가치세 과세사업을 영위하는 (주)성룡은 기계를 새로 구입하면서 그동안 사용하던 기계장치를 매각하였다. 대금의 회수는 기계장치의 양도계약서대로 이루어졌으며 잔금을 수령한 이후 기계장치를 인도하였다. 계약서상 대금지불조건은 다음과 같다.
① 1월 15일: 계약금   10,000,000원
② 4월 15일: 중도금   50,000,000원
③ 7월 20일: 잔금   20,000,000원
이 경우 기계장치 매각과 관련한 제1기 예정신고기간의 과세표준은 얼마인가?

문제의 경우는 중간지급조건부판매에 해당한다. 따라서 이 경우 공급시기는 그 대가의 각 부분을 받기로 한 때이다. 따라서 제1기 예정신고기간의 과세표준은 계약금 10,000,000원이다.

④ 수출재화

수출재화(직수출 및 중계무역방식의 수출)의 경우에는 수출재화의 선(기)적일이 공급시기이다. 다만, 내국신용장에 의하여 공급하는 재화의 공급시기는 재화를 인도하는 때이다.

재화의 공급시기

구분	재화의 공급시기
① 현금판매 · 외상판매 · 할부판매	재화가 인도되거나 이용가능하게 되는 때
② 장기할부판매	대가의 각 부분을 받기로 한 때
③ 완성도기준지급 또는 중간지급조건부 판매 및 계속적 공급	대가의 각 부분을 받기로 한 때
④ 수출재화	수출재화의 선 · (기)적일

(2) 용역의 공급시기

1) 일반적 기준

용역의 공급시기는 역무가 제공되거나 재화, 시설물 또는 권리가 사용되는 때이다.

2) 거래형태별 공급시기

① 통상적인 용역공급

역무의 제공이 완료되는 때가 공급시기이다.

② 완성도기준지급, 중간지급, 장기할부 또는 기타 조건부 용역공급

계약에 따라 대가의 각 부분을 받기로 한 때가 공급시기이다. 예를 들어 건설도급공사의 경우 공사발주자가 공사시공자에게 대가의 지급을 공사진척도에 따라 여러번으로 나누어 하는 것이 일반적인데 이 경우 공급시기는 대가의 각 부분을 받기로 한 때이다.

③ 위 이외의 경우

역무의 제공이 완료되고 그 공급가액이 확정되는 때가 공급시기이다.

④ 부동산 임대용역

부동산 임대용역이 단일과세기간 내에 제공되는 경우 용역의 공급시기는 그 용역의 제공이 종료되는 시점이 될 것이다. 그러나 부동산 임대용역이 둘 이상의 과세기간에 걸쳐 제공되는 경우에는 용역의 제공이 둘 이상의 과세기간에 걸쳐 이루어졌으므로 용역제공 종료시점을 용역의 공급시기로 보아서는 안될 것이다. 세법은 둘 이상의 과세기간에 걸쳐 부동산 임대용역을 제공하고 그 대가를 선불 또는 후불로 받는 경우 과세표준은 그 금액을 월수로 안분한 금액으로 하며, 이 경우 용역의 공급시기는 예정신고기간 또는 과세기간의 종료일로 한다고 규정하고 있다.

한편, 세법은 사업자가 부동산 임대용역을 공급하고 그 대가로 전세금 또는 임대보증금을 받는 경우 그 전세금이나 임대보증금의 이자에 해당하는 금액을 부가가치세 과세대상으로 하고 있는 바, 이를 간주임대료라 한다. 즉 간주임대료란 부동산 임대용역을 제공하고 전세금 또는 임대보증금을 받는 경우 전세금 등에 대하여 1년 만기 정기예금 이자율로 계산한 금액을 임대료로 간주하여 과세하는 것을 말한다. 이러한 간주임대료의 경우도 그 공급시기를 예정신고기간 또는 과세기간의 종료일로 한다.

구분	용역의 공급시기
① 통상적인 용역공급	역무의 제공이 완료되는 때
② 완성도기준지급, 중간지급, 장기할부 또는 기타 조건부용역공급	대가의 각 부분을 받기로 한 때
③ 위 이외의 경우	역무의 제공이 완료되고 그 공급가액이 확정되는 때
④ 간주임대료 및 둘 이상의 과세기간에 걸쳐 부동산 임대용역을 공급하고 그 대가를 선불 또는 후불로 받는 경우	예정신고기간 또는 과세기간의 종료일

예 제

다음 중 용역의 공급시기에 관한 설명으로 옳지 않은 것은?
① 통상적인 용역의 공급시기는 역무의 제공이 완료되는 때이다.
② 완성도기준지급조건인 경우 공급시기는 역무의 제공이 완료되는 때이다.
③ 간주임대료의 공급시기는 예정신고기간 또는 과세기간의 종료일이다.
④ 둘 이상의 과세기간에 걸쳐 부동산 임대용역을 공급하고 그 대가를 선불 또는 후불로 받는 경우 해당 용역의 공급시기는 예정신고기간 또는 과세기간의 종료일이다.

풀 이

②: 완성도기준지급조건인 경우 공급시기는 대가의 각 부분을 받기로 한 때이다.

(3) 세금계산서 등의 발급과 관련된 공급시기의 특례

1) 공급시기 전에 대가를 받고 세금계산서 등을 발급한 경우

사업자가 본래의 재화 또는 용역의 공급시기가 되기 전에 재화 또는 용역의 공급에 대한 대가의 전부 또는 일부를 받고 그 받은 대가에 대하여 세금계산서 또는 영수증을 발급하면 그 세금계산서 등을 발급한 때를 각각 그 재화 또는 용역의 공급시기로 본다.

2) 세금계산서를 발급한 후 발급일부터 7일 이내에 대가를 받은 경우

사업자가 재화 또는 용역의 공급시기가 되기 전에 세금계산서를 발급하고 그 세금계산서 발급일부터 7일 이내에 대가를 받으면 해당 세금계산서를 발급한 때를 재화 또는 용역의 공급시기로 본다.

3) 세금계산서를 발급한 후 7일이 지난 후 대가를 받은 경우

다음 중 어느 하나에 해당하는 경우에는 재화 또는 용역을 공급하는 사업자가 그 재화 또는 용역의 공급시기가 되기 전에 세금계산서를 발급하고 그 세금계산서를 발급일부터 7일이 지난 후 대가를 받더라도 해당 세금계산서를 발급한 때를 재화 또는 용역의 공급시기로 본다.

① 거래 당사자 간의 계약서·약정서 등에 대금 청구시기와 지급시기(세금계산서 발급일을 말함)를 따로 적고, 대금 청구시기와 지급시기 사이의 기간이 30일 이내인 경우
② 재화 또는 용역의 공급시기가 세금계산서 발급일이 속하는 과세기간 내(공급받는 자가 조기환급을 받은 경우에는 세금계산서 발급일부터 30일 이내)에 도래하는 경우

4) 장기할부판매와 계속적 공급의 경우

다음 중 어느 하나에 해당하는 경우에는 공급시기가 되기 전에 세금계산서 또는 영수증을 발급하는 경우에는 그 발급한 때를 각각 그 재화 또는 용역의 공급시기로 본다.

① 장기할부조건으로 재화 또는 용역을 공급하는 경우
② 전력이나 그 밖에 공급단위를 구획할 수 없는 재화 또는 용역을 계속적으로 공급하는 경우

5) 외국항행용역의 공급으로서 선하증권에 따라 거래사실이 확인되는 경우

외국항행용역을 공급하는 경우로서 상법에 따라 발행된 선하증권에 따라 거래사실이 확인되는 경우(용역의 공급시기가 선하증권 발행일부터 90일 이내인 경우로 한정함)로서 공급시기가 되기 전에 세금계산서 또는 영수증을 발급하는 경우에는 그 발급한 때를 각각 그 재화 또는 용역의 공급시기로 본다.

구분	공급자	공급받는 자	
		매입세액 공제여부	가산세 부과여부
① 세금계산서의 발급시기가 지난 후 공급시기가 속하는 과세기간에 대한 확정신고기한까지 발급한 경우	지연발급 가산세(1%)	매입세액 공제	가산세 부과(0.5%)
② 공급일자가 속하는 과세기간에 대한 확정신고기한의 다음 날부터 1년 이내 발급한 경우	미발급 가산세(2%)	매입세액공제	가산세 부과(0.5%)
③ 공급일자가 속하는 과세기간에 대한 확정신고기한의 다음 날부터 1년이 지난 후 발급한 경우	미발급 가산세(2%)	매입세액 불공제	가산세 배제

예 제

다음 중 공급시기에 관한 설명으로 옳지 않은 것은?
① 사업자는 원칙적으로 공급시기에 세금계산서를 발급하여야 한다.
② 세금계산서 발급시기가 지난 후에 세금계산서를 발급하면 세법상 불이익이 발생한다.
③ 장기할부판매의 경우에는 대가의 각 부분을 받기로 한 때가 공급시기이다.
④ 공급시기 도래 전에는 세금계산서를 발급할 수 없다.

풀 이

④: 공급시기 도래 전이라도 일정요건을 갖춘 경우에는 세금계산서를 선발급할 수 있다.

III 영세율과 면세

부가가치세란 모든 재화 및 용역의 공급에 대하여 10%의 동일한 세율로 과세하는 것을 원칙으로 한다. 그러나 부가가치세법은 그 예외를 규정하고 있는 바, 세율 및 과세대상에 대한 예외규정인 영세율 및 면세제도를 규정하고 있다.

1 영세율

(1) 영세율제도의 개요

'영세율'이란 재화와 용역의 공급에 대하여 "0"의 세율을 적용하는 것을 말한다. 부가가치세의 과세방법은 전단계세액공제방식에 의하고 있으므로 매출세액에서 매입세액을 공제하여 납부세액을 계산하게 된다. 이 경우 영세율을 적용하면 매출세액이 발생하지 아니하는 반면 사업자가 부담한 매입세액은 전액 환급받게 되어 부가가치세 부담이 완전히 제거된다. 이처럼 영세율제도는 해당 거래단계에서 창출된 부가가치뿐만 아니라 그 이전단계에서 창출된 부가가치에 대하여도 과세되지 않는 효과를 가져오므로 이를 완전면세제도라고 한다.

```
부가가치세 = 매출세액 − 매입세액
          = 매출액 × 0% − 매입세액
          = 0 − 매입세액
          = − 매입세액(환급)
```

심화학습

면세제도와의 차이

일반적으로 면세제도란 부가가치세의 납부의무 자체가 면제되는 것을 말한다. 따라서 면세의 경우 재화 또는 용역의 공급에 대한 매출세액은 영세율과 같이 발생하지 아니하나, 재화 또는 용역을 공급받으면서 부담한 매입세액은 환급받을 수 없다. 이처럼 면세제도는 해당 거래에서 창출된 부가가치에 대하여는 과세하지 아니하나 그 이전 단계에서 창출된 부가가치까지 면제하는 것은 아니므로 이를 부분면세제도라고 한다.

(2) 영세율제도의 취지

영세율은 수출 등과 같이 재화나 용역을 외국에 공급하는 거래에 적용된다. 만약, 수출상품에 대하여 수출하는 나라와 수입하는 나라에서 각각 부가가치세를 과세한다면 이는 동일한 재화에 대하여 두번 과세하는 결과를 낳는다. 따라서 소비지과세원칙을 적용하는 부가가치세에서는 수출상품이 소비되는 곳이 우리나라가 아닌 외국인 점을 고려하여 수출상품에 대하여 영세율을 적용하도록 규정하고 있다.

한편, 영세율은 부가가치세가 없는 외국의 상품들과 경쟁에서 뒤처지지 않도록 하기 위한 것이기도 하다. 예를 들어 10,000원에 판매되는 상품에 10%인 부가가치세를 과세하면 결국 상품은 11,000원이 된다. 만약, 이 상품이 미국에 수출되어 해외 여러나라의 경쟁업체와 경쟁하게 될 경우, 다른 경쟁국이 부가가치세를 도입하지 않고 있다면 결국 우리나라 상품가격이 부가가치세액인 1,000원 만큼 비싸질 가능성이 있다. 따라서 주로 수출하는 재화 등에 대해서 부가가치세율을 "0"으로 하여 부가가치세가 과세되지 않게 함으로써 수출경쟁력을 확보하도록 하는 제도가 영세율인 것이다.

주의할 것은 영세율제도는 세율을 "0"으로 한다는 것이지 부가가치세의 납세의무 자체가 면제되는 것이 아니기 때문에 사업자등록, 세금계산서 발급 등 납세의무자로서의 모든 의무는 이행하여야 하며 이를 이행하지 아니하면 가산세 등 불이익이 발생한다.

(3) 영세율적용대상 사업자의 범위

영세율 적용대상자는 과세사업자이어야 한다. 따라서 면세사업자는 면세를 포기하지 않는 한 영세율을 적용받을 수 없다. 면세사업자가 영세율을 적용받기 위해서는 면세포기를 하여야 한다.

(4) 영세율적용 재화 또는 용역의 범위

영세율을 적용받는 재화 또는 용역은 다음과 같이 주로 외화획득과 관련된 거래이다.

① 재화의 수출(일반수출, 내국신용장에 의한 공급 등)
② 용역의 국외제공
③ 외국항행 용역의 공급
④ 기타 외화획득 재화 또는 용역[1]

  [1] 외화획득용역으로서 국내에서 비거주자[2], 외국법인에 공급하는 전문과학 및 기술서비스업, 사업지원서비스업, 상품중개업, 전자상거래 소매중개업 등으로 용역의 범위가 확대되었다.
  [2] 국내에 거소를 둔 개인, 외교공관 등의 소속정원 UN군과 미합중국군대의 장병 및 공무원 제외

예 제

다음 중 영세율에 관한 설명으로 옳지 않은 것은?
① 영세율은 재화와 용역의 공급에 대하여 "0"의 세율을 적용하는 것을 말한다.
② 영세율은 수출 등과 같이 주로 외화획득과 관련된 거래에 적용된다.
③ 영세율이 적용되는 사업자도 사업자등록, 세금계산서 발급 등 납세의무자로서의 모든 의무를
  이행하여야 한다.
④ 영세율은 해당 거래에서 창출된 부가가치에 대해서는 과세하지 아니하나 그 이전 단계에서 창
  출된 부가가치까지 면제하는 것이 아니므로 이를 부분면세제도라고 한다.

풀 이

④: 면세제도에 대한 설명이다. 영세율을 적용하면 매출세액이 발생하지 아니하는 반면 사업자가
  부담한 매입세액은 전액 환급받게 되어 부가가치세 부담이 완전히 면제된다. 이처럼 영세율제
  도는 해당 거래단계에서 창출된 부가가치뿐만 아니라 그 이전단계에서 창출된 부가가치에 대하
  여도 과세되지 않는 효과를 가져오므로 이를 완전면세제도라고 한다.

(5) 영세율과 세금계산서

직수출하는 재화의 경우에는 세금계산서발급의무가 면제되지만 내국신용장 또는 구매확인서에
의한 간접수출의 경우에는 재화의 공급자인 사업자가 수출업자에게 세금계산서를 발급하여야 한
다. 이 경우 발급되는 세금계산서의 세액란에는 매출세액이 "0"이 되므로 "영세율"이라고 기재한다.

구분	영세율 적용대상
세금계산서 발급	내국신용장 또는 구매확인서에 의한 수출재화
세금계산서 발급의무 면제	① 직수출하는 재화 ② 국외에서 제공하는 용역 ③ 선박·항공기의 외국항행 용역 등 ④ 기타 외화획득 사업

내국신용장(Local L/C)

내국신용장(Local L/C)이란 수출업자가 수령한 신용장(원신용장 Master L/C) 등을 근거로 수출물품을 제조하기 위한 원자재 등을 국내에서 원활히 조달하기 위하여 국내 공급업자를 수혜자로 하여 개설한 국내신용장을 말한다.

예제

다음은 (주)삼일의 2025년 제1기 예정신고를 위한 자료이다.

2025년 1월 1일부터 3월 31일까지의 거래		
국내판매	세금계산서 발행 매출액(VAT 미포함)	500,000,000원
	신용카드매출전표 발행분(VAT 포함)	330,000,000원
	현금영수증 발행(VAT 포함)	22,000,000원
수출분	내국신용장에 의한 공급분(Local 수출분)	400,000,000원
	직수출분	600,000,000원

부가가치세신고서상 과세표준과 세액은 각각 얼마인가? 다만, 세금계산서는 적법하게 발급하였다고 가정한다.

구분				금액	세율	세액
과세표준 및 매출세액	과세	세금계산서발급분	(1)		10/100	
		매입자발행세금계산서	(2)		10/100	
		신용카드 · 현금영수증발행분	(3)		10/100	
		기타(정규영수증외매출분)	(4)			
	영세율	세금계산서 발급분	(5)		0/100	
		기타	(6)		0/100	

풀 이

① 세금계산서 발행 매출액은 과세(세금계산서)란에 기재한다.
② 신용카드매출전표발행분과 영수증발행분은 과세(신용카드 · 현금영수증 발행분)란에 기재하며, 부가가치세를 제외한 금액을 기재한다.
③ 수출하는 재화는 영세율이 적용되며, 내국신용장에 의한 재화공급은 세금계산서 발급의무가 있으므로 영세율(세금계산서)란에 기재한다.
④ 직수출은 영세율이 적용되며, 세금계산서 발급의무가 면제되므로 영세율(기타)란에 기재한다.

구분				금액	세율	세액
과세표준 및 매출세액	과세	세금계산서발급분	(1)	500,000,000	10/100	50,000,000
		매입자발행세금계산서	(2)		10/100	
		신용카드·현금영수증발행분	(3)	320,000,000*	10/100	32,000,000
		기타(정규영수증외매출분)	(4)			
	영세율	세금계산서 발급분	(5)	400,000,000	0/100	0
		기타	(6)	600,000,000	0/100	0

$$* \, (330,000,000 + 22,000,000) \times \frac{100}{110} = 320,000,000$$

2 면세

면세제도란 부가가치세의 납세의무가 면제되는 것을 말한다. 면세사업자는 부가가치세법상 사업자가 아니므로 과세표준의 신고, 사업자등록, 세금계산서 발급 등의 의무가 없으며, 또한 면세사업자는 영세율과는 달리 매입한 재화 또는 용역에 대하여 부담한 매입세액을 환급받을 수 없다. 따라서 면세사업자가 부담한 매입세액은 원가에 가산되어 다음 거래상대방에게 전가될 수밖에 없다. 이처럼 면세제도는 해당 거래에서 창출된 부가가치에 대하여는 과세하지 아니하나 그 이전 단계에서 창출된 부가가치까지 면제하는 것은 아니므로 이를 부분면세제도라고 한다.

면세제도는 주로 기초 생필품 또는 국민후생용역과 관련하여 최종소비자의 세부담을 줄이기 위하여 운용되고 있다. 이는 재화나 용역의 공급에 있어 그 최종소비단계에서 면세를 적용하면 면세사업자가 창출한 부가가치만큼 최종소비자의 세부담이 경감되기 때문이다.

이러한 면세제도는 최종소비자에게 부가가치세 부담을 경감시키기 위한 제도이나 면세사업자는 매입에 대해 지급한 부가가치세를 환급받지 못하기 때문에 불리할 수도 있다. 따라서 세법은 특정요건을 만족시키는 경우에는 제한적으로 면세포기를 할 수 있도록 하고 있다.

(1) 면세의 대상

면세의 적용대상은 주로 국민생활 안정과 관련한 재화 및 용역의 공급 또는 재화의 수입으로 하며, 면세적용 대상은 다음과 같다.

① 미가공식료품, 수돗물, 연탄과 무연탄, 영·유아 기저귀와 분유, 여성용 생리처리 위생용품 등 생활필수품

② 여객운송용역. 다만, 항공기, 우등고속버스·고급고속버스, 전세버스, 택시, 자동차대여사업, 특수선박 또는 고속철도에 의한 운송용역, 삭도·관광유람선업·관광순환버스업·관광궤도업 등에 제공되는 운송수단에 의한 여객운송용역은 제외한다.

③ 주택과 이에 부수되는 토지의 임대용역: 부동산의 임대는 원칙적으로 과세대상이나 주택과 그 부수토지의 임대는 면세대상이다. 주택이란 상시 주거용으로 사용하는 건물을 말한다. 또한 부수토지란 주택정착면적의 5배(도시계획구역 밖의 토지는 10배)를 초과하지 아니하는 것을 말하며, 이를 초과하는 부분은 과세되는 토지의 임대로 본다.

④ 의료보건용역과 혈액(치료·예방·진단 목적으로 조제한 동물의 혈액 포함) `'25 개정` : 의사, 간호사, 한의사, 수의사(애완동물 진료 용역 중 발생빈도 높은 질병 치료 용역 포함), 장의사 등
  * 미용목적 성형수술·성형시술 등은 과세

⑤ 교육용역. 단, 정부의 인·허가를 받은 학교, 학원, 강습소, 훈련원, 교습소, 기타 비영리단체 및 청소년수련시설, 산학협력단, 사회적기업, 사회적협동조합, 과학관, 미술관에 한한다. (다만, 무도학원과 자동차운전학원 부가가치세 과세대상임).

⑥ 도서(실내 도서열람 및 도서대여 용역 포함), 신문, 잡지, 관보, 통신 및 방송. 다만, 광고는 제외한다.

⑦ 토지의 공급

⑧ 국민주택과 당해 주택의 건설용역(리모델링용역 포함)

토지의 공급은 면세대상이나 건물의 공급은 과세대상이다. 다만, 건물의 공급 중 국민주택의 공급은 예외적으로 면세이다. 이 경우 국민주택이란 주택건설등록업자가 건설하는 주거전용면적이 85㎡ 이하의 주택을 말한다. 세법은 국민주택을 공급하는 경우에만 면세하도록 하고 있으므로 주택이라 하더라도 국민주택이 아닌 주택의 공급은 과세된다.

부동산의 공급과 부동산의 임대에 대한 면세 여부

부동산이 공급(재화의 공급)	부동산의 임대(용역의 제공)
① 토지의 공급: 면세	① 원칙: 과세
② 건물의 공급: 과세	② 예외: 주택 및 부속토지의 임대는 면세
(예외: 국민주택의 공급은 면세)	

(2) 면세포기

면세제도로 인한 혜택은 최종소비자가 얻게 된다. 만약 사업자가 임의로 면세를 포기할 경우에는 최종소비자의 세부담이 증가하게 되므로, 사업자의 선택에 의한 면세포기는 허용하지 않고 있다. 하지만, 영세율 적용을 받는 경우에는 면세를 적용할 경우 매입세액을 공제받지 못하는 불이익이 발생하기 때문에 세법은 영세율 적용대상인 재화 또는 용역을 공급하는 면세사업자의 경우 그 선택에 따라 면세를 포기하고 과세사업자로 전환하여 영세율을 적용받을 수 있도록 하는 제도를 마련하고 있다. 이를 '면세포기'라 한다.

면세포기를 하는 경우에는 면세포기대상이 되는 재화 또는 용역의 공급 중에서 면세포기하고자 하는 재화 또는 용역의 공급만을 구분하여 면세포기할 수 있다. 영세율 적용의 대상에 해당되어 면세적용을 포기한 사업자가 면세되는 재화 또는 용역을 국내에 공급하는 때에는 면세포기의 효력이 없으므로 면세를 적용한다.

예제 1

다음 중 부가가치세가 면세되는 재화 또는 용역만을 모은 것은?

a. 과실류	b. 수돗물	c. 우등고속버스 여객운송용역
d. 상가임대용역	e. 주택임대용역	f. 토지의 공급
g. 일반건물의 공급	h. 신문사 광고	

① a, b, c, e, g ② a, b, e, f
③ a, b, e, f, h ④ b, e, f, g

풀 이

②: a. 과실류는 미가공식료품이므로 면세이다.
   b. 수돗물은 기초생활필수품으로 면세이다.
   c. 일반버스(일반고속버스 포함) 여객운송용역은 면세이나 우등고속버스·고급고속버스에 의한 여객운송용역은 과세이다.
   d. 상가임대용역은 부동산의 임대용역으로 과세이다.
   e. 부동산의 임대용역 중 주택임대용역은 예외적으로 면세이다.
   f. 토지의 공급은 면세이다.
   g. 국민주택의 공급은 면세이나 일반건물의 공급은 과세이다.
   h. 도서, 신문 등은 면세이나 광고는 과세이다.

예제 2

다음 중 면세제도에 관한 설명으로 옳지 않은 것은?
① 면세제도란 부가가치세의 납세의무가 면제되는 것을 말한다.
② 면세사업자도 사업자이므로 세금계산서를 발급해야 한다.
③ 영세율 적용대상인 재화 또는 용역을 공급하는 면세사업자의 경우 선택에 따라 면세를 포기할 수 있다.
④ 면세사업자는 매입한 재화 또는 용역에 대하여 부담한 매입세액을 환급받을 수 없다.

②: 면세사업자는 부가가치세법상 사업자가 아니므로(법인세법 또는 소득세법상 사업자임) 부가가치세의 일반적인 규정을 적용하지 않는다. 따라서 면세사업자는 과세표준의 신고, 세금계산서 발급 등의 의무가 없다.

영세율과 면세

구분	영세율	면세
기본취지	소비지국 과세원칙의 구현	부가가치세의 역진성 완화
적용대상	수출하는 재화 등 특정 거래	기초생활 필수재화·용역 등 특정 재화·용역
면세정도	완전면세제도(영세율 적용단계 및 그 전 단계의 부가가치 전체에 대하여 면제)	부분면세제도(면세 적용단계에서 창출되는 부가가치에 대하여 면제)
과세표준 및 매출세액	과세표준에는 포함되나, 영의 세율이 적용되므로 거래 징수할 매출세액은 없음.	납세의무가 없으므로 과세표준에 포함되지 아니하며, 거래 징수할 매출세액도 없음.
매입세액	매입세액이 전액 환급되어 최종 소비자에게 전가되지 아니함.	매입세액이 공제되지 아니하므로 재화의 공급가액에 포함되어 최종소비자에게 전가됨.
사업자 여부	부가가치세법상의 사업자임.	부가가치세법상의 사업자가 아님.
의무	부가가치세법상 사업자로서의 제반의무를 이행하여야 함.	부가가치세법상 사업자가 아니므로 원칙적으로는 제반의무를 이행할 필요가 없음.

Ⅳ　과세표준

　과세표준이란 세액을 산출하는데 있어 그 기초가 되는 과세대상의 수량 또는 가액을 말한다. 부가가치세는 전단계세액공제방법을 따르고 있기 때문에 매출세액에서 매입세액을 공제하여 납부세액을 산출하게 된다. 따라서 부가가치세의 과세표준은 매출세액을 산출하는 기준금액을 의미하게 된다. 세법상 재화 또는 용역의 공급에 대한 과세표준은 공급가액으로 한다.

1　과세표준 계산의 일반원칙

　재화 또는 용역의 공급에 대한 과세표준은 해당 과세기간에 공급한 재화 또는 용역의 공급가액을 합한 금액으로 한다. 재화 또는 용역의 공급가액은 다음과 같다.

구분	공급가액
금전으로 대가를 받는 경우	그 대가
금전 외의 대가를 받는 경우	공급한 재화 또는 용역의 시가

　공급가액에는 부가가치세는 포함하지 아니한다. 사업자가 재화 또는 용역을 공급하고 그 대가로 받은 금액에 부가가치세가 포함되었는지 여부가 불분명한 경우에는 부가가치세가 포함된 것으로 보아 그 대가로 받은 금액의 110분의 100에 해당하는 금액을 공급가액으로 한다.

(1) 금전으로 대가를 받는 경우

　금전으로 대가를 받는 경우에는 그 대가를 공급가액으로 하며, 거래상대방으로부터 받은 대금, 요금, 수수료 기타 명목여하에 불구하고 실질적 대가관계에 있는 모든 금전적 가치가 있는 것을 포함한다.

　그러나 재화 또는 용역의 공급에 대한 대가로 볼 수 없는 부분은 공급가액에 포함하지 아니한다. 예를 들어 반환의무가 있는 보증금이나 입회금, 위약금, 손해배상금, 장려금 등을 받는 것은 대가에 포함되지 않는다.

구분	공급가액
외상판매 및 할부판매의 경우	공급한 재화의 총가액
장기할부판매의 경우	계약에 따라 받기로 한 대가의 각 부분
완성도기준지급·중간지급조건부로 재화·용역을 공급하거나 계속적으로 재화·용역을 공급하는 경우	계약에 따라 받기로 한 대가의 각 부분

(2) 금전 외의 대가를 받는 경우

금전 외의 대가를 받는 경우에는 자기가 공급한 재화 또는 용역의 시가를 공급가액으로 한다. 예를 들어 현물로 대가를 받거나 건설용역을 제공하고 일정기간 건물사용권을 가지는 경우가 이에 해당한다. 이 경우 시가란 사업자와 제3자 간의 정상적인 거래에 있어서 형성되는 가격을 말한다.

예 제

부가가치세 공급가액에 관한 다음 설명이 맞으면 O, 틀리면 X로 표시하라.
① 금전으로 대가를 받는 경우에는 그 대가를 공급가액으로 한다.
② 할부판매의 경우에는 계약에 따라 받기로 한 대가의 각 부분을 공급가액으로 한다.
③ 완성도기준지급조건인 경우 계약에 따라 받기로 한 대가의 각 부분을 공급가액으로 한다.
④ 계약의 위약으로 인한 위약금은 공급가액에 포함하여야 한다.
⑤ 금전 외의 대가를 받는 경우에는 대가로 받은 재화 또는 용역의 시가를 공급가액으로 한다.

풀 이

① O
② ×: 할부판매는 장기할부판매와는 달리 공급한 재화의 총가액을 공급가액으로 한다.
③ O
④ ×: 위약금은 공급가액에 포함하지 아니한다.
⑤ ×: 대가로 받은 재화 또는 용역의 시가가 아니라 자기가 공급한 재화 또는 용역의 시가를 공급가액으로 한다.

(3) 공급가액에 포함하지 않는 금액

다음 금액은 과세표준에 포함하지 아니한다.

① 매출에누리－매출에누리란 품질, 수량 및 인도, 공급가액의 결제, 기타 공급조건에 따라 통상의 공급가액에서 직접 공제하는 금액을 말한다.
② 환입된 재화의 가액(매출환입)
③ 공급받는 자에게 도달하기 전에 파손, 훼손 또는 멸실된 재화의 가액
④ 공급대가의 지급지연으로 인하여 지급받는 연체이자(계약 등에 의해 확정된 대가의 지급지연으로 받는 것)
⑤ 매출할인－재화 또는 용역을 공급한 후 그 공급가액에 대한 할인액

예 제

다음은 부가가치세 과세사업을 영위하는 (주)진혜원의 제1기 예정신고기간의 거래내역이다. 제1기 예정신고기간의 과세표준은 얼마인가?
① 매출액: 50,000,000원(매출에누리 3,000,000원과 매출할인 1,000,000원이 차감된 금액임)
② 매출처로부터 받은 외상매출금 연체이자: 500,000원

풀 이

① 매출처로부터 받은 외상매출금 연체이자는 과세대상이 아니다.
② 과세표준＝50,000,000원

(4) 재화의 수입에 대한 과세표준

재화의 수입에 대한 부가가치세 과세표준은 관세의 과세가격과 관세, 개별소비세, 주세, 교육세, 교통·에너지·환경세 및 농어촌특별세의 합계액으로 한다. 세관장은 여기에 세율을 곱하여 계산한 부가가치세를 수입자로부터 징수하여야 한다.

수입재화의 과세표준＝관세의 과세가격＋관세＋개별소비세, 교통·에너지·환경세, 주세
＋교육세·농어촌특별세

다음 중 부가가치세 과세표준에 포함되지 않는 것은?
① 매출에누리
② 수입재화의 관세
③ 해당 재화에 과세되는 개별소비세
④ 반환의무가 없는 골프연습장 입회금

①: ① 매출에누리는 과세표준에 포함하지 아니한다.
② 관세의 과세가격은 수입재화의 과세표준에 포함된다.
③ 개별소비세·교통·에너지·환경세·주세가 부과되는 재화 또는 용역에 대하여는 개별소비세·교통·에너지·환경세·주세를 포함한 금액이 부가가치세 과세표준이 된다.
④ 반환의무가 있는 입회금은 과세표준에 포함하지 않으나 반환의무가 없는 입회금은 과세표준에 포함한다.

(5) 부동산임대용역에 대한 과세표준의 계산

1) 전세금 등에 대한 간주임대료의 계산

일반적으로 부동산임대용역에 대한 대가는 임대료를 지급하거나 전세금의 형태로 구성된다. 이 중 임대료를 지급받는 경우는 지급받은 임대료가 과세표준이 된다. 반면 전세금의 경우는 지급받은 전세금이 과세표준이 될 수 없다. 왜냐하면 전세금은 임대료와는 달리 임대기간 종료 후 반환해야 할 성질의 것이기 때문이다. 따라서 전세금의 경우는 임대기간동안 전세금을 운용할 수 있는 권리를 용역에 대한 대가로 받은 것이므로 그 과세표준은 전세금을 운용하여 얻는 이자수익 등이 될 것이다. 이러한 이유로 세법은 사업자가 부동산임대용역을 공급하고 전세금 또는 임대보증금을 받는 경우 다음 계산식과 같이 전세금 등에 정기예금이자율을 적용하여 계산한 이자상당액을 임대료로 보아 과세한다.

$$해당\ 과세기간\ 전세금\ 또는\ 임대보증금 \times 정기예금이자율 \times \frac{과세대상기간의\ 일수}{365(윤년은\ 366)}$$

위의 산식에서 정기예금이자율이란 기획재정부령이 정하는 계약기간 1년의 정기예금이자율('25년 기준 연 <u>3.1%</u>)을 말한다. `'25 개정` (종전: 연 3.5%)

예 제

다음 자료는 부동산임대업을 영위하는 진혜원 씨의 2025년 제1기 예정신고기간(2025.1.1.~2025.3.31.)의 거래내역이다. 진혜원 씨의 2025년 제1기 예정신고기간의 부가가치세 과세표준은 얼마인가?
① 임대부동산: 상가
② 임대기간: 2024. 12. 1. ~ 2025. 11. 30.
③ 임대보증금: 100,000,000원
④ 임대료: 월 1,500,000원
⑤ 기획재정부령이 정하는 계약기간 1년의 정기예금이자율: 3.1%

풀 이

① 임대료: 월 1,500,000원×3개월=4,500,000원

② 간주임대료: $100,000,000원 × 3.1\% × \dfrac{90일}{365일} = 764,383원$

③ 과세표준: ① + ② = 5,264,383원

2) 임대용역의 대가를 선불 또는 후불로 받는 경우

사업자가 둘 이상의 과세기간에 걸쳐 부동산 임대용역을 공급하고 그 대가를 선불 또는 후불의 방법으로 일시에 받는 경우에는 다음의 금액을 과세표준으로 한다.

$$\text{선불 또는 후불로 받는 임대료} \times \dfrac{\text{과세대상기간의 개월 수}}{\text{계약기간의 개월 수}}$$

이 경우 개월 수 계산에 관하여는 해당 계약기간의 개시일이 속하는 달이 1개월 미만이면 1개월로 하고, 해당 계약기간의 종료일이 속하는 달이 1개월 미만이면 산입하지 아니한다.

다음은 부동산임대업을 영위하는 윤용준 씨의 20×2년 제1기 예정신고기간의 거래내역이다. 윤용준 씨의 20×2년 제1기 예정신고기간의 부가가치세 과세표준은 얼마인가?
① 임대부동산: 오피스 빌딩
② 임대기간: 20×2. 1. 17. ~ 20×3. 1. 16.
③ 임대료 총액: 12,000,000원(선급조건)

임대계약기간의 월수 계산시 개시일이 속하는 달이 1개월 미만이면 1개월로 하고, 종료일이 속하는 달이 1개월 미만이면 산입하지 아니하므로 계약기간은 총 12개월이다.

$$12,000,000원 \times \frac{3개월}{12개월} = 3,000,000원$$

V 납부세액

1 납부세액의 계산방법

부가가치세 납부세액은 다음과 같이 계산된다.

매출세액	… 과세표준×세율+예정신고누락분±대손세액가감
(−) 매입세액	… 매입처별세금계산서합계표상의 매입세액 + 그 밖의 공제매입세액− 공제받지 못할 매입세액
납부세액(환급세액)	
(−) 공제 · 경감세액	
(−) 미환급세액 · 기납부세액	
(+) 가산세	
차가감납부(환급)세액	… 74.7%를 부가가치세로 하고, 나머지 25.3%를 지방소비세로 함.

❶ 신 고 내 용			금 액	세율	세 액
과세표준 및 매출세액	과세	세 금 계 산 서 발 급 분 (1)		10/100	
		매 입 자 발 행 세 금 계 산 서 (2)		10/100	
		신용카드·현금영수증발행분 (3)		10/100	
		기타(정규영수증외매출분) (4)			
	영세율	세 금 계 산 서 발 급 분 (5)		0/100	
		기 타 (6)		0/100	
	예 정 신 고 누 락 분 (7)				
	대 손 세 액 가 감 (8)				
	합 계 (9)			㉑	
매입세액	세금계산서 수취분	일 반 매 입 (10)			
		수출기업수입분 납부유예 (10-1)			
		고 정 자 산 매 입 (11)			
	예 정 신 고 누 락 분 (12)				
	매 입 자 발 행 세 금 계 산 서 (13)				
	기 타 공 제 매 입 세 액 (14)				
	합 계((10)+(11)+(12)+(13)+(14)) (15)				
	공 제 받 지 못 할 매 입 세 액 (16)				
	차 감 계((15)-(16)) (17)			㉯	
납부(환급)세액(매출세액㉑-매입세액㉯)				㉰	
경감·공제세액	기 타 경 감·공 제 세 액 (18)				
	신용카드매출전표 등 발행공제등 (19)				
	합 계 (20)			㉱	
예 정 신 고 미 환 급 세 액 (21)				㉲	
예 정 고 지 세 액 (22)				㉳	
금지금 매입자 납부특례 기납부세액 (23)				㉴	
가 산 세 액 계 (24)				㉵	
차가감하여 납부할 세액(환급받을 세액)(㉰-㉱-㉲-㉳-㉴+㉵) (25)					
총괄납부사업자 납부할 세액(환급받을 세액)					

* (10-1) 수출 중소·중견기업의 자금부담 완화를 위하여 재화를 수입할 때 세관장에서 납부하던 부가가치세의 납부를 유예하고, 이후 세무서장에게 납부세액 등을 신고할 때 납부가 유예된 부가가치세를 납부할 수 있도록 한 것이다.

(1) 매출세액의 계산

　매출세액은 과세표준에 세율을 곱하여 산출된다. 이 경우 부가가치세법은 해당 예정신고기간 또는 과세기간동안 발생한 거래를 일반세율 10%가 적용되는 거래와 영세율이 적용되는 거래로 각각 구분하도록 하고 있다. 이는 각각 적용되는 세율이 다르기 때문이다. 다만, 영세율 거래는 "0"의 세율이 적용되므로 매출세액은 발생하지 않는다.

　한편, 확정신고시에는 매출세액 계산시 예정신고시보다 추가적으로 포함되는 것이 있는데 예정신고누락분과 대손세액가감이다. 즉 확정신고시에는 예정신고시 누락한 거래와 해당 과세기간 동안 대손이 확정된 거래를 추가로 신고하여야 한다. 따라서 확정신고시 매출세액은 과세거래분과 영세율 거래분의 합계액에 예정신고누락분을 가산한 후 해당 과세기간에 확정된 대손세액을 가감하여 산출된다.

과세표준 및 매출세액

구분	과세표준 및 매출세액
예정신고	과세거래분＋영세율거래분
확정신고	과세거래분＋영세율거래분＋예정신고누락분 ± 대손세액가감

(2) 대손세액가감

1) 대손세액공제의 의의

　세법상 사업자는 재화와 용역을 공급하면 상대방으로부터 부가가치세를 거래징수하여 납부하여야 한다. 부가가치세 납세의무는 사업자가 거래상대방으로부터 실제로 부가가치세를 징수하였는지 여부에 상관없이 성립한다. 따라서 사업자는 외상으로 매출을 하여 아직 상대방으로부터 부가가치세를 징수하지 못하였더라도 이를 납부하여야 한다. 즉 외상매출의 경우 부가가치세 신고기간 이후에 매출채권을 회수하게 되더라도 사업자는 부가가치세를 먼저 납부하여야 한다.

　그런데 만약 거래상대방이 사망하거나 파산 또는 부도 등이 발생하여 매출채권을 회수할 수 없게 된다면 사업자는 재화 등의 공급대가뿐만 아니라 이미 납부한 부가가치세도 떼이게 되는 경우에 처하게 된다. 이러한 경우 대손으로 인하여 회수할 수 없게 된 부가가치세를 '대손세액'이라 한다.

공급자의 입장에서 대손세액은 공급받은 자를 대신하여 미리 부담한 부가가치세이다. 따라서 대손발생시 세법이 이를 환급해 주지 않는다면 회수하지 못한 매출세액을 부담하게 되는 억울한 상황이 발생하게 된다. 세법은 이러한 점을 감안하여 재화·용역을 공급한 후 대손이 발생하면 그 대손이 확정된 과세기간의 매출세액에서 대손세액을 차감하도록 하고 있는데, 이를 '대손세액공제'라 한다. 대손세액공제는 대손이 발생한 경우 그 거래징수하지 못한 부가가치세를 매출세액에서 차감할 수 있도록 함으로써 기업의 자금부담을 완화시켜주기 위한 제도인 것이다.

2) 대손사유

대손세액공제를 받기 위하여는 공급받는 자에게 다음의 대손사유가 발생하여야 한다.

① 소득세법 시행령 및 법인세법 시행령에 따라 대손금(貸損金)으로 인정되는 경우(p. 99~100 참조).
② 「채무자 회생 및 파산에 관한 법률」에 따른 법원의 회생계획인가 결정에 따라 채무를 출자전환하는 경우. 이 경우 대손되어 회수할 수 없는 금액은 출자전환하는 시점의 출자전환된 매출채권 장부가액과 출자전환으로 취득한 주식 또는 출자지분의 시가와의 차액으로 한다.

3) 대손세액 계산방법 및 공제범위

$$\text{대손세액공제액} = \text{대손금액(부가세 포함가격)}^* \times \frac{10}{110}$$

* 대손금액 = 채권금액 + 부가가치세

위의 계산식에서 대손금액은 부가가치세가 포함된 금액을 말한다. 그리고 대손세액공제는 공급일부터 10년이 지난날이 속하는 과세기간에 대한 확정신고기한까지 확정되는 대손세액으로 한다. 예를 들어, 공급일(매출채권 발생일)이 2015년 2월 5일인 경우 2025년 1기의 확정신고기한(2025년 7월 25일)까지 대손이 확정되어야 한다.

대손세액공제는 대손이 확정되는 날이 속하는 과세기간에만 적용되는 것이므로 대손이 확정되는 과세기간 외의 과세기간에 신고한 대손세액은 공제받을 수 없다. 대손세액공제를 받지 못한 경우에는 경정청구를 통하여 공제받을 수 있다.

한편, 대손세액공제는 확정신고시에만 가능한 것이므로 예정신고시 대손세액공제를 한 경우에는 신고납부불성실 가산세의 적용을 받는다.

4) 대손금의 회수

대손세액공제를 받은 이후에 대손으로 처리했던 금액의 일부나 전부가 회수되면 당초 공제받은 대손세액을 회수한 날이 속하는 과세기간의 매출세액에 더하여야 한다. 이러한 이유로 신고서에는 대손세액공제라고 되어 있지 않고 대손세액가감이라고 되어 있다. 즉 대손세액은 발생하면 매출세액에서 차감하고 이를 나중에 회수하게 되면 매출세액에 다시 더해야 한다.

대손세액공제가 적용되는 경우의 대응조정

구분	공급하는 자	공급받는 자
① 대손이 확정된 경우	대손이 확정된 날이 속하는 과세기간의 매출세액에서 뺀다.	대손이 확정된 날이 속하는 과세기간에 자신의 매입세액에서 뺀다.
② 대손금을 회수한 경우	회수한 날이 속하는 과세기간의 매출세액에 더한다.	변제한 날이 속하는 과세기간의 매입세액에 더한다.

예 제

(주)삼일은 20×2년 5월 14일 (주)용산에게 컴퓨터를 공급하고 부가가치세를 포함한 매출대금 110,000,000원을 어음으로 발급받았다. 그런데 20×2년 7월 3일 (주)용산의 부도로 인하여 (주)삼일은 동 어음에 대하여 은행의 부도확인을 받았다. (주)삼일이 대손세액공제를 받을 수 있는 과세기간 및 그 금액은 얼마인가?

풀 이

① 대손확정일은 수표 또는 어음의 부도발생일부터 6개월이 지난 날이므로 20×2년 7월 3일부터 6개월이 되는 날은 20×3년 1월 3일이고 그 다음 날인 20×3년 1월 4일이다. 따라서 (주)삼일은 20×3년 제1기 확정신고시에 대손세액공제를 적용받는다.

② 대손세액공제액: $110,000,000원 \times \dfrac{10}{110} = 10,000,000원$

3 매입세액

부가가치세는 전단계세액공제법을 적용하고 있다. 따라서 재화 또는 용역의 매입시 거래징수당한 매입세액 또는 재화를 수입할 때 징수당한 매입세액은 납부세액 계산시 공제된다.

(1) 매입세액의 계산

부가가치세법상 매입세액공제액은 세금계산서를 수취한 매입세액에 기타공제매입세액을 가산하고 공제받지 못할 매입세액을 차감하여 계산한다.

매입세액	세금계산서 수취분	일반매입	(10)			
		수출기업수입분 납부유예	(10-1)			
		고정자산매입	(11)			
	예정신고누락분		(12)			
	매입자발행세금계산서		(13)			
	기타공제매입세액		(14)			
	합계((10)+(11)+(12)+(13)+(14))		(15)			
	공제받지못할매입세액		(16)			
	차감계((15)-(16))		(17)		㉯	

1) 세금계산서 수취분

세금계산서 수취분은 매입시 세금계산서를 발급받은 매입세액을 말한다. 여기서 세금계산서란 일반적인 세금계산서와 수입세금계산서를 모두 포함한 것이다. 또한 발급받은 모든 매입세금계산서이므로 공제받지 못하는 매입세금계산서도 포함한다.

2) 매입자발행세금계산서

납세의무자로 등록한 사업자로서 세금계산서 교부의무가 있는 사업자가 재화 또는 용역을 공급하고 세금계산서 발급시기에 세금계산서를 발급하지 아니한 경우(사업자의 부도·폐업, 공급계약의 해제·변경 등으로 사업자가 수정세금계산서 또는 수정전자세금계산서를 발급하지 아니한 경우를 포함함) 그 재화 또는 용역을 공급받은 자는 대통령령으로 정하는 바에 따라 관할세무서장의 확인을 받아 세금계산서(이하 "매입자발행세금계산서"라 한다)를 발행할 수 있다. 매입자발행세금계산서에 기재된 그 부가가치세액은 공제할 수 있는 매입세액으로 본다. 참고로 사업자가 현금영수증의 발급을 거부하는 경우 소비자가 관할세무서장의 확인을 받은 때에는 현금영수증을 발급받은 것으로 간주한다.

3) 기타공제매입세액

기타공제매입세액은 세금계산서에 의한 매입세액은 아니나 일정요건이 갖추어진 경우 세법상 매입세액으로 공제받을 수 있도록 세법이 규정하고 있는 것으로 이에는 신용카드매출전표상의 매입세액 등이 있다.

① 신용카드매출전표상의 매입세액

부가가치세가 과세되는 재화·용역을 공급하고 이에 따라 영수증발급의무가 있는 사업자는 영수증 대신 여신전문금융업법에 따른 신용카드매출전표를 발행할 수 있다. 이러한 신용카드매출전표는 영수증과 마찬가지로 간주되므로 물건을 매입하고 신용카드매출전표를 받는다고 하더라도 이는 세금계산서가 아니므로 매입세액을 공제받을 수 없다. 그러나 일정한 경우에는 신용카드매출전표를 통하여 매입세액공제가 가능하다.

사업자가 다른 사업자로부터 재화 또는 용역을 공급받고 부가가치세액이 별도로 구분 가능한 신용카드매출전표 등을 발급받은 경우 다음 요건을 모두 충족하는 경우 그 부가가치세액은 공제할 수 있는 매입세액으로 본다.

① 신용카드매출전표등 수령명세서를 제출할 것
② 신용카드매출전표등을 보관할 것. 이 경우 소득세법 또는 법인세법에 따른 방법으로 증명 자료를 보관하는 경우에는 신용카드매출전표 등을 보관하는 것으로 본다.
③ 간이과세자가 영수증을 발급하여야 하는 기간에 발급한 신용카드매출전표 등이 아닐 것

(2) 매입세액의 공제시기

매입세액의 공제시기는 해당 재화 또는 용역을 공급받은 거래시기가 속하는 과세기간의 매출세액에서 공제한다. 이 경우 해당 재화의 사용·소비 여부나 해당 세액의 실제 지급여부와 관계없이 공제한다. 따라서 매입한 재화를 사용하지 못하였다 하더라도 매입이 발생한 과세기간에 매입세액을 공제받을 수 있다.

예 제

다음 설명 중 옳지 않은 것은?
① 재화를 공급받을 때 거래징수당한 매입세액은 납부세액 계산시 공제된다.
② 사업과 직접 관련이 없는 지출에 대한 매입세액은 공제받을 수 없다.
③ 영수증발급기간 중인 간이과세자로부터 신용카드매출전표를 발급받은 경우 매입세액을 공제받을 수 있다.
④ 매입세액은 해당 재화의 사용 · 소비여부나 해당 세액의 실제 지급여부와 관계없이 공급시기가 속하는 과세기간의 매출세액에서 공제한다.

풀 이

③: 영수증발급기간 중인 간이과세자로부터 신용카드매출전표를 발급받은 경우에는 매입세액을 공제받을 수 없다.

(3) 공제받지 못할 매입세액

부가가치세법상 공제대상 매입세액은 자기의 사업과 관련하여 매입한 재화 또는 용역에 대한 세액을 의미한다. 다만, 세액을 거래징수당한 사실이 세금계산서에 의하여 입증되는 경우에 한하여 공제가 가능하다. 따라서 사업과 관련성이 없거나, 거래징수당한 사실이 세금계산서에 의하여 입증되지 않는 경우에는 공제를 받을 수 없다. 부가가치세법은 공제받지 못할 매입세액으로 다음과 같은 것을 규정하고 있다.

① 매입처별세금계산서합계표의 미제출 또는 부실 · 허위기재 매입세액
② 세금계산서 미수취 또는 부실 · 허위기재 매입세액
③ 사업과 직접 관련이 없는 지출에 대한 매입세액
④ 기업업무추진비 및 이와 유사한 비용의 지출에 관련된 매입세액
⑤ 면세사업 및 토지관련 매입세액
⑥ 사업자등록전 매입세액
⑦ 개별소비세과세대상 자동차의 구입과 임차 및 유지에 관한 매입세액

1) 매입처별세금계산서합계표의 미제출 또는 부실 · 허위기재 매입세액

매입처별세금계산서합계표를 제출하지 않은 경우 또는 제출한 매입처별세금계산서합계표의 기재사항 중 거래처별 등록번호 또는 공급가액의 전부 또는 일부가 기재되지 않았거나 사실과 다르게

기재된 경우 그 기재사항이 기재되지 아니한 분 또는 사실과 다르게 기재된 분의 매입세액은 공제되지 아니한다.

2) 세금계산서 미수취 또는 부실·허위기재 매입세액

재화나 용역을 공급받으면서 세금계산서를 발급받지 않은 경우에는 해당 매입세액은 공제되지 않는다. 또한 세금계산서를 발급받았다 하더라도 세금계산서의 필요적 기재사항의 전부 또는 일부가 적히지 아니하였거나 사실과 다르게 적힌 경우의 매입세액은 공제되지 않는다. 이 경우 세금계산서의 필요적 기재사항은 ① 공급하는 사업자의 등록번호와 성명 또는 명칭, ② 공급받는 자의 등록번호, ③ 공급가액과 부가가치세액, ④ 작성연월일이다. 따라서 영수증이나 기타 객관적인 증빙서류에 의해 부가가치세를 거래징수당한 사실이 입증된다 하더라도 세금계산서를 발급받지 않은 경우 또는 세금계산서의 필요적 기재사항이 부실·허위기재된 경우에는 매입세액공제가 허용되지 않는다. 그리고 공급시기 이후에 세금계산서를 발급받은 경우에는 매입세액이 불공제되나, 공급시기가 속하는 과세기간에 대한 확정신고기한이 지난 후 세금계산서를 발급받았더라도 그 세금계산서의 발급일이 확정신고기한 다음 날부터 1년 이내인 경우에는 매입세액을 공제받을 수 있으나 가산세가 부과된다.

3) 사업과 직접 관련이 없는 지출에 대한 매입세액

소득세법과 법인세법에서는 업무와 관련없는 지출에 대해서는 비용으로 인정하지 않고 있다. 부가가치세법에서도 업무와 관련없는 지출에 대한 매입세액을 공제하지 않는다. 매입세액이 공제되지 않는 업무와 관련없는 지출의 예를 살펴보면 다음과 같다.

① 사업자가 그 업무와 관련없는 자산을 취득·관리함으로써 발생하는 취득비·유지비·수선비와 이와 관련되는 필요경비
② 사업자가 그 사업에 직접 사용하지 아니하고 타인(종업원을 제외한다)이 주로 사용하는 토지·건물 등의 유지비·수선비·사용료와 이와 관련되는 지출금

4) 기업업무추진비 및 이와 유사한 비용의 지출에 관련된 매입세액

세법상 교제비·기밀비·사례금 기타 명목여하에 불구하고 기업업무추진비와 유사한 성질의 비용에 해당하는 지출에 대한 매입세액은 매출세액에서 공제받을 수 없다. 따라서 기업업무추진비를 지출하면서 부담한 매입세액은 기업업무추진비에 포함하여 회계처리하여야 하며 세금계산서를 받았다 하더라도 이를 공제해서는 안된다.

5) 면세사업 및 토지관련 매입세액

부가가치세가 면제되는 면세사업에 관련된 매입세액은 공제되지 않는다. 또한 토지의 조성 등을 위한 자본적 지출과 관련하여 발생한 매입세액도 공제되지 않는다. 토지는 그 용도에 관계없이 항상 면세재화로 취급되기 때문이다.

6) 사업자등록전 매입세액

사업자등록을 하기 전의 매입세액은 공제되지 않는다. 여기서 등록이란 등록신청일을 기준으로 한다. 단, 공급시기가 속하는 과세기간이 끝난 후 20일 이내에 등록 신청한 경우 등록신청일부터 공급시기가 속하는 과세기간 기산일까지 역산한 기간 내의 매입세액은 공제할 수 있다.

7) 개별소비세법 과세대상 자동차의 구입과 임차 및 유지에 관한 매입세액

개별소비세법 과세대상 자동차는 개인적인 목적으로 사용되는 경우가 많아 그 지출을 업무용과 비업무용으로 구분하기 어렵고 교통혼잡 등으로 교통수요를 억제할 필요가 있다. 이에 따라 개별소비세법 과세대상 자동차와 관련된 매입세액은 매출세액에서 공제하지 아니한다.

예제 1

다음은 컴퓨터제조업을 영위하는 (주)삼일의 20×2년 예정신고기간 매입내역이다. (주)삼일의 매입세액공제액은 얼마인가?
① 원재료 매입: 국내분　200,000,000원, 수입분 100,000,000원
② 기계구입:　　　　　　　50,000,000원
③ 기업업무추진비 지출:　　 2,000,000원
④ 토지정지비:　　　　　　40,000,000원

풀 이

① 기업업무추진비지출, 토지 관련 매입세액은 공제되지 않는다.
② 매입세액공제액:
　(200,000,000원+100,000,000원+50,000,000원)×10%=35,000,000원

다음 중 공제받지 못할 매입세액이 아닌 것은?
① 매입처별세금계산서합계표 미제출 매입세액
② 사업과 직접 관련이 없는 지출에 대한 매입세액
③ 세금계산서를 발급받지 아니한 경우의 매입세액
④ 공급시기가 속하는 과세기간에 대한 확정신고기한에 발급받은 세금계산서의 매입세액

풀 이

④: 공급시기가 속하는 과세기간에 대한 확정신고기한에 발급받은 세금계산서의 매입세액은 공제받
을 수 있다. (가산세가 부과됨)

Ⅵ 신고와 납부

부가가치세의 과세기간은 원칙적으로 6개월이다. 즉, 사업자가 6개월 동안 거래한 내역에 대하여 매출세액에서 매입세액을 차감한 순잔액을 신고하도록 되어 있다. 그러나 정부에서는 세금의 조기징수를 위하여 6개월을 다시 3개월 단위로 구분하여 예정신고기간으로 정하고, 거래내용을 예정신고한 후 다시 6개월을 정산하여 확정신고하는 방식을 채택하고 있다.

1 예정신고와 확정신고

(1) 신고기간 및 기한

사업자는 각 예정신고기간 또는 과세기간이 끝난 후 25일(폐업하는 경우에는 폐업일이 속한 달의 다음 달 25일) 이내에 사업장 관할 세무서장에게 각 예정신고기간 또는 과세기간에 대한 과세표준을 신고하고 세액을 자진납부하여야 한다.

(2) 신고대상

1) 예정신고대상

예정신고와 납부에 있어서는 해당 예정신고기간에 대한 과세표준과 납부세액으로 하되 대손세액공제와 가산세는 제외하고 신용카드매출전표 등 발행세액공제는 포함한다. 그리고 부가가치세 영세율 적용사업자 또는 시설투자사업자가 월별조기환급을 받기 위하여 이미 신고한 매출·매입은 예정신고대상에서 제외하여야 한다.

2) 확정신고대상

확정신고와 납부에 있어서는 해당 과세기간에 대한 과세표준과 납부세액으로 하되 예정신고 등에 의하여 이미 신고한 금액은 제외하며, 예정신고누락분과 가산세가 있을 경우에는 이를 추가하여 신고한다. 그리고 해당 과세기간 중 대손이 발생하였거나 대손금이 회수되었을 경우에는 확정신고 시에 대손세액을 가감한다.

(3) 제출서류

부가가치세 과세사업자는 부가가치세 신고시 부가가치세신고서와 첨부서류를 제출하여야 한다.

> 부가가치세신고서＋첨부서류(매입·매출처별세금계산서합계표 등)

1) 첨부서류

① 매출처별세금계산서합계표
② 매입처별세금계산서합계표
③ 신용카드매출전표 등 수령명세서
④ 영세율 첨부서류
⑤ 신용카드매출전표 등 발행금액집계표(신용카드매출전표 등을 발행한 사업자)
⑥ 대손세액공제신고서(확정신고시에만 첨부)
⑦ 기타서류

2) 전산디스켓을 제출하는 사업자

사업자의 필요에 의거 국세청장이 정하는 바에 따라 매출·매입처별세금계산서합계표의 기재사항과 영세율 첨부서류명세서 등을 모두 기재한 전자계산조직에 의하여 처리된 테이프·디스켓을 제출한 경우에는 매출·매입처별세금계산서합계표 및 영세율 첨부서류를 제출한 것으로 본다.

3) 진자신고

전자신고는 납세자 또는 세무대리인이 세법에 의한 신고 관련서류를 자신의 PC에서 작성한 후 인터넷을 통하여 홈택스서비스(국세청 신고 시스템)을 이용하여 신고하는 것을 말한다. 이러한 전자신고의 도입에 따라 신고서와 첨부서류를 제출하기 위하여 우편을 이용하거나 직접방문을 하지 않고 전자신고를 이용하여 보다 편리하게 신고 및 납부를 실시하고 있다.

2 부가가치세신고서의 작성

(1) 신고서 작성요령

부가가치세신고서는 2장으로 되어 있는데 이 중 1장은 모든 신고자가 작성하여야 하며 2장은 해당사항이 있는 자만 작성한다. 그리고 부가가치세신고서는 한글과 아라비아 숫자로 정확하고 선명하게 기입하여 누구든지 알아볼 수 있도록 작성하여야 하며 신고서에 표시되는 금액은 '원' 단위까지 표시하여야 한다.

1) 신고서의 명칭 표시

「일반과세자 부가가치세(□ 예정 □ 확정 □ 기한 후 과세표준 □ 영세율 등 조기환급) 신고서」의 해당란에 '○, √'으로 표시한다. 그리고 신고기간란은 해당연도 및 신고기간을 기록한다. 예를 들어 2025년 2기 예정신고시에는 「2025년 2기(7월 1일~9월 30일)」이라고 기록하면 된다.

<table>
<tr><td rowspan="2">일반과세자
부가가치세</td><td colspan="3">□예정□확정□기한후과세표준
□영세율 등 조기환급</td><td rowspan="2">신고서</td><td>처리기간</td></tr>
<tr><td colspan="3">관리번호 □□□□ - □□□□　　신고기간 □□□□ 년□ 기(월 일~ 월 일)</td><td>즉　시</td></tr>
<tr><td rowspan="3">사업자</td><td>상　　호
(법 인 명)</td><td>성　　　명
(대표자명)</td><td colspan="2">사 업 자
등록번호</td><td>□□□ - □□ - □□□□□</td></tr>
<tr><td>주민(법인)
등 록 번 호</td><td>　　　－</td><td>전화번호</td><td>사 업 장</td><td>주 소 지</td><td>휴대전화</td></tr>
<tr><td>사업장주소</td><td colspan="2"></td><td>전자우편 주소</td><td colspan="2"></td></tr>
</table>

2) 사업자란

사업자의 상호, 성명, 주소, 사업자등록번호, 전화번호 등을 기록한다.

3) 과세표준 및 매출세액

❶ 신고내용					
구분			금액	세율	세액
과세표준 및 매출세액	과세	세금계산서발급분 (1)		10/100	
		매입자발행세금계산서 (2)		10/100	
		신용카드 · 현금영수증발행분 (3)		10/100	
		기타(정규영수증외매출분) (4)			
	영세율	세금계산서발급분 (5)		0/100	
		기타 (6)		0/100	
	예정신고누락분	(7)			
	대손세액가감	(8)			
	합계	(9)		㉮	

부가가치세신고서 작성 시 과세표준과 매출세액을 과세분과 영세율로 구분하여 적는다. 과세분 중 세금계산서 발급분은 (1)에, 신용카드매출전표 등 발급분은 (3)에, 세금계산서 발급의무가 없는 부분 등 그 밖의 매출은 (4)에 적는다. 영세율도 세금계산서 발급분은 (5)에, 그 밖의 매출은 (6)에 적는다.

(1) 과세(세금계산서발급분)
　　해당 과세기간 동안 발생한 과세거래 중 세금계산서를 발급한 거래의 공급가액과 세액을 기록한다.

(2) 매입자발행세금계산서
　　해당 과세기간 동안 매입자로부터 발급받은 매입자발행세금계산서상 금액과 세액을 기재한다.

(3) 신용카드 · 현금영수증 발행분
　　해당 과세기간 동안 발생한 과세거래 중 신용카드매출전표 및 현금영수증을 발급한 거래의 공급가액과 세액을 기록한다.

(4) 과세(기타)
　　해당 과세기간 동안 발생한 과세거래 중 신용카드매출전표, 영수증 발급분 및 세금계산서 발급의무가 없는 분을 기재한다.

(5) 영세율(세금계산서발급분)
　　해당 과세기간 동안 발생한 영세율거래 중 세금계산서를 발급한 거래(내국신용장 · 구매확인서에 의하여 재화나 용역을 공급하는 경우 등)의 공급가액과 세액을 기록한다.

(6) 영세율(기타)
　　해당 과세기간 동안 발생한 영세율거래 중 세금계산서 발급의무가 없는 분(직수출 등)의 공급가액과 세액을 기록한다.

(7) 예정신고누락분
　　예정신고시 누락한 거래를 확정신고시 신고하는 경우에 기재하며, 그 세부명세는 신고서 2장에 기재한다.

(8) 대손세액가감
　　부가가치세가 과세되는 재화 또는 용역의 공급에 대한 외상매출금 등이 대손되어 대손세액을 공제받는 사업자가 기재하며, 대손세액을 공제받는 경우에는 대손세액을 차감표시(△)하여 기재하고, 대손금액의 전부 또는 일부를 회수하여 회수금액에 관련된 대손세액을 납부하는 경우에는 해당 납부하는 세액을 기재한다. 해당 사업자는 대손세액공제신고서와 관련 증빙서류를 함께 제출하여야 한다.

예 제

다음 자료는 (주)삼일의 제1기 거래내역이다. (주)삼일의 부가세신고서상의 과세표준 및 세액은 각각 얼마인가?
- 세금계산서 발행 매출액: 도매분   60,000,000원
- 현금영수증 발행 매출액: 소매분(부가가치세 포함)   44,000,000원

❶ 신고내용						
구분				금액	세율	세액
과세표준 및 매출세액	과세	세금계산서발급분	(1)		10/100	
		매입자발행세금계산서	(2)		10/100	
		신용카드 · 현금영수증발행분	(3)		10/100	
		기타(정규영수증외매출분)	(4)			

풀 이

(1) 세금계산서란: 세금계산서 발행분 공급가액 및 세액을 기록한다.
- 공급가액: 60,000,000원
- 세액: 60,000,000원×10%=6,000,000원

(3) 신용카드 · 현금영수증발행분: 신용카드매출전표 및 현금영수증 발행분이 기재된다.
- 공급가액: 44,000,000원÷1.1=40,000,000원
- 세액: 4,000,000원

❶ 신고내용						
구분				금액	세율	세액
과세표준 및 매출세액	과세	세금계산서발급분	(1)	60,000,000	10/100	6,000,000
		매입자발행세금계산서	(2)	–	10/100	–
		신용카드 · 현금영수증발행분	(3)	40,000,000	10/100	4,000,000
		기타(정규영수증외매출분)	(4)	–		–

4) 매입세액

구분				금액	세율	세액
매 입 세 액	세 금 계산서 수취분	일반매입	(10)			
		수출기업수입분 납부유예	(10-1)			
		고정자산매입	(11)			
	예정신고누락분		(12)			
	매입자발행세금계산서		(13)			
	기타공제매입세액		(14)			
	합계((10)+(11)+(12)+(13)+(14))		(15)			
	공제받지못할매입세액		(16)			
	차감계((15)-(16))		(17)		㉯	

(10-1) 수출기업수입분 납부유예

　　직전 사업연도에 제조업을 주된 사업으로 영위하고 수출액이 일정 비율이나 금액*에 해당하는 중소기업 또는 중견기업이
세관장에게 납부유예를 미리 신청하는 겨우 원재료 등을 수입할 때 부가가치세의 납부를 유예받을 수 있다. 이와 같이 납
부를 유예받은 매입세액은 매입세액공제를 받을 수 없으므로 (10)에 매입세액을 적고, 다시 (10-1)에 적어서 매입세액에
서 차감해야 한다.

　　* 중소기업은 직전 사업연도의 매출 대비 수출 비율이 30% 이상이거나 수출액이 50억원 이상인 경우를 말하고, 중견기업은
수출 비율이 30% 이상인 경우를 말한다.

(10)ㆍ(11) 세금계산서수취분

　　발급받은 세금계산서상의 공급가액 및 세액을 고정자산매입분(11)과 그 외 매입분(10)으로 구분집계하여 각각의 란에 기
재한다. 이 란은 발급받은 모든 매입세금계산서가 집계되어야 하므로 공제받지 못하는 매입세금계산서도 포함되어야 한다.

(12) 예정신고누락분

　　예정신고를 하는 때에 누락된 금액을 확정신고 때 신고하는 경우에 기재하며, 2장 (40)합계란의 금액과 세액을 기재한다.

(13) 매입자발행세금계산서

　　매입자가 관할세무서장으로부터 거래사실확인 통지를 받아서 발행한 매입자발행 세금계산서의 금액과 세액을 기재한다.

(14) 기타공제매입세액

　　발급받은 신용카드매출전표상의 매입세액, 의제매입세액, 재활용폐자원 등에 대한 매입세액, 재고매입세액 또는 변제대손
세액을 공제받는 사업자가 기재하며, 그 세부명세는 신고서 2장에 기재한다.

(16) 공제받지 못할 매입세액

　　발급받은 세금계산서의 매입세액 중 공제받지 못하는 매입세액, 과세사업과 면세사업에 공통으로 사용된 공통매입세액 또
는 대손처분받은 세액이 있는 사업자가 기재하며, 그 세부명세는 신고서 2장에 기재한다. 따라서 신고서 2장의 공제받지
못할 매입세액명세 (53)합계란의 금액과 세액은 신고서 1장의 공제받지 못할 매입세액과 일치하여야 한다.

5) 국세환급금 계좌신고란

❷ 국세환급금계좌신고	거래은행	은행	지점	계좌번호	

차가감납부할 세액(환급받을 세액) (27)란에 "환급받을 세액"이 발생한 사업자가 세액을 환급받기 위하여 사업자의 거래은행과 은행계좌번호를 기재한다.

납부(환급)세액 (매출세액㉮−매입세액㉯)				㉰	
경감·공제세액	그 밖의 경감·공제세액	(18)			
	신용카드매출전표등 발행공제 등	(19)			
	합계	(20)		㉲	
소규모 개인사업자 부가가치세 감면세액		(20-1)		㉳	
예정 신고 미환급 세액		(21)		㉴	
예정 고지 세액		(22)		㉵	
사업양수자가 대리납부한 세액		(23)		㉶	
매입자 납부특례에 따라 납부한 세액		(24)		㉷	
신용카드업자가 대리납부한 세액		(25)		㉸	
가산세액 계		(26)		㉹	
차감·가감하여 납부할 세액(환급받을 세액)(㉰−㉲−㉳−㉴−㉵−㉶−㉷−㉸+㉹)			(27)		
총괄 납부 사업자가 납부할 세액(환급받을 세액)					

(19) 개인사업자(직전 연도의 과세공급가액이 10억원을 초과하는 사업자는 제외)로서 소매업자, 음식점업자, 숙박업자 등 영수증발급대상 사업자가 신용카드 및 전자화폐에 의한 매출이 있는 경우에 적으며, 금액란에는 신용카드매출전표 발행금액 등과 전자화폐 수취금액을, 세액란에는 그 금액의 1.3%에 해당하는 금액(연간 500만원, 2026.12.31.까지는 연간 1,000만원을 한도로 함)을 적는다.
(21) 예정신고를 할 때 일반환급세액이 있는 것으로 신고한 경우 그 환급세액을 적는다.
(22) 해당 과세기간 중에 예정고지된 세액이 있는 경우 그 예정고지세액을 적습니다.
(23) 사업양수자가 대리납부한 부가가치세액을 적습니다.
(26) 신고한 내용에 가산세가 적용되는 경우가 있는 사업자만 적으며, 2장 (79)합계란의 세액을 적는다.

6) 폐업신고란

❸ 폐 업 신 고	폐업일자		폐업사유	

사업을 폐업하고 확정신고하는 사업자만 기재한다. 폐업한 사업자는 폐업연월일 및 폐업사유를 기재하고 사업자등록증을 확정신고서에 첨부하여 제출한다.

7) 과세표준명세

<table>
<tr><td colspan="5" align="center">❹ 과 세 표 준 명 세</td></tr>
<tr><td align="center">업　태</td><td align="center">종　목</td><td align="center">업종코드</td><td align="center">금　액</td></tr>
<tr><td>(28)</td><td></td><td></td><td></td></tr>
<tr><td>(29)</td><td></td><td></td><td></td></tr>
<tr><td>(30)</td><td></td><td></td><td></td></tr>
<tr><td>(31)수입금액제외</td><td></td><td></td><td></td></tr>
<tr><td>(32)합　　계</td><td></td><td></td><td></td></tr>
</table>

「부가가치세법」 제18조·제19조 또는 제24조와 「국세기본법」 제45조의3에 따라 위의 내용을 신고하며, **위 내용을 충분히 검토하였고 신고인이 알고 있는 사실 그대로를 정확하게 기재하였음을 확인합니다.**

년　　월　　일
신고인　　　　(서명 또는 인)

세무대리인은 조세전문자격자로서 위 신고서를 성실하고 공정하게 작성하였음을 확인합니다.

세무대리인　　　　(서명 또는 인)

세무서장 귀하

구 비 서 류	뒤 쪽 참 조

(28)~(32) 과세표준명세

과세표준 및 매출세액란의 과세표준합계액(9)을 업태, 종목별로 기재하되, (31)수입금액제외란은 고정자산매각액, 직매장 공급액 등 소득세 수입금액에서 제외되는 금액을 기재하며, (32)란의 합계액이 (9)란의 금액과 일치하여야 한다.

예 제

다음은 컴퓨터 제조업을 영위하는 (주)삼일의 20×2년 제1기 확정신고를 위한 자료이다.

① 20×2년 4월 1일부터 6월 30일까지의 매출거래

국내판매	세금계산서 발행 매출액(VAT 미포함)	500,000,000원
	신용카드매출전표 발행분(VAT 포함)	330,000,000원
	현금영수증 발행(VAT 포함)	22,000,000원
수출분	내국신용장에 의한 공급분(Local 수출분)	400,000,000원
	직수출분	600,000,000원

② 20×2년 4월 1일부터 6월 30일까지의 매입거래

원재료 매입	세금계산서 수령분(VAT 미포함)	500,000,000원
	신용카드매출전표 수령분(VAT 미포함)	300,000,000원
	영수증 수령분(VAT 포함)	22,000,000원
기업업무추진비지출	세금계산서 수령분(VAT 미포함)	50,000,000원
기계구입	세금계산서 수령(VAT 미포함)	400,000,000원

신용카드매출전표 수령분은 매출전표상에 부가가치세액이 별도로 구분 기재되어 있다.

③ 20×2년 1기 예정신고 누락분 매출내역:
국내매출(세금계산서 발급분, VAT 미포함) 20,000,000원

④ 대손발생내역:

　　20×2년 5월 3일 거래처 파산으로 인하여 발생한 대손금액 77,000,000원
　　(VAT 포함, 20×1년 12월 매출분)

다음의 20×2년 제1기 부가가치세 확정신고서를 완성하시오.

<table>
<tr><td colspan="6" align="center">❶ 신고내용</td></tr>
<tr><td colspan="3" align="center">구분</td><td></td><td align="center">금액</td><td align="center">세율</td><td align="center">세액</td></tr>
<tr><td rowspan="10">과세표준 및 매출세액</td><td rowspan="4">과세</td><td>세금계산서발급분</td><td>(1)</td><td></td><td>10/100</td><td></td></tr>
<tr><td>매입자발행세금계산서</td><td>(2)</td><td></td><td>10/100</td><td></td></tr>
<tr><td>신용카드 · 현금영수증발행분</td><td>(3)</td><td></td><td rowspan="2">10/100</td><td></td></tr>
<tr><td>기타(정규영수증외매출분)</td><td>(4)</td><td></td><td></td></tr>
<tr><td rowspan="2">영세율</td><td>세금계산서발급분</td><td>(5)</td><td></td><td>0/100</td><td></td></tr>
<tr><td>기타</td><td>(6)</td><td></td><td>0/100</td><td></td></tr>
<tr><td colspan="2">예정신고누락분</td><td>(7)</td><td></td><td></td><td></td></tr>
<tr><td colspan="2">대손세액가감</td><td>(8)</td><td></td><td></td><td></td></tr>
<tr><td colspan="2">합계</td><td>(9)</td><td></td><td>㉮</td><td></td></tr>
<tr><td rowspan="8">매입세액</td><td rowspan="3">세금계산서수취분</td><td>일반매입</td><td>(10)</td><td></td><td></td><td></td></tr>
<tr><td>수출기업수입분 납부유예</td><td>(10-1)</td><td></td><td></td><td></td></tr>
<tr><td>고정자산매입</td><td>(11)</td><td></td><td></td><td></td></tr>
<tr><td colspan="2">예정신고누락분</td><td>(12)</td><td></td><td></td><td></td></tr>
<tr><td colspan="2">매입자발행세금계산서</td><td>(13)</td><td></td><td></td><td></td></tr>
<tr><td colspan="2">기타공제매입세액</td><td>(14)</td><td></td><td></td><td></td></tr>
<tr><td colspan="2">합계((10)+(11)+(12)+(13)+(14))</td><td>(15)</td><td></td><td></td><td></td></tr>
<tr><td colspan="2">공제받지못할매입세액</td><td>(16)</td><td></td><td></td><td></td></tr>
<tr><td colspan="2">차감계((15)-(16))</td><td>(17)</td><td></td><td>㉯</td><td></td></tr>
<tr><td colspan="4" align="center">납부(환급)세액(매출세액㉮-매입세액㉯)</td><td>㉰</td><td></td></tr>
</table>

<table>
<tr><td colspan="6" align="center">❶ 신고내용</td></tr>
<tr><td colspan="3" align="center">구분</td><td align="center">금액</td><td align="center">세율</td><td align="center">세액</td></tr>
<tr><td rowspan="8">과
세
표
준
및
매
출
세
액</td><td rowspan="4">과
세</td><td>세금계산서발급분</td><td>(1)</td><td>500,000,000</td><td>10/100</td><td>50,000,000</td></tr>
<tr><td>매입자발행세금계산서</td><td>(2)</td><td></td><td>10/100</td><td></td></tr>
<tr><td>신용카드 · 현금영수증발행분</td><td>(3)</td><td>320,000,000</td><td rowspan="2">10/100</td><td>32,000,000</td></tr>
<tr><td>기타(정규영수증외매출분)</td><td>(4)</td><td></td><td></td></tr>
<tr><td rowspan="2">영
세
율</td><td>세금계산서발급분</td><td>(5)</td><td>400,000,000</td><td>0/100</td><td></td></tr>
<tr><td>기타</td><td>(6)</td><td>600,000,000</td><td>0/100</td><td></td></tr>
<tr><td colspan="2">예정신고누락분</td><td>(7)</td><td>20,000,000</td><td></td><td>2,000,000</td></tr>
<tr><td colspan="2">대손세액가감</td><td>(8)</td><td></td><td></td><td>△7,000,000</td></tr>
<tr><td colspan="3">합계</td><td>(9)</td><td>1,840,000,000</td><td>㉮</td><td>77,000,000</td></tr>
<tr><td rowspan="8">매
입
세
액</td><td rowspan="3">세 금
계산서
수취분</td><td>일반매입</td><td>(10)</td><td>550,000,000</td><td></td><td>55,000,000</td></tr>
<tr><td>수출기업수입분 납부유예</td><td>(10-1)</td><td></td><td></td><td></td></tr>
<tr><td>고정자산매입</td><td>(11)</td><td>400,000,000</td><td></td><td>40,000,000</td></tr>
<tr><td colspan="2">예정신고누락분</td><td>(12)</td><td></td><td></td><td></td></tr>
<tr><td colspan="2">매입자발행세금계산서</td><td>(13)</td><td></td><td></td><td></td></tr>
<tr><td colspan="2">기타공제매입세액</td><td>(14)</td><td>300,000,000</td><td></td><td>30,000,000</td></tr>
<tr><td colspan="2">합계((10)+(11)+(12)+(13)+(14))</td><td>(15)</td><td>1,250,000,000</td><td></td><td>125,000,000</td></tr>
<tr><td colspan="2">공제받지못할매입세액</td><td>(16)</td><td>50,000,000</td><td></td><td>5,000,000</td></tr>
<tr><td colspan="3">차감계((15)−(16))</td><td>(17)</td><td>1,200,000,000</td><td>㉯</td><td>120,000,000</td></tr>
<tr><td colspan="4" align="center">납부(환급)세액(매출세액㉮ − 매입세액㉯)</td><td>㉰</td><td>△43,000,000</td></tr>
</table>

■ 부가가치세법 시행규칙 [별지 제21호서식] 〈개정 2025. 3. 21.〉　　　홈택스(www.hometax.go.kr)에서도 신청할 수 있습니다.

[ ]예정 [ ]확정

일반과세자 부가가치세　[ ]기한후과세표준　　　　　　**신고서**

[ ]영세율 등 조기환급

※ 뒤쪽의 작성방법을 읽고 작성하시기 바랍니다.　　　　　　　　　　　　　　　　　(4쪽 중 제1쪽)

| 관리번호 | | | | | 처리기간 | 즉시 | | |

| 신고기간 | 년 제 기 (월 일 ~ 월 일) | | | | | | |

사업자	상 호 (법인명)		성 명 (대표자명)		사업자등록번호		–	–
	생년월일		전화번호	사업장	주소지		휴대전화
	사업장 주소			전자우편 주소			

① 신 고 내 용

구 분				금 액	세율	세 액
과세 표준 및 매출 세액	과세	세금계산서 발급분	(1)		10 / 100	
		매입자발행 세금계산서	(2)		10 / 100	
		신용카드 · 현금영수증 발행분	(3)		10 / 100	
		기타(정규영수증 외 매출분)	(4)		10 / 100	
	영세율	세금계산서 발급분	(5)		0 / 100	
		기 타	(6)		0 / 100	
	예정 신고 누락분		(7)			
	대손세액 가감		(8)			
	합계		(9)		㉮	
매입 세액	세금계산 서 수 취 분	일 반 매 입	(10)			
		수출기업 수입분 납부유예	(10-1)			
		고정자산 매입	(11)			
	예정 신고 누락분		(12)			
	매입자발행 세금계산서		(13)			
	그 밖의 공제매입세액		(14)			
	합계 (10)-(10-1)+(11)+(12)+(13)+(14)		(15)			
	공제받지 못할 매입세액		(16)			
	차감계 (15)-(16)		(17)		㉯	
납부(환급)세액 (매출세액㉮-매입세액㉯)					㉰	
경감 · 공제 세액	그 밖의 경감 · 공제세액		(18)			
	신용카드매출전표등 발행공제 등		(19)			
	합계		(20)		㉱	
소규모 개인사업자 부가가치세 감면세액			(20-1)		㉲	
예정 신고 미환급 세액			(21)		㉳	
예정 고지 세액			(22)		㉴	
사업양수자가 대리납부한 세액			(23)		㉵	
매입자 납부특례에 따라 납부한 세액			(24)		㉶	
신용카드업자가 대리납부한 세액			(25)		㉷	
가산세액 계			(26)		㉸	
차감 · 가감하여 납부할 세액(환급받을 세액)(㉰-㉱-㉲-㉳-㉴-㉵-㉶-㉷+㉸)			(27)			
총괄 납부 사업자가 납부할 세액(환급받을 세액)						

| ② 국세환급금 계좌신고 | 거래은행 | | 은행 | 지점 | 계좌번호 | |

| ③ 폐업 신고 | 폐업일 | | 폐업 사유 | | |

| ④ 영세율 상호주의 | 여[ ] 부[ ] | 적용구분 | | 업종 | | 해당 국가 | |

⑤ 과 세 표 준 명 세					「부가가치세법」 제48조 · 제49조 또는 제59조와 「국세기본법」 제45조의3에 따라 위의 내용을 신고하며, 위 내용을 충분히 검토하였고 신고인이 알고 있는 사실 그대로를 정확하게 적었음을 확인합니다.
업 태	종목	생산요소	업종 코드	금 액	
(28)					년 　월 　일
(29)					신고인:　　　　　　　(서명 또는 인)
(30)					세무대리인은 조세전문자격자로서 위 신고서를 성실하고 공정하게 작성하였음을 확인합니다.
(31)수입금액 제외					세무대리인:　　　　　　(서명 또는 인)
(32)합 계					**세무서장** 귀하
					첨부서류　　뒤쪽 참조

| 세무대리인 | 성 명 | | 사업자등록번호 | |
| | 관리번호 | | 생년월일 | 전화번호 |

210㎜×297㎜[백상지 (80g/㎡) 또는 중질지(80g/㎡)]

| 신고인
제출서류 | 1. 매출처별 세금계산서합계표 2. 매입처별 세금계산서합계표
3. 매입자발행 세금계산서합계표 4. 영세율 첨부서류
5. 대손세액 공제신고서 6. 매입세액 불공제분 계산근거
7. 매출처별 계산서합계표 8. 매입처별 계산서합계표
9. 신용카드매출전표등 수령명세서 10. 전자화폐결제명세서(전산작성분 첨부 가능)
11. 부동산임대공급가액명세서 12. 건물관리명세서(주거용 건물관리의 경우는 제외합니다)
13. 현금매출명세서
14. 주사업장 총괄 납부를 하는 경우 사업장별 부가가치세 과세표준 및 납부세액(환급세액) 신고명세서
15. 사업자 단위 과세를 적용받는 사업자의 경우에는 사업자 단위 과세의 사업장별 부가가치세 과세표준 및 납부세액
　　(환급세액) 신고명세서
16. 건물 등 감가상각자산 취득명세서 17. 의제매입세액 공제신고서
18. 그 밖에 필요한 증명서류 | 수수료
없음 |
| 담당 공무원
확인사항 | 사업자등록증(사업을 폐업하고 확정신고하는 사업자의 경우에는 해당 서류를 제출하게 하고 이를 확인) | |

행정정보 공동이용 동의서

본인은 이 건 업무처리와 관련하여 담당 공무원이「전자정부법」제36조제1항에 따른 행정정보의 공동이용을 통하여 위의 담당 공무원 확인 사항을 확인하는 것에 동의합니다. 동의하지 않는 경우에는 신고인이 직접 관련 서류를 제출해야 합니다.

신고인　　　　　　　　　　　　　　　　　(서명 또는 인)

작 성 방 법

※ 이 신고서는 한글과 아라비아 숫자로 적고, 금액은 원 단위까지 표시합니다.
　▨ 표시란은 사업자가 적지 않습니다.

① 신고내용란

(1) ~ (4): 해당 신고대상기간에 부가가치세가 과세되는 사업실적 중 세금계산서 발급분은 (1)란에, 매입자로부터 받은 매입자발행 세금계산서의 금액과 세액은 (2)란에, 신용카드매출전표등 발행분과 전자화폐수취분은 (3)란에, 세금계산서 발급의무가 없는 부분 등 그 밖의 매출은 (4)란에 적습니다(금액에 세율을 곱하여 세액란에 적습니다).

(5)ㆍ(6): 해당 신고대상기간에 영세율이 적용되는 사업실적 중 세금계산서 발급분은 (5)란에, 세금계산서 발급의무가 없는 부분은 (6)란에 적습니다.

(7): 예정신고를 할 때 누락된 금액을 확정신고할 때 신고하는 경우에 적으며, 4쪽 중 제3쪽 (37)합계란의 금액과 세액을 적습니다.

(8): 부가가치세가 과세되는 재화 또는 용역의 공급에 대한 외상매출금 등이 대손되어 대손세액을 공제받는 사업자가 적으며, 대손세액을 공제받는 경우에는 대손세액을 차감표시(△)하여 적고, 대손금액의 전부 또는 일부를 회수하여 회수금액에 관련된 대손세액을 납부하는 경우에는 해당 납부 세액을 적습니다.

(10)ㆍ(10-1)ㆍ(11): 발급받은 세금계산서상의 공급가액 및 세액을 고정자산 매입분(11)과 그 외의 매입분(10)으로 구분 집계하여 각각의 난에 적고,「부가가치세법 시행령」제91조의2제8항에 따라 재화의 수입에 대한 부가가치세 납부유예를 승인받아 납부유예된 세액을 (10-1)란에 적습니다.

(12): 예정신고를 하였을 때 누락된 금액을 확정신고하는 경우에 적으며, 4쪽 중 제3쪽 (40)합계란의 금액과 세액을 적습니다.

(13): 매입자가 관할 세무서장으로부터 거래사실확인 통지를 받고 발행한 매입자발행 세금계산서의 금액과 세액을 적습니다.

(14): 발급받은 신용카드매출전표등의 매입세액, 면세농산물등 의제매입세액, 2019 광주 세계수영선수권대회 관련 사업자에 대한 의제매입세액, 재활용폐자원 등에 대한 매입세액, 재고매입세액, 변제대손세액, 외국인 관광객 숙박용역에 대한 환급세액 또는 외국인 관광객 미용성형 의료용역에 대한 환급세액이 있는 사업자가 적으며, 4쪽 중 제3쪽 (49)합계란의 금액과 세액을 적습니다.

(16): 발급받은 세금계산서의 매입세액 중 공제받지 못할 매입세액, 과세사업과 면세사업등에 공통으로 사용된 공통매입세액 중 면세사업등과 관련된 매입세액 또는 대손처분받은 세액이 있는 사업자가 적으며, 4쪽 중 제3쪽 (53)합계란의 금액 및 세액을 적습니다.

(18): 택시운송사업자 경감세액 등[4쪽 중 제3쪽 (60)합계란의 금액]을 적습니다.

(10): 개인사업자(직전 연도의 과세공급가액이 10억원을 초과하는 사업자는 제외)로서 소매업자, 음식점업자, 숙박업자 등「부가가치세법 시행령」제73조제1항 및 제2항에 따른 사업자가 신용카드 및 전자화폐에 의한 매출이 있는 경우에 적으며, 금액란에는 신용카드매출전표 발행금액 등과 전자화폐 수취금액을, 세액란에는 그 금액의 13/1,000에 해당하는 금액(연간 500만원, 2023년까지는 연간 1,000만원을 한도로 합니다)을 적습니다.

(20-1):「조세특례제한법」제108조의4에 따른 소규모 개인사업자 부가가치세 감면세액을 적습니다.

(21): 예정신고를 할 때 일반환급세액이 있는 것으로 신고한 경우 그 환급세액을 적습니다.

(22): 해당 과세기간 중에 예정고지된 세액이 있는 경우 그 예정고지세액을 적습니다.

(23):「부가가치세법 시행령」제95조제5항에 따라 사업양수자가 국고에 납입한 부가가치세액을 적습니다.

(24):「조세특례제한법 시행령」제106조의9제5항 및 제106조의13제4항에 따른 부가가치세 관리기관이 국고에 직접 입금한 부가가치세액을 적습니다.

(25):「조세특례제한법」제106조의10제1항에 따라 신용카드업자가 국고에 납입한 부가가치세액을 적습니다.

(26): 신고한 내용에 가산세가 적용되는 경우가 있는 사업자만 적으며, 4쪽 중 제3쪽 (79)합계란의 세액을 적습니다.

② 국세환급금계좌신고란

(27)란에 "환급받을 세액"이 발생한 사업자만 적습니다.

③ 폐업신고란

사업을 폐업하고 확정신고하는 사업자만 적습니다.

④ 영세율 상호주의란

「부가가치세법」제25조 또는 같은 법 시행령 제33조제2항제1호 단서 및 제2호에 따라 영세율에 대한 상호주의가 적용되어 (5)ㆍ(6)란에 영세율 과세표준 금액이 존재하는 사업자가 적습니다. 적용구분란에는 부가가치세법령상 근거조항(예: 법 제21조, 법 제22조, 법 제23조, 법 제24조제1항제1호, 법 제24조제1항제2호, 영 제33조제2항제1호 단서, 영 제33조제2항제2호)을 적고, 업종란에는 부가가치세 영세율이 적용된 재화ㆍ용역 또는 그 업종을 적습니다.

⑤ 과세표준명세란

(28) ~ (32): 과세표준 합계액(9)을 업태, 종목, 생산요소별로 적되, 생산요소는 임의적 기재사항으로 2015. 1. 1. 이후 신고분부터 적습니다. (31)수입금액 제외란은 고정자산매각「소득세법」제19조제1항제20호에 따른 사업용 유형고정자산(같은 법 시행령 제62조제2항제1호가목은 제외합니다)의 매각금액은 (28)~(30) 해당란에 기재, 직매장공급 등 소득세수입금액에서 제외되는 금액을 적고, (32)란의 합계액이 (9)란의 금액과 일치해야 합니다.

세무대리인란

관리번호란에는「세무사법」제6조 또는 제20조의2에 따라 세무사등록부 또는 세무대리업무등록부에 등록 시 부여받은 관리번호를 적되, 2025년 12월 31일까지는 관리번호를 적지 않고 생년월일란에 생년월일을 적습니다. 생년월일란에는 관리번호가 없는 경우에만 세무대리인(세무대리인이 법인인 경우에는 이 신고의 대리업무를 담당하는 소속 세무사 등)의 생년월일을 적습니다.

210mm×297mm[백상지 (80g/㎡) 또는 중질지(80g/㎡)]

※ 이 쪽은 해당 사항이 있는 사업자만 사용합니다.

※ 뒤쪽의 작성방법을 읽고 작성하시기 바랍니다.

사업자등록번호 ☐☐☐ - ☐☐ - ☐☐☐☐☐ * 사업자등록번호는 반드시 적으시기 바랍니다.

		구 분			금 액	세율	세 액
예정신고 누락분 명세	(7)매출	과세	세 금 계 산 서	(33)		10 / 100	
			기 타	(34)		10 / 100	
		영세율	세 금 계 산 서	(35)		0 / 100	
			기 타	(36)		0 / 100	
		합 계		(37)			
	(12)매입	세 금 계 산 서		(38)			
		그 밖의 공제매입세액		(39)			
		합 계		(40)			

	구 분		금 액	세율	세 액
(14) 그 밖의 공제 매입세액 명세	신용카드매출전표등 수령명세서 제출분	일반 매입	(41)			
		고정자산매입	(42)			
	의 제 매 입 세 액		(43)		뒤쪽 참조	
	재 활 용 폐 자 원 등 매 입 세 액		(44)		뒤쪽 참조	
	과세사업전환 매입세액		(45)			
	재 고 매 입 세 액		(46)			
	변 제 대 손 세 액		(47)			
	외국인 관광객에 대한 환급세액		(48)			
	합 계		(49)			

	구 분	금 액	세율	세 액
(16) 공제받지 못할 매입세액 명세	공제받지 못할 매입세액	(50)			
	공통매입세액 중 면세사업등 해당 세액	(51)			
	대 손 처 분 받 은 세 액	(52)			
	합 계	(53)			

	구 분	금 액	세율	세 액
(18) 그 밖의 경감·공제 세액 명세	전 자 신 고 세 액 공 제	(54)			
	전자세금계산서 발급세액 공제	(55)			
	택 시 운 송 사 업 자 경 감 세 액	(56)			
	대리납부 세액공제	(57)			
	현금영수증사업자 세액공제	(58)			
	기 타	(59)			
	합 계	(60)			

	구 분		금 액	세 율	세 액
(26) 가산세액 명세	사 업 자 미 등 록 등		(61)		1 / 100	
	세 금 계 산 서	지연발급 등	(62)		1 / 100	
		지연수취	(63)		5 / 1,000	
		미발급 등	(64)		뒤쪽 참조	
	전자세금계산서 발급명세 전송	지연전송	(65)		3 / 1,000	
		미전송	(66)		5 / 1,000	
	세금계산서 합계표	제출 불성실	(67)		5 / 1,000	
		지연제출	(68)		3 / 1,000	
	신고 불성실	무신고(일반)	(69)		뒤쪽참조	
		무신고(부당)	(70)		뒤쪽참조	
		과소·초과환급신고(일반)	(71)		뒤쪽참조	
		과소·초과환급신고(부당)	(72)		뒤쪽참조	
	납부지연		(73)		뒤쪽참조	
	영세율 과세표준신고 불성실		(74)		5 / 1,000	
	현금매출명세서 불성실		(75)		1 / 100	
	부동산임대공급가액명세서 불성실		(76)		1 / 100	
	매입자 납부특례	거래계좌 미사용	(77)		뒤쪽참조	
		거래계좌 지연입금	(78)		뒤쪽참조	
	신용카드매출전표 등 수령명세서 미제출·과다기재		(79)		5 / 1,000	
	합 계		(80)			

		업태	종목	코드번호	금액
면세사업 수입금액	(81)			☐☐☐☐☐☐	
	(82)			☐☐☐☐☐☐	
	(83)	수입금액 제외			
				(84) 합계	
계산서 발급 및 수취 명세	(85) 계산서 발급금액				
	(86) 계산서 수취금액				

210mm×297mm[백상지 (80g/㎡) 또는 중질지(80g/㎡)]

작 성 방 법

(7), (12) 예정신고 누락분 명세란

(33) ~ (36), (38) · (39): 4쪽 중 제1쪽 (7)란, (12)란의 예정신고 누락분을 합계하여 적은 경우 그 예정신고 누락분의 명세를 적습니다. 다만, 매입자발행 세금계산서는 세금계산서란에 포함하여 적습니다.

(14) 그 밖의 공제매입세액 명세란

(41) · (42): 사업과 관련한 재화나 용역을 공급받고 발급받은 신용카드매출전표 등을 신용카드매출전표등 수령명세서에 작성하여 제출함으로써 매입세액을 공제하는 경우에 일반매입과 고정자산매입을 구분하여 적습니다.

(43): 면세농산물등을 원재료로 제조 · 창출한 재화 또는 용역이 과세되어 의제매입세액을 공제받는 사업자는 금액란에는 「부가가치세법 시행규칙」 별지 제15호서식의 면세농산물등의 매입가액을, 세액란에는 공제할 세액을 적고, 「조세특례제한법」 제104조의28제5항에 따라 매입세액을 공제받는 사업자는 금액란에는 「조세특례제한법 시행규칙」 별지 제64호의25서식의 매입가액을, 세액란에는 공제할 세액을 적고, 「조세특례제한법」 제104조의29제1항에 따라 매입세액을 공제받는 사업자는 금액란에는 「조세특례제한법 시행규칙」 별지 제64호의26서식의 매입가액을, 세액란에는 공제할 세액을 적습니다.

(44): 재활용폐자원 등에 대한 매입세액을 공제받는 사업자가 적고, 금액란에는 재활용폐자원 등의 취득가액을, 세액란에는 「조세특례제한법 시행규칙」 별지 제69호서식(1) 재활용폐자원 및 중고자동차 매입세액 공제신고서(갑)의 공제할 세액을 적습니다.

(45): 면세사업등에 사용하는 감가상각자산을 과세사업에 사용하거나 소비하는 경우 취득 시 공제하지 않은 매입세액을 공제받는 경우에 적습니다.

(46): 간이과세자에서 일반과세자로 변경된 사업자가 그 변경되는 날 현재의 재고품등에 대하여 매입세액을 공제받는 경우에 적습니다.

(47): 공급받은 재화나 용역에 대한 외상매입금, 그 밖에 매입채무가 대손확정되어 매입세액을 불공제받은 후 대손금액의 전부 또는 일부를 변제한 경우 변제한 대손금액에 관련된 대손세액을 적습니다.

(48): 「조세특례제한법 시행령」 제109조의2제6항에 따른 특례적용관광호텔(2025년 4월 1일부터는 특례적용관광숙박시설) 사업자 또는 같은 영 제109조의3제8항에 따른 특례적용의료기관 사업자가 공제받을 부가가치세액을 적습니다.

(16) 공제받지 못할 매입세액 명세란

(50): 발급받은 세금계산서 중 매입세액을 공제받지 못할 세금계산서의 공급가액, 세액의 합계액을 적습니다.

(51): 부가가치세 과세사업과 면세사업등에 공통으로 사용하는 공통매입세액 중 면세사업등에 해당하는 부분을 안분(按分)하여 계산한 공급가액과 세액을 적습니다.

(52): 부가가치세가 과세되는 재화 또는 용역을 공급받고 매입세액을 공제받은 외상매입금 그 밖에 매입채무가 폐업 전에 대손이 확정되어 거래상대방이 대손세액을 공제받은 경우 관련 대손처분을 받은 세액을 적습니다.

(18) 그 밖의 경감 · 공제세액 명세란

(54): 「조세특례제한법」 제104조의8제2항에 따른 전자신고 세액공제 금액(10,000원)을 확정신고할 때 적습니다.

(55): 직전연도의 사업장별 재화 및 용역의 공급가액(부가가치세 면세공급가액을 포함)의 합계액이 3억원 미만인 개인사업자가 전자세금계산서를 발급하고 발급명세를 국세청에 전송한 경우 공제세액(발급건당 200원씩 연간 100만원 한도)을 적습니다.

(56): 일반택시운송사업자만 적고, 4쪽 중 제1쪽 ⑪란에 적은 납부세액의 99/100에 해당하는 금액을 적습니다.

(57): 「조세특례제한법」 제106조의10제4항에 따른 부가가치세 대리납부세액 공제금액을 적습니다.

(58): 「조세특례제한법」 제126조의3에 따른 현금영수증사업자에 대한 부가가치세 공제액을 적습니다.

(26) 가산세액 명세란

(61): 사업자등록을 하지 않거나 타인의 명의로 등록한 경우 또는 타인 명의의 사업자등록을 이용한 경우 그 공급가액과 세액을 적습니다.

(62): 세금계산서 발급시기를 경과하여 발급하거나 세금계산서의 필요적 기재사항의 전부 또는 일부가 착오 또는 과실로 적혀 있지 않거나 사실과 다른 경우 그 공급가액과 세액을 적습니다.

(63): 재화 또는 용역의 공급시기 이후에 발급받은 세금계산서로서 해당 공급시기가 속하는 과세기간의 확정 신고기한까지 발급받아 매입세액공제를 받은 경우 그 공급가액과 세액을 적습니다.

(64): 세금계산서를 발급하지 않거나 재화 또는 용역의 공급 없이 세금계산서등을 발급 및 수취하거나 실제로 재화 또는 용역을 공급하는 자 및 공급받는 자가 아닌 자의 명의로 세금계산서 등을 발급 및 수취하거나 재화 또는 용역의 공급가액을 과다하게 기재하여 세금계산서 등을 발급 및 수취한 경우 그 공급가액과 세액을 적습니다.
 - 세금계산서를 발급하지 않은 경우 : 공급가액의 2%,
 - 재화 또는 용역의 공급 없이 세금계산서등을 발급 및 수취한 경우 : 세금계산서등에 적힌 금액의 3%,
 - 실제로 재화 또는 용역을 공급하는 자 및 공급받는 자가 아닌 자의 명의로 세금계산서 등을 발급 및 수취하거나 재화 또는 용역의 공급가액을 과다하게 기재하여 세금계산서 등을 발급 및 수취한 경우 : 공급가액의 2%

(65): 전자세금계산서 발급 의무 사업자가 전자세금계산서 발급일의 다음 날이 경과한 후 재화 또는 용역의 공급시기가 속하는 과세기간에 대한 확정신고기한까지 세금계산서 발급명세를 전송한 경우 그 공급가액과 세액을 적습니다.

(66): 전자세금계산서 발급 의무 사업자가 전자세금계산서 발급일의 다음 날이 경과한 후 재화 또는 용역의 공급시기가 속하는 과세기간에 대한 확정신고기한까지 세금계산서 발급명세를 전송하지 않은 경우 그 공급가액과 세액을 적습니다.

(67): 「부가가치세법」 제60조제6항 및 제7항에 해당하는 경우(매출 · 매입처별 세금계산서합계표를 미제출 · 부실기재 등) 그 공급가액과 세액을 적습니다. 다만, 「부가가치세법」 제60조제6항제3호에 해당하는 경우는 (68)번에 적습니다.

(68): 매출처별 세금계산서합계표를 각 예정신고와 함께 제출하지 않고 해당 예정신고기간이 속하는 과세기간의 확정신고와 함께 제출하는 경우 그 공급가액과 세액을 적습니다.

(69) · (70): 「국세기본법」 제47조의2에 따라 법정신고기한까지 신고하지 않은 납부세액과 그 가산세액을 적습니다.
 - 부정행위에 따른 부당 무신고가산세: 납부세액의 40%, - 그 외 일반 무신고가산세: 납부세액의 20%
   ※ 법정신고기한이 지난 후 1개월 이내에 기한 후 신고한 경우 가산세액의 50%, 1개월 초과 3개월 이내 30%, 3개월 초과 6개월 이내 20% 감면

(71) · (72): 「국세기본법」 제47조의3에 따라 과소신고한 납부세액 또는 초과신고한 환급세액과 그 가산세액을 적습니다.
 - 부정행위에 따른 부당 과소 · 초과환급신고 가산세: 납부세액의 40%, - 그 외 일반 과소 · 초과환급신고 가산세 납부세액의 10%
   ※ 법정신고기한이 지난 후 1개월 이내에 수정신고한 경우 가산세액의 90%, 1개월 초과 3개월 이내 75%, 3개월 초과 6개월 이내 50%, 6개월 초과 1년이내 30%, 1년 초과 1년 6개월 이내 20%, 1년 6개월 초과 2년 이내 10% 감면

(73): 「국세기본법」 제47조의4에 따라 납부하지 않거나 미달하게 납부한 세액 및 환급신고해야 할 환급세액을 초과한 환급세액과 그 가산세액을 적으며, 가산세율은 $\frac{22 \times (경과일수)}{100,000}$ 입니다.
   ※ 경과일수는 당초 납부기한의 다음 날부터 납부일까지 또는 환급받은 날의 다음 날부터 납부일까지의 기간의 일수를 말합니다.

(74): 영세율이 적용되는 과세표준을 신고하지 않거나 미달하게 신고한 경우 그 공급가액과 세액을 적습니다.

(75): 현금매출명세서를 제출해야 할 사업자가 그 명세서를 제출하지 않거나 사실과 다르게 적은 경우 그 공급가액과 세액을 적습니다.

(76): 부동산임대공급가액명세서를 제출해야 할 사업자가 그 명세서를 제출하지 않거나 사실과 다르게 적은 경우 그 공급가액과 세액을 적습니다.

(77): 「조세특례제한법」 제106조의4제7항 및 제106조의9제6항에 따라 금거래계좌 및 스크랩등거래계좌를 사용하지 않고 결제받은 경우 그 가산세액을 적으며, 가산세율은 제품가액의 100분의 10에 해당하는 금액입니다.

(78): 「조세특례제한법」 제106조의4제8항 및 제106조의9제7항에 따라 거래시기에 부가가치세액을 거래계좌에 입금하지 않은 경우 공급일(공급일이 세금계산서 발급일보다 빠른 경우 세금계산서 발급일)의 다음 날부터 부가가치세 입금일까지 기간에 대한 가산세액을 적으며, 가산세액은 지연입금액 $\times \frac{22 \times (경과일수)}{100,000}$ 입니다.

(79): 「부가가치세법」 제60조제5항에 따라 신용카드매출전표등 수령명세서를 제출하지 않았거나 금액을 과다하게 기재한 경우 그 공급가액과 세액을 적습니다.

면세사업 수입금액란, 계산서 발급 및 수취 명세란

(81) · (82): 부가가치세가 면제되는 사업의 수입금액을 업태, 종목별로 구분하여 적습니다.

(83): 수입금액 제외란은 고정자산 매각 등 종합소득세 수입금액에서 제외되는 금액[「소득세법」 제19조제1항제20호에 따른 사업용 유형고정자산(같은 법 시행령 제62조제2항제1호가목은 제외합니다)의 매각금액은 (79)~(80) 해당란에 기재]을 적습니다.

(84): 수입금액 합계액을 적습니다.

(85): 부가가치세가 과세되지 않은 재화 또는 용역을 공급하고 발급한 계산서의 합계액을 적습니다.

(86): 거래상대방으로부터 발급받은 계산서의 합계액을 적습니다.

210㎜×297㎜[백상지 (80g/㎡) 또는 중질지(80g/㎡)]

3 결정 및 경정

부가가치세는 신고납세제도를 따르는 국세로서 납세의무자의 신고에 의하여 세액이 확정되는 것이나, 확정신고를 하지 아니한 경우에는 정부가 결정한다. 그러나 확정신고의 내용에 오류 또는 탈루가 있는 경우에는 신고에 의하여 확정된 납세의무를 정부의 조사에 의하여 경정한다.

4 환급

(1) 환급의 구분

환급세액은 매입세액이 매출세액을 초과하는 경우에 발생한다. 일반환급의 경우에는 각 과세기간 단위로 확정신고기한이 지난 후 30일 내에 환급한다. 환급은 예정신고시에 환급세액이 발생하여도 이를 환급하지 아니하고 확정신고시 납부할 세액에서 차감하며, 차감 후 환급세액이 발생하는 경우에 환급한다. 다만, 다음의 경우에는 수출과 설비투자 및 재무구조 개선을 지원하기 위하여 조기환급할 수 있다.

- 영세율 적용대상인 때
- 사업설비를 신설·취득·증축하는 경우
- 재무구조개선계획 이행 사업자(법원의 인가결정을 받은 회생계획, 기업개선계획의 이행을 위한 약정 및 특별 약정을 이행 중인 사업자)

그러나 조기환급세액은 영세율 또는 시설투자 관련 매입세액과 일반거래에 대한 매입세액을 구분하지 아니하고 사업장별로 매출세액에서 매입세액을 공제하여 계산한다.

(2) 조기환급 신고 및 환급시기

예정신고기간 또는 과세기간 최종 3개월 중 매월 또는 매 2월을 영세율 등 조기환급기간이라고 한다. 따라서 제1기 과세기간의 경우 1월, 2월, 4월, 5월 또는 1·2월, 4·5월이 조기환급기간이 될 수 있다.

조기환급기간의 환급세액을 조기환급 받고자 하는 사업자는 조기환급 종료일부터 25일 이내에 조기환급기간에 대한 과세표준과 환급세액을 신고하여야 하는데 이를 영세율 등 조기환급신고라 한다. 이 경우 부가가치세신고서, 조기환급신고서, 매출·매입처별세금계산서합계표, 영세율 첨부서류, 건물등감가상각자산취득명세서 등의 첨부서류를 제출하여야 한다. 조기환급을 신청한 경우에는 신고시점*에 따라 일반환급보다 15일~5.5개월 이내에 환급세액을 조기환급받을 수 있다.

* 조기환급기간, 예정신고기간 또는 과세기간의 종료일

다음 중 부가가치세 환급에 관한 설명으로 옳지 않은 것은?
① 환급세액은 매입세액이 매출세액을 초과하는 경우에 발생한다.
② 예정신고시에 환급세액이 발생하면 이를 환급한다.
③ 조기환급제도는 수출과 설비투자 및 재무구조 개선을 지원하기 위한 제도이다.
④ 조기환급받고자 하는 사업자는 조기환급 종료일부터 25일 이내에 영세율 등 조기환급신고를
  하여야 한다.

②: 환급은 예정신고시 환급세액이 발생하여도 이를 환급하지 아니하고 확정신고시 납부할 세액
  에서 차감하며, 차감 후 환급세액이 발생하는 경우에 환급한다.

VII 가산세

가산세란 세법에서 정하는 각종 의무의 성실한 이행을 확보하기 위하여 산출세액에 가산하여 징수하는 금액을 말한다. 따라서 가산세는 세법에서 규정한 의무를 이행하지 않은 납세의무자에게 부과되는 일종의 벌과금 제도로서, 다음과 같은 종류가 있다.

1 국세기본법상 가산세

모든 세목에 적용될 수 있는 신고 및 납부와 관련된 가산세는 국세기본법에서 통일적으로 규정하고 있다.

(1) 무신고 가산세

납세자가 법정신고기한 내에 과세표준신고서를 제출하지 아니한 경우

(2) 과소신고 · 초과환급신고 가산세

납세의무자가 법정신고기한까지 세법에 따른 국세의 과세표준 신고를 한 경우로서 과세표준 또는 납부세액을 신고하여야 할 금액보다 적게 신고하거나 환급세액을 신고하여야 할 금액보다 많이 신고한 경우

(3) 납부지연가산세

납세자가 세법에 따른 납부기한 내에 국세를 납부하지 아니하거나 납부한 세액이 납부하여야 할 세액에 미달한 경우 또는 납세자가 환급받은 세액이 세법에 따라 환급받아야 할 세액을 초과하는 경우

2 부가가치세법상 가산세

(1) 미등록 가산세 또는 타인명의 등록 가산세

부가가치세 과세사업자가 사업개시일부터 20일 이내에 사업자등록을 신청하지 않은 경우 미등록가산세가 적용된다. 한편, 사업자가 타인명의*로 사업자등록을 하거나 그 타인명의의 사업자등록을 이용하여 사업을 영위하는 것으로 확인되는 경우 그 타인명의의 사업개시일부터 실제 사업을 영위하는 것으로 확인되는 날의 직전일까지의 공급가액에 대해서 타인명의등록 가산세가 적용된다.

* 다만, 상속의 경우 타인명의 등록가산세를 상속세 과세표준신고기한까지 유예한다. 즉, 상속으로 인해 피상속인의 사업을 승계받는 경우에는 상속개시일부터 상속세 과세표준신고기한까지 피상속인 명의로 사업을 하더라도 가산세를 부과하지 않는다.

(2) 세금계산서 불성실가산세

세금계산서 불성실가산세는 다음의 경우에 적용된다.

① 부실기재 등: 발급한 세금계산서의 필요적 기재사항의 전부 또는 일부가 착오 또는 과실로 적혀 있지 아니하거나 사실과 다른 때(다만, 발급한 세금계산서의 필요적 기재사항 중 일부가 착오나 과실로 사실과 다르게 적혔으나 해당 세금계산서에 적힌 나머지 필요적 기재사항 또는 임의적 기재사항으로 보아 거래사실이 확인되는 경우에는 사실과 다른 세금계산서로 보지 아니함)
② 미발급 등: 세금계산서를 발급하지 아니한 때, 재화나 용역을 공급하지 않고 세금계산서를 발급하거나 받은 때, 재화 또는 용역을 공급하고 실제로 공급하는 자가 아닌 자 또는 실제로 공급받는 자가 아닌 자의 명의로 세금계산서를 발행하거나 받은 때
③ 지연발급 등: 세금계산서를 발급시기가 지난 후 해당 재화용역의 공급시기가 속하는 과세기간에 대한 확정신고기한까지 세금계산서를 발급한 경우

④ 과다발급 등: 재화 또는 용역을 공급하고 세금계산서 등의 공급가액을 과다하게 기재한 경우,
재화 또는 용역을 공급받고 공급가액이 과다한 세금계산서 등을 발급받은 경우

(3) 전자세금계산서 발급명세 지연전송 · 미전송가산세

전자세금계산서 발급의무자가 전자세금계산서를 발급하고 전송기한(발급일의 다음날)까지 전자
세금계산서 발급명세를 국세청장에게 전송하지 않으면 전자세금계산서 발급명세 지연전송가산세
(확정신고기한까지 전송하지 않으면 미전송가산세)가 적용된다.

(4) 매출처별세금계산서합계표 제출불성실가산세

1) 미제출 및 부실기재의 경우

매출처별세금계산서합계표를 제출하지 아니하거나 부실기재한 경우에는 가산세가 적용된다.

① 미제출: 매출처별세금계산서합계표를 제출하지 아니한 경우
② 부실기재: 제출한 매출처별세금계산서합계표의 기재사항 중 거래처별 등록번호 또는 공급가액의
전부 또는 일부가 기재되지 아니하거나 사실과 다르게 기재된 경우

2) 지연제출의 경우

예정신고시 제출하지 아니한 매출처별세금계산서합계표를 확정신고시 제출한 경우 가산세가 적
용된다.

(5) 매입처별세금계산서합계표 제출불성실가산세

매입처별세금계산서합계표 제출불성실가산세는 다음의 경우에 적용된다.

① 매입처별세금계산서합계표를 미제출하거나 부실기재하여 경정시 매입처별세금계산서합계표에 의
하지 아니하고 세금계산서에 의하여 매입세액을 공제받는 경우
② 제출한 매입처별세금계산서합계표의 기재사항 중 공급가액을 사실과 다르게 과다하게 기재하여
신고한 경우
③ 재화 · 용역의 공급시기까지는 세금계산서를 발급받지 아니하였으나 해당 공급시기가 속하는 과
세기간 내에 발급받아 매입세액을 공제받는 경우

매출처별세금계산서합계표는 지연제출시 가산세가 부과되나, 매입처별세금계산서합계표는 지연
제출하더라도 가산세가 부과되지 않는다.

(6) 현금매출명세서 또는 부동산임대공급가액명세서 제출불성실가산세

현금매출명세서* 또는 부동산임대공급가액명세서를 제출하지 아니하거나 제출한 수입금액(현금
매출명세서는 현금매출을 말함)이 사실과 다르게 적혀 있는 경우 현금매출명세서 또는 부동산임대
공급가액명세서 제출 불성실가산세가 적용된다.

* 현금매출명세서 제출대상 사업자: 예식장업, 부동산중개업, 보건업(병원과 의원으로 한정함)과 간이과세배제 전문직 사업자

(6) 세금계산서 자료상에 대한 가산세(가공세금계산서)

사업자가 아닌 자가 재화 또는 용역을 공급하지 아니하고 세금계산서를 발급하거나 재화 또는
용역을 공급받지 아니하고 세금계산서를 발급받은 경우에는 사업자로 보고 가산세를 적용한다.

가산세

구분		적용 범위
미등록 · 타인명의등록가산세		사업자등록을 하지 아니한 경우 또는 타인 명의로 등록한 경우
매출	세금계산서 불성실가산세	세금계산서 미발급, 지연발급, 과다발급 또는 세금계산서의 기재내용이 사실과 다르거나 누락된 경우
	전자세금계산서 지연전송 · 미전송가산세	전자세금계산서 발급의무자가 전자세금계산서를 발급하고 전송 기한까지 전송하지 않은 경우
	매출처별합계표제출 불성실가산세	매출처별세금계산서합계표 미제출 또는 매출처별세금계산서합계표의 기재사항이 사실과 다르거나 누락된 경우
		예정신고분을 확정신고시 제출한 경우
매입	매입처별합계표제출 불성실가산세	매입처별세금계산서합계표의 기재사항 중 공급가액이 사실과 다르거나 과다기재 된 경우(허위기재)
		경정시 세금계산서에 의하여 매입세액을 공제받는 경우
현금매출명세서 또는 부동산임대공급가액명세서 제출불성실가산세		현금매출명세서 또는 부동산임대공급가액명세서를 제출하여야 할 자가 이를 제출하지 않거나 사실과 다르게 제출한 경우
세금계산서 자료상에 대한 가산세		사업자가 아닌 자가 허위세금계산서를 발급하거나 발급받는 경우

다음 중 부가가치세법의 가산세가 적용되지 않는 경우는?

① 전자세금계산서 의무발급자에 전자세금계산서를 발급하고 전송기한까지 전송하지 않은 경우

② 현금매출명세서 제출대상자가 현금매출명세서를 제출하지 않은 경우

③ 사업자가 아닌 자가 허위세금계산서를 발급하거나 발급받는 경우

④ 사업자가 예정신고시 발급받은 세금계산서를 예정신고시 제출하지 못하고 확정신고시 제출하여 매입세액공제를 받는 경우

풀 이

④: 예정신고시 발급받은 매입세금계산서를 확정신고시 제출하여 매입세액공제를 받는 경우에는 가산세가 적용되지 아니한다.

MEMO

01 다음 중 부가가치세법에 관한 설명으로 옳은 것은?

① 우리나라의 부가가치세 과세방법은 전단계거래액공제법에 의하고 있다.
② 부가가치세는 납세의무자와 담세자가 동일하므로 직접세에 해당한다.
③ 현행 부가가치세는 소비지국 과세원칙을 채택하고 있으므로 수출하는 재화에 대하여 영세율이 적용된다.
④ 부가가치세는 정부의 결정에 의하여 납세의무가 확정되는 정부부과과세제도를 채택하고 있다.

02 다음 중 부가가치세의 과세기간에 관한 설명으로 옳지 않은 것은?

① 소득세는 1년을 과세기간으로 하고 있는 반면에 부가가치세는 1년을 2과세기간으로 나누어 6개월을 1과세기간으로 하고 있다.
② 부가가치세법에서는 각 과세기간 개시 이후 3개월을 예정신고기간으로 하여 세액을 신고·납부하도록 하고 있다.
③ 모든 납세의무자는 신청에 따라 예정신고를 생략하고 확정신고로 대체할 수 있다.
④ 일반과세자가 확정신고 시 예정신고에서 신고된 항목은 제외하고 신고한다.

NEW

03 공장에서 중간생산물의 매입 없이 제품을 만들어 부가가치세를 포함하여 2,200원에 도매상에 판매하고, 도매상은 이윤을 붙여 부가가치세를 포함하여 5,500원에 편의점에 판매하였다. 편의점에서 그 제품을 부가가치세를 포함하여 7,700원에 소비자에게 판매하였다면, 상기 거래에서 각 사업자가 창출한 부가가치의 합계액은 얼마인가?

① 2,000원　　　　　　　　　　② 5,000원
③ 7,000원　　　　　　　　　　④ 14,000원

NEW

04 다음 중 부가가치세 과세대상인 것은?

① 사업자가 국공채를 양도하는 경우
② 사업자가 주식을 발행하는 경우
③ 사업자가 당좌수표를 발행하는 경우
④ 사업자가 광업권을 양도하는 경우

05 다음 표의 (ㄱ)~(ㄹ)에 해당하는 거래 중 원칙적으로 부가가치세의 과세 대상이 아닌 것은 무엇인가?

구분	유상공급	무상공급
재화	(ㄱ)	(ㄴ)
용역	(ㄷ)	(ㄹ)

① ㄱ   ② ㄴ
③ ㄷ   ④ ㄹ

06 다음 중 부가가치세 과세방법에 관한 설명으로 옳은 것은?

① 부가가치세법은 부가가치세 과세방법으로서 '전단계세액공제법'을 적용하고 있다.
② 전단계세액공제법에서 납부세액은 매출액에서 매입액을 차감한 금액에 세율을 곱하여 계산한다.
③ 공급받는 자는 공급자로부터 매출세액을 거래징수해야 한다.
④ 부가가치세는 공급자가 담세자가 된다.

07 다음 중 부가가치세의 일반적인 특징에 관한 설명으로 옳지 않은 것은?

① 부가가치세는 소비를 과세대상으로 하는 일반소비세이다.
② 부가가치세는 납세의무자의 인적 사정을 고려하지 않는 물세이다.
③ 부가가치세는 누진세율로 과세된다.
④ 세부담은 소비자가 하나, 재화 또는 용역의 공급자가 납세의무를 지는 간접세이다.

08 다음 중 부가가치세 납세의무자에 관한 설명으로 옳지 않은 것은?

① 부가가치세는 납세의무자와 담세자가 서로 다른 간접세에 해당된다.
② 재화 또는 용역의 공급에 대한 부가가치세의 납세의무자는 사업자이다.
③ 부가가치세법상 사업자란 '사업상 독립적으로 재화나 용역을 공급하는 자'를 말하며, 영리목적의 사업을 영위하는 자만을 의미한다.
④ 사업자의 정의 중 '사업상'은 재화 또는 용역의 공급을 계속적·반복적으로 하는 것을 말한다.

09 다음 중 사업자의 요건에 관한 설명으로 옳지 않은 것은?

① 사업자란 사업상 독립적으로 재화나 용역을 공급하는 자를 말한다.
② 비영리법인의 경우도 재화나 용역을 공급하면 부가가치세를 납부할 의무가 있는 사업자가 된다.
③ '독립적'이란 의미는 다른 사람에게 고용되어 있지 않고 점포와 같은 물적 설비가 다른 사람의 것과 구분되어야 한다는 것을 의미하므로 종업원은 사업자가 될 수 없다.
④ 재화를 공급하는 자는 모두 부가가치세의 납세의무를 지므로 집에서 사용하던 물건을 한 두번 정도의 파는 경우에도 부가가치세 납세의무자에 해당한다.

10 다음 중 사업자에 관한 설명으로 옳지 않은 것은?

① 부가가치세법상 사업자는 크게 면세사업자와 간이과세자로 나뉜다.

② 과세사업자라 하더라도 면세대상 재화 또는 용역을 공급하는 경우에는 부가가치세가 면제된다.

③ 과세사업자는 거래규모와 업종에 따라 일반과세자와 간이과세자로 구분된다.

④ 면세사업자는 사업자등록, 세금계산서 발급, 과세표준 신고 등의 부가가치세법상 제반 의무가 없다.

11 다음의 대화 중 옳지 않은 설명을 하고 있는 사람은 누구인가?

김사장: 제가 이번에 사업을 시작하려고 하는데 사업자등록시 주의할 점이 있나요?

최전문: 사업개시일부터 20일 이내에 사업자등록을 해야 하며, 기한 내에 사업자등록을 신청하지 않은 경우 미등록 가산세가 적용됩니다.

임가치: 신규로 사업을 개시한 경우에 사업개시일 전에는 사업자등록을 할 수 없습니다.

박자문: 제조업은 제조장별로 재화의 제조를 개시하는 날을 사업개시일로 봅니다.

신타당: 과세사업을 시작할 경우, 부가가치세법에 의한 사업자등록을 하면 되고 소득세법이나 법인세법에 의한 사업자등록은 별도로 하지 않아도 됩니다.

① 최전문　　　　　　　　　　② 임가치

③ 박자문　　　　　　　　　　④ 신타당

12 다음 중 사업자등록에 관한 설명으로 옳지 않은 것은?

① 신규로 사업을 개시하는 사람은 원칙적으로 사업장마다 사업개시일부터 20일 이내에 사업자등록을 하여야 한다.
② 제조업의 경우 사업개시일은 재화의 판매를 개시하는 날이다.
③ 겸영사업자는 부가가치세법에 의한 사업자등록을 하여야 한다.
④ 공동으로 사업을 하는 경우에는 공동사업자 중 1명을 대표자로 하여 대표자 명의로 사업자등록신청을 하여야 한다.

13 다음 중 부가가치세법상 사업장에 관한 설명으로 옳지 않은 것은?

① 부가가치세는 과세대상 재화와 용역의 공급장소인 사업장이 아닌 사업자별로 과세함이 원칙이다.
② 사업자는 사업장마다 사업자등록을 하여야 하며, 사업장별로 구분하여 부가가치세를 신고·납부하여야 한다.
③ 사업자가 신청하는 경우 주된 사업장에서 다른 사업장의 부가가치세를 총괄하여 납부할 수 있다.
④ 주사업장 총괄납부제도를 적용하더라도 부가가치세의 신고는 사업장별로 이루어져야 한다.

14 (주)삼일의 신입사원인 홍길동 씨는 경리부서에 배치되어 부가가치세 신고업무를 맡게 되었다. 홍길동 씨는 부가가치세에 대한 공부를 하였으나 실제로 다음과 같은 매입이 일어나자 언제 매입세액공제를 받아야 할지 망설이고 있다. 다음 중 (주)삼일이 매입세액공제를 받을 수 있는 시기는 언제인가?

매입(세금계산서를 발급 받음)	3월 1일
매입대금 지급	4월 15일
매입물품의 매출(세금계산서 발행)	8월 15일
매출대금의 회수	9월 30일

① 제1기 예정신고기간　　　　　　② 제1기 확정신고기간
③ 제2기 예정신고기간　　　　　　④ 제2기 확정신고기간

15 (주)삼일의 2025년 제1기 예정신고기간의 매입과 관련된 내역이 다음과 같을 때, 부가가치세 매입세액공제액은 얼마인가?(특별한 언급이 없는 한 적격증빙을 구비하였으며, 매입액에는 부가가치세가 포함되어 있지 않다)

ㄱ. 과세대상 원재료 매입	20,000,000원
ㄴ. 신용카드로 구입한 기계장치	40,000,000원
ㄷ. 공장부지 매입	30,000,000원
ㄹ. 영업부장이 법인카드로 지출한 기업업무추진비	400,000원
ㅁ. 개별소비세 과세대상 자동차 구입비	3,000,000원

① 6,000,000원   ② 9,000,000원
③ 9,400,000원   ④ 10,400,000원

16 다음 중 부가가치세 과세대상에 대한 설명으로 옳은 것은?

① 부가가치세법상 과세대상은 재화 또는 용역의 공급이다.
② 과세대상으로 재화의 수입으로 규정하고 있는 근거는 소비지국 과세원칙에 입각하고 있기 때문이다.
③ 국내에서 공급하는 재화 또는 용역은 사업자 여부를 불문한다.
④ 수입하는 재화에 대하여는 수입자의 사업자 여부에 따라 과세대상을 구분하고 있다.

17 다음 중 부가가치세 과세대상에 대한 설명으로 옳지 않은 것은?

① 재화란 재산적 가치가 있는 물건과 권리이므로 특허권도 과세대상이다.
② 용역의 무상공급은 어떠한 경우에도 과세대상에서 제외된다.
③ 농민이 쌀을 운반하고 통상적으로 쌀값과 운송비를 함께 받은 경우에는 주된 재화가 면세대상이면 부수용역인 운송비도 면세된다.
④ 음식점에서 식사를 제공하는 것은 용역의 공급에 해당한다.

18 다음 중 부가가치세의 과세대상이 아닌 경우는?

① 부동산 임대업자가 오피스텔을 사무실로 임대하는 경우
② 과세대상 재화를 외상 판매한 경우
③ 근로자가 고용계약에 따른 근로를 제공한 경우
④ 과세대상 재화를 교환 계약한 경우

19 다음 표는 부가가치세의 과세대상을 구분한 것이다. 표의 (ㄱ)~(ㄷ)에 해당하는 내용으로 옳은 것은?

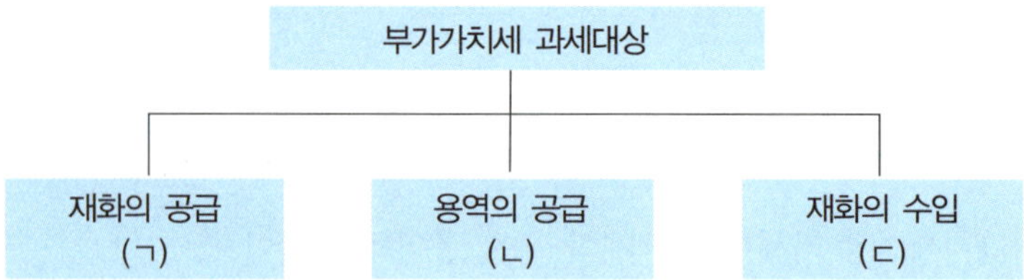

① (ㄱ): 거래처에 어음을 발급하였다.
② (ㄱ): 은행에서 자금을 차입하면서 건물을 담보로 제공하였다.
③ (ㄴ): 고용계약에 따라 회사에 근로를 제공하였다.
④ (ㄷ): 사업자가 아닌 개인이 해외 쇼핑몰에서 가방을 구입하여 국내에 들여왔다.

20 다음 중 부가가치세법상 재화의 공급으로 보지 않는 것은?

① 가공계약에 있어서 주요자재의 일부를 부담한 경우
② 컴퓨터를 판매하고 그 대가로 태블릿PC를 받은 경우
③ 현물출자로 인해 사업용 건물이 양도된 경우
④ 담보목적으로 자동차를 양도한 경우

21 다음 중 재화의 수입에 대한 설명으로 옳은 것은?

① 외국으로부터 재화를 들여오는 경우 부가가치세가 과세된다.
② 수입하는 재화에 대하여는 수출자가 수입자로부터 부가가치세를 징수하여 납부한다.
③ 수출신고를 마치고 선적이 완료된 물품을 국내로 다시 반입하는 경우 재화의 수입에 해당하지 않는다.
④ 수입하는 재화에 대하여는 해당 수입자가 사업자인 경우에만 부가가치세가 과세된다.

22 다음 중 부가가치세 과세대상인 것은?

① 재화를 담보로 제공한 경우
② 사업을 포괄적으로 양도한 경우
③ 사업자가 아닌 자가 재화를 수입하는 경우
④ 토지를 양도하는 경우

23 다음 중 용역의 공급에 관한 설명으로 옳지 않은 것은?

① 용역의 공급이란 계약상 또는 법률상의 모든 원인에 의하여 역무를 제공하거나 재화, 시설물 또는 권리를 사용하게 하는 것을 말한다.
② 상대방으로부터 인도받은 재화에 주요자재를 전혀 부담하지 아니하고 단순히 가공만 하여주는 것은 용역의 공급으로 본다.
③ 고용관계에 의하여 근로를 제공하는 것은 용역의 공급이다.
④ 특수관계인이 아닌 자에게 대가를 받지 아니하고 용역을 공급하는 것은 용역의 공급으로 보지 않는다.

24 다음 중 부가가치세법상 공급시기에 관한 설명으로 옳은 것은?

① 세금계산서를 발급하는 때는 무조건 부가가치세법상 공급시기에 해당한다.

② 재화의 이동이 필요한 경우에는 재화가 인도되는 때를 공급시기로 한다.

③ 재화의 이동이 필요하지 아니한 경우에는 공급대가를 수령하는 때를 공급시기로 한다.

④ 공급시기가 도래하기 전에 재화 또는 용역에 대한 대가를 받고 세금계산서 또는 영수증을 발급하는 경우에는 재화를 인도하는 때가 공급시기이다.

25 (주)삼일은 할부판매를 실시하고 있으며, 2025년 7월 10일 상품을 할부로 판매하였다. 동 매출의 회수약정금액(부가가치세 제외)과 실제 회수액(부가가치세 제외)이 다음과 같을 때 2025년 제2기 예정신고기간(2025년 7월 1일~2025년 9월 30일)의 과세표준금액은 얼마인가?

일자	회수약정액	실제 회수액
2025년 7월 10일	10,000원	5,000원
2025년 9월 10일	20,000원	10,000원
2026년 3월 10일	10,000원	없음
2026년 8월 10일	20,000원	10,000원
총 약정(회수) 합계	60,000원	25,000원

① 5,000원
② 15,000원
③ 30,000원
④ 60,000원

26 다음 중 부가가치세의 과세표준에 관한 설명으로 옳은 것은?

① 부가가치세 확정신고기간의 매출세액은 예정신고 시 누락된 매출세액을 포함하지 않는다.
② 외상매출의 경우 부가가치세 신고기간 이후에 매출채권을 회수하더라도 매출세액은 공급시기가 속한 과세기간에 신고·납부하여야 한다.
③ 2025년 3월 1일 대손사유가 확정된 경우 대손세액은 2025년 1기 예정신고기간에 공제받는다.
④ 대손세액을 공제할 수 있는 대손사유에는 법정소멸시효 완성 등 사유뿐만 아니라 채무자의 지급지연에 따른 대손인식액도 포함한다.

27 다음 중 부가가치세법 상 공급시기에 관한 설명으로 옳지 않은 것은?

① 사업자는 재화 또는 용역의 공급시기에 세금계산서를 발급하는 것이 원칙이다.
② 일반적인 상품 및 제품은 재화가 인도되는 때가 공급시기이다.
③ 장기할부판매의 경우에는 대가의 각 부분을 받기로 한 때가 공급시기이다.
④ 수출재화의 경우 수출재화가 수입지에 도착하는 날짜가 공급시기이다.

28 다음 중 용역의 공급시기에 관한 설명으로 옳은 것은?

① 완성도기준지급·중간지급·장기할부조건부로 용역을 제공하는 경우에는 대가의 각 부분을 받기로 한 때
② 공급단위를 구획할 수 없는 용역을 계속적으로 공급하는 경우에는 과세기간의 종료일
③ 2 이상의 과세기간에 걸쳐 부동산 임대용역을 공급하고 그 대가를 선불로 받는 경우에는 그 대가를 받는 때
④ 부동산 임대용역의 경우 전세금 또는 임대보증금의 간주임대료는 매월 말일

29 다음 중 부가가치세법상 재화·용역의 공급시기에 관한 설명으로 옳은 것은?

① 중간지급조건부로 공급하는 재화·용역: 그 조건이 성취되는 때
② 간주임대료의 경우: 임대보증금을 받는 때
③ 공급시기가 경과한 후에 세금계산서를 발급한 경우: 그 발급한 때
④ 공급시기가 도래하기 전에 재화·용역에 대한 대가를 받고 세금계산서를 발급하는 경우: 그 발급한 때

30 다음은 (주)삼일의 2025년 제1기 예정신고기간의 공급내역이다. 2025년 제1기 예정신고기간의 부가가치세 과세표준 및 매출세액 신고금액으로 옳은 것은?

공급일자	공급가액 (부가가치세 미포함)	내역
01-07	10,000,000원	세금계산서 발행 매출액
01-28	20,000,000원	신용카드매출전표 발행 매출액
02-15	30,000,000원	내국신용장에 의한 공급 매출액
03-29	20,000,000원	해외 직수출 매출액

과세표준	매출세액
(a)	(b)

① (a) 80,000,000원, (b) 8,000,000원
② (a) 80,000,000원, (b) 3,000,000원
③ (a) 60,000,000원, (b) 6,000,000원
④ (a) 60,000,000원, (b) 3,000,000원

31 다음 자료는 (주)삼일의 거래내역이다. (주)삼일의 부가가치세신고서상 (A)에 기록될 금액은 얼마인가?

〈신고내용〉

구분				금액	세율	세액
과세표준 및 매출세액	과세	세금계산서발급분	(1)		10/100	
		매입자발행세금계산서	(2)		10/100	
		신용카드 · 현금영수증발행분	(3)		10/100	
		기타(정규영수증외 매출분)	(4)			
	영세율	세금계산서발급분	(5)	(A)	0/100	
		기타	(6)		0/100	
		예정신고누락분	(7)			
		대손세액가감	(8)			
		합계	(9)			

구분	금액
세금계산서 발행 국내매출액(VAT 미포함)	10,000,000원
신용카드매출전표 발행분(VAT 포함)	22,000,000원
현금영수증 발행(VAT 포함)	5,500,000원
내국신용장에 의한 공급분(Local 수출분)	20,000,000원
직수출분	60,000,000원

① 5,500,000원 ② 20,000,000원
③ 60,000,000원 ④ 80,000,000원

32 다음 중 영세율이 적용되는 거래가 아닌 것은?

① 미가공 식료품
② 국외에서 제공하는 용역
③ 수출하는 재화
④ 내국신용장에 의하여 수출업자에게 재화를 공급하는 경우

33 다음 중 부가가치세법상 면세대상이 아닌 것은?

① 토지의 공급
② 주택의 공급(국민주택 아님)
③ 주택임대용역의 공급
④ 미가공 식료품의 공급

34 다음 중 부가가치세 면세에 관한 설명으로 옳지 않은 것은?

① 면세사업자는 매입세액공제를 받을 수 없다.
② 면세사업자는 법정 요건을 충족한 경우 면세의 적용을 포기할 수 있다.
③ 영세율과 면세가 적용되는 사업자는 모두 부가가치세법상 사업자이며, 부가가치세법상의 의무를 동일하게 이행하여야 한다.
④ 면세는 최종소비자의 세부담을 경감하기 위한 제도이므로, 면세사업자의 세부담을 경감하기 위한 제도는 아니다.

35 다음 중 부가가치세 과세표준의 계산에 관한 설명으로 옳지 않은 것은?

① 매출에누리 · 매출할인이 있는 경우 차감 전 금액으로 과세표준을 계산한다.
② 금전 외의 대가를 받는 경우 공급한 재화 또는 용역의 시가를 공급가액으로 한다.
③ 공급하고 대가로 받은 금액에 세액이 포함되었는지 여부가 불분명한 경우에는 포함된 것으로 보아 과세표준을 계산한다.
④ 장기할부판매의 경우 부가가치세의 과세표준은 계약에 따라 받기로 한 대가의 각 부분으로 한다.

36 다음 중 영세율과 면세제도를 비교한 내용으로 옳지 않은 것들을 모두 고른 것은?

구분	영세율	면세
ㄱ. 기본취지	소비지국 과세원칙의 구현	부가가치세의 역진성 완화
ㄴ. 적용대상	수출하는 재화 등 특정 거래	기초생활 필수재화 등 특정 재화·용역
ㄷ. 면세정도	부분면세제도	완전면세제도
ㄹ. 과세표준 및 매출세액	공급가액이 과세표준에 포함되지 아니하며 매출세액도 없음	공급가액이 과세표준에는 포함되나 매출세액은 없음
ㅁ. 매입세액	매입세액 공제가능	매입세액이 공제되지 않음

① ㄱ, ㄴ   ② ㄱ, ㅁ

③ ㄷ, ㄹ   ④ ㄷ, ㅁ

37 다음 중 영세율과 면세에 관한 설명으로 옳은 것은?

① 영세율의 목적이 기초 생필품 또는 국민후생용역과 관련한 최종소비자의 세부담 완화에 있다면 면세의 목적은 소비지국 과세에 있다.

② 영세율은 부분면세제도이나, 면세는 완전면세제도이다.

③ 영세율 적용대상인 재화를 공급하는 면세사업자가 영세율을 적용받기 위해서는 면세를 포기하여야 한다.

④ 영세율 적용 과세사업자와 면세사업자 모두 과세표준의 신고 및 사업자등록 의무가 없다.

38 다음 중 부가가치세 영세율에 대한 설명으로 옳지 않은 것은?

① 면세사업자는 별도의 절차 없이 영세율도 같이 적용 받을 수 있다.

② 영세율이 적용되면 해당 거래단계뿐만 아니라 이전 거래단계에서 창출된 부가가치에 대해서도 과세되지 않는 효과를 가져온다.

③ 영세율은 소비지국과세원칙을 구현하기 위하여 재화의 수출, 용역의 국외제공 등 국제거래에 적용되는 것이 원칙이다.

④ 영세율은 세율이 0% 이나 부가가치세법상의 사업자로서의 의무는 지켜야 한다.

39 임대사업자 김삼일 씨는 오피스텔을 분양받아 세입자에게 월세로 임대료를 수령하려고 한다. 다음 중 이에 대해 옳지 않은 조언을 하고 있는 사람은 누구인가?

① 이숙명: 오피스텔을 주거용으로 임대한다면 면세사업에 해당되니 월 임대료 수령액에 대해서는 부가가치세를 내지 않아도 된다.
② 구성민: 주거용으로 임대하면 오피스텔 매입할 때 부담한 부가가치세에 대해서 매입세액공제를 받지 못한다.
③ 이성용: 사무용으로 임대해도 원칙적으로는 오피스텔 매입할 때 부담한 매입세액을 공제받지 못한다.
④ 홍문희: 사무용으로 임대하면 과세사업에 해당되어서 월 임대료 수령액에 대해서 부가가치세를 납부해야 한다.

40 다음 영세율 적용대상 거래 중에서 세금계산서 발급의무가 있는 것은?

① 구매확인서에 의한 수출재화
② 직수출하는 재화
③ 국외에서 제공하는 용역
④ 항공기의 외국항행 용역

41 다음 중 부가가치세 영세율에 관한 설명으로 옳은 것은?

① 면세사업자는 별도의 절차 없이 영세율도 같이 적용 받을 수 있다.
② 세율이 0%이므로 부가가치세법상의 모든 의무가 면제되는 것이다.
③ 영세율은 주로 기초 생필품 또는 국민후생용역과 관련하여 최종소비자의 세부담을 줄이기 위하여 운용되고 있다.
④ 영세율이 적용되면 해당 거래단계뿐만 아니라 이전 거래단계에서 창출된 부가가치에 대해서도 과세되지 않는 효과를 가져온다.

42 다음 자료는 부동산임대업을 영위하는 김삼일 씨의 2025년 제1기 예정신고기간의 거래내역이다. 김삼일 씨의 2025년 제1기 예정신고기간의 부가가치세 과세표준은 얼마인가? 제시된 금액은 모두 부가가치세가 포함되지 않은 금액이다.

구분	공급가액	비고
주택임대료	2,000,000원	임차인이 상시 주거용으로 사용함
상가임대료	3,000,000원	
상가 매각	7,000,000원	토지공급가액 3,000,000원과 건물공급가액 4,000,000원임

① 1,000,000원   ② 3,000,000원

③ 11,000,000원   ④ 7,000,000원

43 다음 중 부가가치세에 관한 설명으로 옳은 것은?

① 계약 등에 의해 확정된 대가의 지급지연으로 인하여 지급받는 연체이자는 과세표준에 포함한다.

② 사업자가 둘 이상의 과세기간에 걸쳐 부동산임대용역을 공급하고 그 대가를 선불 또는 후불의 방법으로 일시에 받는 경우에는 해당 금액을 계약기간의 월수로 나눈 금액의 각 과세대상기간의 합계액을 과세표준으로 한다.

③ 사업자가 골프장, 헬스클럽 등 각종 시설의 이용과 관련하여 이용자로부터 반환조건부 입회금을 받은 경우에는 동 금액은 사업자의 부가가치세 과세표준에 포함된다.

④ 재화와 용역을 공급하고 대가로 받은 금액에 공급가액과 세액이 별도 표시되지 아니하여 세액이 포함되었는지 여부가 불분명한 경우에는 대가의 100분의 100을 과세표준으로 한다.

44 부가가치세 과세사업을 영위하는 (주)삼일은 2025년에 기계를 새로 구입하면서 그동안 사용하던 기계장치를 매각하였다. 계약서상 조건이 다음과 같다면, 기계장치 매각과 관련한 2025년 제1기 예정신고기간의 과세표준은 얼마인가?

> 대금은 다음과 같이 지급한다.
> - 2025년 1월 15일: 계약금   20,000,000원
> - 2025년 4월 15일: 중도금   30,000,000원
> - 2025년 7월 30일: 잔금   10,000,000원
> - 잔금을 수령한 이후 기계장치를 인도한다.

① 0원
② 20,000,000원
③ 50,000,000원
④ 60,000,000원

45 다음은 자동차부품 제조업(과세)을 영위하는 (주)삼일의 2025년 1월 1일 ~ 2025년 3월 31일까지의 공급과 관련한 거래내역이다. (주)삼일의 2025년 제1기 예정신고기간의 부가가치세 과세표준을 계산하면 얼마인가?(단, 모든 금액은 부가가치세가 포함되지 않은 금액이다)

> (1) 제품을 판매하고 대금을 6개월간 분할하여 받기로 하였다. 제품의 판매가액은 8,000,000원이며, 이번 예정신고기간에 받기로 한 금액은 4,000,000원이다.
> (2) 제품(시가 5,000,000원, 원가 3,000,000원)를 판매하고 그 대가로 비품(시가 6,000,000원)를 받았다.
> (3) 외상매출금의 회수지연에 대하여 거래처로부터 연체이자 1,000,000원을 수령하였다.
> (4) 화재로 제품(시가 8,000,000원)인 제품이 소실되어 화재보험금으로 8,000,000원을 받았다.

① 12,000,000원
② 13,000,000원
③ 14,000,000원
④ 20,000,000원

46 다음은 부가가치세 과세사업을 영위하는 (주)삼일의 제1기 예정신고기간의 거래내역이다. 제1기 예정신고기간의 과세표준은 얼마인가?

> • 매출액: 40,000,000원(매출에누리액과 매출할인액 차감 전 금액임)
> • 매출에누리액: 5,000,000원
> • 매출할인액: 3,000,000원
> • 위 매출액 중 운송도중 파손된 반품액: 2,000,000원
> • 매출처로부터 받은 외상매출금 연체이자: 500,000원

① 30,000,000원 ② 30,500,000원
③ 40,000,000원 ④ 40,500,000원

47 다음 일반과세자인 오하영 씨의 거래내역에 의하여 제2기 예정신고기간의 과세표준을 계산하면?

> 7/15 과일통조림 매출 5,000,000원
>   (매출에누리 100,000원과 매출할인 500,000원이 차감된 금액임)
> 7/20 매출환입 200,000원
> 8/ 7 공장으로 사용하던 건물을 100,000,000원에 매각(토지가액
>   60,000,000 포함)
> 8/24 8월 초부터 임대한 건물임대료 1,000,000원을 수령하기로 함. 매월 말일에 임대료를 수령할 예정임.

① 46,800,000원 ② 47,300,000원
③ 107,300,000원 ④ 110,300,000원

48 다음 중 부가가치세의 매입세액공제에 관한 설명으로 옳은 것은?

① 토지를 임차하고 부담한 임차료에 대한 매입세액은 매입세액공제를 받을 수 없다.
② 기업업무추진비 관련 매입세액은 매입세액공제를 받을 수 있다.
③ 토지 정지비용 등 토지의 자본적지출 관련 매입세액은 공제받을 수 없다.
④ 개별소비세 과세대상 자동차의 구입과 임차 및 유지에 관한 매입세액은 매입세액공제를
받을 수 있다.

49 다음 중 부가가치세의 납부세액 계산 시 매입세액이 공제되는 것은?

① 기업업무추진비의 지출에 관한 매입세액
② 과세기간 종료일이 사업자등록신청일부터 역산하여 20일 이내 인 경우, 해당 과세기간의
거래분에 해당하는 매입세액
③ 사업과 직접 관련이 없는 지출에 대한 매입세액
④ 면세되는 재화 또는 용역을 공급하는 사업에 관련된 매입세액

50 다음 중 부가가치세법상의 대손세액공제에 관한 설명으로 옳은 것은?

① 대손세액공제를 받고 나중에 이를 회수하게 되면 매입세액에서 차감해야 한다.
② 대손세액은 대손이 확정된 날이 속하는 과세기간의 매출세액에서 차감한다.
③ 대손세액은 대손금액(부가가치세를 포함한 금액)의 100분의 10으로 한다.
④ 대손세액을 공제받기 위하여는 수표 또는 어음의 부도발생일부터 1년이 지나야 한다.

51 다음 중 부가가치세법상 대손세액공제대상 사유가 아닌 것은?

① 회생계획인가결정
② 법원의 면책결정
③ 상법상의 소멸시효 완성
④ 사업부진

52 ㈜삼일은 2024년 11월 12일 ㈜용산에게 책상을 공급하고 부가가치세를 포함한 매출대금 110,000,000원을 어음으로 교부받았다. 그런데 2025년 4월 20일 ㈜용산의 부도로 인하여 ㈜삼일은 동 어음에 대하여 은행의 부도확인을 받았다. ㈜삼일이 대손세액공제를 받을 수 있는 공제시기 및 그 금액은 얼마인가?

	공제시기	금 액
①	2025년 1기 예정신고	110,000,000원
②	2025년 1기 확정신고	10,000,000원
③	2025년 2기 예정신고	110,000,000원
④	2025년 2기 확정신고	10,000,000원

53 (주)신성의 신입사원인 홍강남 씨는 경리부서에 처음으로 배치되었다. 경리부장은 홍강남 씨에게 부가가치세 신고업무를 맡겼다. 홍강남 씨는 부가가치세에 대한 공부를 하였으나 실제로 다음과 같은 원재료 매입이 일어나자 언제 매입세액공제를 받아야 할지 망설이고 있다. 다음 중 (주)신성이 매입세액공제를 받아야 하는 시기는 언제인가? 세금계산서는 적법하게 발급받았다.

• 매입	1월 11일
• 매입대금 지급	4월 15일
• 매입물품의 매출	7월 23일
• 매출대금의 회수	9월 10일

① 제1기 예정신고
② 제1기 확정신고
③ 제2기 예정신고
④ 제2기 확정신고

54 김명연 씨는 2025년 중 사업을 개시하였다. 2월 24일에 사업자등록을 신청했을 때 다음 중 매입세액공제를 받을 수 있는 경우는?

① 2월 12일: 사업준비를 위해 원재료, 장비 등을 1,500,000원에 구입하였다.
② 2월 25일: 개별소비세 과세대상 자동차를 10,000,000원에 구입하고 세금계산서를 수령하였다.
③ 3월 4일: 거래처에 접대할 목적으로 선물을 500,000원에 구입하였다.
④ 3월 17일: 사업확장을 위해 토지를 100,000,000원에 구입하였다.

55 다음은 기계 제조업을 영위하는 (주)삼일의 2025년 제2기 확정신고(2025. 10. 1.~2025. 12. 31.)를 위한 매출관련 자료이다(단, 수출분은 적절한 증빙을 수령하였다).

국내판매:	세금계산서 발행 매출액(VAT 미포함)	30,000,000원
	신용카드매출전표 발행분(VAT 포함)	22,000,000원
	현금영수증 발행(VAT 포함)	1,100,000원
수출분:	내국신용장에 의한 공급분(Local 수출분)	40,000,000원
	직수출분	50,000,000원

(주)삼일의 2025년 제2기 부가가치세 확정신고서상 과세표준란의 (ㄱ), (ㄴ), (ㄷ), (ㄹ)에 들어갈 금액으로 올바르게 짝지어진 것은?

구분				금액	세율	세액
과세표준 및 매출세액	과세	세금계산서 발급분	(1)	(ㄱ)	10/100	
		매입자 발행세금계산서	(2)		10/100	
		신용카드·현금영수증발행분	(3)	(ㄴ)	10/100	
		기타(정규영수증외매출분)	(4)			
	영세율	세금계산서 발급분	(5)	(ㄷ)	0/100	
		기타	(6)	(ㄹ)	0/100	

	(ㄱ)	(ㄴ)	(ㄷ)	(ㄹ)
①	50,000,000원	1,000,000원	50,000,000원	40,000,000원
②	30,000,000원	33,100,000원	40,000,000원	50,000,000원
③	30,000,000원	21,000,000원	50,000,000원	40,000,000원
④	30,000,000원	21,000,000원	40,000,000원	50,000,000원

56 다음 자료는 2025년 10월 1일에 사업을 개시(동일에 사업자등록)한 (주)삼일의 2025. 10. 1.~2025. 12. 31.까지의 거래내역이다. (주)삼일의 부가가치세 납부세액은 얼마인가?(단, 모든 수입금액과 지출금액은 부가가치세가 포함되지 아니함)

구분	금액
국내 제품 매출액	200,000,000원
제품 수출액	250,000,000원
원재료매입(세금계산서 수령)	90,000,000원
소모품매입(세금계산서 수령)	50,000,000원
기업업무추진비지출(세금계산서 수령)	7,000,000원
사무실 집기 구입(영수증 수령)	10,000,000원

① 2,200,000원 　　　　② 4,000,000원
③ 6,000,000원 　　　　④ 8,000,000원

57 다음 중 부가가치세 예정신고시 첨부할 서류가 아닌 것은?

① 매출처별세금계산서합계표 　　② 매입처별세금계산서합계표
③ 신용카드매출전표수령명세서 　④ 대손세액공제신고서

58 다음 중 부가가치세신고서 작성요령에 관한 설명으로 옳지 않은 것은?

① 과세(세금계산서발급분)란에는 해당 과세기간 동안 발생한 과세거래 중 세금계산서를 발급한 거래의 공급가액과 세액을 기록한다.
② 영세율(기타)란에는 영세율거래 중 세금계산서 발급의무가 없는 분(직수출 등)의 공급가액과 세액을 기록한다.
③ 매입세액(세금계산서수령분)란에는 공제받지 못하는 매입세금계산서는 제외되어야 한다.
④ 예정신고누락분란에는 예정신고시 누락한 거래를 확정신고시 신고하는 경우에 그 공급가액과 세액을 기재한다.

59 다음 중 부가가치세법상 가산세에 관한 설명으로 옳지 않은 것은?

① 제출한 매입처별세금계산서의 기재사항 중 공급가액을 사실과 다르게 과다하게 기재하여 신고한 경우에는 매입처별세금계산서합계표 제출불성실가산세가 적용된다.

② 예정신고시 제출하여야 할 매출처별세금계산서합계표를 확정신고시 제출하면 지연제출 가산세를 적용한다.

③ 신고불성실가산세와 납부불성실가산세는 중복하여 적용되지 않는다.

④ 매출처별세금계산서합계표를 제출하지 아니하거나 부실기재한 경우에는 매출처별세금계 산서합계표 제출불성실가산세가 적용된다.

60 다음 중 부가가치세법상 가산세에 관한 설명으로 옳지 않은 것은?

① 부가가치세와 관련하여 적용 가능한 가산세 규정은 국세기본법과 부가가치세법에서 규정 하고 있다.

② 국세기본법에서는 신고 및 납부의무를 위반한 경우에 부과하는 가산세에 대하여 규정하 고 있다.

③ 부가가치세법상의 미등록가산세는 과세사업자가 사업자등록을 신청하지 않은 경우 부과 하는 가산세이다.

④ 세금계산서의 필요적 기재사항을 부실 기재한 경우에도 별도로 가산세를 부과하지 않 는다.

61 다음 중 부가가치세법의 가산세가 적용되지 않는 경우는?

① 전자세금계산서 의무발급자에 전자세금계산서를 발급하고 전송기한까지 전송하지 않은 경우

② 법인의 대표자가 변경되었으나 사업자등록 정정신고를 하지 않은 경우

③ 사업자가 아닌 자가 허위세금계산서를 발급하거나 발급받는 경우

④ 부동산임대공급가액명세서를 제출하여야할 자가 사실과 다르게 제출한 경우

62 다음 중 부가가치세의 신고와 납부에 관한 설명으로 옳은 것은?

① 사업자는 원칙적으로 각 예정신고기간 또는 과세기간의 말일부터 25일 이내에 부가가치세를 신고하고 세액을 자진납부하여야 한다.
② 사업자가 폐업한 경우 별도의 부가가치세 신고절차는 불필요하다.
③ 예정신고누락분과 가산세가 있을 경우 예정신고를 수정신고한다.
④ 예정신고시 대손세액공제를 적용한다.

63 다음 중 부가가치세법상 환급에 관한 설명으로 옳지 않은 것은?

① 일반환급의 경우 예정신고시에 환급세액이 발생하면 확정신고시 납부할 세액에서 우선 차감하며, 차감 후에도 환급세액이 발생하는 경우에 환급한다.
② 부가가치세 환급에는 일반환급과 조기환급이 있다.
③ 일반환급은 각 과세기간 단위로 확정신고기한 경과 후 30일 이내에 환급한다.
④ 조기환급 종료일부터 25일 이내에 조기환급신고를 신청하는 사업자는 누구나 조기환급을 받을 수 있다.

6

세금계산서 실무

I   세금계산서 실무

1   세금계산서

부가가치세를 납부하여야 하는 사업자(과세사업자)는 상품, 제품 또는 서비스 등을 판매하고 그 판매액의 10%에 해당하는 금액을 부가가치세로 납부하여야 한다. 예를 들어 개당 1,000,000원짜리 자동차부품을 만들어서 판매하는 사업자는 한개의 부품이 팔릴 때마다 물건을 구입하는 사람으로부터 물건값 이외에 100,000원을 세금으로 더 징수하여야 한다. 그리고 세무서에 1,000,000원짜리 물건이 팔렸음을 신고한 뒤에 징수한 세금을 납부하여야 하는 것이다.

이 때 사업자는 어떻게 스스로 신고·납부한 세금이 정당한지 입증할 수 있을까? 또한 세무서는 어떻게 사업자가 성실하게 세금을 신고·납부했는지 확인할 수 있을까? 사업자가 세무서에 신고한 금액이 정당하고 신뢰할 수 있는 것임을 입증하기 위하여 사용되는 것이 세금계산서를 비롯한 각종 거래증빙이다. 원칙적으로 사업자가 다른 사람에게 재화나 용역을 공급하게 되면 그 거래사실을 증명하기 위하여 거래증빙을 발행·발급하여야 한다. 세법에서는 이러한 거래증빙으로 세금계산서와 영수증(금전등록기영수증과 신용카드매출전표를 포함)을 규정하고 있다. 세법에서 규정하고 있는 각종 거래증빙과 발급의무자를 그림으로 표시하면 다음과 같다.

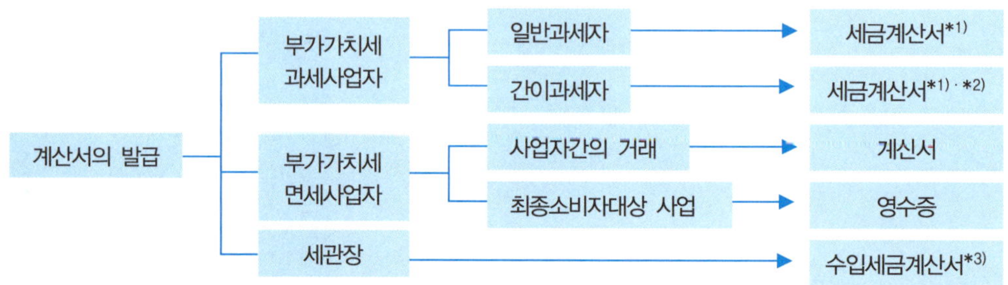

*1) 최종소비자 대상 사업(예 소매업, 음식점업, 숙박업 등)을 하는 사업자는 세금계산서 대신 영수증을 발급할 수 있다.
*2) 영수증발급기간 중인 간이과세자는 영수증을 발급하여야 한다.
*3) 면세재화를 수입하는 경우 세관장은 수입계산서를 발급한다.

(1) 세금계산서의 의의

세금계산서란 사업자가 상품, 제품 또는 서비스 등을 판매할 때 부가가치세를 징수하고, 이를 증명하기 위하여 구매자에게 발급하는 세금영수증을 말한다.

세금계산서를 주고받음으로써 판매자는 물건이나 서비스를 판매하였으며 판매액의 10%에 해당하는 세금을 매입자로부터 징수하였음을 입증할 수 있고, 매입자는 나중에 징수당한 세금을 다시 돌려받는 매입세액공제 혜택을 받을 수 있다. 즉, 부가가치세 신고·납부시 공급자나 매입자는 그 동안 거래할 때마다 주고받은 세금계산서를 요약한 매출처별세금계산서합계표와 매입처별세금계산서합계표를 세무서에 제출하여야 하는데 세무서는 이를 서로 비교, 대조함으로써 사업자가 신고한 매출세액과 매입세액이 적정한지의 여부를 확인할 수 있는 것이다. 이렇게 작성·제출된 세금계산서는 부가가치세뿐만 아니라 법인세와 소득세를 부과하기 위한 기초자료로까지 활용된다.

세금계산서는 이러한 기본적인 기능 외에도 여러 가지 다양한 기능을 갖는다. 일반적인 거래에 있어서 송장의 역할, 외상거래에 있어서 청구서의 역할, 현금거래에 있어서 대금영수증의 역할이 대표적이다. 기업 내부의 경영관리면에서도 어떤 재화 또는 용역을 공급하고 공급받았는지의 여부를 확인할 수 있는 거래증빙자료 또는 기장의 기초자료로 활용될 수 있다. 뿐만 아니라 기장능력이 부족한 간이과세자가 발급받은 세금계산서와 발급한 영수증을 보관한 경우에는 기장의무를 이행한 것으로 본다.

(2) 세금계산서의 작성

1) 세금계산서의 기재사항

세금계산서에는 꼭 기재하여야만 하는 사항과 기재하지 않아도 되는 사항이 있다. 기재하지 않으면 세금계산서로서의 효력을 잃게 되는 사항을 필요적 기재사항이라고 하고 기재하지 않아도 세금계산서의 효력에는 영향이 없는 사항을 임의적 기재사항이라 한다. 임의적 기재사항은 반드시 기재할 필요는 없지만 사업자의 편의를 위하여 기재하도록 하고 있다.

① 필요적 기재사항

필요적 기재사항은 다음과 같다.
- 공급자의 등록번호와 성명 또는 명칭
- 공급받는 자의 등록번호
- 작성연월일
- 공급가액과 부가가치세액

필요적 기재사항이 일부라도 기재되지 아니하거나 기재된 사항이 사실과 다를 때에는 정당한 세금계산서로 인정되지 않는다. 필요적 기재사항이 잘못 기재되거나 누락된 세금계산서를 발급한 사업자는 가산세를 물어야 한다. 또한 이러한 세금계산서를 발급받은 사업자는 매입세액공제를 받을 수 없다.

② 임의적 기재사항

임의적 기재사항은 다음과 같다.
- 공급하는 자의 주소
- 공급받는 자의 상호, 성명, 주소
- 단가와 수량
- 공급연월일 등

　임의적 기재사항은 사업자가 각자의 필요에 의해 세금계산서에 기재하는 사항이다. 임의적 기재사항은 기재하지 아니하였거나 잘못 기재하더라도 가산세를 물어야 한다거나 매입세액불공제를 받는 등의 불이익은 없다.

2) 세금계산서의 작성방법

[별지 제14호 서식]　(적색)

<table>
<tr><td colspan="4"></td><td colspan="2">책 번 호</td><td>권</td><td>호</td></tr>
<tr><td colspan="4">세금계산서(공급자 보관용)</td><td colspan="2">일련번호</td><td colspan="2">□□ - □□□□</td></tr>
</table>

세금계산서(공급자 보관용)

공급자	등록번호		상 호(법인명)	성 명(대표자)	사업장주소	업 태	종 목

아래는 양식의 주요 항목 구조이다.

공급자: 등록번호 / 상 호(법인명) / 성 명(대표자) / 사업장주소 / 업 태 / 종 목
공급받는자: 등록번호 / 상 호(법인명) / 성 명(대표자) / 사업장주소 / 업 태 / 종 목

작 성	공 급 가 액	세 액	비 고
연 월 일 공란수	조 천 백 십 억 천 백 십 만 천 백 십 일	천 백 십 억 천 백 십 만 천 백 십 일	

월 일	품 목	규 격	수 량	단 가	공 급 가 액	세 액	비 고

합계금액	현 금	수 표	어 음	외상미수금	이 금액을 영수/청구 함

210mm×148.5mm (인쇄용지(특급) 34g/㎡)

　세금계산서의 작성방법은 다음과 같다.

① 숫자는 아라비아숫자로, 문자는 한글로 기재한다.
② "공급자": 인쇄하거나 고무인으로 날인하여야 한다.

③ "공급자의 등록번호" 및 "공급받는 자의 등록번호": 공급자와 공급받는 자의 사업자등록번호를 각각 기재하되 공급받는 자가 부가가치세 면세사업자인 경우에는 소득세법 또는 법인세법의 규정에 의한 등록번호 또는 고유번호를, 일반소비자인 경우에는 그 주민등록번호를 기재한다.

④ "공급자의 업태" 및 "공급받는 자의 업태": 공급자 및 공급받는 자의 사업자등록증에 기재된 업태·종목 중 해당 공급거래품목에 해당하는 업태·종목을 기재한다. 다만, 2가지 이상의 업태·종목을 거래하는 경우에는 공급가액이 가장 큰 품목에 해당하는 업태·종목을 기재하되 "××외"라고 기재한다.

⑤ "작성연월일": 세금계산서를 실제로 작성하는 일자를 기재한다.

⑥ "공란수": 공급가액으로 기재한 금액 앞의 빈칸 수를 기재한다.

⑦ "공급가액": 재화 또는 용역의 공급에 대하여 매입자로부터 받은 금액을 기재한다. 즉 부가가치세를 제외한 금액을 기재하여야 한다. 단, 세금계산서 용지의 금액란은 13칸으로 한정되어 있으므로 1조원을 초과할 경우에는 부득이 매수를 나누어 발급할 수 밖에 없다.

⑧ "세액": 재화 또는 용역의 공급가액에 부가가치세율(현행 10%)을 곱한 금액을 기재한다. 단, 영세율이 적용되는 거래의 경우에는 세액을 기재하지 않고 "영세율"이라고 기재한다.

- 예를 들어 제품을 판매하고 총 10,000원을 수령하였다면 공급가액과 세액에 각각 어떤 금액을 기재하여야 할까? 제품 판매의 대가로 수령한 10,000원은 제품의 실질가액인 9,091원(10,000÷1.1)과 부가가치세 909원(9,091 × 0.1)으로 구성되어 있다. 따라서 공급가액에는 9,091원을, 세액에는 909원을 기재하면 된다.

⑨ "품목": 공급한 품목을 종류별로 기재하되, 거래품목이 4가지를 초과할 경우에는 마지막 란에 "××외 ×종"으로 기재하면 된다. 이 경우 규격, 수량, 단가는 기재하지 아니한다.

⑩ "비고"

ⓐ 위탁·수탁매매 또는 대리인을 통한 매매의 경우 수탁자 또는 대리인의 등록번호를 기재한다. 위탁·수탁매매란 위탁자가 수탁자에게 상품을 맡기면 수탁자가 이를 대신 판매해주는 형태의 매매거래이다. 예를 들어 어떤 영화제작사가 제작된 비디오테잎을 직접 판매하지 않고 대형서점에 판매를 위탁하였다면 영화제작사는 위탁자, 대형서점은 수탁자가 된다. 이러한 경우 세금계산서의 "비고"란에는 대형서점의 등록번호를 기재하여야 한다.

ⓑ 공급받는 자가 일반소비자여서 공급받는 자의 사업자등록번호가 없을 경우 공급받는 자의 주민등록번호를 기재한다.

ⓒ 전력을 공급받는 자와 실지소비하는 자의 명의가 다를 경우: 전력을 공급받는 명의자가 전기사업자로부터 세금계산서를 발급받은 후 전력을 실지로 소비하는 자를 공급받는자로 하여 세금계산서를 발급하는 경우에는 "전력", 동업자조합 또는 이와 유사한 단체가 그 조합원 또는 구성원에게 세금계산서를 발급하는 경우 등은 "공동매입"으로 기재한다.

ⓓ 음식·숙박용역이나 개인서비스용역을 공급하고 그 대가와 함께 종업원(자유직업소득자를
　　포함한다)의 봉사료를 받는 경우 "종업원 봉사료 ×××"라고 기재한다. 다만, 해당 봉사료를
　　사업자의 수입금액에 포함시키는 경우에는 기재하지 아니한다.
ⓔ 기타 필요한 사항
⑪ "이 금액을 영수(청구)함": 현금판매시에는 "청구"를, 외상판매시에는 "영수"를 두 줄로 삭제하
　거나 현금판매시에는 "영수", 외상판매시에는 "청구"에 ○표기한다.

(3) 세금계산서의 발급

1) 세금계산서의 발급의무자

세금계산서를 작성하여 거래상대방에게 넘겨주는 행위를 세금계산서의 발급이라고 한다. 세무서
에 사업자등록을 한 사업자는 세금계산서를 발급하여야 하는 의무를 갖는다. 비록 납세의무자라
하더라도 사업자등록을 하지 않으면 세금계산서를 발급할 수 없으며, 면세사업자는 부가가치세법
상 사업자가 아니므로 세금계산서를 발급할 수 없다. 따라서 면세사업자는 법인세법이나 소득세법
에서 규정하고 있는 계산서를 작성·발급하여야 한다.

한편 소매업종 등 최종 소비자 대상 업종을 영위하는 사업자는 영수증을 발행할 수 있다.

2) 세금계산서의 발급방법

사업자는 원칙적으로 제품, 상품, 서비스를 판매할 때마다 세금계산서를 발급하여야 한다. 사업
자가 제품, 상품, 서비스를 판매할 때에는 세금계산서 2부를 발행하여 그 중 1부(적색)는 공급자,
즉 판매자가 보관하고, 1부(청색)는 공급받는 자, 즉 매입자에게 발급한다. 그러나 통신산업의 발
전과 전자상거래 등 상행위의 다양화로 조세행정도 이에 발맞추어 가기 위하여 전산 또는 인터넷
등 다양한 방법의 세금계산서를 발급할 수 있도록 허용하고 있다.

세금계산서 작성·발급방법

발급대상

사업자가 부가가치세 과세대상이 되는 재화, 용역을 공급하는 경우

발급시기

재화, 용역을 공급할 때

예외

- 공급시기 전에 발급 가능: 7일 이내에 대가를 지급받은 경우 혹은 7일 이후에 대가를 지급받은 경우 법정요건 충족시
- 일괄발급 가능: 달의 1일부터 말일까지 또는 달의 1일부터 말일까지의 기간 이내에서 사업자가 임의로 정한 기간의 공급가액을 합계하여 발급

발급장소

공급하는 사업장에서 작성 · 발급

예외

- 공급사업장≠인도장소: 인도장소에서 발급 가능
- 공급사업장≠거래성립장소: 거래성립장소에서 발급 가능

작성방법

필요적 기재사항 →

- 공급자 등록번호, 성명 또는 명칭
- 공급받는 자 등록번호
- 공급가액과 세액
- 작성연월일

임의적 기재사항 →

- 공급자의 주소
- 공급받는 자의 상호, 성명, 주소
- 공급품목, 단가, 수량
- 인도연월일
- 거래의 종류
- 공급자와 공급받는 자의 업태와 종목

발급요령

- 2매 동시 작성
- 숫자는 아라비아, 문자는 한글 표기
- 5년간 보관

세금계산서 작성사례

- 판매업체의 사업자등록번호: 111-81-11111
- 판매업체 상호: 삼일시스템주식회사
- 판매업체 대표자 성명: 김꽃녀
- 판매제품: 네트워크장비 총 10대
- 계약서 작성일: 2025년 5월 19일
- 제품 인도일(제품의 사용가능일): 2025년 7월 1일
- 제품가액: 대당 부가가치세 포함 2,500,000원, 총 25,000,000원
- 판매대금 수수일정: 2025년 7월 15일 15,000,000원, 2025년 7월 30일 10,000,000원
- 구매업체 사업자등록번호: 222-81-22222
- 구매업체 상호: 용산수공업주식회사
- 구매업체 대표자 성명: 황돌쇠

⇒ 필요적 기재사항만 기재함.

[별지 제14호 서식] (적색)

세금계산서(공급자 보관용)

책 번 호	권	호
일련번호		-

	공급자	공급받는자
등록번호	111-81-11111	222-81-22222
상 호 (법인명)	삼일시스템주식회사 / 성 명(대표자) 김꽃녀	상 호(법인명) / 성 명(대표자)
사업장주소		
업 태 / 종 목		업 태 / 종 목

작 성				공 급 가 액													세 액											비고
연	월	일	공란수	조	천	백	십	억	천	백	십	만	천	백	십	일	천	백	십	억	천	백	십	만	천	백	십	일
2025	7	1	5						2	2	7	2	7	2	7	3						2	2	7	2	7	2	7

월일	품 목	규 격	수 량	단 가	공 급 가 액	세 액	비 고

합계금액	현 금	수 표	어 음	외상미수금	이 금액을 영수 / 청구 함

210mm×148.5mm (인쇄용지(특급) 34g/㎡)

⇒ 판매대금으로 수령한 금액 중에서 순수한 제품가액은 22,727,273원(25,000,000/1.1)이고, 부가가치세 해당액은 2,272,727원(=25,000,000−25,000,000/1.1)이다.

3) 세금계산서의 발급시기

① 일반적인 경우

세금계산서는 원칙적으로 재화 또는 용역을 실제로 공급한 때에 발급하여야 한다. 따라서 외상으로 물품을 판매하여 수령한 현금이 없는 경우라 하더라도 제품 등이 실질적으로 판매되었다면 세금계산서를 발급하여야 한다. 다만, 재화나 용역을 실제로 판매하기 전에 세금계산서를 발급하고, 7일 이내에 대가를 지급받은 경우와 대가를 지급하는 사업자가 다음의 요건을 모두 충족하는 경우에는 공급하는 사업자가 재화 또는 용역의 공급시기가 되기 전에 세금계산서를 발급하고 그 세금계산서 발급일부터 7일 경과 후 대가를 지급받더라도 정당한 세금계산서를 발급한 것으로 인정하며 발급한 때를 공급시기로 본다.

> ㉠ 거래 당사자 간의 계약서·약정서 등에 대금 청구시기(세금계산서 발급일을 말한다)와 지급시기를 따로 적고, 대금 청구시기와 지급시기 사이의 기간이 30일 이내인 경우
> ㉡ 재화 또는 용역의 공급시기가 세금계산서 발급일이 속하는 과세기간 내에 도래하는 경우

② 발급시기의 특례

단일한 거래처를 상대로 한달에 수십 건의 거래가 발생하는 경우를 가정하여 보자. 단골고객에게 거래가 발생할 때마다 매번 세금계산서를 작성하여 발급하는 것은 매우 번거로운 작업이 아닐 수 없으므로 세금계산서 발급특례규정을 두고 있다. 세금계산서는 재화나 용역을 공급할 때마다 발급하는 것이 원칙이지만, 다음 중 어느 하나에 해당하는 경우에는 재화 또는 용역의 공급일이 속하는 달의 다음 달 10일(그 날이 공휴일 또는 토요일인 경우에는 바로 다음 영업일을 말함)까지 세금계산서를 발급할 수 있다.

㉠ 거래처별로 달의 1일부터 말일까지의 공급가액을 합하여 해당 달의 말일을 작성 연월일로 하여 세금계산서를 발급하는 경우
㉡ 거래처별로 달의 1일부터 말일까지의 기간 이내에서 사업자가 임의로 정한 기간의 공급가액을 합하여 그 기간의 종료일을 작성 연월일로 하여 세금계산서를 발급하는 경우
㉢ 관계 증명서류 등에 따라 실제거래사실이 확인되는 경우로서 해당 거래일을 작성 연월일로 하여 세금계산서를 발급하는 경우
예를 들어 삼일양품점은 용산도매상가에서 적어도 하루에 한번 이상은 제품을 구입하며, 매주 일요일에 7일 동안의 거래분을 한꺼번에 정산한다고 가정하여 보자. 이러한 경우 매주 일요일을 세금계산서 작성연월일로 기재하여 그 다음달 10일까지 세금계산서를 발급할 수 있다.

위와 같이 세금계산서를 일괄발급하는 경우에는 일반적인 경우에 비해 다음과 같은 점에 유의해야 한다.

㉠ 일괄발급을 하는 때에는 대상기간 동안의 거래액 총합계액을 공급가액으로 하여 하나의 세금계산서를 발행하여야 한다. 그런 경우 세금계산서의 작성방법은 일반적인 세금계산서의 작성방법과는 다르게 된다. "작성연월일"에는 위의 각 경우에 해당하는 발행일자를 기입하여야 하고, "품목"에는 "××외 ×종"으로 기입한다. 이 경우 규격·수량·단가는 기재하지 아니한다. 또한 "비고"란에는 "합계"라고 기입한다.

㉡ 일괄발급시 재화·용역의 공급자는 세부적인 거래내역을 알 수 있도록 그 거래시기마다 공급자, 공급받는 자, 거래일자, 품목, 수량 및 금액 등이 기재된 증표(거래명세표, 송장, 출고지시서 등 명칭과 규격은 제한하지 않는다)를 2매 작성하여, 1매는 사업장에 비치하고 1매는 공급받는 자에게 발급하여야 한다. 비록 거래가 발생할 때마다 세금계산서를 발행·발급하지는 않지만, 나중에 그간의 거래를 확인할 수 있도록 매번 거래를 기록하고 그에 대한 증거자료를 남겨야 하는 것이다. 또한 매입·매출장의 "거래처"란에 고정거래처의 약자인 "고"라고 기입하여 관련 거래가 일괄거래임을 표시해 두어야 한다. 다만, 거래 쌍방이 동 거래의 내용을 전산조직에 의하여 처리하고 그 내용을 전산테이프 또는 디스켓으로 보관하여 확인할 수 있는 경우에는 거래명세표 등의 증표를 사용하지 아니할 수 있다.

③ 세금계산서 지연발급시 제재

공급시기가 도래하기 전에 세금계산서를 미리 발급하는 것에 대해서는 이를 허용하는 예외규정을 두고 있으나 세금계산서 발급시기가 지난 후 세금계산서를 발급하는 것은 적법한 것으로 인정되지 아니한다. 따라서 세금계산서 발급시기가 지난 후에 세금계산서를 발급하면 부적법한 것으로 보아 공급자에게는 세금계산서 불성실가산세를 부과하고, 공급받는 자에게는 매입세액은 공제하되 가산세를 부과한다. 다만, 공급일이 속하는 과세기간의 확정신고기한의 다음 날부터 1년이 지난 후에 세금계산서를 발급받은 경우에는 매입세액을 공제받을 수 없다.

공급받은 자가 확정신고기한의 다음 날부터 1년 이내에 세금계산서를 발급받으면 이미 확정신고기한이 지나서 확정신고에 반영할 수 없으므로 수정신고·경정청구 또는 관할 세무서장 등이 결정·경정할 때 매입세액을 공제받아야 한다.

일괄발급시 세금계산서 작성사례

1. 삼일부품회사는 용산자동차회사에게 2025년 1월 1일부터 2025년 1월 31일까지 총 100번에 걸쳐 10,000,000원 상당의 제품을 납품하였다. 삼일부품회사가 이 거래에 대하여 발급한 일괄 세금계산서는 다음과 같다.

[별지 제14호 서식] (적색)

<table>
<tr><td colspan="4" rowspan="2">세금계산서(공급자 보관용)</td><td colspan="2">책 번 호</td><td>권</td><td>호</td></tr>
<tr><td colspan="2">일련번호</td><td colspan="2">□□ - □□□□</td></tr>
<tr><td rowspan="4">공급자</td><td>등록번호</td><td colspan="2">1 1 1 - 8 1 - 1 1 1 1 1</td><td rowspan="4">공급받는자</td><td>등록번호</td><td colspan="2">2 2 2 - 8 1 - 2 2 2 2 2</td></tr>
<tr><td>상 호
(법인명)</td><td>삼일부품회사</td><td>성 명
(대표자) 홍길동</td><td>상 호
(법인명)</td><td colspan="2">성명
(대표자)</td></tr>
<tr><td>사업장주소</td><td></td><td></td><td>사업장주소</td><td colspan="2"></td></tr>
<tr><td>업 태</td><td></td><td>종 목</td><td>업 태</td><td>종 목</td><td></td></tr>
</table>

작 성			공 급 가 액														세 액										비 고
연	월	일	공란수	조	천	백	십	억	천	백	십	만	천	백	십	일	천	백	십	억	천	백	십	만	천	백	십	일
2025	1	31	5					1	0	0	0	0	0	0	0						1	0	0	0	0	0	0

월 일		품 목	규 격	수 량	단 가	공 급 가 액	세액	비고
1	31	엔진외 2종						

합계금액	현 금	수 표	어 음	외상미수금	이 금액을 영수 함 청구

210mm×148.5mm (인쇄용지(특급) 34g/㎡)

2. 삼일양품점은 용산도매상가에서 적어도 하루에 한 번 이상은 제품을 구입하며, 매주 일요일에
7일 동안의 거래분을 한꺼번에 정산한다. 용산도매상가는 이 거래에 대하여 매주 일요일을 세
금계산서 작성연월일로 기재하여 그 다음달 10일까지 세금계산서를 발급한다. 2025년 5월
21일부터 2025년 5월 28일까지의 거래에 대하여 일괄 발행·발급된 세금계산서는 다음과
같다.

[별지 제14호 서식]　　　　　　　　　　　　　　　　　　　　　　　　　　　　　(적색)

세금계산서(공급자 보관용)

| 책 번 호 | 권 | | 호 | |
| 일련번호 | | - | | |

<table>
<tr><td rowspan="4">공급자</td><td>등록번호</td><td colspan="2">2 2 0 - 8 1 - 2 3 4 5 6</td><td rowspan="4">공급받는자</td><td>등록번호</td><td colspan="2">1 1 0 - 8 1 - 1 2 3 4 5</td></tr>
<tr><td>상　호
(법인명)</td><td>용산도매상가</td><td>성　명
(대표자)　홍길순</td><td>상　호
(법인명)</td><td></td><td>성　명
(대표자)</td></tr>
<tr><td>사업장주소</td><td colspan="2"></td><td>사업장주소</td><td colspan="2"></td></tr>
<tr><td>업　태</td><td>종　목</td><td></td><td>업　태</td><td>종　목</td><td></td></tr>
</table>

작 성			공 급 가 액											세　　　액										비 고
연	월	일	공란수	조	천	백	십	억	천	백	십	만	천	백	십	일	천	백	십	억	천	백	십	만	천	백	십	일	
2025	5	28	5						1	0	0	0	0	0	0						1	0	0	0	0	0	0	

월 일		품　목	규 격	수 량	단 가	공 급 가 액	세 액	비 고
5	28	의류						

합계금액	현 금	수 표	어 음	외상미수금	이 금액을 영수 함 청구

210mm×148.5mm (인쇄용지(특급) 34g/㎡)

4) 세금계산서의 발급장소

세금계산서는 재화 또는 용역을 공급하는 사업장에서 작성·발급하는 것이 원칙이다. 그러나 다음과 같은 예외가 있다.

① 재화를 공급하는 사업장과 재화가 실제로 인도되는 장소가 다른 경우에는 인도가 이루어지는 장소에서 세금계산서를 작성·발급할 수 있다. 예를 들어 방문판매의 경우를 생각해 보자. 삼일다단계유통은 본사를 서울에 두고 있으나, 수십 명의 판매사원을 고용하여 전국 각지의 고객을 직접 방문하는 방식으로 제품을 판매하고 있다. 이러한 경우 재화를 공급하는 사업장은 서울에 있는 본사이지만, 재화가 실제로 인도되는 장소는 판매사원이 제품을 판매하는 전국각지가 될 것이다. 따라서 세금계산서도 판매사원이 물건을 판매하는 현장에서 직접 발행할 수 있게 된다.
② 재화 또는 용역을 공급하는 사업장과 거래가 이루어지는 사업장이 서로 다른 경우에는 거래가 성립된 사업장에서 세금계산서를 작성·발급할 수 있다. 예를 들면 제품은 지방의 공장에서 직접 공급이 되지만 제품의 거래 계약 등 각종 행정적인 절차가 서울의 본사에서 이루어진다면 거래가 성립된 서울의 본사에서 공장명의로 세금계산서를 작성·발급할 수 있다.

(4) 전자세금계산서

1) 개요

세금계산서 송부·보관, 세금계산서 합계표 작성 등 납세협력비용을 절감하고 자료상의 사전차단으로 인한 세수 이탈을 방지함과 동시에 자료상 추적조사 등에 따른 행정비용을 절감할 수 있도록 전자세금계산서제도를 도입하였다.

전자세금계산서제도는 발급의무사업자가 대통령령이 정하는 전자적 방법으로 세금계산서를 발급하고 발급일의 다음 날까지 전자세금계산서 발급명세를 국세청장에게 전송하는 제도이다.

2) 전자세금계산서 의무발급 사업자

법인 사업자와 직전연도 사업장별 과세공급가액과 면세공급가액의 합계액(수입금액)이 8천만원 이상인 개인사업자가 전자세금계산서 의무 발급대상이다. 전자세금계산서 의무발급 개인사업자는 사업장별 재화 및 용역의 공급가액의 합계액이 8천만원 이상인 해의 다음 해 제2기 과세기간이 시작하는 날부터 전자세금계산서를 발급해야 한다. 전자세금계산서 의무발급대상자는 전자세금계산서를 발급하고 발급일의 다음날까지 전자세금계산서 발급명세를 국세청에 전송해야 한다.

한편, 전자세금계산서 의무발급대상자가 아닌 사업자도 원하면 전자세금계산서를 발급할 수 있다. 전자세금계산서 의무발급대상자가 전자세금계산서를 발급하고 전자세금계산서 발급명세를 국세청에 전송하지 않거나 지연전송하면 가산세를 부과한다.

3) 대통령령이 정하는 전자적 방법

다음의 어느 하나에 해당하는 방법으로 기재사항을 계산서 작성자의 신원 및 계산서의 변경 여부를 확인할 수 있는 공인인증시스템을 거쳐 정보통신망으로 발급하는 것을 말한다.

① 조세특례제한법 제5조의 2 제1호에 따른 ERP설비를 이용하는 방법
② 실거래 사업자를 대신하여 전자세금계산서 발급업무를 대행하는 사업자의 전자세금계산서 발급시스템을 이용하는 방법
③ 국세청장이 구축한 전자세금계산서 발급 시스템을 이용하는 방법
④ 그 밖에 국세청장이 지정하는 전자세금계산서 발급 시스템을 이용하는 방법

4) 전자세금계산서 발행 시 혜택(인센티브)

① 세금계산서 보관의무 면제
② 매출·매입처별 세금계산서합계표를 제출하지 아니할 수 있음.*

> * 다만 전자세금계산서 발급분에 대하여 합계표를 제출하지 않으면 신고서 금액과 합계표 금액이 달라서 전산 오류가 발생되어 사업자가 해명해야 하는 불편함이 발생하므로 전자세금계산서를 발급하여 전송한 분도 매출처별세금계산서합계표 전자세금계산서 발급분(합계액)으로 기재하여 제출하여야 한다.

예 제

전자세금계산서 작성사례
1. 관련사항
　　공급하는 자의 사업자등록번호: 111-81-11112
　　공급하는 자의 명칭: 삼일주식회사
　　공급하는 자의 업태종목: 제조업, 도소매업
　　공급하는 자의 주소: 종로구 종로 2가 6번지
　　공급받는 자의 등록번호: 222-81-22221
　　공급받는 자의 명칭: 용산전자주식회사 …
2. 작성방법
　　01: 111-81-11112+02: 삼일주식회사+03: 제조, 도·소매+04: 종로구 종로 2가 6번지+05: 222-81-22221+06: 용산전자주식회사 …

전자세금계산서 작성시의 코드번호

항목번호	기재사항	항목번호	기재사항
01	공급하는 자 등록번호	16	공급품목의 1의 공급연월일
02	공급하는 자 성명 또는 명칭	17	공급품목의 2
03	공급하는 자 업태 종목	18	공급품목의 2의 단가
04	공급하는 자 주소	19	공급품목의 2의 수량
05	공급받는 자 등록번호	20	공급품목의 2의 공급연월일
06	공급받는 자 성명 또는 명칭	21	공급품목의 3
07	공급받는 자 업태 종목	22	공급품목의 3의 단가
08	공급받는 자 주소	23	공급품목의 3의 수량
09	대행사업자의 등록번호	24	공급품목의 3의 공급연월일
10	공급가액	25	공급품목의 4
11	부가가치세액	26	공급품목의 4의 단가
12	작성연월일	27	공급품목의 4의 수량
13	공급품목 1	28	공급품목의 4의 공급연월일
14	공급품목 1의 단가	29	거래의 종류
15	공급품목 1의 수량	30	비　고

⇒ 01, 02, 05, 10, 11, 12는 필요적 기재사항으로 반드시 기재하는 것이며, 기타는 임의적 기재사항으로서 사업자의 필요에 따라 기재한다.

(5) 매입자발행세금계산서

1) 개요

부가가치세 납세의무자로 등록한 사업자로서 세금계산서 발급의무가 있는 사업자(영수증 발급대상사업자 중 세금계산서 발급요구시 발급의무가 있는 자 포함)가 재화 또는 용역을 공급하고 거래시기에 세금계산서를 발급하지 않은 경우(사업자의 부도·폐업공급계약의 해제·변경 등으로 사업자가 수정세금계산서 또는 수정전자세금계산서를 발급하지 아니한 경우를 포함) 그 재화 또는 용역을 공급받은 자(면세사업자 포함)는 관할 세무서장의 확인을 받아 세금계산서를 발행할 수 있는데 이것을 '매입자발행세금계산서'라 한다.

2) 거래사실의 확인 및 발행·발급의 절차

신청인은 재화 또는 용역(건당 공급대가가 5만원 이상인 경우)의 거래시기가 속한 과세기간의 종료일부터 1년 이내에 거래사실확인신청서에 거래사실을 객관적으로 입증할 수 있는 서류를 첨부하여 신청인의 관할 세무서장에게 거래사실의 확인을 신청하여야 한다. 신청인 관할세무서장은 제출된 날부터 7일 이내에 신청서와 제출된 증빙서류를 공급자의 관할세무서장에게 송부하여 거래사

실 여부를 확인하고 확인결과를 신청인에게 통지하여야 한다. 그리고 거래사실 확인 통지를 받은
신청인은 공급자 관할 세무서장이 확인한 거래일자를 작성일자로 하여 매입자발행세금계산서를 발
행하여 공급자에게 발급하여야 한다.

[별지 14호의3 서식] (2021. 10. 28. 개정) (적색)

| 매입자발행세금계산서(공급자 보관용) | | | | | | | | | | | | | | | | | 책 번 호 | | 권 | | 호 | | | | | | |
| 일련번호 | | | - | | | | | |

공급자	등록번호		-	-		공급받는자	등록번호		-	-
	상 호 (법인명)		성 명 (대표자)				상 호 (법인명)		성 명 (대표자)	
	사업장주소						사업장주소			
	업 태		종 목				업 태		종 목	

| 작 성 | | | 공 급 가 액 | | | | | | | | | | | 세 액 | | | | | | | | | 비 고 | |
| 연 | 월 | 일 | 공란수 | 백 | 십 | 억 | 천 | 백 | 십 | 만 | 천 | 백 | 십 | 일 | 십 | 억 | 천 | 백 | 십 | 만 | 천 | 백 | 십 | 일 | | |

월일	품 목	규 격	수 량	단 가	공 급 가 액	세 액	비 고

합계금액	현 금	수 표	어 음	외상미수금	이 금액을 영수 청구 함

182mm×128mm(인쇄용지(특급) 34g/㎡(재활용품))

(6) 수정세금계산서의 작성·발급

1) 수정세금계산서 발급요건

세금계산서를 작성·발급한 후에 기재사항이 착오 등으로 잘못 적힌 것을 발견하거나, 관련 사항
에 대하여 정정사유가 발생한 경우에는 어떻게 해야 할까? 이러한 경우에는 원칙적으로 수정세금계
산서를 발행하여야 한다.

수정세금계산서는 당초에 세금계산서를 발급한 경우에만 발급할 수 있다. 따라서 처음부터 세금
계산서를 발급하지 않은 경우나 과세거래를 면세거래로 잘못 보아 세금계산서를 발급하지 않고 계
산서를 발급한 경우에는 수정세금계산서를 발급할 수 없다.

2) 수정사유 발생요인 사례

① 기재사항에 오류 · 착오가 있는 경우

㉠ 과세표준에 포함되지 아니하는 부가가치세를 과세표준에 포함하여 세금계산서를 발행한 경우

㉡ 작성연월일을 착오로 잘못 기재한 경우

㉢ 공급가액 단위를 잘못 기재한 경우. 예를 들어 100을 1,000으로 기재한 경우

㉣ 세율을 잘못 적용한 경우(다만, 세무조사 통지 등으로 과세표준, 세액을 경정할 것을 미리 알고 있는 경우 제외)

그러나 다음의 경우는 기재사항의 착오 · 오류로 보지 않으므로 수정발급이 불가능하다.

㉠ 과세를 면세로 잘못 알고 계산서를 발급한 경우

㉡ 공급시기에 세금계산서를 발급하지 아니한 경우

㉢ 수정신고기간 경과 후 수정세금계산서를 발급하는 경우

② 공급가액의 변경으로 보는 경우

㉠ 공급대가에 포함된 관세환급금이 공급시기 후에 확정되는 경우

㉡ 공급한 재화 또는 용역이 반품 또는 환입된 경우

㉢ 재화 공급 후에 계약금이 변경된 경우

㉣ 계약조건에 따라 당사자의 합의에 의하여 단가가 변경된 경우

㉤ 할부계약이 변경된 경우

③ 수정수입세금계산서 발급사유

㉠ 세관장의 결정 · 경정 전에 수입자가 수정신고 · 경정청구 등을 하는 경우

㉡ 관세법에 따라 세관장이 과세표준 또는 세액을 결정 또는 경정하는 경우(수입하는 자가 해당 재화의 수입과 관련하여 다음 중 어느 하나에 해당하지 아니하는 경우로 한정함)

　　ⓐ 관세법을 위반하여 고발되거나 통고처분을 받은 경우

　　ⓑ 관세법에 따른 부정한 행위 또는 「자유무역협정의 이행을 위한 관세법의 특례에 관한 법률」에 따른 부정한 행위로 관세의 과세표준 또는 세액을 과소신고한 경우

　　ⓒ 수입자가 과세표준 또는 세액을 신고하면서 관세조사 등을 통하여 이미 통지받은 오류를 다음 신고 시에도 반복하는 등 법령으로 정하는 중대한 잘못이 있는 경우

㉢ 수입하는 자가 세관공무원의 관세조사 등 대통령령으로 정하는 행위가 발생하여 과세표준 또는 세액이 결정 또는 경정될 것을 미리 알고 그 결정 · 경정 전에 관세법에 따라 수정신고하는 경우(해당 재화의 수입과 관련하여 ㉡의 ⓐ~ⓒ에 해당하지 아니하는 경우로 한정함)

3) 수정세금계산서 작성방법

① 처음 공급한 재화가 환입(還入)된 경우

재화가 환입된 날을 작성일로 적고 비고란에 처음 세금계산서 작성일을 덧붙여 적은 후 붉은색 글씨로 쓰거나 음(陰)의 표시를 하여 수정세금계산서를 발급한다.

② 필요적 기재사항이 착오로 잘못 적힌 경우

세금계산서의 필요적 기재사항 등이 착오로 잘못 적힌 경우에는 처음에 발급한 세금계산서의 내용대로 세금계산서를 붉은색 글씨로 쓰거나 음(陰)의 표시를 하여 발급하고, 수정하여 발급하는 세금계산서는 검은색 글씨로 작성하여 발급한다. 다만, 다음 중 어느 하나에 해당하는 경우에는 수정세금계산서를 발급할 수 없다.

    ㉠ 세무조사의 통지를 받은 경우
    ㉡ 세무공무원이 과세자료의 수집 또는 민원 등을 처리하기 위하여 현지출장이나 확인업무에 착수한 경우
    ㉢ 세무서장으로부터 과세자료 해명안내 통지를 받은 경우
    ㉣ 그 밖에 ㉠부터 ㉢까지의 규정에 따른 사항과 유사한 경우

③ 필요적 기재사항이 착오 외의 사유로 잘못 적힌 경우

세금계산서의 필요적 기재사항 등이 착오 외의 사유로 잘못 적힌 경우에는 재화나 용역의 공급일이 속하는 과세기간에 대한 확정신고기한 다음 날부터 1년 이내에 세금계산서를 작성하되, 처음에 발급한 세금계산서의 내용대로 세금계산서를 붉은색 글씨로 쓰거나 음(陰)의 표시를 하여 발급하고, 수정하여 발급하는 세금계산서는 검은색 글씨로 작성하여 발급한다. 다만, 위 ②의 ㉠~㉣에 해당하는 경우에는 수정세금계산서를 발급할 수 없다.

④ 계약의 해지 등에 따라 공급가액이 증감되는 경우

계약의 해지 등에 따라 공급가액에 추가되거나 차감되는 금액이 발생한 경우: 증감 사유가 발생한 날을 작성일로 적고 추가되는 금액은 검은색 글씨로 쓰고, 차감되는 금액은 붉은색 글씨로 쓰거나 음(陰)의 표시를 하여 발급한다.

심화학습

> **경정처분이란?**
> 사업자가 다음에 해당하는 경우에 한하여 부가가치세의 과세표준과 납부세액(환급세액)을 조사에 의해 경정한다.
> ① 확정신고하지 않은 때
> ② 확정신고내용에 오류·탈루가 있는 경우
> ③ 확정신고시 매출·매입처별세금계산서합계표를 제출하지 않은 경우 또는 합계표의 기재사항의 전부 또는 일부가 기재되지 않았거나 사실과 다르게 기재된 때
> ④ 그 밖에 대통령령으로 정하는 사유로 부가가치세를 포탈(逋脫)할 우려가 있는 경우

5) 수정신고 유무 및 세금계산서의 제출

① 기재사항의 착오 또는 오류발생의 경우

부가가치세 과세표준에 영향을 미치는 사항은 수정신고를 하여야 한다. 이 경우 수정세금계산서를 매출처별세금계산서합계표에 기재하여 제출하여야 한다. 그러므로 수정신고기한 이내에 수정세금계산서를 발급하여야만 한다.

② 공급가액 변동의 경우

부가가치세 과세표준 수정신고를 할 필요가 없다. 따라서 수정세금계산서를 발급한 과세기간의 다른 세금계산서와 합계한 후 과세표준과 세액을 차·가감하고, 매입자는 매입세액에서 차·가감하여 신고하면 된다.

③ 수정세금계산서 불이행에 따른 제재

수정세금계산서를 발급하지 않는 경우에는 세금계산서 미발급가산세가 적용되며 매출처별세금계산서합계표를 제출하지 아니할 경우에도 매출처별세금계산서합계표 제출불성실가산세가 적용된다.

수정사항	수정기한	세금계산서 수정		수정신고
		수정방법	작성일자	
기재사항 수정	수정신고기한까지 (착오 외의 사유는 확정신고기한 다음 날부터 1년 이내)	처음에 발급한 세금계산서의 내용대로 붉은 색 글씨로 쓰거나 음(陰)의 표시를 하여 발급하고, 수정하여 발급하는 세금계산서는 검은색 글씨로 작성하여 발급	처음 세금계산서 작성일	수정신고서 및 세금계산서합계표를 제출
금액변동	제한없음	추가되는 금액은 검은색 글씨로 쓰고, 차감되는 금액은 붉은색 글씨로 쓰거나 음(陰)의 표시를 하여 발급	증감사유가 발생한 날	증감사유가 발생한 과세기간의 신고에 반영(수정신고 불요)

6) 수정수입세금계산서 발급절차

수정수입세금계산서 발급사유가 있음에도 불구하고 세관장이 수정수입세금계산서를 발급하지 아니하는 경우 수입하는 자는 국세부과 제척기간 내에 부가가치세를 징수한 세관장에게 수정수입세금계산서의 발급을 신청할 수 있다. 발급신청을 받은 세관장은 신청을 받은 날부터 2개월 이내에 수정수입세금계산서를 발급하거나 발급할 이유가 없다는 뜻을 신청인에게 통지하여야 한다.

(7) 세금계산서 미발급·불성실 작성시의 가산세

사업자가 세금계산서를 발급하지 아니한 경우 등에는 공급가액의 2%가 가산세로 적용된다. 발급한 세금계산서의 필요적 기재사항의 전부 또는 일부가 기재되지 아니하거나 사실과 다른 때에는 공급가액의 1%가 가산세로 부과된다.

2 영수증과 계산서

(1) 영수증

1) 영수증의 의의

사업자의 거래대상이 사업자가 아니라 소비자이고 거래가 소액으로 빈번하게 이루어진다면 세금계산서를 기재하여 발급하기 어렵거나 사실상 불가능하다. 따라서 이러한 경우에는 영수증을 발행하도록 하고 있다.

영수증이란 세금계산서의 필요적 기재사항 중 공급받는 자와 부가가치세를 따로 기재하지 아니한 약식의 증빙서류를 말한다. 영수증은 공급받는 자와 부가가치세를 따로 기재하지 않기 때문에 간편하게 발행할 수 있는 장점이 있는 반면, 매입세액공제를 받을 수 없다. 단, 최종 소비자를 대상으로 하는 모든 일반과세자는 영수증 발급시 부가가치세액과 공급가액을 구분하여 표시하여야 한다.

2) 영수증의 종류

영수증의 서식은 세법에서 정해놓고 있으며 다음과 같은 증빙은 영수증을 대신한다.

① 금전등록기계산서
② 신용카드매출전표
③ 여객운송업자가 발급하는 승차권, 승선권, 항공권
④ 전기사업법에 의한 전기사업자 또는 가스사업법에 의한 가스사업자가 가계소비자에게 발급하는 전력 또는 가스요금의 영수증
⑤ 기타 위와 유사한 영수증

3) 영수증 발급의무자

다음과 같이 주로 사업자가 아닌 자에게 재화 또는 용역을 공급하는 사업자(일반과세자와 간이과세자)는 재화 또는 용역의 공급시기에 공급받은 자에게 세금계산서를 발급하는 대신 영수증을 발급하여야 한다.

① 소매업
② 음식점업(다과점업을 포함)
③ 숙박업
④ 미용, 목탕 및 유사서비스

⑤ 입장권을 발행하여 경영하는 사업

⑥ 주로 사업자가 아닌 소비자에게 재화 또는 용역을 공급하는 부동산중개업 등의 사업

영수증발급기간 중인 간이과세자는 재화 또는 용역을 공급할 때 영수증을 발급하여야 한다.

4) 영수증의 기재와 발급

영수증은 부가가치세가 포함된 공급대가로 기재하여 발행된다. 단, 백화점 · 대형점 · 쇼핑센터 내의 사업자 등으로 국세청장이 지정한 사업자의 경우에는 영수증에 공급가액과 세액을 별도로 구분하여야 한다. 그 이유는 사업자와 납세자의 납세의식을 높이기 위해서이다. 이러한 영수증은 부가가치세 신고시 제출의무가 없기 때문에 매입세액공제도 되지 않는다.

5) 기재사항

영수증에 기재할 사항은 다음과 같다.

① 공급자의 등록번호
② 공급자의 상호
③ 공급자의 성명(법인의 대표자 성명)
④ 공급대가
⑤ 작성연월일
⑥ 기타

영수증

0303-IB	영 수 증 (공급자용)		0303-IB	영 수 증 (공급받는자용)	
근거: 부가가치세법시행령 제79조의 2 제6항 권 호			근거: 부가가치세법시행령 제79조의 2 제6항 권 호		
공급자	등록번호		공급자	등록번호	
	상 호 / 성 명			상 호 / 성 명	
	사업장주소			사업장주소	
	업 태 / 종 목			업 태 / 종 목	
작성	공 급 대 가	비 고	작성	공 급 대 가	비 고
년 월 일	억 천 백 십 만 천 백 십 일		년 월 일	억 천 백 십 만 천 백 십 일	
품 목	단가 수량	공 급 대 가	품 목	단가 수량	공 급 대 가
위 금액을 영수(청구)함.		귀하	위 금액을 영수(청구)함.		귀하

(2) 계산서

과세사업자가 아닌 면세사업자는 다른 사업자와의 거래시에 세금계산서가 아닌 계산서를 발행·발급하여야 한다. 계산서는 세금계산서와 거의 내용은 같으나 부가가치세에 대한 내용은 없는 증빙서류이다. 면세사업자가 사업자가 아닌 소비자와의 거래시에는 과세사업자와 마찬가지로 영수증을 발급하여야 한다.

계산서 양식

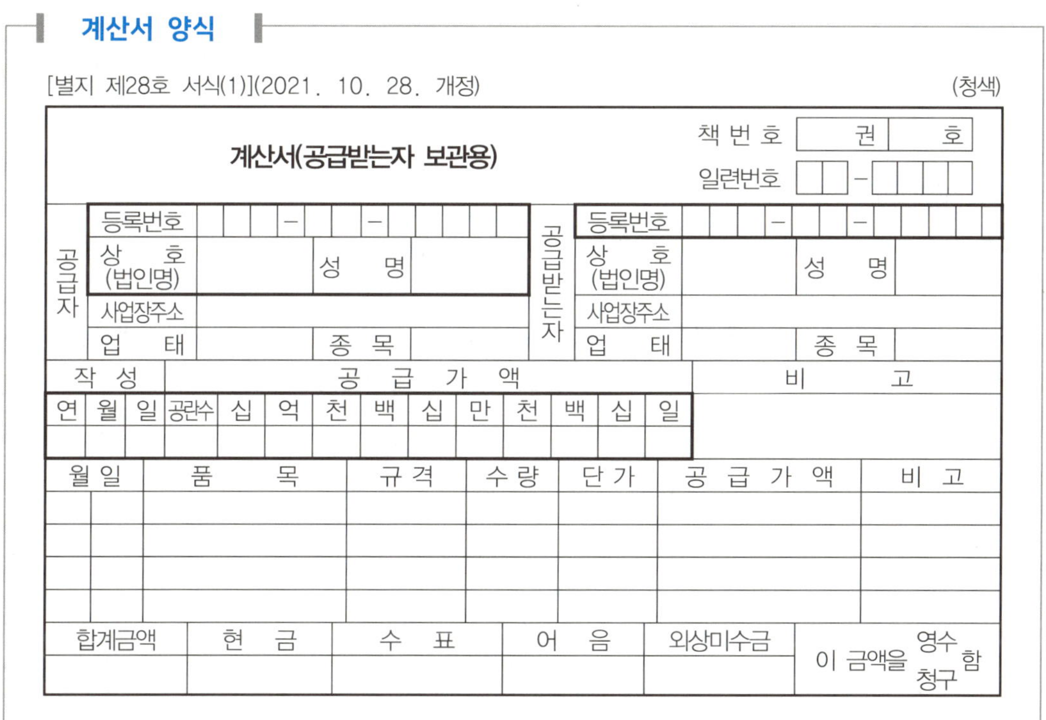

3 신용카드매출전표와 금전등록기계산서

(1) 신용카드매출전표

1) 의의

간이과세자와 영수증발급의무가 있는 일반사업자(법인 제외)는 영수증 대신 여신전문금융업법에 의한 신용카드매출전표를 재화·용역의 공급시에 발행할 수 있다.

2) 신용카드매출전표 발행의 효과

① 발행자의 세액공제

주로 사업자가 아닌 자에게 재화나 용역을 공급하는 사업자(법인사업자와 직전 연도의 사업장 기준 공급가액합계액이 10억원을 초과하는 개인사업자 제외)와 영수증 발급기간 중인 간이과세자가 재화·용역의 공급시기에 신용카드매출전표 등을 발행하는 경우에는 신용카드매출전표 등 발행금액의 1.3%(2027.1.1.부터 1%)에 해당하는 금액을 연간 1천만원(2027.1.1.부터 500만원)을 한도로 납부세액에서 공제할 수 있다. 신용카드매출전표를 발행하고 세액공제를 받고자 하는 경우에는 신용카드매출전표발행집계표를 신고시 제출하여야 한다.

② 수령자의 매입세액공제

사업자가 목욕·이발·미용업, 여객운송업(전세버스운송사업은 제외), 입장권을 발행하는 사업 등 법령에서 정하는 사업 외의 사업을 경영하는 자로서 영수증발급기간 중인 간이과세자에 해당하지 않는 사업자로부터 부가가치세액이 별도로 구분 가능한 신용카드매출전표를 발급받은 경우 이를 보관하고 신용카드매출전표수령명세서를 제출하면 그 부가가치세액은 납부세액 계산시 공제되는 매입세액으로 본다.

(2) 금전등록기계산서

1) 의의

금전등록기는 영수증을 발급할 때 발생하는 수작업의 불편을 해소하기 위한 노구로서 간이과세자와 영수증발급의무가 있는 사업자가 자발적으로 설치·사용하는 것이다. 금전등록기로부터 발행되는 금전등록기계산서는 공급대가가 기재된 영수증의 한 종류이다.

2) 금전등록기 사용의 효과

① 영수증발급의무 및 기장의무의 이행간주

사업자가 금전등록기를 설치하여 금전등록기계산서를 발급하고 해당 감사테이프를 보관한 때에는 영수증을 발급하고 기장을 이행한 것으로 본다.

② 현금주의에 의한 과세

외상판매의 경우에는 금전등록기계산서를 발행할 수 없기 때문에 금전등록기를 설치한 자가 금전등록기계산서를 발급하고 감사테이프를 보관한 때에는 현금수입금액을 기준으로 하여 과세표준을 계산할 수 있다.

4 부가가치세의 기장의무

(1) 기장의무

영수증을 발급하는 사업자는 자기의 납부세액 또는 환급세액과 관계되는 모든 거래사실을 장부에 기록하고 그 장부를 사업장에 비치하여야 한다. 이는 과세사업자의 부가가치세와 관련된 기장의무이며, 면세사업자는 소득세법 또는 법인세법에 규정된 기장의무만을 이행하면 된다.

(2) 기장사항 및 장부의 종류

1) 기장사항

장부에 기록해야 할 기장사항은 다음과 같다.

① 공급한 자와 공급받은 자
② 공급한 품목 및 공급받은 품목
③ 공급가액 및 공급받은 가액
④ 매출세액 및 매입세액
⑤ 공급한 시기 및 공급받은 시기
⑥ 기타 참고사항

⇒ 간이과세자는 공급가액과 부가가치세액을 합계한 공급대가로 기록하고 세액의 기재는 생략할 수 있다.

2) 장부의 종류

거래사실을 기록하고 보관해야 할 장부는 다음과 같은 것들이 있다.

① 매입매출장
② 경비장
③ 고정자산대장
④ 원재료·제품 또는 상품수불부

5 세금계산서합계표

(1) 의의

사업자가 세금계산서를 발급하였거나 발급받은 때에는 매출처별세금계산서합계표와 매입처별세금계산서합계표(이하 "매출·매입처별세금계산서합계표"라 한다)를 부가가치세 신고시 납세지 관할 세무서장에게 제출하도록 하고 있다.

전자세금계산서를 발급하거나 발급받고 전자세금계산서 발급명세를 해당 재화 또는 용역의 공급시기가 속하는 과세기간(예정신고의 경우에는 예정신고기간) 마지막 날의 다음 달 11일까지 국세청장에게 전송한 경우에는 위의 규정에도 불구하고 해당 예정신고 또는 확정신고(예정신고의무가 없는 경우에는 해당 과세기간의 확정신고) 시 매출·매입처별 세금계산서합계표를 제출하지 아니할 수 있다*.

* 전자세금계산서 발급하고 법 소정 기한까지 발급명세를 전송한 경우에는 세금계산서합계표에 구체적인 내용은 적지 않고 합계란에만 적는다.

(2) 제출의무자의 범위

부가가치세 신고·납부의무가 없는 사업자라고 하더라도 매입처별세금계산서합계표를 제출할 의무를 갖는다.

다만, 부가가치세 납세의무가 없는 자의 제출의무는 매입처별세금계산서합계표를 제출하지 아니하였다 하더라도 가산세를 적용할 수 없는 단순한 협력의무에 불과하다.

(3) 제출시기

1) 부가가치세 납세의무자의 경우

① 원칙

세금계산서를 발급한 세관장과 부가가치세 과세사업자는 세금계산서를 발급하였거나 발급받은 때에는 아래에 열거된 사항을 기재한 매출·매입처별세금계산서합계표를 해당 예정신고 또는 확정신고시 정부에 제출하여야 한다.

- 공급하는 사업자 및 공급받는 사업자의 등록번호와 성명 또는 명칭
- 거래기간
- 작성일자
- 거래기간 동안의 공급가액의 합계액 및 세액의 합계액
- 거래처별 세금계산서 발행매수

② 예정신고시 제출하지 못한 경우

　예정신고를 하는 사업자가 각 예정신고와 함께 매출·매입처별세금계산서합계표를 제출하지 못한 경우에는 해당 예정신고기간이 속하는 확정신고와 함께 이를 제출할 수 있다.

2) 수정신고 또는 경정청구시 수정작성 제출방법

　수정신고 또는 경정청구를 하는 경우에는 수정할 거래처에 한하여 당초에 작성한 거래내용은 빨간 글씨로 상단에 기재하고 수정하는 내용은 검은 글씨로 하단에 기재하며, 여러 거래처가 수정될 경우에는 동일한 방법으로 연속 기재하여 제출하여야 한다. 또한 이 경우 거래처별 거래금액의 수정으로 그 합계금액이 변경되면 동일한 방법으로 그 합계금액을 수정하여 제출하여야 한다.

(4) 전산테이프 등의 제출 특례

　사업자가 국세청장이 정하는 바에 따라 매출·매입처별세금계산서합계표의 기재사항을 모두 기재한 전산조직에 의하여 처리된 테이프 또는 디스켓을 제출하는 경우에는 매출·매입처별세금계산서합계표를 제출한 것으로 본다.

(5) 제출방법

1) 매출·매입처별세금계산서합계표

　사업자가 발급한 세금계산서에 대하여는 매출처별세금계산서합계표를 작성하여 제출하여야 하며, 사업자가 발급받은 세금계산서에 대해서는 매입처별세금계산서합계표를 작성·제출하여야 한다. 매출·매입처별세금계산서합계표의 작성요령은 다음과 같다.

① 2부를 작성하여 1부는 사업자가 보관하고 1부는 세무서에 제출한다.
② 매출·매입처별세금계산서합계표상의 기재요령은 다음과 같다.
　㉠ "거래기간"란은 신고대상기간(예: 제1기 예정분－1월 1일~3월 31일)을 기재하고, "작성일자"란은 세금계산서합계표 작성일자를 기재한다.
　㉡ 세금계산서 매수, 공급가액, 세액은 거래처별로 합계하여 작성한다. 이 경우에 감액(취소)수정세금계산서가 있다면 그 매수는 포함하고 금액은 차감하여 기재하여야 한다. 예를 들면 매출세금계산서가 30매 500,000,000원이고, 취소수정세금계산서가 2매 2,000,000원인 경우에는 "매수는 32매, 금액은 498,000,000원"으로 기재한다.
　㉢ 예정신고 누락분도 매출(매입)처별로 합계하되 신고서에는 구분기재한다.
　㉣ "비고"란은 주류제조업체 또는 도매상이 주류를 판매하는 경우만 해당된다.

2) 신용카드매출전표

일반과세자로부터 부가가치세액이 별도로 구분 가능한 신용카드매출전표 등을 발급받고 일정요건을 충족한 때에는 그 부가가치세액은 공제할 수 있는 매입세액으로 본다. 사업자가 발급받은 신용카드매출전표에 의거하여 매입세액을 공제받고자 하는 경우에는 신용카드매출전표 등 수령명세서를 제출하여야 한다.

3) 전산테이프 또는 디스켓 제출

법인과 개인사업자 중 일반과세자는 매출처별세금계산서합계표 대신 전산테이프 또는 디스켓으로 제출할 수 있다.

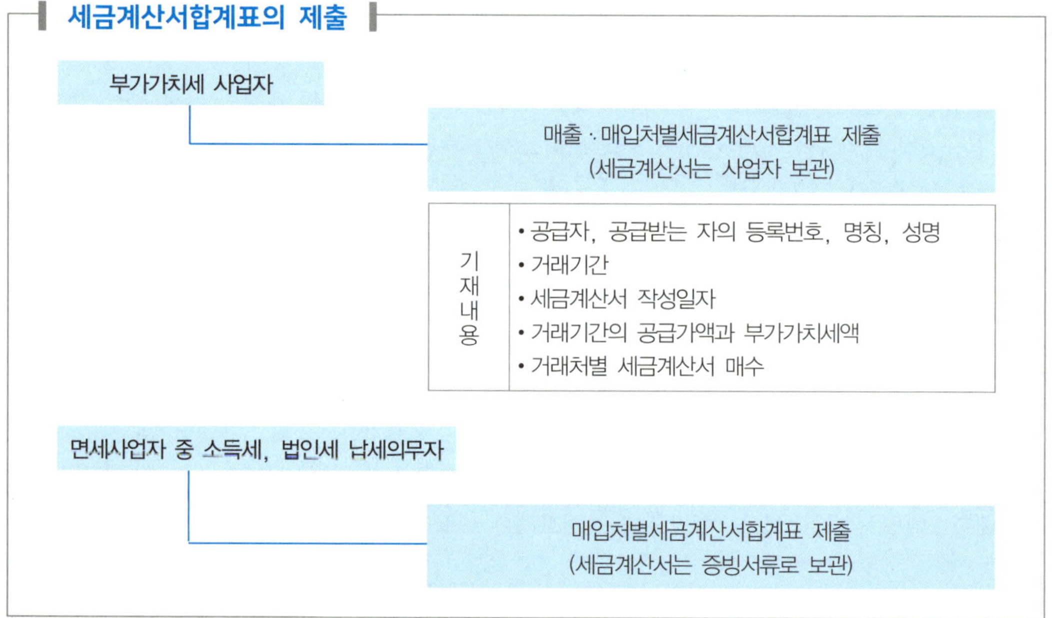

[별지 제38호서식(1)] 〈2024. 3. 22. 개정〉

홈택스(www.hometax.go.kr)에서도 신청할 수 있습니다.

매출처별 세금계산서합계표(갑)

년 제 기 (월 일 ~ 월 일)

※ 뒤쪽의 작성방법을 읽고 작성하시기 바랍니다. (앞쪽)

1. 제출자 인적사항

① 사업자등록번호	② 상호(법인명)
③ 성명(대표자)	④ 사업장 소재지
⑤ 거래기간 년 월 일 ~ 년 월 일	⑥ 작성일 년 월 일

2. 매출세금계산서 총합계

구 분		⑦ 매출 처수	⑧ 매수	⑨ 공급가액					⑩ 세 액				
				조	십억	백만	천	일	조	십억	백만	천	일
합 계													
과세기간 종료일 다음 달 11일까지 전송된 전자 세금계산서 발급분	사업자등록 번호 발급분												
	주민등록번호 발급분												
	소 계												
위 전자 세금계산서 외의 발급분	사업자등록 번호 발급분												
	주민등록번호 발급분												
	소 계												

3. 과세기간 종료일 다음 달 11일까지 전송된 전자세금계산서 외 발급분 매출처별 명세

(합계금액으로 적음)

⑪ 번호	⑫ 사업자 등록번호	⑬ 상호 (법인명)	⑭ 매수	⑮ 공급가액					⑯ 세액					비고
				조	십억	백만	천	일	조	십억	백만	천	일	
1														
2														
3														
4														
5														

⑰ 관리번호(매출)	–

210mm×297mm[백상지 80g/㎡ 또는 중질지 80g/㎡]

홈택스(www.hometax.go.kr)에서도 신청할 수 있습니다.

매입처별 세금계산서합계표(갑)

년 제 기 (월 일 ~ 월 일)

※ 아래의 작성방법을 읽고 작성하시기 바랍니다. (앞쪽)

1. 제출자 인적사항

① 사업자등록번호	② 상호(법인명)
③ 성명(대표자)	④ 사업장 소재지
⑤ 거래기간 년 월 일 ~ 년 월 일	⑥ 작성일 년 월 일

2. 매입세금계산서 총합계

구 분		⑦ 매입처수	⑧ 매수	⑨ 공급가액					⑩ 세 액				
				조	십억	백만	천	일	조	십억	백만	천	일
합 계													
과세기간 종료일 다음 달 11일까지 전송된 전자세금계산서 발급받은 분	사업자등록번호 발급받은 분												
	주민등록번호 발급받은 분												
	소 계												
위 전자 세금계산서 외의 발급받은 분	사업자등록번호 발급받은 분												
	주민등록번호 발급받은 분												
	소 계												

* 주민등록번호로 발급받은 세금계산서는 사업자등록 전 매입세액 공제를 받을 수 있는 세금계산서만 적습니다.

3. 과세기간 종료일 다음 달 11일까지 전송된 전자세금계산서 외 발급받은 매입처별 명세

(합계금액으로 적음)

⑪ 번호	⑫ 사업자 등록번호	⑬ 상호 (법인명)	⑭ 매수	⑮ 공급가액					⑯ 세액					비고
				조	십억	백만	천	일	조	십억	백만	천	일	
1														
2														
3														
4														
5														

⑰ 관리번호(매입)	–

210mm×297mm[백상지 80g/㎡ 또는 중질지 80g/㎡]

MEMO

01 다음 중 세금계산서의 기능이 아닌 것은?

① 재화를 공급받거나 용역을 제공받을 때의 송장
② 재화 및 용역의 공급계약서
③ 외상거래에 있어서의 청구서
④ 부가가치세를 징수하였음을 증명하는 세금영수증

02 다음 중 세금계산서의 필요적 기재사항이 아닌 것은?

① 공급자의 등록번호
② 작성연월일
③ 공급받는 자의 성명 또는 명칭
④ 공급가액과 부가가치세액

03 다음 중 세금계산서에 관한 설명으로 옳지 않은 것은?

① 필요적 기재사항이 일부라도 기재되지 아니하거나 기재된 사항이 사실과 다를 때에는 정당한 세금계산서로 인정되지 않는다.
② 임의적 기재사항은 기재하지 아니하였거나 잘못 기재하더라도 가산세를 물어야 한다거나 매입세액불공제를 받는 등의 불이익은 없다.
③ 필요적 기재사항이 기재되지 않은 세금계산서를 발급한 사업자는 가산세를 물어야 한다.
④ 매입세액공제를 받기 위해서는 매입자의 상호, 성명, 주소를 반드시 기입하여야 한다.

04 다음 중 세금계산서에 관한 설명으로 옳은 것은?

① 필요적 기재사항이 잘못 기재되거나 누락된 세금계산서를 발급받은 사업자는 가산세를 물어야 한다.
② 세금계산서는 원칙적으로 재화 또는 용역의 공급대가를 수령하는 때에 발급하여야 한다.
③ 법인사업자는 전자세금계산서를 발급하고 발급일의 다음 날까지 전자세금계산서 발급명세를 국세청에 전송해야 한다.
④ 과세거래를 면세거래로 잘못 보아 세금계산서를 발급하지 않고 계산서를 발급한 경우에는 수정세금계산서를 발급할 수 있다.

05 다음 중 세금계산서의 임의적 기재사항이 아닌 것은?

① 공급하는 물품명　　　　　　　　② 작성연월일
③ 공급받는 자의 사업장 주소　　　④ 대금지급방법

06 다음 중 세금계산서의 작성방법에 대한 설명으로 옳지 않은 것은?

① 숫자는 아라비아숫자로, 문자는 한글로 기재한다.
② "작성연월일"에는 계약이 수립된 일자를 기재한다.
③ "공란수"에는 공급가액으로 기재한 금액 앞의 빈칸 수를 기재한다.
④ 영세율이 적용되는 거래의 경우에는 "세액"란에 "영세율"이라고 기재한다.

07 다음 중 세금계산서의 작성에 관한 설명으로 옳은 것은?

① 세금계산서상 공급가액과 부가가치세액을 기재하지 아니하여도 정당한 세금계산서라고 볼 수 있다.
② 세금계산서는 일반거래에서 송장의 역할이나 외상거래의 청구서의 역할도 한다.
③ 사업자등록을 한 사업자 중 법인과 달리 개인은 세금계산서 발급 의무가 없다.
④ 사업자는 제품, 상품의 대금을 회수할 때마다 세금계산서를 발급하여야 한다.

08 다음 중 부가가치세법상 세금계산서제도에 관한 설명으로 옳지 않은 것은?

① 공급하는 사업자의 등록번호와 성명 또는 명칭, 공급받는 자의 사업자등록번호, 공급가액과 부가가치세액 및 작성연월일은 세금계산서의 필요적 기재사항으로서, 이러한 사항만이 기록된 세금계산서도 효력이 인정된다.
② 면세사업자는 공급받는 자가 요구하는 경우에도 세금계산서를 발급할 수 없다.
③ 모든 영세율 적용대상거래는 세금계산서의 발급의무가 면제된다.
④ 세금계산서 발행 시 필요적 기재사항을 기재하지 않으면 세금계산서불성실가산세가 적용된다.

09 삼일주식회사 김대리는 자사의 제품을 판매하고 그에 대한 세금계산서를 작성하려고 한다. 김대리가 제품을 판매하고 수령한 총 금액은 22,000원이다. 이때, 세금계산서의 "세액"란에 기재하여야 할 금액은?

① 20,000원
② 2,000원
③ 22,000원
④ 2,200원

10 멋쟁이주식회사의 영업부 박대리는 한여름양품점에 자사의 신제품인 여름용 속옷을 총 1,000벌 판매하였다. 부가가치세를 제외한 속옷 1벌의 가격이 5,500원이라면 박대리가 한여름양품점으로부터 부가가치세로 징수해야 할 금액은 얼마인가?

① 550원 ② 5,500원
③ 550,000원 ④ 5,500,000원

11 다음 중 세금계산서의 발급에 관한 설명으로 옳은 것은?

① 사업자의 경우에는 부가가치세 납세의무와는 상관없이 거래시에 세금계산서를 발급할 의무를 갖는다.
② 납세의무자라 하더라도 사업자등록을 하지 않으면 세금계산서를 발급할 수 없다.
③ 세금계산서는 거래의 성격에 따라 적색, 또는 청색의 1부만 발행된다.
④ 세금계산서는 보안상의 이유로 반드시 수작업으로만 발행하여야 한다.

12 다음 중 세금계산서 발급시기에 관한 설명으로 옳지 않은 것은?

① 공급시기가 도래하기 전에 세금계산서를 발급하더라도 법정요건을 충족하면 정당한 세금계산서로 인정한다.
② 거래처별로 달의 1일부터 말일까지의 공급가액을 합계하여 그 다음달 10일까지 세금계산서를 발급할 수 있다.
③ 외상으로 상품을 판매한 경우에는 대금을 회수하는 날에 세금계산서를 발급한다.
④ 공급시기가 속한 달의 다음 달 10일이 지난 후에 세금계산서를 발급하는 경우에는 공급자에게 가산세가 부과된다.

13 다음 중 부가가치세법상 세금계산서의 발급시기에 관한 설명으로 옳지 않은 것은?

① 거래처별로 달의 1일부터 말일까지의 공급가액을 합하여 해당 달의 말일을 작성 연월일로 하여 세금계산서를 발급하는 경우에는 그 다음달 10일까지 세금계산서를 발급할 수 있다.
② 재화나 용역을 공급하기 전에 세금계산서를 발급하는 경우 발급일부터 1개월 이후에 대가를 받는 경우에는 대가를 수령한 때를 공급시기로 본다.
③ 외상으로 물건을 판매하였어도 판매일에 세금계산서를 발급하여야 한다.
④ 세금계산서 발급시기 이후에 세금계산서를 발급하는 것은 적합한 것으로 인정되지 않는다.

14 다음 중 세금계산서의 발급의무가 면제되는 경우로 옳지 않은 것은?

① 택시운송사업자가 운송용역을 공급한 경우
② 수출업자가 재화를 직수출하는 경우
③ 미용, 욕탕 및 유사서비스업을 영위하는 사업자가 용역을 공급한 경우
④ 일반과세자가 제품을 도·소매상에게 판매하는 경우

15 다음 중 전자세금계산서에 관한 설명으로 옳지 않은 것은?

① 전자세금계산서의 발급을 과세당국에 인정받기 위하여는 인증기관의 인증을 거쳐야 한다.
② 전자세금계산서를 발급하는 경우에는 해당 세금계산서 기재내역을 전자적 형태로 5년간 보존하여야 한다.
③ 전자세금계산서 발급명세를 국세청장에게 전송한 경우 세금계산서합계표의 제출 의무가 면제된다.
④ 전자세금계산서를 작성하는 경우에도 필요적 기재사항은 모두 기재하여야 한다.

16 다음 중 수정세금계산서의 발급이 불가능한 경우는?

① 작성연월일을 착오로 잘못 기재한 경우
② 공급시기에 세금계산서를 발급하지 아니한 경우
③ 공급한 재화 또는 용역이 반품 또는 환입된 경우
④ 계약조건에 따라 당사자의 합의에 의하여 단가가 변경된 경우

17 다음 중 수정세금계산서에 관한 설명으로 옳지 않은 것은?

① 기재사항에 착오나 오류가 있었음을 뒤늦게 알게 된 때에는 세금계산서를 수정 발급하여야 한다.
② 공급한 재화나 용역이 반품된 경우 수정세금계산서를 발급할 수 있다.
③ 세금계산서를 발급하여야 하는 거래에 대하여 세금계산서를 발급하지 않은 경우에는 수정세금계산서를 발급하여야 한다.
④ 공급가액이 거래 이후에 변경된 경우 수정사유가 발생한 때에 수정세금계산서를 발급해야 하는 것이므로 이론상으로는 수정세금계산서의 발급시기에 제한이 없다.

18 다음 중 부가가치세법상 수정세금계산서에 관한 설명으로 옳지 않은 것은?

① 사업자는 기존에 발급한 세금계산서 사항에 대해 정정사유가 발생한 경우 수정세금계산서를 발급하여야 한다.
② 과세를 면세로 잘못 알고 계산서를 발급한 경우 수정세금계산서를 발급할 수 있다.
③ 수정세금계산서는 세금계산서 명칭 앞에 "수정"이라고 표기하며, 기재사항의 변경이 있는 경우 당초 발급한 세금계산서는 붉은 글씨로, 수정하는 세금계산서는 검은 글씨로 각각 작성한다.
④ 수정세금계산서는 수정사유가 발생한 때에 발급하는 것이 원칙이나, 당초의 거래시기가 속하는 국세기본법상의 수정신고기한 이내에 수정하여 발급할 수 있다.

19 다음 중 세법상 영수증을 대신하는 증빙이 아닌 것은?

① 금전등록기계산서
② 거래성립계약서
③ 여객운송업자가 발급하는 승차권, 승선권, 항공권
④ 전기사업자 또는 가스사업자가 각 가정에 발급하는 전력 또는 가스요금의 영수증

20 다음 중 세금계산서에 대한 아래 네 사람의 설명 중 옳지 않은 것은?

① 정수란: "세금계산서의 필요적 기재사항이 일부라도 기재되지 않거나 사실과 다르면 공급자는 가산세를 물어야 하고 공급받은 자는 매입세액공제를 받을 수 없어."
② 성시훈: "세금계산서를 발급한 후 그 기재사항에 관하여 착오 또는 정정사유가 발생한 경우 수정세금계산서를 작성할 수 있는데, 당초 발급한 세금계산서는 붉은색 글씨로, 수정하는 세금계산서는 검은색 글씨로 작성해야 해."
③ 한정욱: "사업자가 세금계산서를 발급하지 않거나 필요적 기재사항의 전부 또는 일부가 기재되지 않거나 사실과 다른 때는 개인이나 법인 모두 가산세가 부과되."
④ 한혜선: "세금계산서는 실제 공급한 때 발급하는 것이 원칙이지만, 거래처별로 달의 1일부터 말일까지의 공급가액을 합계하여 발급할 수도 있는데 이 때 발행일자는 재화나 용역을 공급한 시기 중 가장 늦은 때야."

21 다음 중 세금계산서의 작성방법에 관한 설명으로 옳지 않은 것은?

① 공급받는자의 상호, 성명, 주소가 기재되지 않았거나 잘못 기재된 경우에도 세금계산서의 효력에는 영향이 없다.
② 공급받는 자가 부가가치세 면세사업자인 경우에 "공급받는 자의 등록번호"에 소득세법 또는 법인세법의 규정에 의한 등록번호 또는 고유번호를 기재한다.
③ 제품을 판매하고 총 11,000원(부가가치세 포함)을 수령하였다면, 공급가액에는 11,000원을 기재한다.
④ 제품을 판매하고 총 11,000원(부가가치세 포함)을 수령하였다면, 세액에는 1,000원을 기재한다.

22 다음 중 부가가치세법상 신용카드에 관한 설명으로 옳은 것은?

① 신용카드매출전표는 원칙적으로 영수증에 해당한다.
② 신용카드매출전표를 발급받은 자는 언제나 매입세액공제를 받을 수 있다.
③ 법인이 신용카드매출전표를 발행한 경우에는 그 발행금액의 일정률을 납부세액에서 공제
　 하거나 환급세액에 가산할 수 있다.
④ 신용카드매출전표를 발행하고 이를 보관한 경우에는 기장을 이행한 것으로 본다.

23 (주)삼일의 이대리는 자사의 부가가치세 과세대상인 제품을 판매하고 그에 대한 세금계산서를 작성하려고 한다. 이대리가 제품을 판매하고 수령한 총 금액은 77,000원이다. 이때, 세금계산서의 공급가액 및 세액란에 기재하여야 할 금액은?

구분	공급가액	세액
①	70,000원	7,000원
②	77,000원	7,000원
③	70,000원	7,700원
④	77,000원	7,700원

Chapter

연습문제 정답 및 해설

Chapter 1 　조세총론

01 ③ 국민으로부터 조세를 부과·징수할 수 있는 주체는 국가와 지방자치단체이다.

02 ② 조세는 국가 또는 지방자치단체가 법에 근거하여 징수할 수 있고, 조세를 납부하는 국민에게 직접적인 반대급부가 주어지는 것은 아니다.

03 ② 과세표준에 세율을 곱하여 산출된 금액을 산출세액이라고 한다.

04 ③ 주세, 개별소비세, 부가가치세는 간접세이나 상속세는 직접세이다.

05 ④ 조세를 감면받는 경우, 그 세액을 감면받은 후 관련 규정을 따르지 않으면 감면을 취소하고 추징하는 것을 조세감면 사후관리의 원칙이라고 한다.

06 ④ 납세의무자의 인적사항이 고려되는지 여부에 따라 인세와 물세로 분류된다.

07 ④ 독립된 세원이 있는지 여부에 따라 독립세와 부가세로 분류된다.

08 ② 상속세와 증여세는 부과과세제도를 채택하고 있다.

09 ① 간접세란 조세를 부담하는 자와 조세를 납부하는 자가 동일하지 아니한 조세이다.

10 ② 세원이란 국가 또는 지방자치단체가 국민에게 부과·징수하는 세금의 대상이 되는 소득 등을 말한다.

11 ② 법인세, 소득세, 부가가치세는 신고납세제도를 채택하고 있다.

12 ① 산출세액＝과세표준×세율＝50,000,000원×9%＝4,500,000원

13 ④ ① 국가는 법에 따라 부과해야 하므로 단체의 필요에 따라 수시로 조세를 부과할 수 없다.
　② 조세는 원칙적으로 장부와 이와 관계되는 근거자료에 의하여야 하므로 과세관청의 합리적인 추정에 근거하여 부과하는 것은 아니다.
　③ 조세는 실질귀속자를 기준으로 부과한다.

14 ② ① 신의성실의 원칙은 조세를 부과·징수하는 국가에도 적용된다. ③ 조세는 소득의 실질적인 귀속자를 기준으로 부과하는 것이다. ④ 국가가 직접 조사하여 세금을 부과하는 경우에는 조사한 사실을 해당 납세의무자에게 통보해야 한다.

15 ③ 부가가치세는 국세에 해당하나, 지방소득세, 지방소비세, 재산세는 지방세이다.

16 ① 형식보다 실질내용을 중시하는 실질과세의 원칙에 대한 설명이다.

17 ② 국세이며, 직접세 및 인별 납세와 관련된 조세는 법인세와 소득세이다.

Chapter 2 　법인세

01 ③ 법인의 소득에 대하여 국가가 부과·징수하는 세금을 법인세라 한다.

02 ② 외국영리법인은 국내원천소득에 한하여 법인세 납세의무가 있다. 내국법인을 외국법인으로 위장하면 국외원천소득에 대한 납세의무가 없으므로 이를 이용하여 세금 탈루를 시도했다는 기사 내용이다.

03 ③ 비영리내국법인은 국내·외 원천소득 중 수익사업에서 발생한 소득에 대하여 법인세 납세의무가 있고, 비영리법인 및 외국법인은 청산소득의 납세의무가 없다.

04 ① ① 각 사업연도 소득에 대한 법인세를 의미한다.

05 ② 자본금과 적립금조정명세서(을) 서식에는 유보 소득처분 항목만 기입한다. 감가상각비 한도초과액을 제외한 나머지 항목은 기타사외유출로 처분한다.

06 ② 기타사외유출은 소득의 귀속자에게 추가적으로 소득세를 과세하지 않는다.

07 ① 각사업연도소득금액
=결산서상 당기순이익+익금산입·손금불산입−손금산입·익금불산입
=100,000,000원+(10,000,000원+10,000,000원)−(20,000,000원
　+20,000,000원)
=80,000,000원

08 ① 익금불산입이란 회계상 수익으로 계상되었으나 법인세법상 익금에 해당하지 않는 항목을 말한다.

09 ④

10 ④ 조세특례제한법상 준비금은 신고조정사항에 해당된다.

11 ④ 출자임원에게 귀속되는 익금산입액은 상여로 소득처분한다.

12 ① 단기매매증권평가이익은 익금불산입, 임원상여금한도초과액과 기업업무추진비한도초과액은 손금불산입으로 세무조정한다.

13 ④ ① 금융기관 이외의 법인이 수입하는 이자수익의 귀속시기: 실제 받은 날 또는 약정에 의하여 받기로 한 날
② 계약 등에 의하여 임대료 지급일이 정하여진 경우 임대손익의 귀속시기: 계약에 의한 지급일
③ 용역 제공기간이 1년 이상인 장기용역 손익의 귀속시기: 착수일로부터 목적물의 인도일까지 건설 등을 완료한 정도(작업진행률)에 따라 결정

14 ① 장기할부판매손익의 귀속시기는 해당 판매물의 인도일이다.

15 ① 종업원을 위해 법인이 지출한 직장체육비는 세법에서 인정되는 손금항목으로 세무조정이 발생하지 않는다.

16 ④ ① 손금불산입된 금액의 환급액은 익금불산입항목이므로 이를 수익으로 계상한 경우 익금불산입으로 세무조정을 해야 한다. ② 향우회 기부금은 비지정기부금이므로 비용계상액을 손금불산입해야 한다. ③ 원천징수대상 이자는 기간경과분 이자수익을 인정하지 않으므로 미수이자를 익금불산입해야 한다. ④ 증자시 주식의 액면가액은 자본금, 액면가액 초과액은 주식발행초과금으로 회계처리하였으므로 세무조정은 불필요하다.

17 ② 기밀비의 귀속자를 확인할 수 없으므로 기밀비 손금불산입액은 대표자에 대한 상여로 소득처분한다.

18 ② 감가상각비 및 퇴직급여충당금 한도초과액과 단기매매증권평가이익은 유보처분한다.

19 ③ ㄱ. 배당 2,000,000원
ㄴ. 상여 5,000,000원
ㄷ. 기타사외유출 5,000,000원

20 ① 감자차익과 주식의 평가차익은 익금불산입항목에 해당한다.

21 ② 국세환급금에 대한 이자(1,500,000원)+감자차익(5,000,000원)=6,500,000원

22 ① 단기매매증권에 대해 평가증을 인정하지 않으므로 단기매매증권평가이익 200,000원을 익금불산입으로 세무조정한다.

23 ③ 법인세법상 유가증권은 원가법으로 평가하여야 하므로, 회계상 계상한 단기매매증권평가손실을 손금불산입하고 유보로 소득처분하여야 한다.

24 ② 다. 가산세가 손금불산입이므로, 가산세 환급액은 익금불산입 항목이다.
라. 이월익금이란 전기 이전에 익금에 산입된 항목이므로, 당기에는 익금불산입 항목이다.

25 ③ 3,000,000(채무면제이익)+20,000,000(간주임대료)+50,000,000(임대료수익)
=73,000,000

26 ④ 회계상 결산시 계상하는 미지급이자는 법인세법상 손금으로 인정되므로 세무조정은 없다.

27 ④ 세법상 은행예금에 대한 미수이자는 실제로 현금을 수령한 날에 수익을 인식한다. 해당 이자는 원천징수대상으로서 기간경과분 미수이자를 인정하지 않으므로 미수이자를 익금불산입하고 △유보로 소득처분하여야 한다.

28 ② 재고자산 평가방법을 신고하지 않으면 선입선출법을 적용하므로 저가평가를 인정하지 아니한다.
유가증권(주식) 평가의 경우 총평균법, 이동평균법만 인정되므로, 지분법은 인정되지 않는다.

29 ② 퇴직금지급규정 범위 내의 대표이사에게 지급한 퇴직급여는 손금으로 인정된다.

30 ① 종업원에게 지급된 상여금은 상여지급기준과 관계없이 전액 법인세법상 손금으로 인정된다.

31 ② ㉠, ㉣은 손금불산입항목이고, ㉡, ㉢, ㉤은 손금항목이다.

32 ④ 법인세법상 채무면제이익은 익금항목이며, 법인이 이미 결산서에 채무면제이익을 수익으로 계상하였으므로 세무조정은 필요없다.

33 ④ 손금불산입항목은 법인세(15,000,000원), 채권자불분명사채이자(200,000,000원), 벌금·과태료 및 가산금(5,000,000원), 토지평가손실(20,000,000원)이다.

34 ③ 벌금 등의 징벌적 효과를 유지하기 위해 과태료, 벌과금 등은 손금불산입으로 처리한다.

35 ④ 감가상각비한도초과액과 법인세는 손금불산입항목이다.

36 ② 익금항목은 임대료수익(10,000,000원), 간주임대료(5,000,000원), 손금에 산입한 금액 중 환입된 금액(3,000,000원)이다.

37 ② ① 유가증권은 개별법(채권에 한함), 총평균법 또는 이동평균법 중 법인이 신고한 방법에 의해 평가한다.
③ 저가법을 허용한다.
④ 종류별, 영업장별로 다른 재고자산평가방법을 적용할 수 있다.

38 ② 법인세법상 재고자산을 저가법으로 평가하는 것은 허용된다.

39 ③ ① 재고자산평가방법으로 후입선출법도 인정된다.
② 파손·부패 등의 사유로 계상한 재고자산평가손실은 손금으로 인정된다.
③ 원가법으로 신고한 경우에는 파손·부패 등의 사유가 없으면 재고자산평가손실을 인정하지 않으므로 옳은 내용이다.
④ 파손·부패 등의 사유가 있는 경우 재고자산평가손실 2,000,000원은 결산조정사항이므로 결산서에 손비로 계상하지 않은 경우 세무조정할 수 없다.

40 ① 1) 익금산입 및 손금불산입
= 5,000,000원(감가상각비한도초과액) + 5,000,000원(기업업무추진비한도초과액)
+ 5,000,000원(징벌적 손해배상금) = 15,000,000원
2) 손금산입 및 익금불산입
= 2,000,000원(단기매매증권평가이익)

41 ① 종업원에게 지급되는 퇴직금은 퇴직금지급규정과 관계없이 전액 손금으로 인정된다.

42 ② 종업원 상여금의 경우 상여지급기준과 상관없이 전액 손금 인정되지만 임원 상여금의 경우에는 임원 상여지급기준상의 한도액 내에서 손금이 인정된다.

43 ② 단기매매증권평가이익과 미수이자는 유보(△유보)로 소득처분하여 사후관리해야 한다.

44 ② 건축물 및 광업용 유형자산이외의 유형고정자산의 무신고시 감가상각방법은 정률법이다.

45 ③ 감가상각 시부인액=4,000,000원−20,000,000원÷4년=(−)1,000,000원
Min[전기부인액, 시인부족액]=손금산입액
세무조정: (손금산입)1,000,000(△유보)
기말잔액: 5,000,000원−1,000,000원=4,000,000원

46 ② 정액법: 10,000,000원×0.2=2,000,000원
정률법: (10,000,000원−4,000,000원)×0.451=2,706,000원

47 ④ 법인세법상 감가상각비한도액 10,000,000원(50,000,000원÷5년)을 초과하는 법인의 감가상각비 2,000,000원(12,000,000원−10,000,000원)은 손금불산입되고 유보로 소득처분된다.

48 ① ② 기업업무추진비 중 지출증빙이 없는 기업업무추진비는 손금불산입하고 대표자에 대한 상여로 소득처분된다.
③ 기업업무추진비한도초과액은 손금불산입 기타사외유출처분된다.
④ 건당 3만원 초과 기업업무추진비는 세금계산서 등의 법정증빙을 수령하는 경우 한도 내에서 손금산입한다.

49 ③ 건당 3만원을 초과하는 기업업무추진비에 대하여 법정증빙이 아닌 영수증을 수취하였으므로 손금불산입하여 기타사외유출로 소득처분한다.

50 ③ 1) 증빙불비 기업업무추진비: 400,000원→(손금불산입) 증빙없는 기업업무추진비 400,000원(상여)
2) 기업업무추진비 한도초과액: (17,300,000원+5,000원)−15,000,000원
=2,305,000원→(손금불산입) 기업업무추진비한도초과액 2,305,000원(기타사외유출)

51 ② (1단계)증빙서류 규제
〈손금불산입〉 영수증수령액 10,000,000원

(2단계)기업업무추진비 한도초과액
기업업무추진비해당액: 50,000,000원−10,000,000원 = 40,000,000원
기업업무추진비한도액: 12,000,000원+110,000,000원=122,000,000원
= △82,000,000원 → 한도초과액 0원

52 ② 기업업무추진비한도초과액은 이월되지 않고 소멸하나 기부금의 세무상 한도초과액은 차후 10년 이내에 종료하는 과세연도에 이월하여 손금에 산입하는 이월공제제도를 두고 있다.

53 ② 기부금한도초과액은 기타사외유출로 소득처분된다.

54 ③ 비지정기부금은 전액 손금불산입된다. 한편, 특례기부금은 지출액이 한도액보다 적으므로 세무조정이 필요하지 않다.

55 ③

56 ④ 비지정기부금 7,000,000원 + 일반기부금한도초과액 15,000,000원 = 22,000,000원

57 ① 여비교통비는 한도 없이 손금으로 인정된다. 특례기부금, 임원퇴직금금, 기업업무추진비 등은 일정 한도 내에서 손금으로 인정된다.

58 ① 법인세법상 퇴직급여충당금 손금한도액을 초과하여 법인이 계상한 퇴직급여계상액 50,000,000원(200,000,000원 − 150,000,000원)은 손금불산입되고 유보로 소득처분된다.

59 ④ 퇴직하는 종업원에게 지급하는 퇴직금은 전액 손금 인정되고, 퇴직급여충당금은 결산조정사항이다. 법인세법상 한도를 초과하여 설정된 퇴직급여충당금은 손금불산입되고 유보로 소득처분된다.

60 ④ 부도발생일부터 6월 이상 지난 어음상 채권과 채무자의 파산으로 회수할 수 없는 채권에 대한 대손금은 결산조정사항이고, 소멸시효가 완성된 채권에 대한 대손금은 신고조정사항이다. 부도발생일부터 6개월 미만 지난 어음상 채권은 대손요건이 충족되지 않았다.

61 ② ① 대손충당금은 결산조정사항이다.
③ 법인세법상 대손충당금 손금산입한도액을 초과하여 법인이 결산서에 계상한 대손충당금 금액은 손금불산입되고 유보로 소득처분된다.
④ 법인세법상 대손충당금 설정률은 「1%」와 「대손실적률」 중 큰 비율을 적용한다.

62 ④ 결산시 회계장부에 대손으로 처리하는 경우는 법인세법에서 규정하는 대손의 요건에 해당하지 아니한다.

63 ②

1) 대손충당금 한도액: $1,000,000,000원 \times Max(1\%, \ 1.5\%) = 15,000,000원$
2) 대손충당금 한도초과액: $21,000,000원 - 15,000,000원 = 6,000,000원$

64 ①

준비금에 대한 설명이다.

65 ③

법인운영차입금에 대한 이자는 손금항목이다.

66 ③

과세표준 계산시 이월결손금, 비과세소득, 소득공제를 공제한다. 수시부과세액은 기납부세액이므로 차감납부세액 계산시 공제한다.

67 ①

홍과장: 원천징수해당액은 기타사외유출, 나머지 금액은 대표자상여로 소득처분한다.
김과장: 당기 건설중인자산에 대한 건설자금이자는 손금불산입하고 유보로 소득처분한다.
사대리: 기타사외유출로 소득처분한다.

68 ③

채권자불분명 사채이자의 원천징수액은 기타사외유출로 소득처분하며 잔액은 대표자상여로 소득처분 된다.

69 ③

전기이월된 손금불산입액 150원을 시인부족액 범위내에서 손금추인해 준다.

70 ④

① 특수관계에 있는 법인으로부터 자산을 저가로 매입한 경우 세무조정하지 않는다.
② 인정이자 계산시 적정이자율은 가중평균차입이자율(일정한 경우에는 당좌대출이자율)을 말한다.
③ 특수관계인에 해당하는 법인에 대한 가지급금인정이자는 기타사외유출로 소득처분 된다.

71 ④

비출자임원(소액주주임원 포함) 또는 직원에게 무상으로 사택을 제공하는 경우에는 부당행위계산부인 적용 대상이 아니다.

72 ①

법인이 특수관계인에게 무상으로 자금을 대여한 경우에도 가지급금인정이자 세무조정을 수행한다.

73 ③

법인이 시가가 20,000,000원인 제품을 특수관계인인 ㈜용산에게 15,000,000원에 현금 판매한 경우,
그 차이금액인 5,000,000원(=20,000,000-15,000,000)을 익금에 산입한다.

74 ④

임원 자녀에 대한 무이자 학자금대출은 인정이자 계산대상이다.

75 ② 대표이사 외의 특수관계인에게 금전을 대여한 경우 실제 이자를 받지 않았다면 시가에 상당하는 이자수익을 추가로 익금에 산입하고 귀속자에 따라 소득처분한다.

76 ③ 당기순손익＋익금산입－손금산입＝차가감 소득금액
차가감 소득금액＋기부금 한도초과액－기부금한도초과이월액 손금산입액
＝각 사업연도 소득금액
당기순손익＝106,000,000－1,000,000＋25,000,000－30,000,000＝100,000,000

77 ② 1) 각 사업연도 소득금액
＝240,000,000원＋(20,000,000원＋30,000,000원)－(15,000,000원＋10,000,000원)
＝265,000,000원

2) 과세표준＝265,000,000원－3,000,000원－2,000,000원＝260,000,000원
3) 산출세액＝18,000,000원＋(260,000,000원－200,000,000원)×19%
＝29,400,000원

78 ④ 법인세법상 기납부세액은 중간예납세액, 원천납부세액, 수시부과세액이다.

79 ① 수정과세표준＝85,000,000원＋80,000,000원－5,000,000원＝160,000,000원
수정산출세액＝160,000,000원×9%＝14,400,000원

80 ② ① 비과세소득은 다음 사업연도에 이월하여 공제받을 수 없다.
③ 이월결손금은 당해 사업연도 소득금액의 80% 범위 내에서 공제가능하다. 단, 중소기업 및 회생계획을 이행 중인 기업 등은 100% 범위 내에서 공제가능하다.
④ 2020.1.1. 전에 개시하는 사업연도에 발생한 결손금은 10년간 이월공제하고, 2020.1.1. 이후 개시하는 사업연도에 발생하는 결손금은 15년간 이월공제한다.

81 ① 법인세법상 결손금은 세무상 금액을 의미하고, 손익계산서의 당기순손실 금액은 회계상 금액이므로 일치하지 않는다.

82 ④ 내국법인은 각 사업연도 소득에 대한 법인세를 사업연도 종료일부터 3개월 이내에 신고하여야 한다.

83 ① 법인은 사업연도 종료일로부터 3개월 이내에 법인세 신고를 하여야 한다.

84 ③ 최저한세에 대한 설명이다.

85 ① 납부할 법인세액이 1천만원을 초과하는 때에는 납부기한이 경과한 날로부터 1개월(중소기업은 2개월) 이내에 법인세를 분납할 수 있다.

Chapter 3 소득세

01 ③ 소득세법은 원칙적으로 소득원천설의 입장을 취하고 있으므로 순자산증가설의 입장이라는 내용은 옳지 않다.

02 ③ 우리나라 사람으로서 국내회사의 임직원이 국외사업장에 파견된 경우에는 거주자로 본다.

03 ① 비거주자는 국내원천소득에 대해서만 소득세의 납세의무를 진다.

04 ④ 신규사업자 또는 폐업자의 경우에는 1월 1일부터 12월 31일까지의 기간을 1과세기간으로 하고 있는데, 이는 신규사업 전 또는 폐업 이후에도 과세대상이 되는 소득이 있을 수 있기 때문이다.

05 ③ 비거주자의 소득세 납세지는 주된 국내사업장 소재지로 하며, 국내사업장이 없는 경우에는 국내원천소득이 발생하는 장소로 한다.

06 ④ 비거주자가 국내에 거소를 둔 기간이 183일 이상인 경우에는 183일이 되는 날에 거주자가 된다.

07 ② 소득세법상 소득 중 이자소득, 배당소득, 사업소득, 근로소득, 연금소득, 기타소득은 전체를 합하여 종합과세하고, 퇴직소득, 양도소득은 개별적으로 분류과세한다.

08 ③ 이자소득과 배당소득은 유형별 포괄주의를 채택하고 있으나 연금소득은 열거주의를 채택하고 있으므로 괄호의 내용이 옳지 않다.

09 ① 거주자는 국내뿐만 아니라 국외에서 벌어들인 소득에 대해서도 과세할 수 있다.

10 ① 1) 원천징수해야 하는 소득세
　　　이자소득: 10,000,000원×10% = 1,000,000원
　　　원천징수 소득세: 이자소득×원천징수세율
　　　　= 1,000,000원×14%=140,000원
　　2) 종합소득에 가산되는 이자소득: 금융소득이 2천만원 이하인 경우에는 해당 금융소득
　　　이 분리과세되므로 종합소득에 합산되는 금액은 "0"이다.

11 ① 기명채권 등의 이자와 할인액의 수입시기는 약정에 의한 이자지급일이다.

12 ④ 무기명 채권이자에 대한 이자소득의 수입시기는 실제 지급받은 날로 한다.

13 ② 배당소득에는 현금배당뿐만 아니라 현물배당, 주식배당 등도 포함된다.

14 ④ 금융소득이 연간 2천만원 초과하는 경우 종합과세된다.

15 ④ 국외 금융소득은 원천징수를 할 수 없으므로 무조건 종합과세되는 금융소득이다.

16 ① 금융소득 종합과세의 대상인 금융소득은 이자소득과 배당소득을 말한다.

17 ② 40,000,000원+12,000,000원−8,000,000원−5,000,000원
　　　=39,000,000원

18 ① 사업소득금액＝부동산임대소득 총수입금액 − 필요경비
　　　　　　＝(50,000원×12)−(300,000원+100,000원)
　　　　　　＝200,000원

19 ④ 사업용 유형자산인 토지와 건물의 양도소득은 사업소득이 아니라 양도소득이다.

20 ① 법인의 대표자에게 지급하는 급여는 근로제공에 대한 대가이므로 법인의 손금에 산입된
　　　다. 그러나 개인사업의 대표자는 고용관계에 있지 아니하므로 대표자 급여는 출자금의
　　　인출로 보아 필요경비에 산입하지 않는다.

21 ④ 사업소득금액 계산방법은 법인세법 각 사업연도 소득금액 계산구조와 동일하지만 몇 가
　　　지 차이점이 존재하는데 법인의 대표자에게 지급하는 보수와 상여금은 근로제공에 대한
　　　대가이므로 법인의 손금에 산입되지만, 개인사업의 대표자는 고용관계에 있지 아니하므
　　　로 필요경비에 산입되지 않는다.

법인세법에서는 기업의 순자산을 증감시키는 유형자산의 처분이익과 처분손실을 각각 익금과 손금으로 인정하나, 소득세법에서는 사업과 무관한 유형자산의 처분손익은 사업소득의 총수입금액과 필요경비에 산입하지 않는다. 사업용 유형자산의 처분손익도 양도소득세 과세대상인 경우 양도소득세 과세하고, 양도소득세 과세대상이 아닌 경우 복식부기 의무자인 경우에 한하여 사업소득으로 과세한다.

또한 법인세법에서는 소득의 종류를 구분하지 않고 모든 소득을 각 사업연도 소득에 포함하나, 소득세법에서는 사업상의 운영자금을 일시 예금하여 발생한 이자는 사업소득이 아니라 이자소득에 해당한다.

1) 사업소득금액: 20,000,000원＋5,000,000원＋10,000,000원－2,000,000원
　　　　　　　＝33,000,000원

2) 각사업연도소득금액: 20,000,000원

22　④ 근로자(사용자가 개인인 경우 친족관계, 법인인 경우 지배주주등인 관계에 있는 자 제외) 또는 그 배우자의 출산과 관련하여 자녀의 출생일 이후 2년 이내에 사용자로부터 최대 두차례에 걸쳐 지급받는 급여는 전액 비과세한다.

23　① 퇴직시 받는 금액 중 퇴직소득에 속하지 아니하는 소득은 과세대상 근로소득에 해당한다. 그러나 제시된 나머지 것들은 비과세 근로소득이다.

24　④ 생산직근로자가 받는 연장근무수당 등에 대하여 월정액급여가 210만원을 초과하여 비과세를 적용받지 못한 금액은 차월로 이월되지 않는다.

25　④ 3,000,000원×12＋200,000원×12＋4,000,000원＋800,000원＝43,200,000원
출산지원금은 자녀출생일부터 2년 이내, 1회분이므로 비과세대상이다.

26　① (d)는 근로소득으로 보지 아니하는 소득이며, (b), (e)와 (f)는 비과세소득이다.

27　② 1) 총급여액: 연간급여(24,000,000원)＋상여금(6,000,000원)＋보육수당
　　(50,000원×12월)＋식대(50,000원×12월)＝31,200,000원
　　제품할인금액은 시가의 20%와 240만원 중 큰 금액을 비과세하므로 과세대상금액은 없다.

2) 근로소득공제액: 7,500,000원＋(31,200,000원－15,000,000원)×15%
　　　　　　　　＝9,930,000원

3) 근로소득금액: 31,200,000원－9,930,000원＝21,270,000원

28　④ 이자소득과 배당소득은 필요경비가 인정되지 않는다.

29 ④ 배당소득은 필요경비가 인정되지 않으며, 근로소득과 연금소득은 연금소득공제를 적용한다.

30 ③ ①은 근로소득, ②는 퇴직소득, ④는 연금소득이다.

31 ③
① 회계강의 전문 강사의 강의료는 사업소득에 해당한다.
② 복권당첨소득은 무조건 분리과세를 적용한다.
④ 기타소득 발생 시 필요경비가 확인되지 않은 경우 총수입금액의 80% 또는 60%를 필요경비로 인정하는 일부 항목들이 있다.

32 ④ 연금계좌에서 발생한 운용수익을 연금형태로 지급받는 경우에는 연금소득으로 본다.

33 ② 연금소득은 기여금 납입시에 소득(세액)공제하고, 수령시에는 과세하는 것이 원칙이다.

34 ① 연금형태로 지급받는 퇴직연금은 연금소득에 해당한다.

35 ② 고용보험법에 따라 받는 실업급여는 비과세소득이다.

36 ③
① 종합소득공제의 항목 중에는 납세자 개인의 인적사항이 반영되는 항목이 있다.
② 인적공제에는 기본공제, 추가공제가 있으며, 특별공제에는 보험료공제, 주택자금공제가 있다.
④ 최소한 본인에 대한 기본공제 150만원은 받을 수 있다.

37 ① 근로소득만 있는 경우 근로소득금액이 아닌 총급여액이 500만원 이하이어야 기본공제대상자에 해당한다.

38 ② 본인(1,500,000원)+아들(1,500,000원)+딸(1,500,000원)=4,500,000원

39 ①
② 보험료공제와 주택자금공제는 근로소득이 있는 자가 대상이다.
③ 배우자가 없는 거주자가 기본공제 대상인 자녀가 있는 경우 100만원을 공제한다.
④ 결혼비용에 대한 소득공제는 없다. 2024년말 혼인에 대한 세액공제가 신설되어 혼인신고하면 평생 1회에 한하여 50만원을 종합소득산출세액에서 공제한다.

40 ① 본인(1,500,000원)+아내(1,500,000원)+딸 김효영(1,500,000원)=4,500,000원

41 ②

장애인공제	2,000,000원(딸)
경로우대자공제	1,000,000원(모친)
한부모공제	1,000,000원
추가공제합계	4,000,000원

42 ③ 조각투자상품으로부터의 이익은 배당소득이다.

43 ③ 총급여액 500만원 이하의 근로소득만 있는 배우자는 기본공제대상이다.

44 ③ C씨: 복권당첨소득은 분리과세되는 기타소득이다.
D씨: 소액주주의 상장주식 양도차익은 과세대상 소득에 포함되지 아니한다.

45 ① 개인: 배당세액공제, 신용카드 등 사용금액에 대한 소득공제 적용가능
법인: 기장세액공제 적용가능

46 ① 시력보정용 안경구입비용은 1인당 50만원을 한도로 의료비세액공제대상이 된다.

47 ① ② 회사는 다음해 2월분 급여를 지급하는 때에 연말정산을 하여야 한다.
③ 근로소득 외 다른 소득이 없는 자는 종합소득세 신고납부할 필요없이 연말정산만 하면 된다.
④ 사업소득만 있는 개인은 종합소득세 확정신고를 해야 한다.

48 ③

구분	사용액	공제율	소득공제액
전통시장사용분	5,000,000	40%	2,000,000
신용카드사용분	7,500,000	15%	1,125,000
최저사용금액	(7,500,000*)	15%	(1,125,000)
공제액			2,000,000

* 30,000,000 × 25% = 7,500,000

• 신용카드 소득공제액: (1)+(2) = 2,000,000
  (1) 기본공제액: Min[2,000,000, 한도 3,000,000] = 2,000,000
  (2) 추가공제액: Min[①, ②] = 0
     ① 기본공제 한도초과액: 0
     ② 한도: Min[5,000,000 × 40%, 3,000,000] = 2,000,000

49 ① ② 동일한 경영성과(이익)를 가정하면 개인이든 법인이든 조세부담은 항상 동일하다. 법인세법과 소득세법은 과세방식이 상이하므로 조세부담액도 동일하지 않다.
③ 복식부기의무자가 아닌 경우 유형자산처분손실을 사업과 관련 없는 행위로 보아 사업소득의 필요경비로 인정하지 않는다.
④ 사업소득은 대표자에 대한 급여를 손금으로 인정하지 않는다.

50 ③   종합소득결정세액에 대한 설명이다.

51 ①   ② 근로의 제공에 따른 부상, 질병 또는 사망과 관련하여 받는 퇴직금은 비과세한다.
③ 임원의 퇴직금이 법 소정 한도액을 초과하면 한도초과액은 근로소득으로 본다.
④ 이연퇴직소득을 연금수령하면 연금소득으로 본다.

52 ①   양도란 등기 또는 등록에 관계없이 자산이 타인에게 유상으로 이전되는 것을 말하며, 무상으로 이전되는 것은 양도소득의 대상이 되는 양도에 포함되지 않는다.

53 ④   사업적으로 부동산 등을 판매하여 발생하는 소득은 사업소득으로 과세된다.

54 ②   부동산매매업자가 사업상 상가를 판매한 경우 사업소득에 해당하며, 주권상장법인과 코스닥 상장법인의 주식 양도에 대해서는 대주주인 경우 양도소득세 과세대상이다. 또한 사업용고정자산과 함께 양도하는 영업권은 양도소득세 과세대상이다.

55 ④   ㄴ은 1세대 1주택 비과세대상이고, ㅁ은 사업소득에 해당한다. 나머지는 양도소득세 과세대상이다.

56 ②   ① 중간예납세액은 전년도의 과세실적을 기준으로 계산하는 방법과 중간예납기간의 소득을 기준으로 계산하는 방법이 있다.
③ 1,000만원의 이자소득이 있는 거주자는 이자소득 수령시 원천징수세액을 부담하고, 종합소득신고를 할 필요 없다.
④ 근로소득만 있는 거주자는 연말정산을 한 경우 다음 해 5월에 확정신고를 하지 않는다.

57 ④   소득세 중간예납세액은 전년도의 과세실적을 기준으로 전년도 납부세액의 1/2을 중간예납세액으로 결정하는 것을 원칙으로 한다.

58 ③   퇴직소득은 분류과세하고, 근로소득은 연말정산으로 납세의무 종결 가능하다.

59 ①   근로소득자는 연말정산으로, 퇴직소득자는 분리과세로 납세의무가 종결되므로 반드시 확정신고를 할 필요가 없다.

60 ④   중도에 퇴직한 자의 연말정산은 퇴직한 달의 급여를 지급하는 때에 행하며, 세액의 납부는 연말정산한 다음달 10일까지 하게 된다. 따라서 2025년 5월 급여를 7월 10일에 지급한 경우, 7월에 연말정산하고 다음달인 8월 10일까지 세액을 납부하여야 한다.

61 ① 근로자가 1년간 직장에서 받은 급여총액에 비과세 근로소득을 차감하여 과세대상 근로소득을 계산한다.

62 ① 중도에 퇴직한 자의 연말정산은 퇴직한 달의 급여를 지급하는 때에 한다.

Chapter 4 　원천징수 실무

01 ③ 원천징수는 소득의 지급자(원천징수의무자)가 소득을 받는 자(납세의무자)를 위해서 소득을 받는 자가 내야 할 세금을 대신하여 납부하는 것이므로, 원천징수의무자와 납세의무자가 동일하지 않다.

02 ① 부가가치세를 납부하는 것은 원천징수와는 거리가 멀다. 부가가치세란 물건의 공급자가 그 물건가액의 10%에 해당하는 세액을 물건을 사는 자로부터 정부에 납부하는 것이다.

03 ③ 원천징수제도로 인해서 납세의무자가 부담해야 할 세액이 줄어들거나 늘어나지 않는다.

04 ④ ①, ② 예납적원천징수는 원천징수로 납세의무의 종결을 위해서는 원천징수와는 별도로 확정신고를 해야 한다.
③ 완납적원천징수의 대표적인 예가 금융소득 종합과세 대상이 아닌 배당소득에 대한 원천징수이다.

05 ② 완납적원천징수냐 아니면 예납적원천징수냐를 나누는 기준은 원천징수를 함으로써 납세의무가 종결되느냐로 구분하는 것이다. 납세의무가 종결되면 완납적원천징수이고 추후에 확정신고를 통해서 납세의무가 종결된다면 예납적원천징수가 된다.

06 ④ 금융소득종합과세 대상이 아닌 예금이자는 완납적 원천징수에 해당한다.

07 ①

08 ① ② 법인은 이자소득과 투자신탁의 이익만 원천징수한다.
③ 거주자의 법 소정 인적용역과 의료보건용역에 대하여 원천징수하는 경우 수입금액의 3%로 한다.
④ 법인세법에서는 원천징수 대상이 아니다.

09 ③ 비영업대금이익의 원천징수세율은 25%(금융위원회에 등록한 온라인투자연계금융업자를 통하여 지급받는 이자소득은 14%)이다.

10 ② 양도소득은 원천징수대상소득이 아니다.

11 ① ② 원천징수한 세금은 징수한 달의 다음달 10일까지 납부하여야 한다.
③ 원천징수를 신고하기 위해서는 일정한 서식이 필요하다. 일정한 서식으로 이용하고 있는 것이 원천징수이행상황신고서이다.
④ 원천징수시 적용할 세법은 지급받는 자가 법인이면 법인세를, 개인이면 소득세를 적용한다.

12 ② 예납적 원천징수된 금액은 확정신고 시 기납부세액의 명목으로 공제한다.

13 ③ ① 근로소득 원천징수   ② 이자소득 원천징수   ③ 배당소득 원천징수

14 ② ① 일용근로자에게 일당 15만원을 지급하는 경우 원천징수할 소득세는 없다.
③ 기타소득을 지급하는 원천징수의무자는 소득을 지급하는 때에 기타소득 원천징수영수증을 작성하여 지급받는 자에게 발급하여야 한다.
④ 소득세 원천징수의무자가 원천징수하였거나 원천징수하여야 할 세액을 납부기한 경과 후 납부하는 경우에는 가산세를 납부하여야 한다.

15 ② 근로소득에 대한 원천징수는 예납적원천징수에 해당하며 근로소득세액은 해당 과세기간의 근로소득금액이 확정되는 시점의 연말정산을 통하여 결정된다. 연말정산시점에서는 결정된 세액에서 원천징수한 세액을 공제한 금액을 추가로 납부하면 된다.

16 ④ 근로소득 원천징수는 원천징수 후 확정신고시 정산하고 원천징수세액을 기납부세액으로 공제하는 예납적원천징수이다.

17 ④ 일용직근로자의 근로소득공제액은 일 150,000원으로 일반근로자와 동일한 간이세액표상 세율을 적용하지 않는다.

18 ③ 이자를 지급하는 시점에서 원천징수영수증을 발급하여야 하며 일정기간 동안에 발생한 원천징수내용은 원천징수이행상황신고서에 기재하여 세무서에 신고하여야 한다.

19 ③ 온라인쇼핑몰에서 물품을 구입하고 대가를 지급하는 경우에는 원천징수를 하지 아니한다.

20 ④ 기타소득의 경우는 기타소득금액의 20%를 원천징수하며 기타소득금액은 지급받는 금액에서 필요경비를 공제하므로 기타소득 원천징수에 있어서는 필요경비를 인정해준다.

21 ② 내국법인에게 배당소득을 지급하는 경우에는 원천징수대상이 아니다.

22 ② 원천징수의무를 이행하지 않는 경우 가산세를 부담하게 된다.

Chapter 5　부가가치세

01 ③ ① 우리나라의 부가가치세 과세방법은 전단계세액공제법에 의하고 있다.
② 부가가치세는 간접세에 해당한다.
④ 납세의무자의 신고에 의하여 납세의무가 확정되는 신고납세제도를 채택하고 있다.

02 ③ 예정신고가 이루어진 부분은 확정신고시 신고대상에서 제외되며, 예정신고와 확정신고는 각각 신고 · 납부를 진행해야 한다.

03 ③ 각 사업자가 창출한 부가가치의 합계액은 소비자 판매가격과 같으므로 7,000원이다.
부가가치의 합계액이 7,000원인지 다음과 같이 검증할 수 있다.
　　공장의 부가가치: 　　2,000원- 　　0원 = 2,000원 ┐
　　도매상의 부가가치: 　5,000원-2,000원 = 3,000원 ├ 합계 7,000원
　　소매상의 부가가치: 　7,000원-5,000원 = 2,000원 ┘

04 ④ 국공채, 주식, 수표는 재화로 보지 않으나 광업권은 권리로서 재화로 본다.

05 ④ 용역의 무상공급은 과세대상이 아니다.

06 ① ② 전단계세액공제법에서 납부세액은 매출세액에서 매입세액을 차감하여 계산한다.
③ 공급자는 공급받는 자로부터 매출세액을 거래징수해야 한다.
④ 부가가치세는 공급받는 자가 담세자가 된다.

07 ③ 부가가치세는 10%의 비례세율로 과세된다.

08 ③ 부가가치세법상 사업자란 '사업상 독립적으로 재화나 용역을 공급하는 자'를 말하며 사업목적이 영리이든 비영리이든 상관없다.

09 ④ 사업상 재화 또는 용역을 공급하는 경우에 부가가치세의 납세의무를 지므로 집에서 사용하던 물건을 한 두번 정도 파는 경우에는 부가가치세의 납세의무가 없다.

10 ① 부가가치세법상 사업자는 매출액의 규모와 업종에 따라 일반과세자와 간이과세자로 구분된다.

11 ② 신규로 사업을 개시하고자 하는 자에 한하여 예외적으로 사업개시일 전이라도 등록할 수 있다.

12 ② 제조업의 경우 사업개시일은 제조장별로 재화의 제조를 개시하는 날이다.

13 ①

14 ① 매입세액의 공제시기는 해당 재화 또는 용역을 공급받은 거래시기가 속하는 과세기간의 매출세액에서 공제한다.

15 ① $(20,000,000+40,000,000)\times10\%=6,000,000$

16 ② ① 부가가치세법상 과세대상은 재화 또는 용역의 공급과 재화의 수입이다.
③ 국내에서 공급하는 재화 또는 용역은 사업자가 공급하는 것에 한한다.
④ 수입하는 재화에 대하여는 수입자의 사업자 여부에 따라 과세대상을 구분하고 있다.

17 ② 특수관계인에게 사업용부동산임대용역을 무상으로 공급하는 경우 과세된다.

18 ③ 고용관계에 의해서 근로를 제공하는 것은 용역의 공급으로 보지 아니한다.

19 ④ ① 어음 등의 화폐대용증권은 부가가치세가 과세되는 재화에서 제외된다.
② 재화의 공급으로 보지 아니한다.
③ 용역의 공급으로 보지 아니한다.

20 ④ 재화를 담보로 제공하는 경우 부가가치세법상 재화의 공급으로 보지 아니한다.

21 ① ② 수입하는 재화에 대하여는 세관장이 수입자로부터 부가가치세를 징수한다.

③ 수출신고를 마치고 선적이 완료된 물품을 국내로 다시 반입하는 경우 재화의 수입에 해당한다.

④ 수입하는 재화에 대하여는 해당 수입자가 사업자인지 여부에 관계없이 부가가치세가 과세된다.

22 ③ 재화 수입은 수입 주체의 사업성과 관계없이 과세된다.

23 ③ 고용관계에 의한 근로의 제공은 용역의 공급으로 보지 아니한다.

24 ② ③ 재화의 이동이 필요하지 아니한 경우에는 재화가 사용가능한 때를 공급시기로 한다.

①, ④ 사업자가 공급시기가 도래하기 전에 대가의 전부 또는 일부를 받고, 그 받은 대가에 대하여 세금계산서 또는 영수증을 발급하는 경우에는 그 발급하는 때를 해당 재화와 용역의 공급시기로 한다.

25 ③ 장기할부판매이므로 받기로 한 대가의 각 부분을 공급가액으로 한다. 따라서 2025. 7.10. 에 받기로 한 10,000원과 2025.9.10.에 받기로 한 20,000원을 과세표준으로 한다.

26 ② ① 부가가치세 확정신고기간의 매출세액은 예정신고 시 누락된 매출세액을 포함하고 대손세액을 가감하여 계산한다.

③ 대손세액공제는 확정신고시에만 가능하다.

④ 대손세액을 공제할 수 있는 대손사유에 채무자의 지급지연에 따른 대손인식액은 포함되지 않는다.

27 ④ 수출재화의 경우 수출재화의 선적일이 공급시기이다.

28 ① ② 공급단위를 구획할 수 없는 용역을 계속적으로 공급하는 경우에는 그 대가의 각 부분을 받기로 한 때

③ 2 이상의 과세기간에 걸쳐 부동산 임대용역을 공급하고 그 대가를 선불로 받는 경우에는 해당 금액을 월수로 안분한 금액으로 하며, 이 경우 용역의 공급시기는 예정신고기간 또는 과세기간의 종료일로 한다.

④ 부동산 임대용역의 경우 전세금 또는 임대보증금의 간주임대료는 예정신고기간 또는 과세기간 종료일

29 ④ 중간 지급조건부로 공급하는 재화·용역은 대가의 각 부분을 받기로 한 때를 공급시기로 한다.

30	②	(a) $10,000,000+20,000,000+30,000,000+20,000,000=80,000,000$ (b) $(10,000,000+20,000,000)\times10\%=3,000,000$
31	②	내국신용장에 의한 공급분 20,000,000원
32	①	미가공식료품은 면세재화이다.
33	②	주택의 공급은 과세이며 예외적으로 국민주택의 공급은 면세이다.
34	③	면세사업자는 부가가치세법상 사업자가 아니므로 부가가치세법상의 의무가 없으며, 매입세액에 대한 공제 등을 받을 수 없어서 사업자의 입장에서는 불리한 측면도 있다. 이러한 점에 근거하면 면세사업자의 조세부담이 경감된다고 보기 어렵다.
35	①	매출에누리·매출할인이 있는 경우 차감 후 금액으로 과세표준을 계산한다.
36	③	
37	③	① 영세율의 목적이 소비지국 과세에 있다면 면세의 목적은 기초 생필품 또는 국민후생용역과 관련한 최종소비자의 세부담 완화에 있다. ② 영세율은 완전면세제도이나, 면세는 부분면세제도이다. ④ 영세율제도는 세율을 "0"으로 한다는 것이지 부가가치세의 납세의무 자체가 면제되는 것이 아니다. 따라서 사업자등록, 세금계산서 발급 등 납세의무자로서의 의무는 이행하여야 한다.
38	①	면세사업자가 영세율을 적용받고자 하면 면세포기를 해야 한다.
39	③	오피스텔을 사무용으로 임대하는 경우 부가가치세 과세사업에 해당하여 매입세액을 공제받을 수 있다.
40	①	내국신용장, 구매확인서에 의한 수출재화는 세금계산서 발급의무가 있다.
41	④	영세율이 적용되면 이전 거래단계에서의 부가가치에 대해서도 과세되지 않으므로 완전면세효과를 얻을 수 있다.
42	④	주택임대료는 면세이며, 상가매각액 중 토지가액은 면세이다. 과세표준＝상가임대료＋상가 건물 매각액 ＝3,000,000원＋4,000,000원＝7,000,000원

43 ② ① 연체이자는 과세표준에 포함하지 아니한다.
③ 반환의무가 있는 골프장 등의 입회금은 과세표준에 포함되지 않는다.
④ 대가의 110분의 100을 과세표준으로 한다.

44 ② 계약금을 받기로 한 날의 다음 날부터 재화를 인도하는 날 또는 재화를 이용가능하게 하는 날까지의 기간이 6개월 이상인 경우로서 그 기간 이내에 계약금 외의 대가를 분할하여 받는 경우 대가의 각 부분을 받기로 한 때가 공급시기이다. 따라서 1기 예정신고기간 동안 계약서상 받기로 한 금액인 20,000,000원이 과세표준이다.

45 ② 8,000,000원＋5,000,000원 ＝13,000,000원
연체이자와 화재로 인한 소실액은 과세표준에 포함하지 아니한다.

46 ① 과세표준＝40,000,000원－5,000,000원－3,000,000원－2,000,000원
　　　　＝30,000,000원

47 ① 5,000,000원－200,000원＋40,000,000원(토지는 면세)＋1,000,000원×2월
＝46,800,000원

48 ③ ① 토지 임차료에 대한 매입세액은 매입세액공제를 받을 수 있다.
② 기업업무추진비 관련 매입세액은 매입세액공제를 받을 수 없다.
④ 개별소비세 과세대상 자동차의 구입과 임차 및 유지에 관한 매입세액은 매입세액공제를 받을 수 없다.

49 ②

50 ② ① 대손세액공제를 받고 나중에 이를 회수하게 되면 매출세액에 가산해야 한다.
③ 대손세액은 대손금액(부가가치세를 포함한 금액)의 110분의 10으로 한다.
④ 수표 또는 어음의 부도발생일부터 6월이 경과한 경우 대손세액공제를 받기 위한 사유에 해당된다.

51 ④

52 ④ 부도발생일로부터 6개월이 지난 날이 속하는 과세기간의 확정신고 시에 대손세액공제를 받을 수 있다. 부도발생일로부터 6개월이 지난 날은 2025년 10월 21일 이므로 2025년 2기 확정신고시 대손세액공제를 받을 수 있다.

53 ①   매입세액의 공제시기는 재화 또는 용역을 공급받은 거래시기가 속하는 과세기간이므로 제1기 예정신고 기간에 공제를 받을 수 있다.

54 ①   사업자등록을 하기 전의 매입세액은 공제되지 않는다. 단, 공급시기가 속하는 과세기간이 끝난 후 20일 이내에 등록 신청한 경우 등록신청일부터 공급시기가 속하는 과세기간 기산일까지 역산한 기간 내의 매입세액은 공제할 수 있다.

55 ④   1) 세금계산서 발행 매출액 30,000,000원
     2) 신용카드매출전표 발행분(20,000,000원)+현금영수증 발행(1,000,000원)
        =21,000,000원
     3) 내국신용장에 의한 공급분 40,000,000원
     4) 직수출분 50,000,000원

56 ③   매출세액=200,000,000×10%=20,000,000원
     매입세액=(90,000,000+50,000,000)×10%=14,000,000원
     납부세액=20,000,000−14,000,000=6,000,000원

57 ④   대손세액공제는 확정신고시에만 한다.

58 ③   매입세액(세금계산서 수취분)란에는 발급받은 모든 매입세금계산서가 집계되어야 하므로 공제받지 못하는 매입세금계산서도 포함되어야 한다.

59 ③   신고불성실가산세와 납부불성실가산세가 동시에 적용되는 경우에도 각각 가산세를 적용한다.

60 ④   세금계산서의 필요적 기재사항을 부실 기재한 경우 세금계산서 불성실가산세를 부과한다.

61 ②   사업자등록정정신고를 하지 않은 경우에는 가산세가 적용되지 아니한다.

62 ①   ② 사업자가 폐업한 경우 별도의 부가가치세 신고절차가 필요하다.
     ③ 예정신고누락분과 가산세가 있을 경우 확정신고시 추가하여 신고한다.
     ④ 예정신고시 대손세액공제는 적용하지 아니한다.

63 ④   조기환급은 모든 사업자가 신청 가능한 것이 아니고 영세율이 적용되거나 사업설비 등을 취득하거나 재무구조개선계획을 이행하고 있는 경우에 한하여 인정된다.

Chapter 6	세금계산서 실무

01 ② 세금계산서는 세금영수증으로서의 역할 외에도 일반거래에 있어서 송장의 역할, 외상거래에 있어서 청구서 역할 등으로 사용된다. 그러나 재화나 용역의 공급계약이 체결되었다고 해서 세금계산서를 발행 · 발급하는 것은 아니다.

02 ③ 세금계산서를 작성하는 데에 있어서 공급자의 성명 또는 명칭은 필요적 기재사항이지만 공급받는 자의 성명 또는 명칭은 임의적 기재사항이다.

03 ④ 매입자의 상호, 성명, 주소는 임의적 기재사항이다.

04 ③ ① 필요적 기재사항이 잘못 기재되거나 누락된 세금계산서를 발급한 사업자는 가산세를 물어야 한다.
② 세금계산서는 원칙적으로 재화 또는 용역의 판매할 때마다 발급하여야 한다.
④ 과세거래를 면세거래로 잘못 보아 계산서를 발급한 경우에는 기재사항의 착오, 오류로 보지 않으므로 수정발급이 불가능하다.

05 ② 작성연월일은 필요적 기재사항이다.

06 ② "작성연월일"란에는 세금계산서를 실제로 작성하는 일자를 기재한다.

07 ② ① 세금계산서상 공급가액과 부가가치세액을 기재하지 아니한 경우 정당한 세금계산서라고 볼 수 없다.
③ 기본적으로 세무서에 사업자등록을 한 사업자는 개인이나 법인 모두 세금계산서 발급의무가 있다.
④ 사업자는 원칙적으로 제품, 상품을 판매할 때마다 세금계산서를 발급하여야 한다.

08 ③ 영세율 적용대상거래 중 열거된 것만이 세금계산서의 발급의무가 면제되며, 모든 영세율 적용대상거래가 세금계산서 발급의무가 면제되는 것은 아니다.

09 ② 김대리가 수령한 총 금액은 제품가액 20,000원(=22,000원÷1.1)과 부가가치세 2,000원(=22,000원−22,000원÷1.1)의 합계이므로, 2,000원을 세액으로 기재하여야 한다.

10 ③ 5,500원 × 1,000벌 × 10%=550,000원

11 ②

12 ③ 외상으로 상품을 판매한 경우에는 상품판매시 세금계산서를 발급한다.

13 ② 재화나 용역을 공급하기 전에 세금계산서를 발급하는 경우 발급일로부터 1개월 이후에 대가를 받는 경우에는 정당한 세금계산서를 발급한 것으로 인정하지 않는다.

14 ④

15 ② 전자세금계산서를 발급한 사업자가 전자세금계산서 발급명세를 전송한 경우 세금계산서의 보관의무가 면제된다.

16 ② 수정세금계산서는 당초에 세금계산서를 발급한 경우에만 발행가능하다. 따라서 처음부터 세금계산서를 발급하지 않은 경우나 과세거래를 면세거래로 잘못 보아 세금계산서를 발급하지 않고 계산서를 발급한 경우에는 수정세금계산서를 발급할 수 없다.

17 ③ 수정세금계산서는 당초에 세금계산서를 발급한 경우에만 발행가능하다.

18 ②

19 ② 계약서는 세법상 인정되는 거래증빙이 아니다.

20 ④ 세금계산서의 일괄발급시 달의 1일부터 말일까지의 공급가액을 합하여 세금계산서를 발급하는 경우 해당 월의 말일자를 작성연월일로 한다.

21 ③ 공급가액에는 10,000원을 기재한다.

22 ① ② 일정요건을 갖춘 때에만 매입세액공제를 받을 수 있다.
③ 법인에 대하여는 신용카드매출전표 발행공제를 적용하지 않는다.
④ 사업자가 금전등록기를 설치하여 금전등록기계산서를 발급하고 해당 감사테이프를 보관한 때에는 영수증을 발급하고 기장을 이행한 것으로 본다.

23 ① 총수령금액 = 공급가액 + 공급가액 × 부가가치세율

Chapter

모의고사

제1회 모의고사
제2회 모의고사
정답 및 해설

국가공인 회계관리 1급 문제지

재무회계 / 세무회계 각 과목당 40 문항(총 80 문항)

제한시간	수험번호	성명	생년월일
두 과목 100 분			

응시자 주의사항

1. **시 험 시 간** : 14:00 ~ 15:40(100 분) 두 과목 동시 시행합니다.
2. **지 정 좌 석** : 수험번호별 지정좌석에 착석하여 주십시오.
3. **인적사항 기재** : 시험 문제지 상단에 수험번호, 성명, 생년월일을 기재하여 주십시오.
4. **답 안 지 작성** : 답안카드 뒷면의 '답안카드 작성요령 및 주의사항'을 꼭 읽고 답안을 작성하여 주십시오.
5. **시 험 실 시** : 방송타종 또는 감독관의 지시에 따라 시작하십시오.
6. **부 정 행 위** : 부정행위를 하였을 때 당 회 시험은 무효 처리하며 향후 2 년간 응시자격을 제한합니다.

삼일회계법인

【1】 다음 중 조세에 관한 설명으로 옳지 않은 것은?

① 조세는 국가 또는 지방자치단체가 징수하는 조세수입(세수)의 용도가 지정되었는지에 따라 목적세와 보통세로 구분할 수 있다.

② 물세란 납세의무자의 인적사항을 고려하지 않고 수익 혹은 재산 그 자체에 대하여 부과하는 조세를 말하며, 부가가치세가 이에 해당된다.

③ 국세란 국가가 국민에게 부과하는 조세를 말하며, 법인세, 소득세, 부가가치세 등이 해당된다.

④ 신고납세제도란 국가 또는 지방자치단체의 결정에 따라 과세표준과 세액이 확정되는 것을 말한다.

【2】 역외탈세와 관련된 다음 신문기사와 관련된 법인세법의 내용은?

> 첨단을 걷는 '역외탈세' 추징액만 4,100억…실제 매출규모는 조단위!
>
> 이번 역외탈세 조사결과에서 가장 눈에 띄는 업체는 A사다. 외국법인으로 위장해 국제 선박임대와 국제 해운, 선박 리베이트 등을 통해 벌어들인 소득을 모두 탈루했기 때문이다. 추징액 규모만 4,100억원이 넘는다. 추징액인 4,000억원대면 매출규모는 조 단위가 넘는다는 게 국세청의 설명이다.
> (후략)

① 외국법인과 내국법인은 본점이나 주사무소 또는 영업의 형식적 지배관리장소에 의해 구분된다.

② 외국법인은 국내원천소득에 한하여 법인세 납세의무를 진다.

③ 영리법인은 청산소득에 대한 납세의무가 있다.

④ 토지 등을 양도함으로써 발생하는 소득에 대해서는 한시적으로 토지 등 양도소득에 대한 법인세를 과세하지 않는다.

【 3 】 다음 중 법인 종류별 납세의무의 범위로 옳지 않은 것은?

구분		납세의무의 범위			
		ㄱ	ㄴ	ㄷ	ㄹ
내국법인	영리법인	○	○	○	○
	비영리법인	○	○	×	×
외국법인	영리법인	○	○	×	×
	비영리법인	○	○	×	×

① ㄱ: 국외 모든 원천의 각 사업연도 소득에 대한 법인세
② ㄴ: 토지 등 양도소득에 대한 법인세
③ ㄷ: 미환류소득에 대한 법인세
④ ㄹ: 청산소득에 대한 법인세

【 4 】 다음 중 법인세법상 손익의 귀속시기에 관한 설명으로 옳지 않은 것은?

① 법인세법상 손익인식 기준은 권리·의무확정주의를 원칙으로 한다.
② 외상판매의 경우 ㄱ 상품 등을 인도한 날이 속하는 사업연도의 손익으로 한다.
③ 법인이 결산을 확정함에 있어서 이미 경과한 기간에 대응하는 이자 및 할인액 (차입일부터 이자지급일이 1년을 초과하는 특수관계인과의 거래에 따른 이자 및 할인액은 제외함)을 해당 사업연도의 손비로 계상한 경우에는 그 계상한 사업연도의 손금으로 한다.
④ 자산의 위탁판매의 경우 수탁자에게 자산을 위탁하는 날이 속하는 사업연도의 손익으로 한다.

【 5 】 다음은 (주)삼일의 제25기(2025년 1월 1일 ~ 2025년 12월 31일) 법인세 관련 자료
이다. 다음 자료를 이용하여 (주)삼일의 각 사업연도 소득금액을 계산한 것으로 옳
은 것은?

ㄱ. 결산서상 당기순이익:	400,000,000원
ㄴ. 법인세법의 규정에 의한 세무조정사항	
① 익금산입 · 손금불산입:	100,000,000원
② 손금산입 · 익금불산입:	120,000,000원

① 380,000,000원   ② 400,000,000원
③ 420,000,000원   ④ 500,000,000원

【 6 】 다음 자료를 기초로 법인세법상 익금금액을 계산하면 얼마인가?

ㄱ. 법인지방소득세환급액	6,000,000원
ㄴ. 주식발행초과금	10,000,000원
ㄷ. 국세환급금에 대한 이자	3,000,000원
ㄹ. 간주임대료	21,000,000원
ㅁ. 임대료수익	49,000,000원

① 50,000,000원   ② 70,000,000원
③ 73,000,000원   ④ 83,000,000원

【 7 】 다음은 기업업무추진비, 광고선전비, 기부금을 성격별로 구분한 자료이다.

구분	구분기준	
ㄱ	업무와 관련 없는 지출	공익단체 등을 상대로 지출
ㄴ	업무와 관련된 지출	특정 고객을 위하여 지출
ㄷ	업무와 관련된 지출	불특정 다수인을 상대로 지출

다음 중 기업업무추진비, 광고선전비, 기부금을 성격에 맞게 올바르게 짝지은 것은?

	ㄱ	ㄴ	ㄷ
①	기업업무추진비	광고선전비	기부금
②	기업업무추진비	기부금	광고선전비
③	기부금	기업업무추진비	광고선전비
④	기부금	광고선전비	기업업무추진비

【 8 】 다음 자료를 이용하여 (주)삼일의 제25기(2025년 1월 1일 ~ 2025년 12월 31일) 기업업무추진비에 대한 세무조정을 수행하고자 할 때 기업업무추진비 손금한도액으로 옳은 것은?

ㄱ. 매출액: 100억원
ㄴ. 문화기업업무추진비와 전통시장 기업업무추진비 지출액은 없다.
ㄷ. (주)삼일은 제조업을 영위하고 중소기업에 해당한다. 세법상 손금한도를 계산하기 위한 수입금액 기준적용률은 다음과 같다.

수 입 금 액	적 용 률
100억원 이하	0.3%
100억원 초과 500억원 이하	3천만원 + 100억원 초과분 × 0.2%
500억원 초과	1억1천만원 + 500억원 초과분 × 0.03%

① 36,000,000원　　　　② 40,000,000원
③ 42,000,000원　　　　④ 66,000,000원

【 9 】 다음은 제조업을 영위하는 (주)삼일의 제25기(2025년 1월 1일 ～ 2025년 12월 31일) 세무조정과 관련된 자료이다. 이 자료를 이용하여 제25기 세무조정사항으로 옳은 것은?

> 2025년 3월 15일 채권자의 파산으로 인하여 회수할 수 없는 외상매출금 10,000,000원이 있으나, 이를 제25기에 대손처리하지 않고 장부상 채권으로 남겨두었다.

① (손금산입) 10,000,000원   ② (손금불산입) 10,000,000원
③ (손금산입)   900,000원   ④ 세무조정 없음

【 10 】 다음은 (주)삼일의 제25기(2025년 1월 1일 ～ 2025년 12월 31일) 자료이다. 이에 따라 상여 또는 배당으로 소득처분할 금액은 각각 얼마인가?

> ㄱ. 사용인 또는 임원이 아닌 개인 대주주에 대한 가지급금 인정이자   2,000,000원
> ㄴ. (주)삼일의 상여금지급규정을 초과하여 임원에게 지급된 상여금   5,000,000원
> ㄷ. (주)삼일의 퇴직금지급규정을 초과하여 종업원에게 지급된 퇴직금   5,000,000원

	상여	배당
①	2,000,000원	10,000,000원
②	10,000,000원	2,000,000원
③	5,000,000원	2,000,000원
④	5,000,000원	7,000,000원

【 11 】 (주)삼일은 2023년 1월 1일에 건물을 취득하여 당기말 현재 보유중이다. 다음 자료에 의할 경우 법인세법상 제25기(2025년 1월 1일 ～ 2025년 12월 31일) 건물의 상각범위액은 얼마인가?

> ㄱ. 건물취득가액: 200,000,000원
> ㄴ. 신고내용연수: 20년(정액법상각률: 0.050, 정률법상각률: 0.140)
> ㄷ. 전기말 결산서상 감가상각누계액: 20,000,000원

① 9,000,000원   ② 10,000,000원
③ 25,200,000원   ④ 28,000,000원

【 12 】 다음은 (주)삼일의 제25기(2025년 1월 1일 ~ 2025년 12월 31일) 법인세신고를
위한 손익계산서의 일부이다.

손익계산서
제25기: 2025년 1월 1일 ~ 2025년 12월 31일

(주)삼일

과 목	금 액
I. 매출액	2,500,000,000원
II. 매출원가	1,750,000,000원
III. 매출총이익	750,000,000원
IV. 판매비와관리비	570,000,000원
V. 영업이익	180,000,000원
VI. 영업외수익	70,000,000원
VII. 영업외비용	90,000,000원
VIII. 법인세비용차감전순이익	160,000,000원

결산관련 추가자료

ㄱ. 감가상각비는 30,000,000원이나 세무상 한도액은 20,000,000원이다.
ㄴ. 장부상에 단기매매증권평가이익 5,000,000원을 영업외수익으로 인식하였다.
ㄷ. 기업업무추진비 총 지출액 10,000,000원이나 세무상 한도액은 6,000,000원이다. 총
  지출액 중 증빙 없는 기업업무추진비 500,000원 1건이 포함되어 있다.

위 자료에 의하여 올바른 세무조정을 수행한 경우에 각 사업연도 소득금액을 계
산한 것으로 옳은 금액은 얼마인가?(단, 위 자료 이외에 각 사업연도 소득금액
계산에 영향을 미치는 항목은 없다)

① 159,000,000원　　　　　　　② 164,000,000원
③ 169,000,000원　　　　　　　④ 174,000,000원

【 13 】 다음 중 법인세 과세표준 계산에 관한 설명으로 옳은 것은?

① 법인세법상 결손금은 손익계산서의 당기순손실 금액과 항상 일치한다.
② 결손금이란 사업연도의 익금총액이 손금총액보다 큰 경우 동 차액을 말한다.
③ 비과세소득이란 법인의 소득 중 법인세를 과세하지 아니하는 소득으로서 법인세
  법상으로는 공익신탁의 신탁재산에서 생기는 소득 등이 있다.
④ 법인세 과세표준은 각 사업연도 소득에서 이월결손금(법규정 내 금액)을 차감하
  여 계산한다.

【 14 】 다음은 (주)삼일의 제25기(2025년 1월 1일 ~ 2025년 12월 31일) 법인세신고를
위한 자료이다.

> ㄱ. 법인세비용차감전순이익: 200,000,000원
> ㄴ. (주)삼일은 업무수행 중에 발생한 교통사고 벌금 5,000,000원을 납부하고 세금과공
>   과로 계상하였다.
> ㄷ. (주)삼일은 채권자가 불분명한 사채이자 1,000,000원을 이자비용으로 계상하였다.
> ㄹ. (주)삼일은 제품의 하자로 인하여 제조물책임법에 따라 손해배상금 3,000,000원을
>   지급하였다. 피해자의 실제 손해액은 1,000,000원이다.

위 자료에 의하여 세무조정을 수행할 경우에 각 사업연도 소득금액으로 옳은 것
은?(단, 위 자료 외에 각 사업연도 소득금액 계산에 영향을 미치는 항목은 없다)

① 190,000,000원   ② 200,000,000원
③ 206,000,000원   ④ 208,000,000원

【 15 】 법인세법상 지급이자에 대한 다음 대화에서 옳은 주장을 하고 있는 사람은 누구인가?

> 한부장: 법인이 차입금에 대하여 지급하는 이자비용은 원칙적으로 손금인정되지만 채권자가 불분명한 사채의 이자와 비실명 채권·증권이자는 전액 부인되니 세무조정시 주의하시기 바랍니다.
> 홍과장: 채권자가 불분명한 사채의 이자와 비실명 채권·증권이자에 대한 세무조정시 전액 기타사외유출로 소득처분됩니다.
> 김과장: 당기 건설 중인 자산의 취득에 소요된 차입금에 대한 지급이자를 비용처리한 경우 즉시 감가상각한 것으로 보아 감가상각비시부인대상에 포함해야 한다고 합니다.
> 사대리: 업무무관자산 등 관련이자도 손금불산입대상입니다. 이때 손금불산입한 금액은 유보로 소득처분되지요.

① 한부장
② 홍과장
③ 김과장
④ 사대리

【 16 】 다음 중 괄호 안에 들어갈 내용으로 옳은 것은?

> 현행 세법은 여러 가지 사회·경제적 정책목적상 개별세법과 조세특례제한법에서 각종 준비금의 손금산입, 소득공제, 비과세, 세액공제 및 세액감면 등을 해주고 있으며, 이에 따라 세금을 전혀 납부하지 않는 사업자도 발생할 수 있다. 하지만 이는 세부담의 형평성에 어긋나는 것이므로, 세법에서는 법인세를 감면받는 법인도 최소한 세법이 규정한 일정한도의 세금은 납부하도록 하는 (   )규정을 두고 있다.

① 과세표준
② 차감납부할세액
③ 최저한세
④ 공제감면세액

【 17 】 다음 중 소득세법에 관한 설명으로 옳은 것은?

① 소득세는 거주자와 비거주자의 과세범위에 차이가 없다.

② 거주자와 비거주자의 구분은 국적으로 판단한다.

③ 거주자란 국내에 주소를 두거나 1과세기간 중 5개월 이상의 거소를 둔 개인을 말한다.

④ 국내 소재 부동산임대소득은 거주자와 비거주자 모두 소득세를 과세한다.

【 18 】 다음 중 소득세법상 납세의무자에 관한 설명으로 옳지 않은 것은?

① 거주자는 국내외원천소득에 대하여도 납세의무를 지게 되는데, 이처럼 소득의 원천지에 관계없이 납세의무를 지는 자를 무제한 납세의무자라 한다.

② 거주자 여부를 판정할 때는 국적이나 영주권 취득 등은 고려하지 않는다.

③ 거주자가 아닌 개인을 비거주자라 하며 비거주자에 대하여는 국외원천소득에 대한 과세권이 없다.

④ 대한민국 국민인 국내회사 임직원이 국외사업장에 파견된 경우 그 임직원은 비거주자로 본다.

【 19 】 다음 중 소득세의 납세지에 관한 설명으로 옳지 않은 것은?

① 납세지는 개인이 소득세를 납부하는 장소를 말한다.

② 사업소득이 있는 거주자가 사업상 소재지를 납세지로 신청한 때에 국세청장 또는 관할지방국세청장은 납세지를 따로 지정할 수 있다.

③ 비거주자의 경우 소득세의 납세지는 주된 국내사업장 소재지로 하며, 국내사업장이 없을 때에는 국내원천소득이 발생하는 장소로 한다.

④ 거주자의 경우 소득세의 납세지는 원천소득이 발생하는 장소로 하며, 원천소득이 발생하는 장소가 불분명한 경우에는 주소지로 한다.

【 20 】 다음 중 종합과세, 분류과세 및 분리과세에 관한 설명으로 옳지 않은 것은?

① 종합과세는 1년 동안 개인이 벌어들인 모든 소득을 합산하여 과세하는 방법이다.

② 분류과세는 각각의 소득을 합산하지 않고, 원천에 따른 소득의 종류별로 과세하는 방법이다.

③ 종합소득 중 일정한 소득은 과세정책상 분리하여 과세한다.

④ 300만원 이하의 기타소득은 무조건 분리과세한다.

【 21 】 다음 중 소득세법상 이자소득의 수입시기에 관한 설명으로 옳지 않은 것은?

① 기명채권 등의 이자와 할인액: 채권 취득일

② 보통예금의 이자: 실제 이자 지급일

③ 저축성보험의 보험차익: 보험금 또는 환급금의 지급일

④ 기명주식의 배당금: 잉여금 처분 결의일

【 22 】 다음 중 부동산임대와 관련된 사업소득에 관한 설명으로 옳지 않은 것은?

① 부동산의 임대소득뿐만 아니라 일정한 부동산상의 권리의 대여로 인하여 발생하는 소득도 사업소득에 포함된다.

② 부동산임대 관련 사업소득은 계약 또는 관습에 의해 그 지급일이 정해진 경우에는 그 정해진 날이 속하는 연도의 소득으로 보며, 그 지급일이 정해지지 않은 경우에는 실제 지급받는 날이 속하는 연도의 소득으로 본다.

③ 거주자가 상가를 임대하고 일정 기간별로 임대료를 받는 대신 보증금 등을 받은 경우에는 부동산임대 관련 수입금액은 발생하지 아니한다.

④ 임대료를 선세금으로 받은 경우에는 그 해의 임대기간에 해당하는 만큼의 금액을 총수입금액으로 본다.

【 23 】 김삼일 씨의 2025년도 급여내역이 다음과 같을 때 소득세법상 총급여액을 계산
하면 얼마인가?

> - 급여:　　　매월 3,000,000원
> - 식사대:　　매월　100,000원(별도 식사를 제공받음)
> - 상여:　　　연간 5,000,000원
> - 연차수당: 연간 1,000,000원
> - 제품할인금액: 시가 5,000,000원인 제품을 자가소비목적으로 3,000,000원에 구입하였
> 음. 회사는 임직원할인판매규정이 있으며 재판매금지기간을 준수한다고 가정함.
> 김삼일 씨는 연중 계속 근무하였으며, 위 사항 이외의 근로소득은 없다.

① 36,000,000원　　　　　　　　② 37,200,000원

③ 42,000,000원　　　　　　　　④ 43,200,000원

【 24 】 다음 중 소득세법상 기타소득에 관한 설명으로 옳은 것은?

① 기타소득은 이자소득, 배당소득, 사업소득, 근로소득, 연금소득의 5가지 소득
에 해당하지 않는 소득을 말한다.

② 복권당첨소득은 무조건 종합과세를 적용하여야 하므로, 당첨금을 수령한 다음
연도 5월에 반드시 과세표준 확정신고를 해야 한다.

③ 광업권 · 어업권의 양도로 인한 소득은 기타소득에 속한다.

④ 일부 항목에 대해서는 기타소득 발생시 필요경비가 확인되지 않은 경우 총수입
금액의 70% 또는 80%를 필요경비로 인정하고 있다.

【 25 】 다음의 소득공제와 세액공제 중 개인과 법인 모두에게 적용될 수 있는 것은?

① 외국납부세액공제

② 배당세액공제

③ 신용카드 등 사용금액에 대한 소득공제

④ 기장세액공제

【 26 】 다음 중 소득세법상 연말정산에 관한 설명으로 옳지 않은 것은?

① 연말정산이란 근로소득을 지급하는 자가 다음 해 2월분 급여를 지급할 때에 직전 1년간의 총급여액에 대한 근로소득세액을 세법에 따라 정확하게 계산한 후, 원천징수납부한 세액과 비교하여 정산하는 절차를 말한다.

② 근로소득을 지급하는 개인·법인·국가 등은 근로소득세를 연말정산할 의무가 있다.

③ 근로소득 외 다른 소득이 없는 자는 종합소득세를 신고·납부할 필요없이 연말정산으로 납세의무를 종결할 수 있다.

④ 사업소득만 있는 개인은 연말정산으로 납세의무를 종결한다.

【 27 】 다음 중 소득세법상 근로소득 원천징수 제도에 관한 설명으로 옳은 것은?

① 일용직근로자의 근로소득에 대해서 근로소득 간이세액표를 통하여 원천징수할 금액을 결정하도록 하고 있다.

② 일용직근로자의 일급여액이 300,000원 이하인 경우 징수할 원천징수세액은 없다.

③ 상여를 지급하는 때에는 지급대상 기간이 있는 상여와 지급대상 기간이 없는 상여로 나누어 원천징수세액을 계산하도록 하고 있다.

④ 근로소늑 원천징수는 원천싱수로써 소득세 납세의무가 종결되는 완납적원친징수이다.

【 28 】 다음 중 일반적으로 원천징수를 하지 않는 소득으로 옳은 것은?

① 은행으로부터 지급받은 이자소득
② 개인이 상장회사 주식을 보유함에 따른 배당소득
③ 건물 임대에 따른 사업소득
④ 회사 근무에 따른 근로소득

【 29 】 다음 중 부가가치세법상의 사업자에 관한 설명으로 옳지 않은 것은?

① 부가가치세법상 사업자는 과세사업자와 면세사업자, 면세사업과 과세사업을 함께 영위하는 겸영사업자로 나눌 수 있다.

② 겸영사업자는 면세사업자로 분류된다.

③ 과세사업자는 매출액의 규모와 업종에 따라 일반과세자와 간이과세자로 구분할 수 있다.

④ 면세사업자는 부가가치세가 면세되는 재화 또는 용역을 공급하는 사업자를 말한다.

【 30 】 다음 중 부가가치세의 과세대상으로 옳지 않은 것은?

① 부동산 임대업자가 유상으로 오피스텔을 임대하는 경우

② 과세대상 재화를 외상 판매한 경우

③ 근로자가 고용계약에 따른 근로를 제공한 경우

④ 과세대상 재화간 상호 교환 계약한 경우

【 31 】 다음은 (주)삼일의 2025년 제1기 예정신고기간의 공급내역이다. 2025년 제1기 예정신고기간의 부가가치세 과세표준 및 매출세액 신고금액으로 옳은 것은?

공급일자	공급가액(부가가치세 미포함)	내역
1월 17일	10,000,000원	세금계산서 발행 매출액
1월 28일	20,000,000원	내국신용장에 의한 매출액
2월 15일	30,000,000원	신용카드매출전표 발행 매출액
3월 29일	30,000,000원	해외직수출 매출액

① 과세표준 60,000,000원, 매출세액 6,000,000원
② 과세표준 60,000,000원, 매출세액 4,000,000원
③ 과세표준 90,000,000원, 매출세액 8,000,000원
④ 과세표준 90,000,000원, 매출세액 4,000,000원

【 32 】 다음 중 영세율과 면세제도를 비교한 내용으로 옳지 않은 것은?

	구분	영세율	면세
①	기본취지	소비지국 과세원칙 구현	부가가치세 역진성 완화
②	적용대상	수출하는 재화 등 특정 거래	기초 생활필수품 등 특정 재화·용역
③	면세정도	완전면세제도	부분면세제도
④	매입세액 공제	매입세액 공제 불가능	매입세액 공제 가능

【 33 】 부가가치세 과세사업을 영위하는 (주)삼일은 사용하던 기계장치를 아래와 같이
매각하였다. 기계장치 매각과 관련한 2025년 제2기 예정신고기간(2025년 7월 1
일 ~ 2025년 9월 30일)의 부가가치세 과세표준은 얼마인가?

> 대금의 회수는 다음과 같이 이루어졌으며 잔금을 수령한 이후 기계장치를 인도하였다.
> • 2025년 7월 5일 계약금   6,000,000원
> • 2025년 10월 5일 중도금   42,000,000원
> • 2025년 1월 15일 잔 금   12,000,000원

① 6,000,000원   ② 12,000,000원
③ 48,000,000원   ④ 60,000,000원

【 34 】 (주)삼일의 2025년 제2기 예정신고기간의 매입과 관련된 내역이 다음과 같을
때, 부가가치세 매입세액공제액은 얼마인가?(특별한 언급이 없는 한 적격증빙
을 구비하였으며 매입액에는 부가가치세가 포함되어 있지 않다)

> ㄱ. 과세대상 원재료 매입   60,000,000원
> ㄴ. 공장부지 매입   30,000,000원
> ㄷ. 영업부 백차장이 법인카드로 지출한 기업업무추진비   400,000원

① 6,000,000원   ② 9,000,000원
③ 9,400,000원   ④ 90,400,000원

【 35 】 다음 중 부가가치세 매입세액공제에 관한 설명으로 옳지 않은 것은?

① 세금계산서를 발급받지 않은 경우에는 매입세액공제를 받을 수 없다.
② 사업과 직접 관련이 없는 지출에 대한 매입세액은 매입세액공제를 받을 수 없다.
③ 토지를 임차하고 부담한 임차료에 대한 매입세액은 매입세액공제를 받을 수 없다.
④ 개별소비세 과세대상 자동차의 구입과 임차 및 유지에 관한 매입세액은 매입세
  액공제를 받을 수 없다.

【 36 】 다음 자료는 (주)삼일의 거래내역이다. (주)삼일의 부가가치세신고서상 (ㄱ)에 기록될 금액은 얼마인가?

< 신고내용 >

구 분				금 액	세 율	세 액
과 세 표 준 및 매 출 세 액	과 세	세금계산서발급분	(1)		10/100	
		매입자발행세금계산서	(2)		10/100	
		신용카드 · 현금영수증발행분	(3)	(ㄱ)	10/100	
		기타(정규영수증외매출분)	(4)			
	영 세 율	세금계산서발급분	(5)		0/100	
		기 타	(6)		0/100	
	예정신고누락분		(7)			
	대손세액가감		(8)			
	합 계		(9)			

구 분	금 액
세금계산서 발행 국내매출액(부가가치세 미포함)	50,000,000원
신용카드매출전표 발행분(부가가치세 포함)	33,000,000원
현금영수증 발행(부가가치세 포함)	7,700,000원

① 37,000,000원　　　　　　　② 40,000,000원
③ 87,000,000원　　　　　　　④ 157,000,000원

【 37 】 다음 중 부가가치세법상 가산세에 관한 설명으로 옳은 것은?

① 부가가치세법에서는 신고 및 납부불성실 가산세에 대하여 규정하고 있다.
② 국세기본법에서는 세금계산서 불성실가산세에 대하여 규정하고 있다.
③ 부가가치세법상 미등록가산세는 과세사업자가 법정기한까지 사업자등록을 신청하지 않은 경우 부과하는 가산세이다.
④ 세금계산서의 필요적 기재사항을 부실 기재한 경우에는 별도로 가산세를 부과하지 않는다.

【 38 】 다음 중 세금계산서와 관련된 설명으로 옳지 않은 것은?

① 세금계산서상 공급가액과 부가가치세액을 기재하지 아니하여도 정당한 세금계산서로 볼 수 있다.
② 세금계산서는 일반거래에서 송장의 역할이나 외상거래 청구서의 역할도 한다.
③ 법인이 세금계산서를 발급하는 경우에는 전자세금계산서를 발급하여야 한다.
④ 사업자는 원칙적으로 제품, 상품을 판매할 때마다 세금계산서를 발급하여야 한다.

【 39 】 다음 중 세금계산서의 발급시기에 관한 설명으로 옳은 것은?

① 거래처별로 달의 1일부터 말일까지의 공급가액을 합하여 해당 달의 말일을 작성연월일로 하여 세금계산서를 발급하는 경우에는 공급일이 속하는 달의 다음 달 10일까지 세금계산서를 발급할 수 있다.
② 재화나 용역을 공급하기 전에 세금계산서를 발급하는 경우 발급일로부터 1개월 이후에 대가를 받는 경우에는 대가를 수령한 때를 공급시기로 본다.
③ 외상으로 물건을 판매한 경우 대가를 수령하는 때 세금계산서를 발행한다.
④ 공급시기 전에 세금계산서를 발급하는 것은 인정되지 않는다.

【 40 】 다음 중 세금계산서의 필요적 기재사항으로 옳지 않은 것은?

① 공급자의 등록번호
② 작성연월일
③ 공급받는 자의 성명 또는 명칭
④ 공급가액과 부가가치세액

국가공인 회계관리 1급 문제지

재무회계 / 세무회계 각 과목당 40 문항(총 80 문항)

제한시간	수험번호	성명	생년월일
두 과목 100 분			

응시자 주의사항

1. **시 험 시 간** : 14:00 ~ 15:40(100 분) 두 과목 동시 시행합니다.
2. **지 정 좌 석** : 수험번호별 지정좌석에 착석하여 주십시오.
3. **인적사항 기재** : 시험 문제지 상단에 수험번호, 성명, 생년월일을 기재하여 주십시오.
4. **답 안 지 작 성** : 답안카드 뒷면의 '답안카드 작성요령 및 주의사항'을 꼭 읽고 답안을 작성하여 주십시오.
5. **시 험 실 시** : 방송타종 또는 감독관의 지시에 따라 시작하십시오.
6. **부 정 행 위** : 부정행위를 하였을 때 당 회 시험은 무효 처리하며 향후 2 년간 응시자격을 제한합니다.

※ 문제지와 답안지는 외부유출이 불가능하므로 반드시 감독관에게 제출하십시오.

무단전재 및 배포를 금합니다.

삼일회계법인

【1】 다음 중 조세의 분류기준과 그 내용에 관한 설명으로 옳지 않은 것은?

① 납세의무자의 인적사항이 고려되는지 여부에 따른 분류: 독립세, 부가세
② 조세를 부담하는 자와 납부하는 자가 동일한지 여부에 따른 분류: 직접세, 간접세
③ 조세를 부과하는 주체에 따른 분류: 국세, 지방세
④ 조세의 사용용도가 특정하게 지정되었는지에 따른 분류: 목적세, 보통세

【2】 다음 중 국세부과의 원칙에 관한 설명으로 옳지 않은 것은?

① 국가는 국민에게 세금을 부과·징수하는 경우 거래의 형식보다 실질에 따라야 한다.
② 납세자가 그 의무를 이행할 때에는 신의에 따라 성실하게 하여야 한다. 세무공무원이 직무를 수행할 때에도 또한 같다.
③ 조세감면 후 사후관리 규정을 따르지 아니하면 감면을 취소하고 추징할 수 있다.
④ 조세는 원칙적으로 과세관청의 합리적인 추정에 근거하여 부과하여야 한다.

【3】 다음은 (주)삼일의 세무조정에 대한 세부항목이다. 이를 이용하여 [소득금액조정합계표]를 작성하고자 할 때 옳지 않은 항목은?

ㄱ. 단기매매증권평가손실		2,000,000원
ㄴ. 퇴직급여충당금한도초과액		1,000,000원
ㄷ. 감가상각비한도초과액		5,000,000원
ㄹ. 기업업무추진비한도초과액		5,000,000원

	세무조정	과목	금액	소득처분
①	ㄱ: (손금불산입)	단기매매증권평가손실	2,000,000원	유보
②	ㄴ: (손금불산입)	퇴직급여충당금한도초과액	1,000,000원	유보
③	ㄷ: (손금불산입)	감가상각비한도초과액	5,000,000원	유보
④	ㄹ: (손금불산입)	기업업무추진비한도초과액	5,000,000원	유보

【 4 】 다음 중 법인세법상 익금항목에 해당하지 아니하는 것은?

① 손금에 산입한 금액 중 환입된 금액
② 주식발행초과금
③ 간주임대료
④ 채무의 출자전환시 채무면제이익

【 5 】 다음 자료를 이용하여 법인세법상 손금불산입액을 계산하면 얼마인가?

ㄱ. 임원 상여금 지급액:	70,000,000원
(임원 상여지급기준상 한도액:	50,000,000원)
ㄴ. 종업원 상여금 지급액:	50,000,000원
(종업원 상여지급기준상 한도액:	40,000,000원)
ㄷ. 건물평가손실(시가하락):	10,000,000원
ㄹ. 폐수배출부담금:	30,000,000원

① 30,000,000원 ② 50,000,000원
③ 60,000,000원 ④ 70,000,000원

【 6 】 다음 중 법인세법상 손금불산입 항목에 해당하지 아니하는 것은?

① 주식할인발행차금
② 채권자불분명 사채이자
③ 업무용 토지에 대한 종합부동산세
④ 업무무관경비

【 7 】 다음 자료를 이용하여 (주)삼일의 제25기(2025년 1월 1일 ~ 2025년 12월 31일)
건물에 대한 상각범위액은 얼마인가?

ㄱ. 취득시기:	2021년 1월 1일
ㄴ. 취득원가:	40,000,000원
ㄷ. 기초 감가상각누계액:	22,000,000원
(상각부인누계액:	6,000,000원)
ㄹ. 신고내용연수:	10 년
ㅁ. 감가상각방법:	정액법

①   800,000원   ② 2,400,000원

③ 3,400,000원   ④ 4,000,000원

【 8 】 다음 중 법인세법상 감가상각에 관한 설명으로 옳지 않은 것은?

① 법인세법상 감가상각비는 원칙적으로 장부상 비용으로 계상한 경우에만 상각범
위액 내의 금액을 손금에 산입한다. 다만, 법인세를 면제·감면받은 경우에는
별도로 정하는 바에 따라 손금에 산입하도록 하고 있다.

② 법인세법상 감가상각비는 상각범위액을 초과하는 부분에 대해서는 손금으로 인
정하지 않는다.

③ 법인세법에서 기준내용연수를 정하고 있으므로 법인세법상 일정범위 내에서 내
용연수를 변경하여 신고할 수 없다.

④ 기준내용연수란 감가상각자산의 자산 및 업종별로 규정하고 있는 내용연수를 말
한다.

【 9 】 다음은 기업업무추진비와 기부금의 특징을 보여주는 표이다. 다음 중 빈칸에 들어갈 표현으로 옳은 것은?

구분	손금 한도 여부	손금 귀속시기
기업업무추진비	ㄱ	ㄷ
일반기부금	ㄴ	ㄹ

	ㄱ	ㄴ	ㄷ	ㄹ
①	한도 있음	한도 있음	현금주의	발생주의
②	한도 없음	한도 없음	현금주의	발생주의
③	한도 있음	한도 있음	발생주의	현금주의
④	한도 없음	한도 없음	발생주의	현금주의

【 10 】 (주)삼일은 자회사인 (주)용산에 1,000,000원을 기부하고 손익계산서에 비용으로 계상하였다. 동 사항에 대하여 세무조정을 실시할 경우 법인세 과세표준 및 세액조정계산서상 어느 부분의 금액이 변동되는가?

사 업 연 도	2025. 1. 1.~ 2025.12.31.	법인세 과세표준 및 세액조정계산서		법 인 명	
				사업자등록번호	
① 각 사 업 연 도 소 득 계 산		(101) 결산서상당기순손익	01		
	소 득 조 정 금 액	(102) 익 금 산 입	02		
		(103) 손 금 산 입	03		
	(104) 차가감소득금액((101)+(102)-(103))		04		
	(105) 기부금한도초과액		05		
	(106) 기부금한도초과이월액손금산입		54		
	(107) 각사업연도소득금액((104)+(105)-(106))		06		

① 변동사항없음
② (102)익금산입
③ (103)손금산입
④ (105)기부금한도초과액

【 11 】 다음은 (주)삼일의 당기 대손충당금 관련 자료이다. 이를 기초로 당기에 필요한 세무조정으로 옳은 것은?

<table>
<tr><td colspan="4">(1) 다손충당금 계정의 내역</td></tr>
<tr><td colspan="4" align="center">대손충당금</td></tr>
<tr><td>당기상계액</td><td>3,000,000*</td><td>기 초 잔 액</td><td>33,000,000</td></tr>
<tr><td>기 말 잔 액</td><td>35,000,000</td><td>당기 설정액</td><td>5,000,000</td></tr>
<tr><td></td><td>38,000,000</td><td></td><td>38,000,000</td></tr>
</table>

  * 당기상계액은 당기에 소멸시효가 완성된 매출채권을 상계한 것임

(2) 대손충당금 설정대상 채권가액:　　　　　2,000,000,000원
(3) 대손실적률:　　　　　0.5%

① 15,000,000원(손금산입, △유보)
② 15,000,000원(손금불산입, 유보)
③ 20,000,000원(손금산입, △유보)
④ 20,000,000원(손금불산입, 유보)

【 12 】 다음 중 법인세법상 퇴직급여충당금과 대손충당금에 관한 설명으로 옳은 것은?

① 퇴직급여충당금 및 대손충당금의 손금산입은 신고조정사항이다.
② 법인세법상 대손충당금 설정률은 '1%'와 '대손실적률' 중 작은 비율을 적용한다.
③ 법인세법상 한도를 초과하여 설정된 퇴직급여충당금 및 대손충당금은 손금불산입하고 기타사외유출로 소득처분한다.
④ 퇴직급여충당금 전입액은 일정한 한도 내에서만 손금으로 인정된다.

【 13 】 다음 중 법인세법상 지급이자 손금불산입에 대한 설명으로 옳지 않은 것은?

① 건설자금이자는 업무무관자산 등 관련 이자보다 선순위로 손금불산입된다.

② 채권자 불분명한 사채의 이자는 대표자 상여로 소득처분하지만 원천징수액은 기타사외유출로 소득처분한다.

③ 건설자금이자는 당기에 준공(또는 완성)여부에 따라 세무조정이 달라질 수 있다.

④ 업무무관자산 등 관련이자는 대표자 상여로 소득처분한다.

【 14 】 다음 중 법인세법상 부당행위계산의 부인에 대한 설명으로 옳지 않은 것은?

① 가지급금인정이자는 '가지급금적수 × 1/365 × 정기예금이자율'로 계산한 금액에서 법인이 실제로 특수관계인에게서 수입한 이자를 차감하여 계산한다.

② 부당행위계산의 부인 규정은 특수관계인과의 거래 결과 법인의 조세부담을 부당하게 감소시킨 경우에 적용된다.

③ 특수관계인에 해당하는 내국영리법인에 대한 가지급금 인정이자는 익금산입하고 기타사외유출로 소득처분한다.

④ 법인세법상 특수관계인에는 해낭 법인의 출사자(소액주주 제외), 임원 및 계열회사 등이 있다.

【 15 】 다음 법인세 과세표준 계산을 위한 양식에서 (ㄱ)에 들어갈 항목으로 옳지 않은
것은?

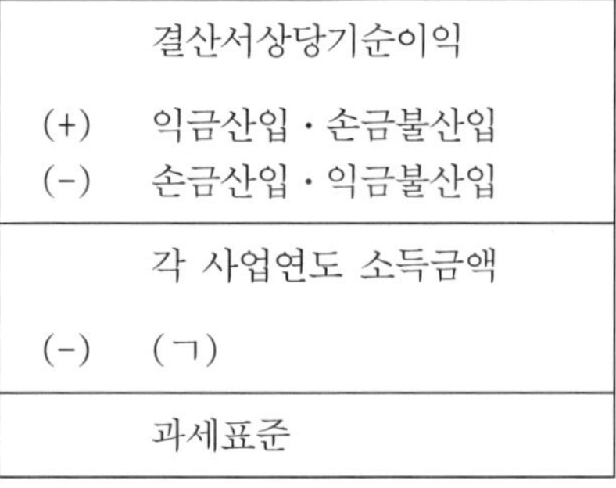

① 이월결손금   ② 소득공제
③ 중간예납세액   ④ 비과세소득

【 16 】 다음은 (주)삼일의 제25기(2025년 1월 1일 ~ 2025년 12월 31일) 법인세신고를
위한 자료이다.

ㄱ. 법인세비용차감전순이익: 200,000,000원
ㄴ. (주)삼일은 업무무관자산을 구입하고 관리비 3,000,000원을 비용으로 계상하였다.
ㄷ. (주)삼일은 특별한 사유 없이 지배주주 등이 아닌 이대리에게 회사 정관에 기재된 상
   여금 지급기준보다 5,000,000원을 초과하여 급여로 지급하였다.
ㄹ. 이월결손금: 법인세 과세표준 계산시 한번도 공제되지 않은 이월결손금의 발생 사업연
   도와 금액은 다음과 같다.
   제10기: 3,000,000원   제17기: 25,000,000원

위 자료에 의하여 올바른 세무조정을 수행한 경우 과세표준은 얼마인가?(단, 위
자료 이외에 각 사업연도 소득금액 계산에 영향을 미치는 항목은 없다)

① 178,000,000원   ② 180,000,000원
③ 183,000,000원   ④ 208,000,000원

【 17 】 다음 중 소득세법상 과세기간에 관한 설명으로 옳지 않은 것은?

① 소득세의 과세기간은 1월 1일부터 12월 31일까지 1년으로 한다.

② 거주자가 폐업한 경우 과세기간은 1월 1일부터 폐업일까지로 한다.

③ 거주자가 주소 또는 거소를 국외로 이전하여 비거주자가 되는 경우의 과세기간은 1월 1일부터 출국한 날까지로 한다.

④ 거주자가 사망한 경우의 과세기간은 1월 1일부터 사망한 날까지로 한다.

【 18 】 다음 중 이자소득에 대한 설명으로 옳지 않은 것은?

① 이자소득금액은 이자소득에서 필요경비를 차감한 금액이다.

② 보통예금에 대한 이자소득의 수입시기는 원칙적으로 실제 이자를 지급받는 날이 된다.

③ 비영업대금에 대한 이자소득의 귀속시기는 약정에 의한 지급일이므로, 총수입금액은 해당 과세기간에 실제 수입하였거나 수입할 금액으로 한다.

④ 해약으로 인하여 이자를 지급받는 경우에는 해약일에 이자를 수입한 것으로 본다.

【 19 】 다음 중 사업소득과 각 사업연도 소득에 관한 설명으로 옳지 않은 것은?

① 소득세법은 원칙적으로 소득원천설에 의하여 과세하나, 법인세법은 순자산증가설에 의하여 과세한다.

② 법인의 경우 법인의 대표자에게 지급하는 보수는 손금에 해당하지만, 개인의 경우 개인사업의 대표자에게 지급하는 보수는 필요경비에 산입하지 않는다.

③ 소득세법에 따르면 개인사업의 대표자는 퇴직급여충당금의 설정대상이 아니다.

④ 사업상의 운영자금을 일시 예금하여 발생한 이자는 사업소득에 해당한다.

【20】 근로소득자인 김삼일 씨의 2025년 수령내역이 다음과 같을 때 소득세법상 총급여액을 계산하면 얼마인가?(단, 1년 내내 근무하였다)

급여	매월 2,500,000원
이사회 결의에 의해 지급받은 상여	연간 5,000,000원
연차수당	연간 1,200,000원
사내근로복지기금으로부터 받는 본인학자금	연간 5,000,000원
6세 이하 자녀보육수당	매월 200,000원
2025년에 출생한 자녀에 대한 출산지원금(1회분과 2회분)	연간 30,000,000원

① 31,200,000원   ② 36,200,000원

③ 40,000,000원   ④ 41,200,000원

【21】 다음 중 소득세법상 소득구분으로 옳은 것은?

① 퇴직소득에 속하지 않는 퇴직위로금: 기타소득

② 계약의 위약 또는 해약으로 인하여 받는 위약금: 양도소득

③ 복권당첨소득: 기타소득

④ 연금저축에 가입하고 연금형태로 지급받는 소득: 기타소득

【22】 다음 자료에 의하여 근로소득이 있는 거주자 김삼일 씨의 2025년도 종합소득공제 중 보험료공제대상 금액은 얼마인가?

ㄱ. 국민건강보험료	2,800,000원	(회사부담 1,400,000원 포함)
ㄴ. 고용보험료	1,000,000원	(회사부담 500,000원 포함)
ㄷ. 자동차보험료	1,500,000원	(보장성보험료)
ㄹ. 기본공제대상자인 아들(장애인, 소득 없음)을 위하여 지출한 장애인 전용 보장성 보험료	1,000,000원	

① 1,800,000원   ② 1,900,000원

③ 2,500,000원   ④ 3,400,000원

【 23 】 근로소득이 있는 근로자들이 연말정산과 관련하여 나눈 다음 대화를 읽고, 옳지 않은 설명을 하는 사람을 고르면?

김용산 : 저는 회사를 다니면서 저녁에 야간대학원을 다니고 있습니다. 학비는 연 900만원이며 전액 교육비공제를 받을 수 있습니다.

이경기 : 고등학교에 재학 중인 큰 아들을 위하여 교육비 700만원을 지출하였습니다. 큰아들이 고등학교에 재학 중인 관계로 700만원 전액 교육비공제를 받을 수 있습니다.

박강원 : 저는 이번 연말정산 때 특별공제(항목별공제)와 관련한 서류 일체를 제출하지 못하더라도, 최소한 표준세액공제만큼은 공제받을 수 있습니다.

황여주 : 종합소득금액이 연간 120만원인 22살의 아들을 위해 올해 대학등록금으로 1,000만원을 납부하였습니다. 아들의 등록금은 전액 교육비공제를 받을 수 없을 것 같습니다.

① 김용산　　　　　　　　　② 이경기
③ 박강원　　　　　　　　　④ 황여주

【 24 】 다음 자료에 의한 A씨의 2025년도의 종합소득공제 중 기본공제대상자는 몇 명인가?

부양가족	연령	소득사항 및 기타
본인	37세	사업소득금액: 4,000만원
배우자	34세	근로소득금액: 800만원
부친	69세	소득 없음(2025년도 중 사망)
모친	66세	이자소득금액: 150만원(비영업대금의 이익)
장남	11세	–

※ 제시된 소득에 대한 원천징수는 적법하게 되었다.

① 2명　　　　　　　　　　② 3명
③ 4명　　　　　　　　　　④ 5명

【 25 】 다음 중 소득세법상 양도소득에 관한 설명으로 옳지 않은 것은?

① 개인이 사업적으로 부동산을 판매하여 발생한 소득은 양도소득에 해당한다.
② 양도소득세의 과세대상이 되는 양도란 매도, 교환 등으로 인하여 그 자산이 유상으로 사실상 이전되는 것을 말한다.
③ 1세대 1주택이더라도 고가주택에 해당하면 양도 시에 양도소득세를 과세한다.
④ 양도시기는 원칙적으로 해당 자산의 대금을 청산한 날로 한다.

【 26 】 다음 중 과세표준 확정신고 의무에 관한 설명으로 옳지 않은 것은?

	소득유형	신고의무
①	근로소득만 있는 자	연말정산으로 납세의무 종결 가능
②	퇴직소득만 있는 자	원천징수로 납세의무 종결 가능
③	근로소득과 퇴직소득만 있는 자	종합소득 확정신고의 방법으로만 납세의무 종결 가능
④	연말정산대상이 아닌 사업소득만 있는 자	종합소득 확정신고의 방법으로만 납세의무 종결 가능

【 27 】 다음 중 원천징수에 관한 설명으로 옳지 않은 것은?

① 원천징수는 그 세원이 발생하는 원천에 세금을 일괄징수하여 세원의 탈루를 최소화할 수 있다.
② 원천징수는 조세수입을 조기확보할 수 있고 정부재원조달의 평준화를 기할 수 있다.
③ 원천징수의무자가 정부를 대신하여 원천징수를 하게 되므로 징세비용을 절약할 수 있다.
④ 납세의무자의 입장에서 원천징수는 세금부담을 감소시킬 수 있는 장점이 있다.

【 28 】 (주)삼일은 직원 서비스교육을 위해 외부강사 김영희 씨를 초빙하여 강사료 5,000,000원(기타소득에 해당함)을 지급하였다. 해당 기타소득의 필요경비는 60%, 원천징수세율은 20%이다. 다음 중 강사료의 원천징수에 대해 옳지 않은 설명을 하고 있는 사람은 누구인가?

> 김부장: 김영희 씨가 계속·반복적으로 독립적인 지위에서 강의를 하는 경우에는 사업소
>   득으로 원천징수될 수 있습니다.
> 이차장: 네, 만약 우리 회사가 김영희 씨에게 지급되는 강사료를 사업소득으로 원천징수
>   하는 경우에는 기타소득으로 원천징수하는 경우와 다른 원천징수 세율이 적용되
>   어야 합니다.
> 박과장: 하지만 김영희 씨에게 지급하는 소득은 기타소득에 해당하므로 강사료 5,000,000
>   원에 20%를 적용하여 1,000,000원의 소득세를 원천징수하여 납부하면 됩니다.
> 정사원: 기타소득금액이 3,000,000원 이하인 경우 김영희 씨는 분리과세 혹은 종합과세
>   중 본인에게 유리한 방안을 선택할 수 있습니다.

① 김부장
② 이차장
③ 박과장
④ 정사원

【 29 】 다음 중 부가가치세법에 대한 설명으로 옳지 않은 것은?

① 현행 부가가치세는 일반소비세이면서 간접세에 해당된다.
② 부가가치세는 누진세율로 과세된다.
③ 현행 부가가치세는 전단계세액공제법을 채택하고 있다.
④ 소비지국과세원칙을 채택하고 있어 수출재화 등에 영세율이 적용된다.

【 30 】 다음 중 부가가치세 과세대상이 아닌 경우는?

① 매매계약에 따른 재화의 인도
② 고용계약에 따른 근로제공
③ 가공계약에 의한 재화의 인도
④ 재화의 인수 대가로 다른 재화를 인도한 교환거래

【 31 】 다음 중 부가가치세법상 재화의 공급에 해당하는 것으로 옳은 것은?

① 사업자가 사업을 포괄적으로 양도하는 경우(양수인이 대리납부하지 아니함)
② 사업자가 가스배관을 통해 도시가스를 일반가정에 공급하는 경우
③ 사업자가 주요자재를 부담하지 아니하고 가공계약에 따라 재화를 가공하여 인도
하는 경우
④ 사업자가 사업용 자산으로 조세를 물납하는 경우

【 32 】 다음 중 부가가치세법상 공급시기에 대한 설명으로 옳지 않은 것은?

① 외상판매의 경우 현금이 실제로 수취되는 때가 공급시기이다.
② 장기할부판매의 경우 대가의 각 부분을 받기로 한 때가 공급시기이다.
③ 공급시기가 도래하기 전에 재화·용역에 대한 대가를 받고 세금계산서를 발급
하는 경우 그 발급시기가 재화·용역의 공급시기이다.
④ 수출재화의 경우 수출재화의 선적일이 공급시기이다.

【 33 】 다음 중 부가가치세가 면세되는 재화 또는 용역만을 모은 것은?

a. 과실류	b. 수돗물
c. 우등고속버스 여객운송용역	d. 상가임대용역
e. 주택임대용역	f. 토지의 공급
g. 일반건물의 공급	h. 신문사 광고

① a, b, c, e, g 　　　　　② a, b, e, f

③ a, b, e, f, h 　　　　　④ b, e, f, g

【 34 】 다음 중 영세율과 면세에 관한 설명으로 옳은 것은?

① 영세율의 목적이 기초 생필품 또는 국민후생용역과 관련한 최종소비자의 세부담 완화에 있다면 면세의 목적은 소비지국 과세에 있다.

② 영세율은 부분면세제도이나, 면세는 완전면세제도이다.

③ 영세율 적용대상인 재화를 공급하는 면세사업자가 영세율을 적용받기 위해서는 면세를 포기하여야 한다.

④ 영세율 적용 과세사업자와 면세사업자 모두 과세표준의 신고 및 사업자등록 의무가 없다.

【 35 】 다음은 (주)삼일의 기계장치 판매와 관련된 내용이다. 2025년 제1기 예정신고기간(2025년 1월 1일 ~ 2025년 3월 31일)의 부가가치세 과세표준은 얼마인가?

기계장치는 2025년 1월 15일에 할부로 판매하였으며, 총 할부대금 60,000,000원은 1월 15일부터 매월 15일에 3,000,000원씩 20회에 걸쳐 균등하게 분할하여 회수하기로 하였다.

①　　　　　0원 　　　　　②　9,000,000원

③ 12,000,000원 　　　　　④ 60,000,000원

【 36 】 다음 부가가치세 과세사업을 영위하는 (주)삼일의 2025년 제1기 예정신고기간의 거래내역이다. 제1기 예정신고기간의 과세표준은 얼마인가?

매출액:	40,000,000원(매출에누리액과 매출할인액 차감 전 금액임)
매출에누리액:	5,000,000원
매출할인액:	3,000,000원
위 매출액 중 운송도중 파손된 반품액:	2,000,000원
매출처로부터 받은 외상매출금 연체이자:	500,000원

① 30,000,000원   ② 30,500,000원

③ 40,000,000원   ④ 40,500,000원

【 37 】 다음 중 부가가치세법상 환급에 관한 설명으로 옳지 않은 것은?

① 일반환급의 경우 각 과세기간 단위로 확정신고기한 경과 후 30일 이내에 환급한다.

② 사업자가 영세율을 적용받는 경우는 조기환급 사유에 해당한다.

③ 조기환급을 받으려는 사업자는 조기환급 종료일로부터 15일 이내에 조기환급기간에 대한 환급세액을 신고하여야 한다.

④ 조기환급기간은 예정신고기간 또는 과세기간 최종 3개월 중 매월 또는 매2월을 말한다.

【 38 】 (주)삼일은 2024년 11 월 12 일 (주)용산에게 책상을 공급하고 부가가치세를 포함한 매출대금 55,000,000원을 어음으로 교부받았다. 그런데 2025년 4월 20일 (주)용산의 부도로 인하여 (주)삼일은 동 어음에 대하여 은행의 부도확인을 받았다. (주)삼일이 대손세액공제를 받을 수 있는 공제시기 및 그 금액은 얼마인가?

	공제시기	금 액
①	2025년 1기 예정신고	55,000,000원
②	2025년 1기 확정신고	5,000,000원
③	2025년 2기 예정신고	55,000,000원
④	2025년 2기 확정신고	5,000,000원

【 39 】 다음 중 부가가치세법상 가산세가 적용되는 경우가 아닌 것은?

① 2025년 1월 5일 사업을 개시한 후 2025년 1월 10일에 사업자등록을 신청하였고, 2025년 1월 11일에 10억원을 매출하였다.
② 재화를 공급하지 않고 세금계산서를 발급하였다.
③ 타인명의로 사업자등록을 하여 사업을 하고 있는 것이 확인되었다.
④ 영세율로 공급한 금액에 대하여 영세율 과세표준을 신고하지 않았다.

【 40 】 다음 중 수정세금계산서의 발급이 불가능한 경우는?

① 공급가액 단위를 잘못 기재한 경우
② 공급대가에 포함된 관세환급금이 공급시기 이후에 확정되는 경우
③ 과세를 면세로 잘못 알고 계산서를 발급한 경우
④ 계약의 해제로 재화 또는 용역이 공급되지 아니하는 경우

MEMO

회계관리1급 세무회계 　 모의고사 1회

1 ④ 　 부과과세제도에 대한 설명이다.

2 ② 　 외국법인은 국내원천소득에 한하여 법인세 납세의무를 지므로 내국법인을 외국법인으로 위장해 해외소득에 대해 탈루를 하려고 한 신문기사이다.

3 ① 　 각 사업연도 소득에 대한 법인세를 의미한다.

4 ④ 　 자산의 위탁판매의 경우 수탁자가 자산을 판매하는 날이 속하는 사업연도의 손익으로 한다.

5 ① 　 각 사업연도 소득금액: 400,000,000원 + 100,000,000원 − 120,000,000원
　　　　　　　　　　　 = 380,000,000원

6 ② 　 간주임대료 21,000,000원 + 임대료수익 49,000,000원 = 70,000,000원

7 ③

8 ④ 　 기업업무추진비 한도액: 36,000,000원 + 30,000,000원 = 66,000,000원

9 ④ 　 파산으로 인하여 회수불능한 채권에 대한 대손금은 결산조정사항이므로 대손처리하지 않으면 세무조정을 할 수 없다.

10 ③ 　 ㄱ. 사용인 또는 임원이 아닌 개인 대주주에 대한 가지급금 인정이자: 소득처분(배당)
　　　　 ㄴ. 상여금지급규정을 초과하여 임원에게 지급된 상여: 소득처분(상여)

11 ② 　 200,000,000원 × 0.05 = 10,000,000원

12 ③ 　 각 사업연도 소득금액
　　　 = 160,000,000원(법인세비용차감전순이익) + 10,000,000원(감가상각비한도초과액)
　　　　 − 5,000,000원(단기매매증권평가이익 익금불산입) + 500,000원(증빙불비기업업무추진비)
　　　　 + 3,500,000원(기업업무추진비한도초과액)
　　　 = 169,000,000원

13 ③　① 법인세법상 결손금은 손익계산서의 당기순손실 금액과 항상 일치하지 않는다.
　② 결손금이란 사업연도의 손금총액이 익금총액보다 큰 경우 동 차액을 말한다.
　④ 법인세 과세표준은 각 사업연도 소득에서 이월결손금(법규정 내 금액), 비과세소득,
　　소득공제를 차감하여 계산한다.

14 ④　각 사업연도 소득금액
　= 200,000,000원(법인세비용차감전순이익) + 5,000,000원(벌금)
　　+ 1,000,000원(채권자가 불분명한 사채이자 손금불산입) + 2,000,000원(징벌적
　　손해배상금)
　= 208,000,000원

15 ①　홍과장: 원천징수해당액은 기타사외유출, 나머지 금액은 대표자상여로 소득처분한다.
　김과장: 당기 건설중인자산에 대한 건설자금이자는 손금불산입하고 유보로 소득처분한다.
　사대리: 기타사외유출로 소득처분한다.

16 ③　최저한세에 대한 설명이다.

17 ④　① 소득세는 거주자와 비거주자의 과세범위에 차이가 있다.
　② 거주자와 비거주자의 구분은 국적으로 판단하지 않는다.
　③ 거주자란 국내에 주소를 두거나 183일 이상의 거소를 둔 개인이다.

18 ④　대한민국 국민인 국내회사 임직원이 국외사업장에 파견된 경우 그 임직원은 거주자로 본다.

19 ④　거주자의 경우 소득세의 납세지는 원칙적으로 주소지로 하며, 주소가 없는 때에는 거소
　지를 소득세의 납세지로 한다.

20 ④　300만원 이하의 기타소득은 분리과세와 종합과세 중 선택할 수 있다.

21 ①　기명채권 등의 이자와 할인액은 약정에 따른 지급일이 수입시기이다.

22 ③　거주자가 상가를 임대하고 보증금 등을 받은 경우 간주임대료가 발생한다.

23 ④　총급여: 3,000,000원 × 12 + 100,000원 × 12 + 5,000,000원 + 1,000,000원
　　　= 43,200,000원

　제품할인금액 2,000,000원은 비과세한도 2,400,000원* 이내의 금액이므로 비과세
　한다.
　* 제품할인금액 비과세한도 = Max[5,000,000×20%, 2,400,000] = 2,400,000원

24 ③
① 기타소득은 이자소득, 배당소득, 사업소득, 근로소득, 연금소득, 퇴직소득 및 양도소득의 7가지 소득에 해당하지 않는 소득을 말한다.
② 복권당첨소득은 무조건 분리과세를 적용하여야 한다.
④ 일부 항목에 대해서는 기타소득 발생시 필요경비가 확인되지 않은 경우 총수입금액의 60% 또는 80%를 필요경비로 인정하고 있다.

25 ①
배당세액공제, 신용카드 등 사용금액에 대한 소득공제, 기장세액공제는 개인만 적용가능하다.

26 ④
사업소득만 있는 개인은 다음 연도 5월에 반드시 과세표준 확정신고를 해야 한다.

27 ③
① 일용근로자에게 근로소득을 지급하는 경우 일급여액에서 15만원을 공제한 후 6% 세율을 곱하여 산출세액을 구하고, 해당 산출세액의 55%를 세액공제한 금액을 원천징수한다.
④ 근로소득 원천징수는 연말정산을 해야 납세의무가 종결되는 예납적원천징수이다.

28 ③
건물 임대에 따른 사업소득은 원천징수하지 않으며 열거된 특정사업소득만 3% 원천징수한다.

29 ②
겸영사업자가 영위하는 과세사업은 과세사업자로 분류된다.

30 ③
근로자가 고용계약에 따른 근로를 제공한 경우는 부가가치세 과세대상에 해당하지 아니한다.

31 ④
과세표준: 10,000,000원 + 20,000,000원 + 30,000,000원 + 30,000,000원
= 90,000,000원
매출세액: (10,000,000원 + 30,000,000원) × 10% = 4,000,000원

32 ④
영세율은 매입세액 공제 가능하며, 면세는 매입세액 공제가 불가능하다.

33 ①
중간지급조건부공급이므로 2025년 제2기 예정신고기간에 받기로 한 계약금 6,000,000원이 과세표준은 된다.

34 ①
매입세액공제액: 60,000,000원(과세대상 원재료 매입) × 10% = 6,000,000원

35 ③
토지를 임차하고 부담한 임차료에 대한 매입세액은 매입세액공제가 가능하다. 토지의 공급은 부가가치세 면세대상이므로 매입세액이 없어서 매입세액공제도 없다.

| 36 | ① | {33,000,000원(신용카드매출전표 발행) + 7,700,000원(현금영수증 발행)} × 100/110 = 37,000,000원 |

36 ① {33,000,000원(신용카드매출전표 발행) + 7,700,000원(현금영수증 발행)} × 100/110 = 37,000,000원

37 ③

38 ① 세금계산서 필요적 기재사항인 공급가액과 부가가치세가 기재되어 있지 않으면 세금계산서로 불인정한다.

39 ① ①은 월합계세금계산서에 대한 옳은 내용이다. ②와 ③은 공급시기에 발급하여야 하므로 옳지 않고, 선발급 세금계산서가 허용되는 경우도 있으므로 ④는 옳지 않다.

40 ③ 공급받는 자의 성명 또는 명칭은 임의적 기재사항에 해당한다.

회계관리1급 세무회계　　모의고사 2회

1 ① 납세의무자의 인적사항이 고려되는지 여부에 따라 인세와 물세로 구분된다.

2 ④ 근거과세의 원칙에 따라 해당 국세과세표준의 조사와 결정은 그 장부와 이에 관계되는 증거자료에 의하여야 한다.

3 ④ 기업업무추진비한도초과액은 기타사외유출로 소득처분 한다.

4 ② 감자차익은 익금불산입항목이다.

5 ③ ㄱ. 임원상여금 한도초과액 = 70,000,000원 - 50,000,000원 = 20,000,000
ㄷ. 건물 평가손실 = 10,000,000원
ㄹ. 폐수배출부담금 = 30,000,000원

6 ③ 업무용 토지에 대한 종합부동산세는 손금항목에 해당한다.

7 ④ 40,000,000원 / 10년 = 4,000,000원

8 ③　기준내용연수에 기준내용연수의 25%를 가감한 범위 내에서 감가상각자산의 내용연수를 선택할 수 있다.

9 ③　기업업무추진비와 일반기부금은 손금한도가 있으며, 기업업무추진비의 손금귀속시기는 발생주의, 기부금은 현금주의이다.

10 ②　[손금불산입] 비지정기부금 1,000,000(기타사외유출)

11 ②　대손충당금 한도액: 2,000,000,000원 × Max[1%, 0.5%] = 20,000,000원
대손충당금 한도초과액: 35,000,000원 − 20,000,000원 = 15,000,000원

12 ④　① 퇴직급여충당금의 손금산입은 결산조정사항이다.
② 1%와 법인의 대손실적률 중 큰 비율을 적용한다.
③ 퇴직급여충당금 및 대손충당금은 손금불산입하고 유보로 소득처분한다.

13 ④　업무무관자산 등 관련이자는 기타사외유출로 소득처분한다.

14 ①　가지급금 인정이자는 정기예금이자율이 아니라 가중평균차입이자율(또는 당좌대출이자율)로 계산한다.

15 ③　각 사업연도 소득금액에서 이월결손금, 비과세소득, 소득공제를 차감하여 과세표준을 계산한다. 중간예납세액은 기납부세액이므로 차가감납부세액을 계산할 때 공제한다.

16 ①　200,000,000원 + 3,000,000원 − 25,000,000원 = 178,000,000원
제10기에 발생한 이월결손금은 제25기 사업연도에는 공제시한이 지나서 공제되지 아니한다.

17 ②　거주자가 폐업한 경우 과세기간은 1월 1일부터 12월 31일까지로 한다.

18 ①　이자소득은 필요경비를 인정하지 않는다.

19 ④　사업상의 운영자금을 일시 예금하여 발생한 이자는 이자소득에 해당한다.

20 ②　총급여액: 2,500,000원 × 12개월 + 5,000,000원 + 1,200,000원 = 36,200,000원
출산지원금은 자녀출생 후 2년 이내 2회에 걸쳐 받았으므로 비과세소득이다.

21 ③ ① 근로소득
② 기타소득
④ 연금소득

22 ② 국민건강보험료 1,400,000원 + 고용보험료 500,000원 = 1,900,000원
보장성보험료는 소득공제대상이 아니고 세액공제대상이다.

23 ② 고등학생 공제대상교육비는 1명당 연300만원 한도이다.

24 ③ 본인(나이, 소득금액 무관), 부친(60세 이상, 연간소득금액 100만원 이하), 모친(60세
이상, 이자소득금액 2천만원 이하로 분리과세되므로 연간소득금액 100만원 이하), 장남
(20세 이하, 소득금액 100만원 이하)이 기본공제대상자이다.

25 ① 개인이 사업적으로 부동산을 판매하여 발생한 소득은 사업소득에 해당한다.

26 ③ 원천징수로 납세의무 종결 가능하다.

27 ④ 원천징수로 세금부담이 줄어들지는 않는다.

28 ③ 강사료 5,000,000원에 필요경비 60%를 제외한 기타소득금액 2,000,000원에 20%
를 적용하여 400,000원의 소득세를 원천징수하여 납부해야 한다.

29 ② 부가가치세는 10% 단일세율이다.

30 ② 고용계약에 따른 근로제공은 부가가치세 과세대상이 아니다.

31 ② ①, ④ 재화의 공급으로 보지 않는다.
③ 용역의 제공에 해당한다.

32 ① 외상판매의 경우 해당 재화가 인도되는 때를 공급시기이다.

33 ② 과실류, 수돗물, 주택임대용역, 토지의 공급이 면세에 해당한다.

34 ③
① 영세율의 목적이 소비지국 과세에 있고, 면세의 목적은 기초 생필품 또는 국민후생용역과 관련한 최종소비자의 세부담 완화에 있다.
② 영세율은 완전면세제도이며, 면세는 부분면세제도이다.

35 ②
장기할부판매이므로 회수하기로 한 날이 공급시기이다. 따라서 2025.1.15., 2025.2.15., 2025.3.15.에 회수하기로 한 9,000,000원을 2025년 제1기 예정신고기간의 과세표준으로 한다.

36 ①
과세표준 = 40,000,000원 − 5,000,000원 − 3,000,000원 − 2,000,000원
= 30,000,000원

37 ③
조기환급기간의 환급세액을 조기환급 받고자 하는 사업자는 조기환급 종료일로부터 25일 이내에 조기환급기간에 대한 과세표준과 환급세액을 신고하여야 하는데 이를 영세율 등 조기환급신고라 한다.

38 ④
부도발생일로부터 6개월이 지난 날이 속하는 과세기간의 확정신고 시 대손세액공제를 받을 수 있으므로, 2025년 2기 확정신고시 5,000,000원 대손세액공제가 가능하다.

39 ①
사업개시일부터 20일 이내에 사업자등록을 신청하지 않은 경우 미등록가산세가 적용된다. ①의 경우에 2025년 1월 5일 사업을 개시한 후 20일 이내에 사업자등록을 신청하였으므로 미등록가산세 대상이 아니다.

40 ③
과세를 면세로 잘못 알고 계산서를 발급한 경우 수정세금계산서의 발급이 불가능하다.

국가공인 회계관리1급 자격검정시험 답안지

※ 답안카드 작성요령
뒷면의 답안카드 작성요령과 주의사항을 꼭 읽고 답안을 작성하십시오.

수험번호

(1)
(2)

생년월일

(1)
(2)

성별

○ 남
○ 여

최종학력

○ 대학원졸 ○ 대학졸
○ 대학재학 ○ 전문대졸
○ 전문대재 ○ 고졸
○ 고재   ○ 기타

직업

○ 학생   ○ 직장인
○ 취업준비생 ○ 기타

자격취득목적

○ 취업시 우대(회사명)
○ 인사고가(회사명)
○ 학점인정(대학명)
○ 졸업요건(대학명)
○ 자기개발( )
○ 기타( )

※ 감독위원 날인이 없으면 무효처리됨.

확인
감독위원란 ※ (인)

성 명
(왼쪽부터 차례로 기재하십시오)

(1) 홍 길 동
(2)

답 안 표 기 란

재무회계 / 세무회계

재무회계					재무회계					세무회계					세무회계				
1	①	②	③	④	21	①	②	③	④	41	①	②	③	④	61	①	②	③	④
2	①	②	③	④	22	①	②	③	④	42	①	②	③	④	62	①	②	③	④
3	①	②	③	④	23	①	②	③	④	43	①	②	③	④	63	①	②	③	④
4	①	②	③	④	24	①	②	③	④	44	①	②	③	④	64	①	②	③	④
5	①	②	③	④	25	①	②	③	④	45	①	②	③	④	65	①	②	③	④
6	①	②	③	④	26	①	②	③	④	46	①	②	③	④	66	①	②	③	④
7	①	②	③	④	27	①	②	③	④	47	①	②	③	④	67	①	②	③	④
8	①	②	③	④	28	①	②	③	④	48	①	②	③	④	68	①	②	③	④
9	①	②	③	④	29	①	②	③	④	49	①	②	③	④	69	①	②	③	④
10	①	②	③	④	30	①	②	③	④	50	①	②	③	④	70	①	②	③	④
11	①	②	③	④	31	①	②	③	④	51	①	②	③	④	71	①	②	③	④
12	①	②	③	④	32	①	②	③	④	52	①	②	③	④	72	①	②	③	④
13	①	②	③	④	33	①	②	③	④	53	①	②	③	④	73	①	②	③	④
14	①	②	③	④	34	①	②	③	④	54	①	②	③	④	74	①	②	③	④
15	①	②	③	④	35	①	②	③	④	55	①	②	③	④	75	①	②	③	④
16	①	②	③	④	36	①	②	③	④	56	①	②	③	④	76	①	②	③	④
17	①	②	③	④	37	①	②	③	④	57	①	②	③	④	77	①	②	③	④
18	①	②	③	④	38	①	②	③	④	58	①	②	③	④	78	①	②	③	④
19	①	②	③	④	39	①	②	③	④	59	①	②	③	④	79	①	②	③	④
20	①	②	③	④	40	①	②	③	④	60	①	②	③	④	80	①	②	③	④

국가공인 회계관리1급 자격검정시험 답안지

※ 답안카드 작성요령
윗면의 답안카드 작성요령과 주의사항을 꼭 읽고 답안을 작성하십시오.

답안표기란

재무회계 / 세무회계

성별: 남 / 여

생년월일

수험번호

성명 (왼쪽부터 차례로 기재하십시오)

성: 성 / 명

최종학력
대학원졸 / 대학졸 / 전문대졸 / 고졸 / 기타
대학원재학 / 대학재학 / 전문대재 / 고재

직업
학생 / 취업준비생 / 직장인 / 기타

자격취득목적
취업시우대( ) / 회사지시 / 인사고과( ) / 학점인정( ) / 졸업요건( ) / 자기개발( ) / 기타( )

※ 감독위원 날인이 없으면 무효처리됨.
감독위원 확인 (인)

국가공인 회계관리1급 자격검정시험 답안지

※ 답안카드 작성요령
뒷면의 답안카드 작성요령과 주의사항을 꼭 읽고 답안을 작성하십시오.

수험번호
(1)
(2)

생년월일
(1)
(2)

성별
○ 남
○ 여

최종학력
○ 대학원졸　○ 대학졸
○ 대학재학　○ 전문대졸
○ 전문대재　○ 고졸
○ 고재　　　○ 기타

직업
○ 학생　　　　○ 직장인
○ 취업준비생　○ 기타

자격취득목적
○ 취업시 우대(회사명)
○ 인사고가(회사명)
○ 학점인정(대학명)
○ 졸업요건(대학명)
○ 자기개발( )
○ 기타( )

성 명
(왼쪽부터 차례로 기재하십시오)
(1) 홍 길 동
(2)

※ 감독위원 날인이 없으면 무효처리됨.

감독위원란 ※ 확인 (인)

답 안 표 기 란

재 무 회 계

번호	1	2	3	4	번호	1	2	3	4
1	①	②	③	④	21	①	②	③	④
2	①	②	③	④	22	①	②	③	④
3	①	②	③	④	23	①	②	③	④
4	①	②	③	④	24	①	②	③	④
5	①	②	③	④	25	①	②	③	④
6	①	②	③	④	26	①	②	③	④
7	①	②	③	④	27	①	②	③	④
8	①	②	③	④	28	①	②	③	④
9	①	②	③	④	29	①	②	③	④
10	①	②	③	④	30	①	②	③	④
11	①	②	③	④	31	①	②	③	④
12	①	②	③	④	32	①	②	③	④
13	①	②	③	④	33	①	②	③	④
14	①	②	③	④	34	①	②	③	④
15	①	②	③	④	35	①	②	③	④
16	①	②	③	④	36	①	②	③	④
17	①	②	③	④	37	①	②	③	④
18	①	②	③	④	38	①	②	③	④
19	①	②	③	④	39	①	②	③	④
20	①	②	③	④	40	①	②	③	④

세 무 회 계

번호	1	2	3	4	번호	1	2	3	4
41	①	②	③	④	61	①	②	③	④
42	①	②	③	④	62	①	②	③	④
43	①	②	③	④	63	①	②	③	④
44	①	②	③	④	64	①	②	③	④
45	①	②	③	④	65	①	②	③	④
46	①	②	③	④	66	①	②	③	④
47	①	②	③	④	67	①	②	③	④
48	①	②	③	④	68	①	②	③	④
49	①	②	③	④	69	①	②	③	④
50	①	②	③	④	70	①	②	③	④
51	①	②	③	④	71	①	②	③	④
52	①	②	③	④	72	①	②	③	④
53	①	②	③	④	73	①	②	③	④
54	①	②	③	④	74	①	②	③	④
55	①	②	③	④	75	①	②	③	④
56	①	②	③	④	76	①	②	③	④
57	①	②	③	④	77	①	②	③	④
58	①	②	③	④	78	①	②	③	④
59	①	②	③	④	79	①	②	③	④
60	①	②	③	④	80	①	②	③	④

회계관리1급 대비 세무회계

2025년 9월 16일 개정26판 2쇄 발행

저 자 **삼일회계법인**

발행인 오　　연　　관

발행처 **삼일피더블유씨솔루션**

저 자 와
협의하에
인지생략

서울특별시 용산구 한강대로 273 용산빌딩 4층

등록 : 1995. 6. 26 제3 - 633호

TEL : (02) 3489 - 3100

FAX : (02) 3489 - 3141

ISBN　979 - 11 - 6784 - 382 - 1　13320

정가　27,000원

※ '삼일인포마인'은 '삼일피더블유씨솔루션'의 단행본 브랜드입니다.

※ 파본은 구입하신 서점이나 출판사에서 교환해 드립니다.

※ 이 책을 무단복사, 복제, 전재하는 것은 저작권법에 저촉됩니다.

※ 수정사항 확인방법 : www.samili.com ⇒ 제품몰 ⇒ 해당 단행본 ⇒ 수정사항